Management-Reihe Corporate Social Responsibility

Herausgegeben von
René Schmidpeter
Dr. Jürgen Meyer Stiftungsprofessur für
Internationale Wirtschaftsethik und CSR
Cologne Business School (CBS)
Köln, Deutschland

Das Thema der gesellschaftlichen Verantwortung gewinnt in der Wirtschaft und Wissenschaft gleichermaßen an Bedeutung. Die Management-Reihe Corporate Social Responsibility geht davon aus, dass die Wettbewerbsfähigkeit eines jeden Unternehmens davon abhängen wird, wie es den gegenwärtigen ökonomischen, sozialen und ökologischen Herausforderungen in allen Geschäftsfeldern begegnet. Unternehmer und Manager sind im eigenen Interesse dazu aufgerufen, ihre Produkte und Märkte weiter zu entwickeln, die Wertschöpfung ihres Unternehmens den neuen Herausforderungen anzupassen sowie ihr Unternehmen strategisch in den neuen Themenfeldern CSR und Nachhaltigkeit zu positionieren. Dazu ist es notwendig, generelles Managementwissen zum Thema CSR mit einzelnen betriebswirtschaftlichen Spezialdisziplinen (z.B. Finanzen, HR, PR, Marketing etc.) zu verknüpfen. Die CSR-Reihe möchte genau hier ansetzen und Unternehmenslenker, Manager der verschiedenen Bereiche sowie zukünftige Fach- und Führungskräfte dabei unterstützen, ihr Wissen und ihre Kompetenz im immer wichtiger werdenden Themenfeld CSR zu erweitern. Denn nur, wenn Unternehmen in ihrem gesamten Handeln und allen Bereichen gesellschaftlichen Mehrwert generieren, können sie auch in Zukunft erfolgreich Geschäfte machen. Die Verknüpfung dieser aktuellen Managementdiskussion mit dem breiten Managementwissen der Betriebswirtschaftslehre ist Ziel dieser Reihe. Die Reihe hat somit den Anspruch, die bestehenden Managementansätze durch neue Ideen und Konzepte zu ergänzen, um so durch das Paradigma eines nachhaltigen Managements einen neuen Standard in der Managementliteratur zu setzen.

Weitere Bände in der Reihe
http://www.springer.com/series/11764

Anja B. Karlshaus · Ingvill C. Mochmann
(Hrsg.)

CSR und Interkulturelles Management

Gesellschaftliche und unternehmerische
Verantwortung international bewältigen

Hrsg.
Anja B. Karlshaus
Cologne Business School
Köln, Deutschland

Ingvill C. Mochmann
Cologne Business School
Köln, Deutschland

ISSN 2197-4322　　　　　　　　　　　　ISSN 2197-4330 (electronic)
Management-Reihe Corporate Social Responsibility
ISBN 978-3-662-55229-2　　　　　　　　ISBN 978-3-662-55230-8 (eBook)
https://doi.org/10.1007/978-3-662-55230-8

Die Deutsche Nationalbibliothek verzeichnet diese Publikation in der Deutschen Nationalbibliografie; detaillierte bibliografische Daten sind im Internet über http://dnb.d-nb.de abrufbar.

Springer Gabler
© Springer-Verlag GmbH Deutschland, ein Teil von Springer Nature 2019
Das Werk einschließlich aller seiner Teile ist urheberrechtlich geschützt. Jede Verwertung, die nicht ausdrücklich vom Urheberrechtsgesetz zugelassen ist, bedarf der vorherigen Zustimmung des Verlags. Das gilt insbesondere für Vervielfältigungen, Bearbeitungen, Übersetzungen, Mikroverfilmungen und die Einspeicherung und Verarbeitung in elektronischen Systemen.
Die Wiedergabe von Gebrauchsnamen, Handelsnamen, Warenbezeichnungen usw. in diesem Werk berechtigt auch ohne besondere Kennzeichnung nicht zu der Annahme, dass solche Namen im Sinne der Warenzeichen- und Markenschutz-Gesetzgebung als frei zu betrachten wären und daher von jedermann benutzt werden dürften.
Der Verlag, die Autoren und die Herausgeber gehen davon aus, dass die Angaben und Informationen in diesem Werk zum Zeitpunkt der Veröffentlichung vollständig und korrekt sind. Weder der Verlag noch die Autoren oder die Herausgeber übernehmen, ausdrücklich oder implizit, Gewähr für den Inhalt des Werkes, etwaige Fehler oder Äußerungen. Der Verlag bleibt im Hinblick auf geografische Zuordnungen und Gebietsbezeichnungen in veröffentlichten Karten und Institutionsadressen neutral.

Einbandabbildung: Michael Bursik

Springer Gabler ist ein Imprint der eingetragenen Gesellschaft Springer-Verlag GmbH, DE und ist ein Teil von Springer Nature.
Die Anschrift der Gesellschaft ist: Heidelberger Platz 3, 14197 Berlin, Germany

Vorwort des Reihenherausgebers: Interkulturelle Perspektiven der gesellschaftlichen Verantwortung von Unternehmen

Freiheit und Verantwortung sind zwei Begriffe, die gleichermaßen für die Corporate Social Responsibility (CSR) von Unternehmen stehen. Sie erfahren ganz unterschiedliche Aufmerksamkeit und Gewichtung, je nachdem, in welchen kulturellen Kontext man sich begibt. Denn die wirtschaftliche und gesellschaftliche Entwicklung ist in unterschiedlichen Kulturräumen ganz unterschiedlich verlaufen und somit wird auch die Frage nach dem Verhältnis von Unternehmen zu ihrem gesellschaftlichen Umfeld unterschiedlich beantwortet. Diese relative Komponente in der globalen Diskussion um die CSR erfordert von Führungskräften ein interkulturelles Verständnis und innovative Managementinstrumente, die die ganz unterschiedlichen Perspektiven der Verantwortungsübernahme in die Führung und das Management von Unternehmen ganzheitlich integrieren. Dabei tragen Führungskräfte und Mitarbeiter gleichermaßen zu einer erfolgreichen Integration interkultureller Perspektiven in das jeweilige Geschäftsmodell sowie in die Unternehmensstrategie bei.

Insbesondere in Zeiten des globalen Strukturwandels durch die Digitalisierung, Klimawandel und demografische Veränderungen wird diese interkulturelle Dimension der unternehmerischen Potenziale immer wichtiger, um erfolgreich am Weltmarkt zu bestehen. Die globale Diskussion um die gesellschaftliche Verantwortung von Unternehmen nimmt in fast allen Wirtschaftsräumen (China, Arabien, Indien, Afrika, Europa) an Bedeutung zu, und auch in Amerika ist die Neubestimmung, um das angelsächsische Verständnis der Shareholder-Value-Maximierung im vollen Gange. Auch dort gewinnt die Stakeholdertheorie sowie der Shared-Value-Ansatz zunehmend an Einfluss in Theorie und Praxis.

Immer mehr Regionen erkennen im globalen Austausch auch, dass die unternehmerische Verantwortungsübernahme im Gegensatz zu einer rein staatlichen Umverteilung oftmals besser geeignet ist, drängende gesellschaftliche Herausforderungen zu lösen und eine breite Gesellschaftsschicht an der wirtschaftlichen Entwicklung zu beteiligen. In den diversen Kulturräumen ist es daher entscheidend, einen gesellschaftlichen Konsens zu erhalten, welcher die ökonomischen Notwendigkeiten mit den jeweiligen sozialen und gesellschaftlichen Zielen in Einklang bringt. Diese gesellschaftlichen Ziele sind kulturell oft verschieden und die Steuerung globaler Wirtschaftsströme und Wertschöpfungsketten erfordert daher ein hohes Maß an interkulturellen Managementfähigkeiten.

Die Diskussion um das interkulturelle Management von CSR ist daher keine Nebensache mehr, sondern für den internationalen Erfolg einer Unternehmung hoch relevant.

In der Vergangenheit waren es insbesondere angelsächsische Managementmodelle mit einem stark westlichen Bias, die die globale Wirtschaftsdiskussion prägten. Dabei wurde meist versucht, die eigenen Kapitalgeberinteressen bestmöglich zu schützen und deshalb oft nur für Investoren wichtige finanzielle Unternehmensziele zu definieren. Dabei fehlte jedoch oft die positive Sicht auf die kulturellen Unterschiede und die jeweils eigenen kulturellen Sichtweisen der Menschen auf unternehmerisches Handeln in ihrer Region.

Aus der internationalen CSR-Diskussion heraus entwickelt sich derzeit ein neuer pluralistischer Managementansatz, der die jeweiligen kulturell unterschiedlichen Perspektiven ernst nimmt und insbesondere den positiven Beitrag der Unternehmen für die jeweilige gesellschaftliche Entwicklung beschreibt. Diese Diskussion hat nicht zuletzt durch die globale Vereinbarung der Sustainable Developments Goals (SDGs) an Breite und Tragfähigkeit gewonnen.

Als Konsequenz dieser Neubestimmung des Verhältnisses zwischen Unternehmen und Gesellschaft werden derzeit neue kultursensitive CSR-Ansätze entwickelt, die die gemeinsame Verantwortungsübernahme von Mitarbeitern und Unternehmern in kulturell ganz unterschiedlichen Wirtschaftsräumen stärken.

Aufgrund dieses gewandelten Verständnisses der interkulturellen Dimension der CSR, sowie den weltweit steigenden gesellschaftlichen Anforderungen an die Unternehmen werden ein systematischer Erfahrungsaustausch zwischen den Kulturräumen sowie der Aufbau interkultureller Managementkompetenz in den Unternehmen immer wichtiger.

Denkt man Nachhaltigkeit aus einer interkulturellen Perspektive, geht es nicht mehr bloß darum, den ökonomischen *Business Case* zu bestimmen, sondern um die Steigerung der gemeinsamen unternehmerischen Wertschöpfung aller Stakeholder im Einklang mit ihren jeweiligen unterschiedlichen kulturellen Erfahrungen. Anstelle des Paradigmas des westlich dominierten CSR-Verständnisses rückt daher das Paradigma einer gemeinsamen „positiven Wertschöpfung" in den Mittelpunkt – welche kulturelle Unterschiede als Chance begreift und hilft, neue innovative Beziehungsnetzwerke zwischen den verschiedenen Wirtschaftsräumen aufzubauen.

In der Managementreihe *Corporate Social Responsibility* überwindet die nun vorliegende Publikation mit dem Titel „CSR und Interkulturelles Management" die einseitige, oftmals ohne kulturelles Verständnis geführte Managementdiskussion: zum einem durch tiefgreifende Analysen der Bedeutung von interkulturellen Aspekten der CSR, zum anderen durch konkrete Praxisbeispiele, wie CSR in globalen Unternehmenskontexten gelebt werden kann. Das Buch stellt damit eine interessante Brücke zwischen den aktuellen Themen rund um das Thema „Interkulturelles Management" und der aktuellen CSR-Diskussion dar. Alle Leserinnen und Leser sind nunmehr herzlich eingeladen, die in der Publikation dargelegten Gedanken aufzugreifen und für die eigenen beruflichen Herausforderungen zu nutzen. Ich möchte mich last but not least sehr herzlich bei meinen beiden Kolleginnen, den Herausgeberinnen Prof. Dr. Anja Karlshaus und Prof. Dr. Ingvill C. Mochmann, für ihr großes Engagement, bei Janina Tschech und Eva-Maria Kretschmer vom Springer Gabler Verlag für die gute Zusammenarbeit sowie bei allen Unterstützern der Reihe aufrichtig bedanken und wünsche Ihnen, werte Leserinnen und werte Leser, nun eine interessante Lektüre.

Prof. Dr. René Schmidpeter

Vorwort

> The stranger sees only what he knows
> *African Proverb*

Verschiedene Zukunftsszenarien lassen erahnen, dass die derzeitige Globalisierung und die damit einhergehende Internationalisierung der Wirtschaft auch weiterhin eine große Rolle spielen wird. Das Streben nach (Wirtschafts-)Wachstum sowie die stetige Ausweitung und Verknüpfung von Märkten und Interessen erfolgt dabei allerdings in der ständigen Auseinandersetzung mit zu beobachtbaren Umweltveränderungen, zunehmender Ressourcenknappheit und humanitärer Katastrophen. Unternehmen, die nachhaltig handeln wollen, sehen sich dementsprechend vermehrt nicht nur für die Konsequenzen ihres Handelns in ihren Heimatmärkten, sondern zunehmend auch global bzw. für diejenigen Regionen verantwortlich, auf deren Märkten sie agieren. Diese internationale Sichtweise zwingt in der Folge, Fragen der Unternehmensverantwortung breiter zu diskutieren, komplexer zu denken, und konstruktiv nach Lösungen zu suchen.

Dabei merken Organisationen, die sich weltweit in der Verantwortung für die Implementierung nachhaltiger Corporate-Social-Responsibility(CSR)-Prinzipien und -Werte sehen, wie unterschiedlich und relevant der jeweilige kulturelle sowie regionale Kontext sein kann. In diesem Zusammenhang kommt dem interkulturellen Management eine ganz besondere Rolle zu. Es geht darum, ein gemeinsames Verständnis von Verantwortung zu entwickeln, gemeinsame Konzepte der Unternehmensverantwortung in verschiedenen kulturellen Kontexten umzusetzen und dabei doch die Verschiedenheit zu akzeptieren und zu integrieren. Die Erfahrungen und Konzepte aus dem Fachgebiet des interkulturellen Managements sind somit vor diesem Hintergrund sicherlich auch für die aktuelle CSR-Debatte gewinnbringend – geht es doch in beiden Bereichen im Kern um den Umgang mit zentralen Werten.

Hierzu ist es teilweise notwendig, dass Verständnis von Interkulturellem Management in einem breiteren Rahmen anzuwenden und von einem erweiterten Konstrukt der Interkulturalität auszugehen. Werte und Wertebilder unterscheiden sich nämlich nicht nur auf länderspezifischer, sondern auch auf organisatorischer sowie persönlicher Ebene. Dieser Effekt wird durch die zunehmende Internationalisierung und Digitalisierung, die zu einem verstärkten interkulturellen Austausch führen, noch einmal verschärft. Wertvorstellungen können so z. B. innerhalb eines Landes bzw. sogar innerhalb einer Organisation durchaus unterschiedlicher sein als mögliche Unterschiede im internationalen Vergleich. Insofern gilt es für die Implementierung von Nachhaltigkeitsprinzipien beim Einzelnen zu beginnen und zu der rein nationalen Betrachtung einen möglichst diversifizierten Ansatz im Hinblick auf weitere Merkmale wie Bildung, Hierarchie, Profession, Alter etc. anzuwenden.

In der gemeinsamen Erarbeitung und dem Erleben eines grundlegenden Werteverständnisses über die verschiedenen soeben genannten Merkmale hinweg können CSR- bzw. Volunteering-Aktivitäten schließlich sogar auch als ein Instrument gesehen werden, das der Verständigung und Annäherung dient und interkulturelle Probleme und Missverständnisse aufheben kann. Dieses ist nicht nur im internationalen Kontext von Relevanz – auch in Deutschland zeigt sich dies vor dem Hintergrund von Migrationsbewegungen und Flüchtlingsthematik als ein zunehmend wichtiger werdendes Handlungsfeld.

Unser herzlicher Dank gilt an dieser Stelle zunächst den Autorinnen und Autoren, deren Beiträge wir hier aufgenommen haben, weil sie uns vor dem soeben dargestellten Hintergrund in besonderer Weise relevant erscheinen und die uns in hohem Maß inspiriert haben. Des Weiteren danken wir Prof. Dr. René Schmidpeter für die Möglichkeit, in der CSR-Reihe publizieren zu dürfen, Jana Grzegorz, Constanze Meier, Sandra Glowania, Anna Haddick und Julius Schwab von der Cologne Business School wie auch Lilli Riettiens von der Universität zu Köln für ihre hilfreiche Unterstützung bei der Textaufbereitung sowie Janina Tschech und Eva-Maria Kretschmer von Springer Gabler für die hervorragende verlagsseitige Betreuung. Ohne sie alle wäre das Buch nicht zu realisieren gewesen.

Der vorliegende Band hat das Bestreben, Konzepte und Ansätze aus dem CSR-Kontext und aus dem Bereich des interkulturellen Managements interdisziplinär zu verknüpfen. Dabei geht es uns um die Frage, wie es konstruktiv gelingen kann, Erkenntnisse aus der interkulturellen Forschung bzw. der vergleichenden Kulturforschung zu nutzen, um Unternehmen bei der Entwicklung und Implementierung ihrer Nachhaltigkeitsbemühungen zu unterstützen. Folglich kann so die Lücke zwischen der strategischen Frage nach unternehmerischer Verantwortung und der bewussten Gestaltung lokaler bzw. regional- und kontextspezifischer Anpassungen geschlossen werden. Wir wünschen allen Leserinnen und Lesern viel Spaß bei der Lektüre der folgenden wissenschaftlichen Beiträge und der praxisnahen Fallbeispiele.

Köln, Deutschland
im Mai 2018

Anja B. Karlshaus
Ingvill C. Mochmann

Die Herausgeber

Prof. Dr. Anja Karlshaus ist seit 2008 Professorin für allgemeine Betriebswirtschaftslehre und Personal an der Cologne Business School (CBS) und leitet dort den Fachbereich Personal- und Unternehmensführung. Sie studierte an der Universität zu Köln, der Santa Clara University in den USA und der European Business School (EBS) in Oestrich Winkel, wo sie über das Thema Strategisches Personalmanagement promovierte. Darüber hinaus hat sie bei diversen Forschungsinstituten im In- und Ausland gearbeitet. Neben Lehre und Forschung war sie von 1999 bis 2016 in Großkonzernen wie der Dresdner Bank, Allianz Group bzw. der Commerzbank im strategischen Personalbereich beschäftigt. Anja Karlshaus ist Mitglied in verschiedenen Arbeitskreisen der IHK und des Landes NWR und als Sprecherin sowie Trainerin zu den Themenfeldern Nachhaltigkeit, Gender und Diversity sowie (Teilzeit-)Führung bzw. neue Arbeitsmodelle tätig. Ihre aktuellen Forschungsschwerpunkte liegen in der Analyse flexibler Arbeitszeitmodelle für Führungskräfte, im Themenfeld Gender Diversity sowie zu Fragestellungen im Bereich der interkulturellen Kompetenz.

Prof. Dr. Ingvill C. Mochmann hat Vergleichende Politikwissenschaften, Volkswirtschaftslehre und Germanistik an der Universität Bergen, Norwegen und der Friedrich-Wilhelm Universität Bonn, Deutschland, studiert. Im Jahr 2003 hat sie in Politikwissenschaften an der Justus-Liebig-Universität Gießen promoviert. Von 1995 bis 1997 war sie Wissenschaftliche Mitarbeiterin beim Zentralarchiv für empirische Sozialforschung der Universität zu Köln und seit 1996 ist sie Wissenschaftliche Mitarbeiterin und Leiterin des EUROLAB am GESIS-Leibniz Institut für Sozialwissenschaften in Köln. Seit 2011 ist sie zudem Professorin für Internationale Politik an der Cologne Business School (CBS), wo sie seit 2013 auch die Position als Vizepräsidentin für Forschung und Wissenstransfer innehat. Von 2013 bis 2014 war sie Fellow bei der Harvard Humanitarian Initiative (HHI) und ist seitdem Mitglied der Expertengruppe der HHI. Ihre Forschungsbereiche umfassen Demokratie- und Minderheitenrechte, Kinder des Krieges, Parteiensysteme und Wahlverhalten, Lebensstilforschung, interkulturelles und Diversity Management sowie Forschungsmethoden. Als Expertin für die evidenzbasierte Forschung zu Kindern des Krieges (www.childrenbornofwar.org) sowie nachhaltige Integration dieser Kinder in Nachkriegsgesellschaften berät sie u. a. Forscher, Politik und Organisationen.

Inhaltsverzeichnis

Corporate Social Responsibility und Interkulturelles Management 1
Anja B. Karlshaus und Ingvill C. Mochmann

Etablierung internationaler Wertesysteme

Corporate Social Responsibility und interkulturelle Kompetenz: Auflösung von unternehmensinternen Wertekonflikten anhand von Lösungsansätzen aus dem interkulturellen Kontext 27
Christopher Stehr, Nina Dziatzko und Franziska Struve

Verantwortungsvolles Handeln und Interkulturelles Management als Teil der Geschäftspraxis am Beispiel der Deutsche Post DHL Group 61
Susanna Nezmeskal-Berggötz und Katharina Tomoff

Werte- und Mitarbeiterorientierung als Basis eines erfolgreichen Nachhaltigkeitsmanagements: Praktische Umsetzungen und Bewertung derselben am Beispiel der Otto Group 75
Jennifer Schall-van Bellen und Andreas Streubig

Praktische Umsetzung von Corporate Social Responsibility im Global Sourcing der Pierburg Gruppe 87
Marcus Gerlach

CSR in internationalen Lieferketten: Interkulturelle Kompetenz als Voraussetzung zur Vermeidung von Werteimperialismus 97
Nick Lin-Hi, Karsten Müller, Julia-Marie Degenhardt, Regina Kempen und Alexander Meier

Interkulturelle Aspekte in der CSR-Umsetzung

Corporate-Social-Responsibility-Implementierung als interkultureller Prozess 113
Kathrin Ankele

**Unternehmenskultur als Katalysator interkulturellen
Corporate-Social-Responsibility-Engagements im Mittelstand** 129
Susanna Krisor und Gerda Köster

**Wenn Welten sich begegnen – Kulturelle Aspekte bei der Entwicklung von
Corporate-Social-Responsibility-Maßnahmen am Beispiel von Corporate
Volunteering und der Arbeit zur Integration von Flüchtlingen** 151
Karl-Hans Kern, Ricarda Gregori und Ursula-Marie Behr

Länderspezifische Besonderheiten der CSR-Aktivitäten

**Nachhaltigkeit in Mexiko – Herausforderungen und interkulturelle
Lösungsansätze deutscher Unternehmen zur Umsetzung von
Corporate-Social-Responsibility- und Corporate-Citizenship-Projekten
am Beispiel Volkswagen** 167
Torsten Weber und Christoph Willers

**Stiftungen im Ausland – Internationales Gesellschaftsengagement
in der Bosch-Gruppe** 181
Bernhard Schwager

**Die 50-Milliarden-Dollar-Frage – Ansätze und (interkulturelle)
Herausforderungen einer nachhaltigen Textilwirtschaft in Bangladesch** 197
Carsten Schmitz-Hoffmann und Jochen Weikert

Unternehmensengagement mit dem Fokus auf CSR-Initiativen für Flüchtlinge

**Corporate Social Responsibility oder Business? – Interkulturalität
verbindet Menschen** 223
Monika Rühl

**Gesellschaftliche Unternehmensverantwortung zwischen Corporate
Volunteering, Flüchtlingsengagement und interkultureller Zusammenarbeit** .. 231
Hannah van Basshuysen und Lukas Petersik

**Integration von Flüchtlingen in Ausbildung und Arbeitsmarkt: Gemeinsam
nach vorne schauen** 243
Christopher Meier und Caroline Mager

Corporate Social Responsibility an Hochschulen – Interkulturelles Management für Migranten und Flüchtlinge 253
Thomas Doyé

International Corporate Volunteering zur Förderung einer werteorientierten Personalentwicklung 267
Lutz Leßmann und Nadine Albuera

Autorenverzeichnis

Nadine Albuera PlanetValue gemeinnützige GmbH, Erkrath, Deutschland

Kathrin Ankele SUSTAINUM Consulting, Berlin, Deutschland

Ursula-Marie Behr Frankfurt am Main, Deutschland

Julia-Marie Degenhardt Universität Vechta, Vechta, Deutschland

Thomas Doyé TH Ingolstadt, Ingolstadt, Deutschland

Nina Dziatzko German Graduate School of Management & Law, Freiberg am Neckar, Deutschland

Marcus Gerlach Rheinmetall Group, Pierburg GmbH, Neuss, Deutschland

Ricarda Gregori Gerlingen, Deutschland

Anja B. Karlshaus Cologne Business School, Köln, Deutschland

Regina Kempen Universität Osnabrück, Osnabrück, Deutschland

Karl-Hans Kern Caritasverband der Diözese Rottenburg Stuttgart e.V., Stuttgart, Deutschland

Gerda Köster Wassenberg-Effeld, Deutschland

Susanna Krisor Wetter, Deutschland

Lutz Leßmann PlanetValue gemeinnützige GmbH, Erkrath, Deutschland

Nick Lin-Hi Universität Vechta, Vechta, Deutschland

Caroline Mager IHK Köln, Köln, Deutschland

Alexander Meier Universität Osnabrück, Osnabrück, Deutschland

Christopher Meier IHK Köln, Köln, Deutschland

Ingvill C. Mochmann Cologne Business School, Köln, Deutschland

Karsten Müller Universität Osnabrück, Osnabrück, Deutschland

Susanna Nezmeskal-Berggötz Deutsche Post DHL Group, Bonn, Deutschland

Lukas Petersik AUDI AG, Ingolstadt, Deutschland

Monika Rühl Deutsche Lufthansa AG, Frankfurt am Main, Deutschland

Jennifer Schall-van Bellen Köln, Deutschland

Carsten Schmitz-Hoffmann Deutsche Gesellschaft für International Zusammenarbeit (GIZ) GmbH, Bonn, Deutschland

Bernhard Schwager Robert Bosch GmbH, Stuttgart, Deutschland

Christopher Stehr German Graduate School of Management & Law, Heilbronn, Deutschland

Andreas Streubig Hugo Boss AG, Metzingen, Deutschland

Franziska Struve German Graduate School of Management & Law, Heilbronn, Deutschland

Katharina Tomoff Deutsche Post DHL Group, Bonn, Deutschland

Hannah van Basshuysen AUDI AG, Ingolstadt, Deutschland

Torsten Weber Cologne Business School, Köln, Deutschland

Jochen Weikert Deutsche Gesellschaft für Internationale Zusammenarbeit (GIZ) GmbH, Eschborn, Deutschland

Christoph Willers Cologne Business School, Köln, Deutschland

Corporate Social Responsibility und Interkulturelles Management

Anja B. Karlshaus und Ingvill C. Mochmann

1 Einleitung

Wir planten das vorliegende Buch mit dem Ziel, unter Einbeziehung verschiedener Autorinnen und Autoren aus Wissenschaft und Praxis, ein Verständnis dafür zu erhalten, wie Corporate Social Responsibility (CSR) heute in unterschiedlichen interkulturellen Kontexten in Organisationen verstanden und umgesetzt wird. Viele Unternehmen in Deutschland haben bereits fest etablierte CSR-Abteilungen und sind bestens mit nationalen und internationalen Standards sowie Aktionsplänen vertraut. Durch die Verabschiedung der 17 Nachhaltigkeitsziele der Vereinten Nationen (SDGs) im September 2015 (United Nations 2015) ist das Thema in den letzten Jahren zudem verstärkt in der wissenschaftlichen und personalpraktischen Literatur aufgegriffen worden. Unabhängig davon haben viele Organisationen bereits im Rahmen ihrer zunehmend international ausgerichteten Aktivitäten auch wertvolle Erfahrungen mit anderen Kulturen sammeln können, die sich durch eine Vielzahl an kulturwissenschaftlichen Theorien zu Interkulturellem Management wissenschaftlich fundieren lassen. Vor diesem Hintergrund war unsere Annahme, dass sich bestimmte Muster ableiten lassen würden, die unabhängig von Kultur und/oder Funktion in Organisationen eine allgemeine Gültigkeit besitzen und somit als Basis für die Ausarbeitung von Indikatoren dienen könnten, die bei der Umsetzung von CSR im interkulturellen Kontext hilfreich wären. Anknüpfend an den Ansatz der *Management-Reihe CSR* ein neues Managementparadigma zu erzeugen, bezieht sich der vorliegende Band

A. B. Karlshaus (✉) · I. C. Mochmann
Cologne Business School
Köln, Deutschland
E-Mail: a.karlshaus@cbs.de

I. C. Mochmann
E-Mail: i.mochmann@cbs.de

© Springer-Verlag GmbH Deutschland, ein Teil von Springer Nature 2019
A. B. Karlshaus und I. C. Mochmann (Hrsg.), *CSR und Interkulturelles Management*, Management-Reihe Corporate Social Responsibility,
https://doi.org/10.1007/978-3-662-55230-8_1

somit speziell auf die Schnittmenge dieser beiden heutzutage so zentralen Konzepte und verfolgt folgende Ziele:

- Zusammenführen und Bündeln wichtiger Aspekte, die sich aus der Schnittmenge des CSR- und Interkulturellen-Management-Wissens ergeben;
- Aufzeigen von relevanten interkulturellen Aspekten bei der Implementierung von Nachhaltigkeitswerten und CSR-Engagement;
- Auseinandersetzung mit kulturspezifischen Unterschieden im Verständnis von CSR und landesspezifischen Gestaltungsmöglichkeiten, Potenzialen und Herausforderungen für Organisationen;
- Beschreibung von Unternehmensengagement und CSR-Initiativen für Flüchtlinge, das der aktuellen Debatte um geflüchtete Menschen und deren (interkulturelle) Integration in Deutschland und Europa Rechnung trägt.

Es wurden zahlreiche Expertinnen und Experten aus Wissenschaft, Wirtschaft, Zivilgesellschaft und Politik eingeladen, die in ihrer Position bedeutende Beiträge dazu leisten, CSR inhaltlich weiter zu entwickeln, geeignete Rahmenbedingungen zu identifizieren und CSR effektiv in der Praxis umzusetzen einen Beitrag zu diesem Herausgeberinnenwerk beizusteuern. Die Autorinnen und Autoren wurden konkret gebeten, von ihren Aktivitäten und Erfahrungen zu berichten und ihren persönlichen Blickwinkel auf das Thema CSR und Interkulturelles Management darzustellen. Somit vereint dieser Band verschiedene Sichtweisen auf das Thema und bringt unterschiedliche Erfahrungen und Erkenntnisse hinsichtlich der beiden zentralen Themenfelder zusammen.

Nun sind die Begriffe CSR und Interkulturelles Management sowohl mehrdimensional als auch multifunktional. Dennoch haben wir darauf verzichtet, klare Vorgaben bezüglich Definitionen und Operationalisierung der Begriffe für die Erstellung der Beiträge vorzugeben. Hierdurch wollten wir verhindern, dass wir die Autorinnen und Autoren in eine bestimmte inhaltliche Richtung beeinflussen. So gesehen verdeutlichen die Beiträge im vorliegenden Band auch die verschiedenen Verständnisse der Begriffe und Anwendungen in der Praxis.

2 Corporate Social Responsibility

Auch wenn das Leitbild des ehrbaren Kaufmanns schon seit dem Mittelalter bekannt ist, erfolgt die explizite Auseinandersetzung mit dem Thema Unternehmensverantwortung erst seit dem 19. Jahrhundert. Im Zuge der Industrialisierung engagierten sich Unternehmerinnen und Unternehmer v. a. im regionalen Umfeld durch die Gründung und Förderung von Schul- und Kultureinrichtungen bzw. im Wohnungsbau und prägten eine Reihe sozialstaatlicher und arbeitsrechtlicher Errungenschaften (vgl. Klink 2008). Bowen (1953), dessen Werk als Startpunkt der wirtschaftswissenschaftlichen Diskussion eingeschätzt werden kann, forderte in diesem Zusammenhang erstmals von Geschäftsleuten die Übernahme von Verantwortung für ihr eigenes Handeln. Eine tiefe Verankerung solcher traditionellen Werteprinzipien und eines damit verbundenen regionalen gemeinnützigen Engagements findet sich oftmals noch bei (ehemals) familiengeführten bzw. kleinen und mittleren Organisationen, wie in nachfolgenden Beiträgen dieses Bands deutlich wird. Im öffentlichen Diskurs der unternehmerischen Verantwortung wurde seit den 1970er-Jahren darüber hinaus auch verstärkt das Thema Ökologie und Umweltschutz thematisiert, das bestimmte Branchen mehr als andere betraf, wie etwa Automobil, Energie, Konsum, Tourismus, Logistik, Chemie oder Pharma. Nachfolgende Beiträge zeigen in dem Zusammenhang den teilweise hohen Reifegrad bezüglich strategischer Einbindung, Umsetzungs-Know-how sowie Dokumentations- und Kontrollaktivitäten von CSR-Engagement, insbesondere auch die ökologische Dimension betreffend. An Breite und Popularität gewann CSR schließlich in den 1990er-Jahren. Zur Bekämpfung zunehmender globaler Herausforderungen wie Klimawandel, Korruption, Armut, menschenunwürdigen Arbeitsbedingungen, Kinderarbeit, fehlendem Zugang zu medizinischer Versorgung oder Bildung etc. haben die internationalen Staatengemeinschaften den CSR-Grundgedanken in zahlreichen Programmen und Regelwerken als einen bedeutenden Hebel eingeordnet. Die derzeitige zentrale Bedeutung und die unternehmerische Relevanz von CSR hat sich schließlich erst – u. a. durch die Finanzkrise und verschiedene Skandale befeuert – in den vergangenen zehn Jahren herauskristallisiert (Lindgreen und Swaen 2010, S. 2).

Heutzutage ist der Begriff CSR somit nicht nur omnipräsent, es finden sich im Alltagssprachgebrauch auch eine Fülle weiterer Begrifflichkeiten wie Nachhaltigkeit, nachhaltige Unternehmensführung, Sustainability, Corporate Sustainability, Sustainable Development, Corporate Citizenship (CC), Corporate Citizen Responsibility (CCR), Corporate Accountability, Corporate Volunteering bis hin zu Unternehmensethik oder Businessethik, deren Abgrenzung voneinander oftmals selbst in der wissenschaftlichen Literatur nicht trennscharf erfolgt (vgl. Keinert 2008; Schneider 2012; Seidel 2011). Auch in einigen der nachfolgenden Beiträge dieses Bands werden u. a. Begriffe wie Werte- bzw. Nachhaltigkeitsmanagement, Corporate Volunteering sowie Corporate-Citizenship-Konzepte stellvertretend für CSR verwendet. Uns ist bewusst, dass z. B. der Begriff Nachhaltigkeit im Allgemeinen weiter gefasst wird als CSR, oder auch, dass bei der Verwendung der Corporate-Responsibility-Terminologie die wirtschaftliche Dimension von Nachhaltigkeit stärker im Fokus steht. Ebenso ist uns bekannt, dass unter Corporate Citizenship ein gemeinnütziges Engagement – wie z. B. Stiftungsaktivitäten – verstanden wird, welches über die eigentliche Geschäftstätigkeit eines Unternehmens hinausgeht und das Gros der Beiträge im vierten Teil ausmachen. Dennoch ist zu konstatieren, dass die heterogene Begriffsanwendung in den folgenden Beiträgen auch zu einem komplexeren und umfassenderen Verständnis der Schnittmenge von CSR und Interkulturellem Management führt.

Unabhängig von diesen Abgrenzungsschwierigkeiten lassen sich auch innerhalb der CSR-Definitionen teilweise deutliche Uneinheitlichkeiten und divergierende Schwerpunktsetzungen feststellen (vgl. Schneider 2012, S. 17; Dahlsrud 2006; Duong Dinh 2011, S. 13). So formulieren z. B. Votaw und Sethi (1973, S. 11, zit. nach Schneider 2012, S. 18): „The term is a brilliant one, it means something, but not always the same thing to everybody". Auch Buhanita (2015, S. 64) sieht CSR als soziale Konstruktion, die sich dementsprechend einer objektiven Definition entzieht.

Zudem ist festzustellen, dass in vielen Definitionen das Phänomen CSR eher kontextunabhängig und somit rein generisch beschrieben wird. Aspekte zu konkreten Implementierungsansätzen oder strategischen Fragestellungen finden sich in der Regel nicht (Dahlsrud 2006, S. 6), da sie über verschiedene Branchen, Unternehmensgrößen und Ausrichtungen auch nicht allgemeingültig umzusetzen wären. Vor dem Hintergrund des derzeitigen Globalisierungstrends ist allerdings festzuhalten, dass sich gerade die Kontexte, in denen Organisationen operieren, rasant ändern und teilweise deutlich stärker ausdifferenzieren: Neue Stakeholder mit anderen (kulturellen) Werten, unterschiedliche nationale Gesetzgebungen und verschiedene landesspezifische gesellschaftliche, ökonomische und ökologische Belange können zu neuen Herausforderungen und Fragestellungen für die Organisationen führen. Hierbei können die meisten aktuellen Definitionen nur einen sehr groben Orientierungsrahmen bieten, der bei Entscheidungsfindungsproblemen im internationalen und interkulturellen Kontext dementsprechend nur bedingt hilfreich ist (vgl. Duong Dinh 2011, S. 13): „In der Literatur findet sich jedoch keine Begriffsdefinition, die einheitlich festlegt, was sozial an CSR ist und wem gegenüber die Verantwortlichkeit besteht."

Dennoch sind die Definitionen der Europäischen Kommission aus den Jahren 2001 und 2002 relativ gebräuchlich und in der Praxis vergleichsweise anerkannt (Europäische Kommission 2001, S. 7): „a concept whereby companies integrate social and environmental concerns in their business operations and in their interactions with stakeholders on a voluntary basis." Ebenso aus den Jahren 2011 bzw. 2014 (Europäische Kommission 2011, S. 6): „the responsibility of enterprises for their impacts on society" sowie „process to integrate social, environmental, ethical and human rights concerns into their business operations and core strategy in close interactions with their stakeholders", die auch vielen der nachfolgenden Beiträge dieses Bands zugrunde liegen. Häufig zitiert wird außerdem Hopkins (1998), der ebenfalls auf das Konzept der Unternehmensverantwortung innerhalb und außerhalb der Organisation verweist: „CSR is concerned with treating the stakeholders of the firm ethically or in a socially responsible manner. Stakeholders exist both within the firm and outside. Consequently, behaving socially responsibly will increase the human development of stakeholders both within and outside the corporation." Etwas spezifischer sehen Basu und Palazzo (2008, S. 9) CSR als einen Stakeholder-Management-Prozess, in dem es um Zielsetzung und Zielerfüllung geht. Wiederum andere Autorinnen und Autoren fordern schließlich in ihren Definitionsversuchen, dass die Erwartungen der verschiedenen Stakeholder an das ethische, rechtliche, wirtschaftliche und öffentliche Verhalten der Organisationen zum Entscheidungsmaßstab und als Zielgröße festgelegt werden solle.

Im Grünbuch der Europäischen Kommission aus dem Jahr 2001 liegt der Begriffsfokus dann etwas spezifischer auf der sozialen Verantwortung der Unternehmen. Diese Definition wurde 2011 durch die Kommission weiterentwickelt und umfasst nun neben gesellschaftlichen und ökologischen auch ethische Themen und menschenrechtliche Fragestellungen (Schneider 2012, S. 20). Eine besondere Betonung der Unternehmensphilosophie und grundlegender Unternehmenswerte beschreiben Arora et al. (2007, S. 112) in ihrer maßgebenden Begriffserklärung: „CSR as a philosophy has traveled a long way from being merely philanthropic activity to something as an integral part of business philosophy as such." Auch Strautmanis (2007) verweist in eine ähnliche Richtung, wobei er darüber hinaus die Verknüpfung zwischen CSR und (Organisations-)Kultur betont: „Social responsibility is part of organizational culture and a value in the organizational culture environment."

Eine weitere Definitionsbasis, die auch in diesem Band teilweise angewendet wird, ist schließlich das CSR-Verständnis der International Organization for Standardization (ISO), die nur noch von Social Responsibility (SR) spricht. Im Rahmen des 2010 veröffentlichten Leitfadens *ISO 26000* werden sieben konkrete Umsetzungsprinzipien gesellschaftlicher Verantwortung festgelegt. Diese gehen deutlich über bestehende Rechtsvorschriften hinaus, indem sie Prinzipien wie ethisches Verhalten, Menschenrechte, Transparenz und internationale Verhaltensstandards explizit einschließen (vgl. Bundesministerium für Arbeit und Soziales 2011). CSR beschreibt dabei nicht nur die Unternehmensverantwortung für Gesellschaft und Umwelt, die zur nachhaltigen Entwicklung, Gesundheit und Gemeinwohl beitragen sollte, sondern auch den Anspruch auf Grundprinzipien, die sicherstellen, dass nationales sowie internationales Recht und ethische Standards eingehalten werden. Dazu muss CSR in der gesamten Organisation integriert und gelebt werden. Dieser Anspruch erfordert ein Handeln aller, das auf (gemeinsamen) sozialen Normen und Werten basiert (vgl. Duong Dinh 2011, S. 13). Im ersten Teil dieses Bandes „Etablierung internationaler Wertesysteme" wird die zentrale Bedeutung des Wertemanagements aufgegriffen und weiter diskutiert.

Auch wenn es also nicht nur eine einzige universell akzeptierte CSR-Definition zu geben scheint, so sind doch oftmals viele Inhalte, z. B. die Benennung der zentralen CSR-Dimensionen, weitgehend kongruent, sodass dieser Umstand als weniger problematisch einzustufen ist (Dahlsrud 2006, S. 6). Aus der Fülle der Definitionen und Diskussionen rund um das Thema CSR lassen sich vor diesem Hintergrund nach Loew et al. (2004) einige zusammenfassende Merkmale festhalten:

- CSR soll einen Beitrag zur nachhaltigen Entwicklung leisten;
- CSR schließt zwar die Einhaltung der Rechtsvorschriften (Compliance) mit ein, konzentriert sich darüber hinaus aber weiterreichend auf unternehmerisches Engagement;
- mit CSR werden häufig die Nachhaltigkeitsdimensionen Ökologie, Gesellschaft und Wirtschaft adressiert, für die sich der Begriff Triple Bottom Line etabliert hat (vgl. Elkington 1999).

Auf diesem allgemeinen Begriffsverständnis basierend werden nachfolgend in aller Kürze die CSR-Richtlinien auf nationaler, europäischer und internationaler Ebene vorgestellt, die in den Praxisbeiträgen dieses Bands als Maßstab und Leitbild der jeweiligen CSR-Aktivität(en) genutzt werden.

Auf Bundesebene hat die Regierung beispielsweise im Jahr 2010 eine nationale CSR-Strategie, den Aktionsplan CSR, verabschiedet und im Dezember 2016 einen nationalen Aktionsplan zur Umsetzung der UN-Leitprinzipien in Deutschland entwickelt (vgl. Bundesregierung 2016a). Die Bundesregierung begrüßt und unterstützt explizit die zunehmende Anerkennung von CSR. Kriterien und Leistungsindikatoren zu ökonomischen, sozialen und ökologischen Aspekten finden sich außerdem im vielbeachteten Deutschen Nachhaltigkeitskodex (vgl. Bundesregierung 2016b).

Auch auf europäischer Ebene gewinnt die CSR-Diskussion an Bedeutung, was sich beispielsweise an den vielfach zitierten CSR-Definitionen sowie den themenspezifischen Diskussionspapieren (Grünbüchern) der Europäischen Kommission u. a. zu Menschenrechtsthemen zeigt. Mit Blick auf relevante internationale Richtlinien der Unternehmensverantwortung verweist die Europäische Kommission nachdrücklich auf die Umsetzung entweder der OECD-Leitsätze, des UN Global Compact oder der ISO 26000 durch multinationale europäische Organisationen. Das Gros der DAX-Unternehmen bzw. der assoziierten DAX-Unternehmen ist vor diesem Hintergrund dem UN Global Compact beigetreten.

Diese und weitere international weit verbreitete und anerkannte CSR-Regelwerke, die in den nachfolgenden Beiträgen unseres Buchs erwähnt bzw. angewendet werden, sollen nachfolgend in aller Kürze beschrieben werden:

- Die **Brundtland-Kommission** der Vereinten Nationen (UN) entwickelte 1987 ein heute noch bedeutsames Leitbild der nachhaltigen Entwicklung, das unter dem Begriff Drei-Säulen-Modell bzw. Triple Bottom Line eine Untergliederung in die relevanten Nachhaltigkeitsdimensionen Ökologie, Ökonomie und Soziales vornimmt (vgl. Perlitz und Schrank 2004, S. 150 f.).
- Die Mitgliedstaaten der Organisation für wirtschaftliche Zusammenarbeit und Entwicklung (OECD) haben in Zusammenarbeit mit Unternehmen, Gewerkschaften und der Zivilgesellschaft 1976 (überarbeitet 2011) die ersten **Leitsätze der OECD** entwickelt, die sich u. a. mit den eingangs genannten Menschenrechtsthemen, Standards zur Informationsoffenlegung, Umwelt und Korruptionsbekämpfung beschäftigen (vgl. OECD 2012). Dieser umfassende Verhaltenskodex bietet erstmals einen internationalen Referenzrahmen, der die Verantwortung der einzelnen Stakeholder klar beschreibt. Er basiert auf dem Prinzip der Freiwilligkeit und hat den Anspruch, Unternehmen Ziel und Orientierung zu bieten.
- Die Internationale Arbeitsorganisation (ILO) verfolgt das Ziel, weltweit geltende soziale Mindeststandards (Sozialstandards der ILO) einzuführen, die auf vier Grundprinzipien basieren, welche wiederum in acht Kernarbeitsnormen ausgestaltet sind. Die Erklärung über die grundlegenden Prinzipien und Rechte bei der Arbeit wurde 1998 von allen bislang über 138 ILO-Mitgliedstaaten (u. a. Deutschland) verabschiedet (International Labour Organization 2017, S. 4).
- Beim Global Compact der United Nations (**UN Global Compact**), der seit 1999 in Kraft ist, handelt es sich um einen internationalen Zusammenschluss von Unterneh-

men, die sich in ihrer Geschäftstätigkeit zu zehn weltweit gültigen Prinzipien in den Bereichen Menschenrechte, Arbeit, Umwelt und Korruptionsbekämpfung verpflichtet haben. Diese Prinzipien lassen sich wiederum aus vier zentralen internationalen Abkommen ableiten, wie z. B. der ILO, der Erklärung der Menschenrechte, der UN-Konvention gegen Korruption und den Grundsätzen der Erklärung von Rio über Umwelt und Entwicklung. Dem UN Global Compact liegt ebenfalls ein freiwilliger Ansatz mit der Zielsetzung des Informationsaustauschs und Netzwerkens zugrunde (United Nations Global Compact 2014). Dabei hat der UN Global Compact die breiteste Basis teilnehmender Nationen und zeigt in Kombination mit der Global Reporting Initiative eine hohe Akzeptanz bei global agierenden Organisationen.

- Die Vereinten Nationen haben im Jahr 2015 insgesamt 17 Ziele für nachhaltige Entwicklung – die sog. **Sustainable Development Goals (SDGs)** – festgelegt. Sie gelten weltweit (mit einer Laufzeit bis 2030) und streben deutliche Verbesserungen für z. B. wirtschaftlichen Wohlstand, soziale Teilhabe und ökologische Balance an. Dazu gehören beispielsweise die Bekämpfung von Armut, Hunger, Krieg und Umweltverschmutzung.
- Die Anwendung der **ISO 26000** aus dem Jahr 2010 ist ebenfalls freiwillig und beinhaltet Grundsätze zur sozialen Verantwortung in den Bereichen Organisation, Menschenrechte, Beschäftigung, Umwelt, Wettbewerb, Verbraucherinnen- und Verbraucherinteressen und gesellschaftliche Einbindung, die als Orientierung und Richtlinie für Organisationen entwickelt wurden (Bundesministerium für Arbeit und Soziales 2011).
- Sowohl national als auch international weit verbreitet ist außerdem der Leitfaden der **Global Reporting Initiative (GRI)** – einer gemeinnützigen Stiftung aus dem Jahr 1997 – der von mehr als 80 % aller weltweit umsatzstärksten Unternehmen verwendet wird (KPMG 2013). Hierin werden Prinzipien und Indikatoren zur Messung der ökologischen, ökonomischen und sozialen Leistung von Organisationen aufgeführt (GRI 2018).

Die Fülle der Leitlinien und Hilfestellungen für Organisationen, die jeweils ihren eigenen CSR-Schwerpunkt beinhalten, trägt sicherlich der Tatsache Rechnung, dass sich CSR-Aktivitäten abhängig von Branche, Unternehmensgröße, internationaler Ausrichtung und vieler weiterer Kriterien unterscheiden, ist darüber hinaus aber sicherlich auch ein Erklärungsgrund für das teilweise unterschiedliche CSR-Verständnis.

Abschließend sollen im Kontext der eingangs skizzierten zunehmenden Forderungen vonseiten der Politik, Gesellschaft sowie verschiedener Stakeholdergruppen nach größerer Übernahme von gesellschaftlicher Verantwortung durch Organisationen kurz verschiedene Implementierungsmotive und -ansätze von CSR dargestellt werden. In dem Zusammenhang ist zuerst einmal der Shareholder-Value-Gedanke zu nennen, der als neoklassischer Ansatz in den 1970er-Jahren von dem Nobelpreisträger Milton Friedman (1962) entwickelt wurde. Demnach sei es die primäre Verantwortung der Unternehmen (ihren Shareholdern gegenüber), ihre Gewinne zu mehren. Dieses schließt gesellschaftlich verantwortliches Handeln nicht zwangsläufig aus, da so Unternehmensimage aufgebessert, potenzielle Kundinnen und Kunden sowie Mitarbeiterinnen und Mitarbeiter gewonnen und Kapitalgeberinnen bzw. Kapitelgeber überzeugt werden könnten. Andererseits können sich Unternehmen aber auch beispielsweise aus rein ethisch-moralischen Motiven verpflichtet fühlen, Schaden von Gesellschaft und Mitarbeitenden abzuwenden, wie das Modell des Ehrbaren Kaufmanns impliziert. In dem Verständnis fühlen sich Organisationen gegebenenfalls auch aufgrund einer altruistischen Überzeugung berufen, gesellschaftliche Missstände zu verbessern oder umgekehrt und positiv formuliert, der Umwelt einen Nutzen zu stiften. Freeman (1984, S. 25) führt im Rahmen seines Stakeholderansatzes die ökonomische Sichtweise mit Motiven der ethisch motivierten Unternehmensverantwortung zusammen (vgl. Carroll 1979). Im Rahmen strategischer Nachhaltigkeitsansätze wird somit bei der Übernahme gesellschaftlicher Verantwortung zugleich auch die Schaffung von wirtschaftlichem Nutzen angestrebt (vgl. Perlitz und Schrank 2004). Dieses spiegelt sich auch in den nachfolgenden Beiträgen des vorliegenden Bands wider, in denen die Bandbreite von ethisch und altruistischen bis hin zu vorwiegend strategischen Ansätzen aufgezeigt wird, darüber hinaus jedoch auch die in der Praxis häufig anzutreffenden Überschneidungen beider Grundmotive.

3 Interkulturelles Management

Durch die Globalisierung, die insbesondere seit den 1980er-Jahren an Fahrt aufgenommen hat, wurden und werden auch zunehmend kulturelle Aspekte im Management berücksichtigt. Das Aufeinandertreffen unterschiedlicher Kulturen wirkt sich dabei nicht nur auf multinational wachsende Organisationen aus, die zunehmend ausländische Niederlassungen etablieren, sondern die Globalisierung führt darüber hinaus auch dazu, dass die Belegschaften in den jeweiligen Heimatländern aufgrund steigender Mobilität und Migration kulturell immer heterogener werden (vgl. Genkova und Ringeisen 2016, S. 453; Bundesagentur für Arbeit 2018). Dies führt wiederum dazu, dass Menschen, die in verschiedenen kulturellen Kontexten aufgewachsen sind, sich zunehmend in der Arbeitswelt begegnen, und dass somit nicht nur Bereiche wie z. B. die Produktion, Beschaffung oder Unternehmensführung, sondern sämtliche Funktionen stärker durch kulturelle Dimensionen beeinflusst werden (Adler und Gundersen 2008, S. 9). Nichtsdestotrotz hat laut Meyer (2014, S. 10–13) die große Mehrheit von Führungskräften, die international agieren, wenig Verständnis dafür, wie Kultur ihre Arbeit beeinflusst. Eine Ursache mag darin liegen, dass häufig Probleme, die auf unterschiedlichen kulturell verankerten Mustern basieren und somit interkulturell bedingt entstehen, eher der persönlichen Ebene zugeordnet werden.

Kurz zusammengefasst kann man vor diesem Hintergrund Interkulturelles Management als denjenigen Teil des Internationalen Managements verstehen, der sich ausschließlich auf die Koordination des Segments Kultur richtet (Engelhard 2018). So sehen z. B. Koch und Speiser (2008, S. 17) Interkulturelles Management „[...] als die Gestaltung, Steuerung und Entwicklung von Strukturen und Prozessen zur Erreichung von Zielen einer Organisation in einem Kontext, der von dem Zusammentreffen von mindestens zwei verschiedenen Kulturen geprägt ist". Dabei müssen unterschiedliche Aspekte beachtet werden, wie Rothlauf (2015) in Bezug auf Interkulturelles Management zusammenfasst: „It is not a separate subject but an integral part of general and international management. Managers have to be aware not only of the different language of the business partner but their diverging attitude, time perception, behaviours, traditions and further aspects related to a different culture. At this point, intercultural management provides the opportunity to be aware of it and deal with such cultural aspects." Dies bedeutet laut Burggraaf (1998), dass Interkulturelles Management die Kombination von Wissen, Einsichten und Fähigkeiten darstellt, die notwendig sind, um adäquat mit regionalen und nationalen Kulturen sowie unterschiedlichen Kulturen innerhalb und zwischen Organisationen umzugehen. Laut Lang und Baldauf (2016, S. 27) zeigt sich Interkulturelles Management somit v. a. in „[...] kulturell bedingten Besonderheiten bei Managementkonzepten, Strukturen, Instrumenten und in den Verhaltensweisen von Managern, die als kulturspezifische Problemlösungen für generelle Managementprobleme gesehen werden können. Darüber hinaus schließt der Begriff das Management von interkulturellen Kooperationen und die dort genutzten Strategien, Handlungen und Lösungen zur Handhabung von Kulturunterschieden und Kulturkonflikten ein."

Das Gebiet des Interkulturellen Managements beruht dabei auf mehreren Disziplinen, wie z. B. den Wirtschaftswissenschaften, Kommunikationswissenschaften, Kulturwissenschaften, Human- und Sozialwissenschaften (vgl. Lang und Baldauf 2016, S. 3), um in Personalmanagement, Konsumentinnen- und Konsumentenforschung, Marketing, Organisationsmanagement usw. angewandt zu werden.

Dabei wird Kultur in den verschiedenen Disziplinen unterschiedlich beschrieben. Somit gibt es nicht eine allgemeingültige Definition oder Operationalisierung. Zusammengefasst kann Kultur aber als ein bestehendes System mit bestimmten Werten verstanden werden, in das ein Individuum hineingeboren wird und was dessen Handeln beeinflusst. Bereits in den 1950er-Jahren haben Kroeber und Kluckhohn (1952) existierende Kulturdefinionen analysiert und folgende Definition entwickelt: „Culture consists of patterns, explicit and implicit, of and for behaviour acquired and transmitted by symbols, constituting the distinctive achievements of human groups, including their embodiments in artefacts; the essential core of culture consists of traditional (i. e. historical derived and selected) ideas and especially their attached values, culture systems may, on the one hand, be considered as products of action, on the other as conditioning elements of further action." So sieht Hofstede (1997, S. 4) Kultur als eine „kollektive Programmierung des Geistes, die die Mitglieder einer Gruppe oder Kategorie von Menschen von einer anderen unterscheidet." Bezogen auf die interkulturelle Forschung definiert Spencer-Oatey (2000) Kultur als die Gesamtheit von u. a. Werten und Wertvorstellungen, Verhaltensnormen, Grundeinstellungen, die von einer Gruppe geteilt werden. Diese beeinflussen das Verhalten der Gruppenmitglieder und fungieren zudem dazu, das Verhalten anderer zu interpretieren.

In einer Reihe von kulturtheoretischen Ansätzen spielen somit Werte eine zentrale Rolle und dienen häufig der Zuordnung von Individuen zu Kulturen. Aufgrund von individuellen Wertepräferenzen werden so Einstellungen und Handeln auf der kollektiven Ebene in unterschiedlichen Bereichen wie politischem, sozialem, ökologischem und wirtschaftlichem Handeln abgeleitet und strukturiert. So hat z. B. Weber (2010) den Einfluss von Religion auf wirtschaftliches Handeln in seinem Klassiker *Die protestantische Ethik und der Geist des Kapitalismus* beschrieben. Inglehart (1977) erklärt in seiner Postmaterialismustheorie den Wertewandel und damit verbundene Änderungen im politischen Verhalten moderner Gesellschaften. Im Rahmen der World Values Study, die Inglehart 1981 eingeführt und auf Vorarbeiten der European Value Study Group aufgebaut hat, werden Wertesysteme mithilfe von zwei Dimensionen möglicher kultureller Variation zusammengefasst: traditionelle Werte vs. säkular-rationale Werte und Überlebenswerte vs. Selbstentfaltungswerte. Auf Grundlage dieses zweidimensionalen Spektrums wurden Nationen in bestimmte kulturelle Regionen (u. a. protestantisches Europa, katholisches Europa usw.) eingeteilt (World Values Survey 2018). Eine weitere Theorie im Bereich der interkulturellen Werteforschung kommt von Schwartz (1992). Er entwickelte ein allgemein anerkanntes Wertemodell, das aus zehn Wertetypen besteht, die wiederum zwei Hauptdimensionen zugeordnet sind: Offenheit für Wandel vs. Bewahrung des Bestehenden sowie Selbststärkung vs. Selbstüberwindung. Umfangreiche Untersuchungen in zahlreichen Ländern haben die Gültigkeit dieses Modells auch über kulturelle Grenzen hinweg bestätigt. In neueren Studien wird das Modell von Schwartz zunehmend im Wirtschaftsbereich angewandt, wie beispielsweise im Marketing oder auch im Entrepreneurship bzw. der Unternehmensgründung (vgl. z. B. Schmidt et al. 2013). Zudem zeigen Studien, dass Kultur – sogar bei ähnlichen Regierungsstrukturen – eine signifikante Rolle für den Erfolg von Unternehmen ausmacht (vgl. Liñán und Fernández-Serrano 2014).

Im Bereich des Interkulturellen Managements haben sich v. a. die kulturvergleichenden Wertestudien von Hofstede (1997), Trompenaars (1993) und das GLOBE-Projekt durchgesetzt (House et al. 2002). So definiert Hofstede auf Basis seiner Studie sechs Kulturdimensionen: Individualismus/Kollektivismus, Unsicherheitsvermeidung, Maskulinität/Feminität, Machtdistanz, Langzeit-/Kurzzeitorientierung und Genuss/Zurückhaltung (Hofstede und Hofstede 2017). Trompenaars (1993) identifiziert auf Basis seiner Datenerhebung sieben Dimensionen, die sich z. T. mit Hofstedes Dimensionen überlappen, aber auch zusätzliche Dimensionen wie Affektivität/Neutralität, Zeitverständnis und die Beziehung des Menschen zur Umwelt/Natur aufzeigen. Letztlich werden im GLOBE-Projekt neun Wertedimensionen und sechs Führungsstile definiert. Auch hier überdecken sich die Dimensionen mit den beiden vorgenannten, allerdings ebenfalls erweitert um Dimensionen wie Zukunftsorientierung und Menschlichkeit.

Obwohl die oben genannten Theorien und Studien aus unterschiedlichen Disziplinen entstanden sind und auf Basis unterschiedlicher Daten erhoben wurden, verdeutlichen sie, dass Werte a) als individuelle und kollektive Handlungsmuster definierbar sind, b) Erklärungen für Handlungen von Individuen bieten, c) das Verhalten beeinflussen, d) kulturell verankert und e) stabil sind, aber dennoch Wandlungen aufgrund interner und externer Einflüsse unterliegen. Wer Interkulturelles Management verstehen bzw. erfolgreich umsetzen will, sollte somit ein Grundwissen darüber besitzen, wie Werte entstehen und wie

Wertestrukturen sich kulturell unterscheiden können, und damit in der Lage sein, sowohl Unterschiede, aber auch Ähnlichkeiten über nationale Grenzen hinweg zu erklären. Insbesondere für den Bereich CSR scheint dies unabdingbar, da CSR eng mit Wertvorstellungen von Individuen und Unternehmen zusammenhängt. In Zeiten der Globalisierung, Technisierung und Digitalisierung werden kulturelle Aspekte noch schneller weltweit verbreitet als in früheren Zeiten und führen zur Übernahme kultureller Gepflogenheiten und Entwicklung hybrider Kulturen weltweit (Broszinsky-Schwabe 2011, S. 241). Es ist somit zu erwarten, dass die Komplexität der kulturellen Einflüsse auf das Management weiter zunehmen wird.

In diesem Abschnitt wird deutlich, dass Konzepte von Kultur definitorisch divergieren, auch wenn es viele Überschneidungen gibt. Zusätzlich ist die Organisationskultur in Abgrenzung zur nationalen Kultur ebenfalls ein Betrachtungs- und Analysegegenstand in der Schnittmenge zu CSR. Auch sind individuelle Prägungen nicht zu vernachlässigen. Im Bereich Diversity Management spielt beispielsweise explizit nicht nur die nationale bzw. ethnische Dimension eine Rolle, sondern diese überschneidet sich häufig auch mit anderen Merkmalen wie Religion, Geschlecht, Alter, Subkulturen etc. (vgl. Hofstede und Hofstede 2017, S. 13). Welches Kulturverständnis deshalb für die jeweilige Organisation relevant ist und in welchen Bereichen CSR eine Rolle spielt bzw. Maßnahmen zur Umsetzung von CSR sinnvoll erscheinen, kann sehr individuell ausgelegt werden, wie auch die Beiträge in diesem Band verdeutlichen.

4 Corporate Social Responsibility und Interkulturelles Management

Wie bereits dargestellt, sind die beiden Begriffe CSR und Interkulturelles Management weder eindeutig noch eindimensional zu verstehen. Kontext und Inhalt ändern sich je nach Analyseebene: Individuum, Organisation oder Nation. Diese Ebenen sind wiederum nicht trennscharf. Ein Individuum kann sowohl Mitarbeiter oder Mitarbeiterin in einer Organisation, zugleich auch Bürger oder Bürgerin einer Nation und zudem Mitglied einer Subkultur sein. Alle Rollen haben verschiedene Einflüsse auf und Erwartungen an ein Individuum.

Nichtsdestotrotz gibt es in Bezug auf CSR in verschiedenen Kulturen teilweise unterschiedliche Erwartungshaltungen hinsichtlich Verantwortungsübernahme und -aufteilung durch Nation, Organisation und Individuum, die mithilfe von Dimensionen wie u. a. derjenigen von Hofstede zu erklären sind. So zeigen Studien beispielsweise, dass sich individualistische und kollektivistische Kulturen unterscheiden (Maignan und Ferrell 2003): Während kollektivistischere Gesellschaften die soziale Verantwortung mehr beim Staat bzw. auf der Organisationsebene sehen, sehen individualistischere Kulturen das Individuum selbst mehr in der Verantwortung sich sozial zu engagieren. Dies könnte z. B. die große Spendenbereitschaft durch Einzelpersonen in den USA, als ein vergleichsweise individualistisches Land, erklären. Hingegen liegt in Japan oder Südkorea als kollektivistische Länder ein Großteil der sozialen Verantwortung bei den Unternehmen.

Eine Studie von Williams und Zinkin (2006) untersucht mithilfe eines Datensatzes von 90.000 Stakeholdern aus 28 Ländern die Korrelation zwischen Konsumentinnen- bzw. Konsumentenverhalten und CSR, differenziert nach den kulturellen Dimensionen von Hofstede. Dabei wird deutlich, dass Konsumentinnen und Konsumenten in individualistischen Ländern eher dazu neigen, Unternehmen für schlechtes Unternehmensverhalten zu bestrafen, als Konsumentinnen und Konsumenten in kollektivistisch orientierten Ländern. Darüber hinaus zeigt die Studie, dass Konsumentinnen und Konsumenten in Ländern, in denen Zeit eine beschränkte Ressource ist, weniger geduldig mit schlechtem Unternehmensverhalten sind (Williams und Zinkin 2006, S. 20). Laut Williams und Zinkin haben diese Ergebnisse wichtige Implikationen für die Führungsebene von Unternehmen, die interkulturell agieren. Dementsprechend können z. B. chinesische oder malaysische Firmen, die von einer hohen Machtdistanz geprägt sind, erleben, dass sie von Stakeholdern in weniger hierarchischen Ländern viel eher für schlechte CSR-Aktionen bestraft werden als in ihrem Heimatmarkt. Demgegenüber können Unternehmen, die von geringer Machtdistanz geprägt sind, mit der Verurteilung von Konsumentinnen und Konsumenten in Gastländern mit einer höheren Machtdistanz rechnen. Der Zusammenhang zwischen kulturellen Dimensionen und dem Verständnis von Erwartungen an CSR muss deshalb von Führungskräften multinationaler Unternehmen in der Implementierung von CSR-Strategien in verschiedenen kulturellen Kontexten berücksichtigt werden (Williams und Zinkin 2006, S. 2).

Die unterschiedliche Machtdistanz zwischen verschiedenen Kulturen führt darüber hinaus auch zu strukturellen Unterschieden in der Übernahme sozialer Verantwortung (Waldman et al. 2006). In Ländern mit einer hohen Machtdistanz wie beispielsweise in Südostasien hängt die soziale Verantwortung an wenigen herrschenden Familien, die sowohl Staat als auch Organisationen diesbezüglich maßgeblich beeinflussen. Hingegen ist in Ländern mit einer geringen Machtdistanz (wie z. B. in Skandinavien) ein hohes CSR-Engagement durch Organisationen anzutreffen und Organisationen in eher femininen Kulturen zeigen laut Orij (2010) schließlich ein deutlich höheres Ausmaß an sozialer Verantwortungsübernahme als Organisationen in maskulineren Kulturen.

Darüber hinaus spielen zahlreiche weitere Einflussgrößen wie v. a. Religion (z. B. das calvinistische Gedankengut in den USA, das den Grundgedanken des Individualismus unterstreicht), Geschichte (z. B. die Bismarcksche Sozialgesetzgebung und somit traditionell verankerte Verantwortungsübernahme durch den Staat) sowie der ökonomische Entwicklungsstand eines Landes (man muss sich CSR leisten können) als weitere Erklärungsparameter für länderspezifische Unterschiede eine Rolle. So argumentiert beispielsweise Klein (2012), dass die kanadische Kultur vom Glauben geprägt ist, dass alle Bürger gleich behandelt werden sollen und den gleichen Zugang zu lebensnotwendigen Ressourcen haben sollten, wie Essen, Bildung und Gesundheit. Diese Werte finden sich auch in Unternehmenskulturen und ihrer Führung wieder (Klein 2012).

Die Bedeutung der komparativen Dimension in der Bewertung von CSR-Aktivitäten wird von Ciani et al. betont (2015, S. 74), die in ihrer Analyse CSR-Praktiken in Brasilien, Japan, Indien, Italien und Rumänien vergleichen. Alle diese Länder sind zwar wirtschaftlich, geografisch und kulturell sehr unterschiedlich, aber gerade die vergleichende Betrachtung verdeutlicht, wie CSR sich als Unternehmensverantwortung im globalen wirtschaftlichen Kontext unter verschiedenen kulturellen Rahmenbedingungen entwickelt. So zeigt auch eine kulturvergleichende Studie zum Thema CSR unter Business-Studierenden in Hong Kong und den USA, dass diese zwar CSR als Konstrukt ähnlich sehen, jedoch diesbezügliche Verantwortlichkeiten sehr unterschiedlich bewerten. So ordnen chinesische Studierende die wirtschaftliche Verantwortung als wichtiger und dementsprechend die nicht ökonomischen Dimensionen als vergleichsweise weniger relevant ein als US-amerikanische Studierende (Burton et al. 2000, S. 151).

Die Zusammenfassung einiger wichtiger Ansätze und Definitionen in den beiden vorherigen Abschnitten sowie die Veranschaulichung der Schnittmenge der beiden Konzepte erheben keinen Anspruch auf Vollständigkeit – dafür ist die Literatur zu umfangreich und die verschiedenen Verständnis- und Anwendungsmöglichkeiten sowohl aus Sicht der verschiedenen Disziplinen von u. a. Ethnologie, Soziologie, Ethik bis Wirtschaft als auch aus der Objektbetrachtung (Individuum, Organisation und Nation) zu komplex.

5 Einordnung der Beiträge

Die Auseinandersetzung mit der Schnittmenge der Konzepte CSR und Interkulturelles Management in den nachfolgenden Beiträgen dieses Bands führt zu den folgenden vier Subkategorien, nach denen wir die Beiträge schließlich gegliedert haben:

1. Etablierung internationaler Wertesysteme
2. (Inter)kulturelle Aspekte in der CSR-Umsetzung
3. Länderspezifische Besonderheiten
4. CSR-Initiativen für geflüchtete Menschen

5.1 Etablierung internationaler Wertesysteme

Viele der folgenden Beiträge definieren CSR als gesellschaftliche Verantwortungsübernahme von Unternehmen. Der Beitrag von Christopher Stehr, Nina Dziatzko und Franziska Struve „CSR und interkulturelle Kompetenz: Auflösung von unternehmensinternen Wertekonflikten anhand von Lösungsansätzen aus dem interkulturellen Kontext" beschreibt Nachhaltigkeit darüber hinaus noch spezifischer als gesellschaftlichen Wert. Die Positionierung zum Thema Nachhaltigkeit sei jedoch nicht nur eine gesellschaftliche oder unternehmerische Frage (CSR), sondern ebenso eine Frage der persönlichen Wertepräferenz des Individuums (Personal Social Responsibility). Insbesondere im internationalen Kontext könne sich hier aufgrund von Inkongruenzen erhebliches Konfliktpotenzial entwickeln.

Beispiele für die mögliche Entwicklung und Implementierung internationaler Wertesysteme finden sich in den Praxisbeiträgen der Deutschen Post DHL, der Otto Group und von Pierburg. In allen drei Praxisbeiträgen wird Interkulturelles Management primär länderspezifisch und als Konsequenz der globalen Unternehmensaktivitäten interpretiert, die die Basis für eine erfolgreiche Umsetzung in einem internationalen Unternehmenskontext darstellen. Dabei wird die zunehmende Bedeutung interkultureller Kompetenz im Sinn der (Interaktions-)Fähigkeit mit relevanten Stakeholdern aus anderen Kulturkreisen, die möglicherweise andere Wertekonzepte vertreten, im Zusammenhang mit CSR veranschaulicht.

Susanna Nezmeskal-Berggötz und Katharina Tomoff beschreiben in ihrem Beitrag „Verantwortungsvolles Handeln und Interkulturelles Management als Teil der Geschäftspraxis am Beispiel der Deutsche Post DHL Group" das CSR-Verständnis der Deutschen Post DHL u. a. als soziale Verpflichtung gegenüber Mitarbeitenden, Umwelt und Gesellschaft (Triple Bottom Line), die sich im Einzelnen an den UN-Global-Compact-Leitideen orientiert. CSR, bzw. synonym genutzt auch der Begriff der unternehmerischen Verantwortung, werde nicht nur in die Unternehmensstrategie integriert, auch die Umsetzung, Etablierung und Kontrolle des CSR-Wertesystems erfolge einheitlich über z. B. einen zentralen Verhaltenskodex und werde im internationalen Kontext durch Diversity-Management-Initiativen gestützt.

Ebenso beschäftigt sich der Beitrag der Otto Group „Werte- und Mitarbeiterorientierung als Basis eines erfolgreichen Nachhaltigkeitsmanagements: Praktische Umsetzungen und Bewertung derselben am Beispiel der Otto Group" von Jennifer Schall-van Bellen und Andreas Streubig mit dem Prozess der Werteimplementierung als Basis für ein erfolgreiches Nachhaltigkeitsmanagement und zeigt verschiedene Maßnahmen zur Wertevermittlung auf. Bei der Otto Group seien wesentliche Grundprinzipien des Unternehmens historisch gewachsen und fest im Wertekonzept bzw. Code of Conduct des Konzerns verankert. Ein solches weltweites Wertekonzept basiere u. a. auf dem Gedanken, dass sich zentrale Wertebilder auch über Landesgrenzen hinweg wiederfinden und nicht national beschränken (sollten). Dabei definiert die Otto Group den Begriff CSR basierend auf dem Konzept der Triple Bottom Line und verfolgt darüber hinaus ein systematisches, integriertes und strategisches Corporate-Responsibility(CR)-Management, das internationalen Richtlinien wie ISO-Verordnungen oder UN Global Compact Rechnung trägt.

Eine ähnliche Denkart findet sich in dem Beitrag von Markus Gerlach „Praktische Umsetzung von Corporate Social Responsibility im Global Sourcing der Pierburg Gruppe", in dem ein gemeinsames (CSR-)Werteverständnis als ein Weg gesehen wird, um die Herausforderungen der Internationalisierung im Global Sourcing erfolgreich zu bewältigen. Hierbei erleichtere ein gemeinsames Werteverständnis nicht nur die Zusammenarbeit innerhalb des Unternehmens, sondern auch die Zusammenarbeit mit den Lieferantinnen und Lieferanten der gesamten Wertschöpfungskette. Etablierte ISO-Richtlinien und Qualitätsnormen wie der Code of Conduct helfen bei der Umsetzung von CSR bzw. nachhaltigen Maßnahmen, die über die gesetzlichen Compliance-Forderungen hinausgehen – auch bei einer Ausweitung auf die gesamte Lieferkette.

Der Anspruch, CSR bzw. nachhaltige Unternehmenswerte in die gesamte, globale Lieferkette zu integrieren, wird abschließend noch einmal kritisch diskutiert. In dem wissenschaftlichen Schwerpunktbeitrag „CSR in internationalen Lieferketten: Interkulturelle Kompetenz als Voraussetzung zur Vermeidung von Werteimperialismus" von Nick Lin-Hi, Karsten Müller, Julia-Maria Degenhardt, Regina Kempen und Alexander Meier wird die Gefahr eines sog. Werteimperialismus bei der Sicherstellung der notwendigen ganzheitlichen Umsetzung grundlegender Arbeits-, Umwelt- und Sozialstandards in internationalen Lieferketten thematisiert. Gerade im CSR-Kontext mit der Vielfalt standardisierter und normativer Regelwerke und Leitlinien sei die Gefahr einer Bevormundung in besonderer Weise gegeben.

5.2 (Inter-)kulturelle Aspekte in der Corporate-Social-Responsibility-Umsetzung

In den unter dieser Kategorie zusammengefassten Beiträgen wird die Mehrdimensionalität des Kulturbegriffs deutlich, bei der sich Interkulturelles Management nicht mehr nur auf das Management länderspezifischer Kulturunterschiede bezieht, sondern indem der Bezugsrahmen zudem ausgeweitet auf Organisations-, Professions- bzw. Funktionsdimensionen angewendet wird.

Die Beiträge „Corporate-Social-Responsibility-Implementierung als interkultureller Prozess" von Kathrin Ankele und „Unternehmenskultur als Katalysator interkulturellen Corporate-Social-Responsibility-Engagements im Mittelstand" von Susanna M. Krisor und Gerda M. Köster sehen eine erfolgreiche Verankerung von CSR nur dann als gegeben, wenn CSR gleichwertiger Teil der Mission, Vision und Kultur eines Unternehmens und systematisch als interkultureller Change-Prozess implementiert werde. Kathrin Ankele beschreibt CSR in Anlehnung an die Definition der Europäischen Kommission aus dem Jahr 2011 als unternehmerische Verantwortung und sieht nachhaltiges Management primär auch als Wertemanagement. Sie streicht dementsprechend die Potenziale eines interkulturellen Erarbeitungsprozesses und die Entwicklung ganzheitlicher, wertebasierter Leitbilder durch diversifizierte bzw. interkulturelle Arbeitsgruppen (im Sinn von Nationalität, Hierarchie, Profession etc.) für eine breitere CSR-Verankerung heraus. Krisor und Köster stehen CSR Projekten von Unternehmen teilweise kritisch gegenüber und differenzieren zwischen ethisch und ökonomisch motivierten Aktivitäten. Dabei benennen sie als wesentliche Parameter erfolgreicher CSR-Aktivitäten die Authentizität der CSR-Maßnahmen, die Interaktion und den Fit mit der jeweiligen Unternehmenskultur sowie die Verknüpfung mit der Unternehmensstrategie. Der Beitrag beschreibt systematisch Schritte zur erfolgreichen Implementierung von CSR in die sog. Unternehmens-DNA und geht dabei v. a. auf die Besonderheiten von CSR-Projekten im Mittelstand ein.

In dem Beitrag „Wenn Welten sich begegnen – Kulturelle Aspekte bei der Entwicklung von Corporate-Social-Responsibility-Maßnahmen am Beispiel von Corporate Volunteering und der Arbeit zur Integration von Flüchtlingen" von Karl-Hans Kern, Ricarda Gregori und Ursula-Marie Behr bezieht sich Interkulturelles Management primär auf das Management der verschiedenen Organisationskulturen der Caritas als Non-Profit-Unternehmen und ihrer Kooperationspartnerinnen und Kooperationspartner aus der freien Wirtschaft. Gleichzeitig wird auch ein nationales Verständnis von Interkulturellem Management angewendet, wenn beispielsweise von Kooperationen mit Wirtschaftspartnerinnen und Wirtschaftspartnern referiert wird, deren Konzernspitze im Ausland ansässig ist, oder wenn Hilfsaktivitäten für geflüchtete Menschen im deutschsprachigen Raum beschrieben werden. Die zahlreichen Beispiele der verschiedenen Corporate-Volunteering-Aktivitäten der Caritas mit ihren Unternehmenspartnerinnen und Unternehmenspartnern zeigen die Relevanz interkultureller und kommunikativer Begleitmaßnahmen zur erfolgreichen Umsetzung solcher CSR-Projekte. Dabei wird CSR zwar strategisch breiter als gesellschaftliche Verantwortung von Unternehmen definiert, jedoch im Rahmen des Beitrags verstärkt auf Corporate-Volunteering-Aktivitäten bezogen.

5.3 Länderspezifische Besonderheiten

Die Beiträge von Torsten Weber und Christoph Willers, Carsten Schmitz-Hoffman und Jochen Weikert sowie von Bernhard Schwager beschreiben länderspezifische Besonderheiten in der CSR-Implementierung und diskutieren unter dem Blickwinkel der verschiedenen interkulturellen Kontexte unterschiedliche Corporate-Citizenship-, CSR- bzw. (internationale) Corporate-Volunteering-Aktivitäten. Allen Beiträgen gemein ist die Betonung der Bedeutung, jeweils regional- bzw. länderspezifische Themen mit lokaler Relevanz zu identifizieren, um erfolgreich CSR und Nachhaltigkeit global implementieren zu können. Damit liegt den Beiträgen ebenfalls ein Kulturverständnis zugrunde, innerhalb dessen Kultur als abhängig von der Nationalität angesehen wird. Alle Autoren empfehlen, Personal- und Kommunikationsinstrumente zur interkulturellen Wissensvermittlung einzusetzen.

Bernhard Schwager beschreibt in seinem Beitrag „Stiftungen im Ausland – Internationales Gesellschaftsengagement in der Bosch-Gruppe" die historische Verankerung von Unternehmensverantwortung in der philanthropischen Unternehmenskultur von Bosch, die mittlerweile durch den Beitritt zum UN Global Compact und der Verpflichtung der Sustainable Development Goals (SDGs) unterstrichen wird. Die angewendeten internationalen Richtlinien dienen dem Unternehmen als Kompass für die länderspezifisch ausgestalteten Aktivitäten der Bosch-Unternehmensstiftungen, was an den vier Beispielen von Indien, China, Brasilien und den USA exemplarisch dargestellt wird. Dabei basiere die lokal unterschiedliche Umsetzung der gemeinsamen Bosch-Werte auf der Tatsache, dass Anforderungen, Bedürfnisse und Werte in den verschiedenen Regionen teilweise deutlich differieren. Hier sind u. a. der unterschiedliche Zugang zu Bildung, Gesundheit, Versorgungs- und Sozialsysteme sowie Umweltfragen, etc. zu nennen.

Auch Torsten Weber und Christoph Willers beschreiben in ihrem Beitrag „Nachhaltigkeit in Mexiko – Herausforderungen und interkulturelle Lösungsansätze deutscher Unternehmen zur Umsetzung von Corporate-Social-Responsibility- und Corporate-Citizenship-Projekten am Beispiel Volkswagen" systematisch die spezifischen ökonomischen, ökologischen und sozialen Herausforderungen in Mexiko und zeigen beispielhaft auf, wie sich das Nachhaltigkeitsverständnis zwischen Deutschland und Mexiko unterscheidet. Dieses Kontextverständnis bilde die Basis für eine strategisch definierte wirtschaftliche und gesellschaftliche Verankerung von CSR für das Unternehmen VW im Gastland Mexiko. Die Autoren definieren CSR auf Basis der Europäischen Kommission als Unternehmensverantwortung und konkreter als langfristiges soziales bzw. ökologisches Engagement, das auf einer nachhaltigen Ausrichtung der Unternehmensführung, -strategie, -kultur und -struktur basiere.

Demgegenüber postulieren Carsten Schmitz-Hoffmann und Jochen Weikert in ihrem Beitrag „Die 50-Milliarden-Dollar-Frage – Ansätze und (interkulturelle) Herausforderungen einer nachhaltigen Textilwirtschaft in Bangladesch", dass ein solches Begriffsverständnis oftmals zu starr sei und die verschiedenen Akteursperspektiven nicht genug einbeziehen würde. CSR müsse von den Akteuren ausgehen und damit sowohl aus Sicht der Zentrale als auch gleichzeitig und unabhängig aus Sicht der lokalen Einheiten entwickelt werden. Zentral entwickelte und gegebenenfalls starre (unternehmensweit gültige) strategische CSR-Vorgaben und Normenkataloge könnten sonst als Einmischung von außen abgelehnt werden, wie die Autoren am Beispiel der Textilwirtschaft in Bangladesch verdeutlichen. Dementsprechend ist es Weikert und Hoffmann wichtig, ein CSR-Verständnis von z. B. sozialer Nachhaltigkeit, Gleichheit und Gerechtigkeit zu entwickeln, das in Form individueller Handlungsoptionen im jeweiligen interkulturellen Kontext operationalisiert wird.

5.4 Corporate-Social-Responsibility-Initiativen für geflüchtete Menschen

Das abschließende Fokusthema Engagement für Geflüchtete als derzeit besonders aktuelles Aktivitätsfeld im regionalen oder internationalen Unternehmensengagement wird in den letzten sechs Beiträgen aufgegriffen. Dabei liegt den Beiträgen im Allgemeinen erneut ein Kulturverständnis zugrunde, das sich primär auf die Nationalität bezieht. Die Arbeit für und mit Menschen anderer Nationalität(en) – speziell geflüchteten Menschen – wird hierbei sowohl als CSR-Maßnahme im Sinn des Corporate Citizenship als auch als Instrument der Wertevermittlung innerhalb von Organisationen angesehen.

Der Beitrag über die Lufthansa Group „Corporate Social Responsibility oder Business? – Interkulturalität verbindet Menschen" von Monika Rühl veranschaulicht einleitend die rechtlichen und sicherheitsspezifischen Restriktionen, die mit der Flüchtlingsarbeit insbesondere bei Flugkonzernen einhergehen und zu einer Verlagerung des Engagements außerhalb des Unternehmens führen müssten. Dabei versteht die Lufthansa CSR parallel zu CR und zu Unternehmensverantwortung als Oberbegriff für wirtschaftliche Nachhaltigkeit, Corporate Governance und Compliance, Klima- und Umweltverantwortung, soziale Verantwortung, Produktverantwortung und gesellschaftliches Engagement. Zu letzterem gibt die Autorin in ihrem Beitrag eine Reihe von Beispielen, worunter u. a.

die Erwähnungen einer Schule für geflüchtete Kinder in Jordanien oder eines Studienangebots für Geflüchtete in Deutschland fallen.

Auch im Beitrag von Hannah van Basshuysen und Lukas Petersik „Gesellschaftliche Unternehmensverantwortung zwischen Corporate Volunteering, Flüchtlingsengagement und interkultureller Zusammenarbeit" finden sich Beschreibungen von zahlreichen Projekten für geflüchtete Menschen, die an den verschiedenen Produktionsstandorten von Audi stattfinden. Die beschriebenen lokalen (regionalen) und internationalen Projekte konzentrieren sich dabei insbesondere auf die Themen Spracherwerb, berufliche Qualifikation und kulturelle Integration. Durch den Einbezug der Audi-Mitarbeiterinnen und Audi-Mitarbeiter in viele der Aktivitäten liegt ein wesentliches Leitmotiv – ähnlich wie bei der Lufthansa – u. a. in dem Ansatz, interkulturelle Begegnungen zu schaffen, freiwilliges Engagement und Kompetenzen der Mitarbeitenden zu fördern sowie Verantwortung zu übernehmen und sich mit regionalen und überregionalen Herausforderungen für die Gesellschaft auseinanderzusetzen. Hierfür benutzen die Autorinnen und Autoren die Begrifflichkeiten des Corporate Volunteering sowie des Corporate Citizenships im Sinn der Schaffung von Kooperationen zwischen Unternehmen und Partnerinnen und Partnern aus anderen gesellschaftlichen Bereichen mit dem Ziel, gemeinsame Lösungen zu finden.

Nicht nur Wirtschaftsunternehmen, sondern auch die IHK Köln engagiert sich für die Integration von geflüchteten Menschen, wie der Beitrag „Integration von Flüchtlingen in Ausbildung und Arbeitsmarkt: Gemeinsam nach vorne schauen" von Christopher Meier und Caroline Mager vor dem Hintergrund des Fachkräftemangels beschreibt. Insofern liegt dem Anspruch des nachhaltigen Handels auch eine ökonomische Logik zugrunde. Die Autorin und der Autor beschreiben verschiedene Angebote, die sich sowohl an Wirtschaftsunternehmen als auch an Geflüchtete richten, wie z. B. die Berufsorientierung, die Anerkennungsberatung und – ganz zentral – die Möglichkeiten des Spracherwerbs.

Der Beitrag „Corporate Social Responsibility an Hochschulen – Interkulturelles Management für Migranten und Flüchtlinge" von Thomas Doyé ermöglicht es schließlich, zu diesem Thema auch Einblicke in staatliche Institutionen zu bekommen. Der Autor stellt die Studienformate für geflüchtete Menschen sowie für Migrantinnen und Migranten an der Technischen Hochschule Ingolstadt vor, die damit gesellschaftliche Verantwortung übernehmen möchte. Solche gesellschaftsbezogenen Hochschulaktivitäten werden als gelebte Third Mission der Hochschulen definiert und greifen somit das Begriffsverständnis der Unternehmensverantwortung als zentralen CSR-Anspruch in Anlehnung an die Definitionen der Europäischen Kommission auf.

Im abschließenden Beitrag von Planetvalue „International Corporate Volunteering zur Förderung einer werteorientierten Personalentwicklung" verfasst von Lutz Leßmann und Nadine Albuera wird das Fokusthema wieder in einen breiteren Kontext gesetzt. Die Autorin und der Autor beschreiben, wie sich Corporate Volunteering und insbesondere International Corporate Volunteering als Instrument der Personalauswahl und -entwicklung einsetzen lässt. In diesem Zusammenhang wird Corporate Volunteering als eine Maßnahme definiert, um kulturelle Unterschiede und interkulturelle Probleme aufzuheben, indem nicht Projekte *für* geflüchtete Menschen, Migrantinnen und Migranten, sondern Projekte *mit ihnen* umgesetzt werden.

6 Fazit und Ausblick

Wie in der Einleitung beschrieben, ist es das Ziel dieses Bands – unter Einbeziehung verschiedener Autorinnen und Autoren aus Wissenschaft und Praxis – ein Verständnis dafür zu erhalten, wie CSR heute in unterschiedlichen interkulturellen Kontexten in Organisationen verstanden, ein gemeinsames CSR-Werteverständnis entwickelt und schließlich global umgesetzt und gelebt wird. Neben der Darstellung einiger gängiger Definitionen und Theorien, die für die Einordnung der Beiträge in einen theoretischen Rahmen erforderlich schienen, wurden Aspekte beleuchtet, die die Schnittmenge der Konzepte CSR und Interkulturelles Management betreffen.

Dabei wurde festgestellt, dass beim Begriff des Interkulturellen Managements oft primär an Organisationen gedacht wird, die im Ausland eine Niederlassung besitzen, wodurch sie mit ausländischen Mitarbeiterinnen und Mitarbeitern bzw. Zulieferern und Kundinnen bzw. Kunden arbeiten und dementsprechend eine Sensibilität für kulturelle Unterschiede benötigen. Darüber hinaus wurde thematisiert, dass in vielen Unternehmen und Organisationen, die in Deutschland ansässig sind, Arbeitnehmerinnen und Arbeitnehmer aus unterschiedlichsten Kulturkreisen zur Belegschaft gehören. Schließlich wurde der Aspekt der internationalen, nicht deutschen Organisationen erwähnt, die sich in Deutschland niederlassen und versuchen, sich mit in Deutschland vorherrschenden Werten vertraut zu machen. Letztere bringen beispielsweise nicht nur ihre eigene Organisationskultur und (gegebenenfalls nationale) Kultur mit, sondern auch ihre (unternehmerische) Tradition und ihr Verständnis von CSR. Dies ist z. B. bei vielen angloamerikanischen Organisationen der Fall.

Aus den in Abschn. 5 kurz zusammengefassten Beiträgen geht hervor, dass Interkulturelles Management sowohl als zentrales Instrument einer nachhaltigen weltweiten CSR-Implementierung wie auch als restriktiver Faktor für eine globale, standardisierte CSR-Strategie gesehen wird. Des Weiteren wird deutlich, dass das Verständnis von Interkulturellem Management in manchen Fällen mit Diversity Management im Unternehmen gleichgesetzt, in anderen Fällen als Handhabung kultureller Unterschiede in Tochterunternehmen im Ausland verstanden wird. Wiederum andere Autorinnen und Autoren sehen Interkulturelles Management als Umsetzung von CSR bzw. der Nachhaltigkeitsidee innerhalb ihrer Organisation.

CSR wird häufig mit der Übernahme unternehmerischer Verantwortung, als auch mit der Einführung und Umsetzung verschiedener Programme wie u. a. Corporate Volunteering gleichgesetzt, die teilweise stärker regional, teilweise eher international ausgerichtet sind – im Allgemeinen jedoch eine Mischung beider Aktionsfelder darstellen. Die sich durch die Globalisierung ergebende zunehmend weltweite Verantwortung und die steigende Popularität internationaler Volunteering-Initiativen werden in diesem Zusammenhang von einer Reihe von Autorinnen und Autoren betont. Deutschlandspezifische CSR- oder Volunteering-Initiativen waren in Deutschland zum Zeitpunkt der Erstellung dieses Bands sehr stark auf die Thematik der Integration von Geflüchteten fokussiert. Im internationalen Fokus wird der Bereich „Geflüchtete Menschen" auch genannt, jedoch stehen die jeweils in den einzelnen Ländern vorherrschenden gesellschaftlichen, wirtschaftlichen und ökologischen Probleme stärker im Fokus der Aktivitäten. Insofern geht es vielen Organisationen hierbei nicht nur um die Verbreitung nachhaltiger Geschäftsmodelle – vielmehr wollen diese ihren Einfluss, ihre Ressourcen und ihr Wissen nutzen, um den ökologischen, sozialen und ökonomischen Fragestellungen konstruktiv zu begegnen. Sie übernehmen dabei gesellschaftliche Verantwortung für ihre Aktivitäten, indem sie Menschenrechte und internationale Arbeits- und Sozialstandards einhalten und fördern, Ressourcen schonen und Arbeitsbeziehungen nachhaltig gestalten.

In fast jedem Beitrag wird außerdem auf die Fülle der bestehenden CSR-Richtlinien, Leitfäden und Gesetze verwiesen, die im Abschn. 2 kurz beschrieben wurden. Gerade im internationalen Kontext beziehen sich viele Organisationen auf diese zentralen Vorgaben und beschreiben den Nutzen für die weltweite Umsetzung von CSR im interkulturellen Kontext als Inspiration und energetisierendes Moment in der unternehmerischen CSR-Diskussion. Wie Gjølberg (2012, S. 67) betont: „Finding that political-economic institutions significantly influence CSR practices has fundamental implications for our understanding of CSR both as a management tool and as a political phenomenon".

Allerdings müssen dann nationale und internationale CSR-Richtlinien verbindlich und weltweit einheitlich eingeführt und umgesetzt werden. Zudem müssen Definitionen und Indikatoren für CSR etabliert und Daten erhoben werden, die eine international bzw. kulturvergleichende Analyse ermöglichen, damit CSR-Maßnahmen und deren Wirkung und Nachhaltigkeit wissenschaftlich überprüft werden kann. Dieses gilt sowohl für die Mikroebene, d. h. Organisationsebene, wie auch für die gesellschaftliche Makroebene.

Literatur

Adler NJ, Gundersen A (2008) International dimensions of organizational behavior, 5. Aufl. Thomson South-Western, Mason

Arora P, Garg AK, Vaidya SC (2007) Efficacy of integrating corporate social responsibility and procurement strategy. South Asian J Manag 14(1):105–119

Basu K, Palazzo G (2008) Corporate social responsibility: a process model of sensemaking. Acad Manag Rev 33(1):122–136

Bowen HR (1953) Social responsibilities of the businessman. Harper and Row, New York

Broszinsky-Schwabe E (2011) Interkulturelle Kommunikation. Missverständnisse und Verständigung. Springer, Wiesbaden

Buhanita I (2015) Dimensions in CSR: an evaluation of current definitions. J Journalism Commun 10(4):64–72

Bundesagentur für Arbeit (2018) Auswirkungen der Migration auf den deutschen Arbeitsmarkt, Berichte: Arbeitsmarkt kompakt, April 2018. https://statistik.arbeitsagentur.de/Statischer-Content/Statistische-Analysen/Statistische-Sonderberichte/Generische-Publikationen/Auswirkungen-der-Migration-auf-den-Arbeitsmarkt.pdf. Zugegriffen: 23. Apr. 2018

Bundesministerium für Arbeit und Soziales (2011) Die DIN ISO 26000. Leitfaden zur gesellschaftlichen Verantwortung von Organisationen. Ein Überblick. http://www.bmas.de/SharedDocs/Downloads/DE/PDF-Publikationen/a395-csr-din-26000.pdf;jsessionid=19B809438779E238A85D5460D6D96F6A?__blob=publicationFile&v=2. Zugegriffen: 23. Apr. 2018

Bundesregierung (2016a) Nationaler Aktionsplan Umsetzung der VN-Leitprinzipien für Wirtschaft und Menschenrechte. http://www.csr-in-deutschland.de/SharedDocs/Downloads/DE/NAP/nap-im-original.pdf?__blob=publicationFile&v=3. Zugegriffen: 21. Apr. 2018

Bundesregierung (2016b) Deutsche Nachhaltigkeitsstrategie, Neuauflage 2016. https://www.bundesregierung.de/Content/Infomaterial/BPA/Bestellservice/Deutsche_Nachhaltigkeitsstrategie_Neuauflage_2016.pdf?__blob=publicationFile&v=23. Zugegriffen: 9. Mai 2018

Burggraaf W (1998) Intercultural Management: On cultures and the Multicultural Organisation. Breukelen, Vedidor

Burton BK, Farh J, Hegarty WHA (2000) Cross-cultural comparison of corporate social responsibility orientation: Hong Kong vs. United States Students. Teach Bus Ethics 4(2):151–167

Carroll AB (1979) A three dimensional conceptual model of corporate performance. Acad Manag Rev 4(4):497–505

Ciani A, Rocchi L, Paolotti L, Diotallevi F, Guerra JB, Fernandez F, Suni A, Edwin GA, Muthu N, Ohe Y, Grigore A (2015) Corporate Social Responsibility (CSR): A cross-cultural comparison of practices. In: Wolf R, Issa T, Thiel M (Hrsg) Empowering organizations through Corporate Social Responsibility. IGI Global, Hershey, S 73–97

Dahlsrud A (2006) How Corporate Social Responsibility is defined: an analysis of 37 definitions. Corp Soc Responsib Environ Manag 15(1):1–13. https://doi.org/10.1002/csr.132

Duong Dinh HV (2011) Corporate Social Responsibility. Determinanten der Wahrnehmung, Wirkungsprozesse und Konsequenzen. Springer Gabler, Wiesbaden

Elkington J (1999) Cannibals with forks. The triple bottom line of 21th century business. Capstone, Oxford

Engelhard J (2018) Interkulturelles Mangement. https://wirtschaftslexikon.gabler.de/definition/interkulturelles-management-40858. Zugegriffen: 29. Apr. 2018

Europäische Kommission (2001) Promoting a European Framework for Corporate Social Responsibility. https://www.eumonitor.eu/9353000/1/j9vvik7m1c3gyxp/vikqhjet6py6. Zugegriffen: 9. Mai 2018

Europäische Kommission (2011) Communication from the Commission to the European Parlament, the Council, the European Economic and Social Committee and the Committee of the Regions. http://eurlex.europa.eu/LexUriServ/LexUriServ.do?uri=COM:2011:0681:FIN:EN:PDF. Zugegriffen: 9. Mai 2018

Freeman RE (1984) Strategic management – A stakeholder approach. Pitman Publishing, Boston. http://www.zfwu.de/fileadmin/pdf/3_2004/Freeman_HansenBodeMossmeyer.pdf. Zugegriffen: 9. Mai 2018

Friedman M (1962) Capitalism and freedom. http://www.pdf-archive.com/2011/12/28/friedman-milton-capitalism-and-freedom/friedman-milton-capitalism-and-freedom.pdf. Zugegriffen: 9. Mai 2018

Genkova P, Ringeisen T (2016) Handbuch Diversity Kompetenz: Perspektiven und Anwendungsfelder. Springer Gabler, Wiesbaden

Gjølberg M (2012) The political economy of corporate social responsibility (CSR). PhD Dissertation, University of Oslo. https://www.duo.uio.no/bitstream/handle/10852/13346/dravhandling-gjolberg.pdf?sequence=3&isAllowed=y. Zugegriffen: 27. Apr. 2018

GRI (2018) About GRI. https://www.globalreporting.org/Information/about-gri/Pages/default.aspx. Zugegriffen: 29. Apr. 2018

Hofstede G (1997) Lokales Denken, globales Handeln: Kulturen, Zusammenarbeit und Management. DTV, München

Hofstede G, Hofstede GJ (2017) Lokales Denken, globales Handeln. Interkulturelle Zusammenarbeit und globales Management, 6. Aufl. Beck, München

Hopkins M (1998) The planetary bargain: corporate social responsibility comes of age. Macmillan, London

House R, Javidan M, Hanges P, Dorfman P (2002) Understanding cultures and implicit leadership theories across the globe: An introduction to project GLOBE. J World Bus 37(1):3–10

Inglehart R (1977) The silent revolution: changing values and political styles among western publics. Princeton University Press, Princeton

International Labour Organization (2017) Tripartite Declaration of Principles concerning Multinational Enterprises and Social Policy. http://www.ilo.org/wcmsp5/groups/public/---ed_emp/---emp_ent/---multi/documents/publication/wcms_094386.pdf. Zugegriffen: 29. Apr. 2018

Keinert C (2008) Corporate Social Responsibility as an International Strategy. Physica, Heidelberg

Klein P (2012) The impact of values and culture on CSR. The CSR Blog, Forbes. https://www.forbes.com/sites/csr/2012/09/12/the-impact-of-values-and-culture-on-csr/#31a9d29874ae. Zugegriffen: 29. Apr. 2018

Klink D (2008) Der Ehrbare Kaufmann – Das ursprüngliche Leitbild der Betriebswirtschaftslehre und individuelle Grundlage für die CSR-Forschung. In: Schwalbach J (Hrsg) Corporate Social Responsibility. Springer Gabler, Wiesbaden, S 57–79

Koch E, Speiser S (2008) Interkulturelles Management. Rainer Hampp Verlag, München und Mering

KPMG (2013) KPMG-Handbuch zur Nachhaltigkeits-Berichterstattung. https://assets.kpmg.com/content/dam/kpmg/pdf/2014/06/handbuch-nachhaltigkeitsbericherstattung.pdf. Zugegriffen: 29. Apr. 2018

Kroeber AL, Kluckhohn C (1952) Culture: a critical review of concepts and definitions. Papers. Peabody Museum of Archaeology und Ethnology, Harvard University, Bd. 47(1), S viii–223

Lang R, Baldauf N (2016) Interkulturelles Management. Springer Gabler, Wiesbaden

Lindgreen A, Swaen V (2010) Corporate Social Responsibility. Int J Manag Rev 12(1):1–7

Liñán F, Fernández-Serrano J (2014) National culture, entrepreneurship and economic development: different patterns across the European Union. Small Bus Econ 42(4):685–701

Loew T, Ankele K, Braun S, Clausen J (2004) Bedeutung der internationalen CSR-Diskussion für Nachhaltigkeit und die sich daraus ergebenden Anforderungen an Unternehmen mit Fokus Berichterstattung. http://www.upj.de/fileadmin/user_upload/MAIN-dateien/Themen/Einfuehrung/ioew_csr_diskussion_2004.pdf. Zugegriffen: 9. Mai 2018

Maignan I, Ferrell OC (2003) Nature of corporate responsibilities: perspectives from American, French and German consumers. J Bus Res 56(1):55–68

Meyer E (2014) The culture map. Breaking through the invisible boundaries of global business. New York, PublicAffairs

OECD (2012) The OECD Guidelines for Multinational Enterprises: Reference instruments and initiatives relevant to the updated Guidelines. http://www.oecd.org/daf/inv/mne/ResourceDocumentWeb.pdf. Zugegriffen: 29. Apr. 2018

Orij R (2010) Corporate social disclosures in the context of national cultures and stakeholder theory. Account Auditing Account J 23(7):868–889. https://doi.org/10.1108/09513571011080162

Perlitz M, Schrank R (2004) Internationales Management. UTB, Konstanz

Rothlauf J (2015) A global view on intercultural management. De Gruyter, Oldenbourg

Schmidt P, Tatarko A, Amerkhanova N (2013) Entrepreneurial intention, values, and the reasoned action approach: results from a Russian population survey basic research program. Working papers series: psychology WP BRP 12/PSY/2013, S 1–40

Schneider A (2012) Reifegradmodell CSR – eine Begriffsklärung und -abgrenzung. In: Schneider A, Schmidpeter R (Hrsg) Corporate Social Responsibility. Verantwortungsvolle Unternehmensführung in Theorie und Praxis. Springer Gabler, Wiesbaden, S 17–38

Schwartz SH (1992) Universals in the content and structure of values: Theoretical advances and empirical tests in 20 countries. In: Zanna MP (Hrsg) Advances in Experimental Social Psychology. Academic Press, San Diego, CA, S 1–26

Seidel P (2011) Internationale Unternehmen, Gesellschaft und Verantwortung. Springer Gabler, Wiesbaden

Spencer-Oatey H (2000) Culturally speaking: managing rapport through talk across cultures. Continuum, London

Strautmanis J (2007) Acquiring corporate social responsibility approach through business study process. University of Latvia, Riga

Trompenaars F (1993) Riding the Waves of Culture: Understanding Diversity in Global Business. Nicholas Brealey International, London, Boston

United Nations (2014) Leitfaden für nachhaltiges Wirtschaften. https://www.unglobalcompact.org/docs/publications/UN_Global_Compact_Guide_to_Corporate_Sustainability_DE.pdf. Zugegriffen: 29. Apr. 2018

United Nations (2015) Transforming our world. The 2013 agenda for sustainable development. https://www.destatis.de/DE/UeberUns/UnsereAufgaben/InternationaleKooperation/Agenda2030/TransformingOurWorld.pdf?__blob=publicationFile. Zugegriffen: 29. Apr. 2018

Votaw D, Sethi S (1973) The corporate dilemma: traditional values versus contemporary problems. Prentice Hall, Englewood Cliff, N.J.

Waldman DA, Sully de Luque M, Washburn N, House RJ (2006) Cultural and leadership predictors of corporate social responsibility values of top management: a GLOBE study of 15 countries. J Int Bus Stud 37:823–837

Weber M (2010) Die protestantische Ethik und der Geist des Kapitalismus, 3. Aufl. Beck, München

Williams G, Zinkin J (2006) The effect of culture on consumers' willingness to punish irresponsible corporate behaviour: Applying Hofstede's typology to the punishment aspect of Corporate Social Responsibility. http://www.csringreece.gr/files/research/CSR-1290007917.pdf. Zugegriffen: 29. Apr. 2018

World Values Survey (2018) Findings and insights. http://www.worldvaluessurvey.org/WVSContents.jsp. Zugegriffen: 9. Mai 2018

Prof. Dr. Anja Karlshaus ist seit 2008 Professorin für allgemeine Betriebswirtschaftslehre und Personal an der Cologne Business School (CBS) und leitet dort den Fachbereich Personal- und Unternehmensführung. Sie studierte an der Universität zu Köln, der Santa Clara University in den USA und der European Business School (EBS) in Oestrich Winkel, wo sie über das Thema Strategisches Personalmanagement promovierte. Darüber hinaus hat sie bei diversen Forschungsinstituten im In- und Ausland gearbeitet. Neben Lehre und Forschung war sie von 1999 bis 2016 in Großkonzernen wie der Dresdner Bank, Allianz Group bzw. der Commerzbank im strategischen Personalbereich beschäftigt. Anja Karlshaus ist Mitglied in verschiedenen Arbeitskreisen der IHK und des Landes NWR und als Sprecherin sowie Trainerin zu den Themenfeldern Nachhaltigkeit, Gender und Diversity sowie (Teilzeit-)Führung bzw. neue Arbeitsmodelle tätig. Ihre aktuellen Forschungsschwerpunkte liegen in der Analyse flexibler Arbeitszeitmodelle für Führungskräfte, im Themenfeld Gender Diversity sowie zu Fragestellungen im Bereich der interkulturellen Kompetenz.

Prof. Dr. Ingvill C. Mochmann hat Vergleichende Politikwissenschaften, Volkswirtschaftslehre und Germanistik an der Universität Bergen, Norwegen und der Friedrich-Wilhelm Universität Bonn, Deutschland, studiert. Im Jahr 2003 hat sie in Politikwissenschaften an der Justus-Liebig-Universität Gießen promoviert. Von 1995 bis 1997 war sie Wissenschaftliche Mitarbeiterin beim Zentralarchiv für empirische Sozialforschung der Universität zu Köln und seit 1996 ist sie Wissenschaftliche Mitarbeiterin und Leiterin des EUROLAB am GESIS-Leibniz Institut für Sozialwissenschaften in Köln. Seit 2011 ist sie zudem Professorin für Internationale Politik an der Cologne Business School (CBS), wo sie seit 2013 auch die Position als Vizepräsidentin für Forschung und Wissenstransfer innehat. Von 2013 bis 2014 war sie Fellow bei der Harvard Humanitarian Initiative (HHI) und ist seitdem Mitglied der Expertengruppe der HHI. Ihre Forschungsbereiche umfassen Demokratie- und Minderheitenrechte, Kinder des Krieges, Parteiensysteme und Wahlverhalten, Lebensstilforschung, interkulturelles und Diversity Management sowie Forschungsmethoden. Als Expertin für die evidenzbasierte Forschung zu Kindern des Krieges (www.childrenbornofwar.org) sowie nachhaltige Integration dieser Kinder in Nachkriegsgesellschaften berät sie u. a. Forscher, Politik und Organisationen.

Etablierung internationaler Wertesysteme

Corporate Social Responsibility und interkulturelle Kompetenz: Auflösung von unternehmensinternen Wertekonflikten anhand von Lösungsansätzen aus dem interkulturellen Kontext

Christopher Stehr, Nina Dziatzko und Franziska Struve

1 Wertevorstellungen im Alltag – Wertekongruenz: Notwendigkeit oder Luxus?

Unter Wertekongruenz versteht man die Übereinstimmung von Werten. Dabei kann es sich z. B. um die Übereinstimmung der individuellen Werte mit denen des Unternehmens, für das man arbeitet, handeln. Koch und von Rosenstiel (2007) bestätigen die Relevanz von Wertekongruenz. Stimmen die individuellen Werte nicht mit den tatsächlich gelebten Werten des Unternehmens überein, spricht man von einer Werteinkongruenz. Diese Nichtübereinstimmung der Werte kann in einer kognitiven Dissonanz des Mitarbeiters münden. „Kognitive Dissonanz ist eine als unbequem empfundene psychische Spannung aufgrund eines psychologischen Widerspruchs zwischen füreinander relevanten und gleichzeitig resistenten Kognitionen" (Raffée et al. 1973, S. 41). Eine kognitive Dissonanz tritt dann auf, wenn die auf den individuellen Werten basierende angedachte Reaktion in einer Situation nicht mit der aus den Unternehmenswerten oder der Unternehmenspraxis abgeleiteten erwünschten Reaktion übereinstimmt. In diesem Fall werden die individuellen Werte zugunsten der Unternehmenswerte durch die Handlung unterdrückt. Die daraus resultierende kognitive Dissonanz des Handelnden kann zu unangenehmen psychischen Spannungen führen (vgl. Festinger 2012). Wertekongruenz ist, neben der Persönlichkeit der Mitar-

---

C. Stehr (✉) · N. Dziatzko · F. Struve
German Graduate School of Management & Law
Heilbronn, Deutschland
E-Mail: christopher.stehr@ggs.de

N. Dziatzko
E-Mail: nina.dziatzko@polymundo.de

F. Struve
E-Mail: franziska.struve@ggs.de

© Springer-Verlag GmbH Deutschland, ein Teil von Springer Nature 2019
A. B. Karlshaus und I. C. Mochmann (Hrsg.), *CSR und Interkulturelles Management*,
Management-Reihe Corporate Social Responsibility,
https://doi.org/10.1007/978-3-662-55230-8_2

beiter und Mitarbeiterinnen, einer der wichtigsten Faktoren für eine gut funktionierende Zusammenarbeit (vgl. Bürgisser 2011, S. 102–104).

Der nachfolgende Beitrag behandelt die folgenden Fragestellungen:

- Warum entstehen Wertekonflikte?
- Welche Parallelen gibt es in der Entstehung von interkulturellen Konflikten und Corporate-Social-Responsibility(CSR)-basierten Wertekonflikten?
- Welche Vorgehensweisen aus dem interkulturellen Bereich können bei der Auflösung von CSR-basierten Wertekonflikten nützlich sein?

Gemeinsame Wertvorstellungen bringen Individuen dazu, externe Einflüsse wahrzunehmen und darauf basierend mit einem vergleichbaren Verhalten zu reagieren. Somit helfen diese Wertvorstellungen bei der Zusammenarbeit, da das Auftreten von Konflikten weniger wahrscheinlich ist (vgl. Ravlin und Meglino 1998, S. 356 f.). Der positive Effekt übereinstimmender Werte zwischen zwei Individuen, zwischen Individuen und Unternehmen sowie zwischen zwei Kulturen ist aufgrund sinkender Transaktionskosten, durch geringeres Konfliktpotenzial und einen geringeren Bedarf an Rücksprachen eindeutig. Somit steigert Wertekongruenz auch Zufriedenheit und Mitarbeiterbindung (Meglino et al. 1989).

Welche Auswirkungen die mangelnde Übereinstimmung von Werten im interkulturellen Kontext haben kann, wird durch den sog. Kulturschock deutlich. Die Autoren sind der Meinung, dass die Auswirkungen einer mangelnden Übereinstimmung von Werten im intrakulturellen Kontext, also Wertekonflikte innerhalb einer Kultur, zu einem ähnlichen Schock führen können. Ein Beispiel hierfür bietet das Burn-out-Syndrom. Zwar bleibt es als Krankheitsbild umstritten, aber die Fakten belegen seine zunehmende Bedeutung in der heutigen Arbeitswelt.

Fakten zu Burn-out und seinen Folgen für die Arbeitswelt

- Bei einer relativ konstanten Anzahl an Krankschreibungen stieg der Anteil der Arbeitsunfähigen aufgrund von psychischen Erkrankungen zwischen 2004 und 2014 um 40 %. Die daraus resultierenden Produktivitätsausfälle führten 2009 laut einer Studie der Beratungsfirma Booz & Co. beispielsweise zu rund 225 Mrd. € Verlust, Tendenz steigend (vgl. Volber 2014).
- Die Zahl der Arbeitnehmer, die an Burn-out (als psychischer Erkrankung) erkrankt sind, beläuft sich laut Münchener Institut für lösungsorientiertes Denken (MILD 2017) mittlerweile auf 13 Mio. €.
- Burn-out als eine seelische Erkrankung zählt mit durchschnittlich sechs Wochen Arbeitsausfallzeit pro Erkranktem zu den höchsten Ausfallzeiten psychischer Erkrankungen überhaupt.

Die Ursachen von Burn-out können vielfältige Gründe haben; fokussiert auf den beruflichen Kontext sind es u. a. erhöhte Arbeitsbelastung, zu wenig Autonomie, zu wenig Anerkennung, mangelnde Gemeinschaft, mangelnde Fairness sowie Wertekonflikte (vgl. Stock 2015, S. 29–42). Durch den sukzessiven Bedeutungszuwachs der Werteorientierung im beruflichen Kontext (Angelopoulou 2007; von Goddeck 2011) kann die höhere Priorisierung dieser Themen auf Arbeitnehmer- wie auf Arbeitgeberseite bei einer Nichtübereinstimmung der Werte zu einem höheren Wertekonfliktpotenzial und damit zum Burn-out führen. Durch diesen Bedeutungszuwachs der Werte wurde die deutsche Wertekommission gegründet, auf deren aktuelle Studie im Folgenden Bezug genommen wird (Hattendorf et al. 2016).

Wertekonflikte sind bisher eher aus dem Bereich der interkulturellen Kompetenz unter dem Schlagwort Kulturschock bekannt, also aus dem Konflikt von Werten verschiedener Kulturen mit Werten von Individuen. Weniger beachtet ist eine andere Form des kulturellen Schocks in Bezug auf Unternehmenskulturen. Dieser unternehmenskulturelle Schock kann bei der Integration eines Mitarbeiters entstehen, wenn dessen individuelle Werte z. T. nicht mit den Unternehmenswerten übereinstimmen. Auf Basis gesellschaftlicher Veränderungen entstehen neue Trends, beispielsweise der sog. Lifestyle-of-Health-and-Sustainability(LOHAS)-Trend (vgl. Glöckner et al. 2010). Diese Veränderungen entstehen vielfach unbewusst und graduell. Sie können das Risiko eines unternehmensinternen Kulturschocks zusätzlich steigern. Diese Entwicklungen werfen eine Reihe von Fragen auf:

- Kennen Sie Ihre eigenen Werte?
- Wissen Sie, welche Werte in der Gesellschaft relevant sind, in der Sie agieren?
- Kennen Sie die Werte des Unternehmens für das Sie arbeiten?

Vermutlich wissen Sie es intuitiv. Individuelle Werte geben unseren Handlungen genauso Orientierung wie Unternehmenswerte eine Orientierung für Mitarbeiter darstellen. Die Unternehmenswerte geben nicht nur den Mitarbeitern Orientierung, sondern stärken auch das Image des Unternehmens nach innen und außen und fördern auf diese Weise den Unternehmenserfolg (vgl. Freisinger 2016). Dies ist auch ein Grund für die zunehmende Beschäftigung mit Werten und die Kommunikation von eigenen Werten auf Unternehmenswebseiten: der Wunsch der Mitarbeiterschaft einen Sinn zu geben, Bewerber anzuziehen und dadurch möglichst erfolgreich zu sein (von Goddeck 2011). Glauner (2016) bietet, diesem Trend der Werteorientierung folgend, sogar ein Wertecockpit zur Messung von Unternehmenswerten an.

Zwar gibt es laut einer Führungskräftebefragung der Wertekommission der School of Management der Technischen Universität München (TUM) im Unternehmensalltag eine Diskrepanz zwischen den Werten, die von Führungskräften als wichtig erachtet, und denen, die tatsächlich im Unternehmen gelebt werden. Allerdings wird das Vorhandensein von Werten insgesamt als wichtig erachtet, da Werte nicht nur Orientierung geben, sondern auch Wettbewerbsvorteile schaffen (vgl. Hattendorf et al. 2016).

Somit ist die Fähigkeit, die Übereinstimmung der individuellen Werte mit denen des Unternehmens abgleichen zu können, sowohl aus Mitarbeiter- als auch aus Unternehmenssicht ein Werkzeug, das zum Unternehmenserfolg beitragen kann. In diesem Sinn ist Wertekongruenz keineswegs ein Luxus, sondern eine wirtschaftliche Notwendigkeit für den erfolgreichen Unternehmensalltag.

2 Kultur und Werte im Unternehmen

Um Konflikte des Werts Nachhaltigkeit im Kontext von Individuen, Unternehmen und Gesellschaft eingehend betrachten und diskutieren zu können, ist es notwendig, die Rahmenbedingungen der potenziellen Konflikte zu erörtern. Gesellschaftliche Werte bedürfen zunächst einer Kontextualisierung durch die jeweilige Kultur. Ebenso ist es notwendig, Nachhaltigkeit zunächst als gesellschaftlichen Wert in seiner historischen Entstehung zu betrachten. Auf dieser Basis können Konflikte im Bereich der Unternehmen durch die Auslegung der CSR, der gesellschaftlichen Verantwortungsübernahme von Unternehmen, im Kontext der Nachhaltigkeit entstehen. Das zu betrachtende Spannungsfeld entwickelt sich aus der Gegenüberstellung der persönlichen gesellschaftlichen Verantwortungsübernahme durch Individuen – Personal Social Responsibility (PSR) mit dem erwähnten CSR. Die zentralen Konzepte dieser Betrachtung sind demnach: Kultur, Werte, Nachhaltigkeit, CSR und PSR, die zunächst spezifisch erläutert werden.

2.1 Kultur als Basis von Wertekonflikten

Für den Begriff Kultur als solchen gibt es keine einheitliche allgemein wissenschaftlich akzeptierte Definition (Uehlinger 2009). Daher kann es bei dem Versuch, Kultur zu definieren, nur zu einer Annäherung an das Konzept kommen, das sich dahinter verbirgt. Kultur entsteht durch Interaktion (Bolten 2007). Dies kann die Interaktion von Menschen eines bestimmten Landes oder in verschiedenen Ländern sein, genauso wie innerhalb eines Unternehmens oder zwischen verschiedenen Unternehmen (d'Iribarne 2008). Kultur ist somit eine individuelle Erfahrung, die sich vor dem Hintergrund einer gesamten Gesellschaft und Tradition abspielt. Laut Hofstede (1993) wird Kultur erst durch Verhaltensweisen oder Äußerungen sichtbar. Dabei spielen Werte eine zentrale Rolle.

Die Abb. 1 illustriert, wie sich Kultur nach Hofstede zusammensetzt. Die sog. Kulturzwiebel stellt je Kreis eine Schicht dar, von außen nach innen, von der oberflächlichen hin zur tiefgehenden Manifestation. Die Schichten sind hierbei Symbole, Helden, Rituale, und Werte, wobei die Werte den unsichtbaren Kern bilden. Sie sind uns oft nicht bewusst, da sie bereits im Kindesalter erlernt bzw. erworben werden (Hofstede 2012). Aus den Werten entwachsend bilden sich Rituale, Helden und Symbole, die sichtbar sind. Dies gilt auch im Unternehmenskontext. Rituale können Begrüßungsformen sein, die als sozial notwendig gelten (Hofstede 2012, S. 9). Helden hingegen sind Personen, die als Verhaltensvorbilder

Abb. 1 Wertezwiebel.
(Hofstede 2012, S. 8 ff.)

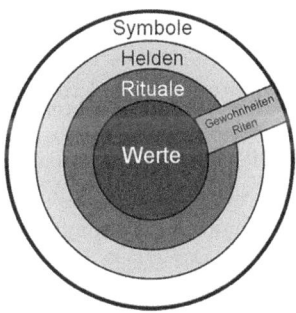

fungieren (Hofstede 2012, S. 9). Die drei äußeren Schichten sind in Summe Gewohnheiten und Riten einer Kultur. Riten, im Unterschied zu Ritualen, entstehen „durch die Interpretation der jeweiligen Kultur" in der sie angewendet werden (Hofstede 2012, S. 9). Je weiter außen die Gewohnheiten und Riten gelegen sind, desto leichter können diese verändert werden. Kultur kann als einem ständigen Änderungsprozess unterliegende Lebenswelt verstanden werden, die durch menschliches Handeln geformt wird (vgl. Bolten 2007, S. 2.).

2.2 Entstehung von Werten

Werte sind sowohl Resultat als auch Ausgangspunkt kultureller Dynamiken und unterliegen einem kontinuierlichen, wenn auch kaum bewusst wahrnehmbaren Veränderungsprozess. Aufgrund der Mehrheitsfähigkeit individueller Werte, beispielsweise durch die Plausibilität dieser Werte zur gesamtgesellschaftlichen Problemlösung, erfolgt eine Anpassung der ursprünglichen Normalität, die man als Wertewandelprozess bezeichnen kann (vgl. Bolten 2012, S. 63 ff.). Aufgrund dieser Dynamik und Varianz des eigentlichen Konzepts ist eine Definition ähnlich umstritten, wie beim verwandten Konzept Kultur. Eine Definition, die aus dem interkulturellen Bereich entstanden ist, beschreibt die praktischen Implikationen des Begriffs wie folgt:

> Werte sind historisch entstandene, kulturrelative, wünschenswerte Leitvorstellungen und verhaltenssteuernde Entscheidungsregeln einer Gruppe oder Gesellschaft, die sich auf Objekte und Zustände beziehen, wie auf die Arbeit, die Freizeit oder die Partnerschaft. Das Wertesystem erleichtert es dem Individuum, sich zurechtzufinden und organisiert den Umgang mit anderen Individuen (Barmeyer 2000, S. 30).

Aber wie kommen wir zu unseren Werten? Und warum unterscheiden sich die Werte von Personen, die eigentlich innerhalb einer gleichen Kultur leben?

Die Werte eines Individuums können in drei Schritten entstehen (Bolten 2012). Zunächst wird die Phase der *Enkulturation* durchlaufen: Individuen werden durch die Kultur geprägt, in der sie aufwachsen. Diese Prägung (auch Sozialisationsprozess) basiert auf Werten, Normen, Sprache, Verhaltensstilen und vielem mehr.

Der nächste mögliche Schritt zur Beeinflussung der Werte eines Individuums ist die sog. *Akkulturation*. Dieser Prozess ist auf das Verlagern des Lebensmittelpunkts des Individuums in eine andere Kultur zurückzuführen. Es werden dabei Kommunikations- und Interaktionsregeln sowie fremdkulturelles Wissens erlernt, um funktional angepasst und somit handlungsfähig in dieser Kultur zu sein. Die in der Enkulturation erworbenen Werte und Sichtweisen werden in diesem Stadium nicht vollständig geändert. Darauf aufbauend kann sich allerdings der Prozess der *Akkomodation* als Sozialisierungsprozess in der Fremdkultur anschließen. Dieser beispielsweise durch einen längeren Aufenthalt in der Fremdkultur angestoßene Prozess führt zur sukzessiven Übernahme der Werte, Normen und Denkweisen in das eigene Wertegerüst (vgl. Bolten 2012, S. 89). Insgesamt führen Werte in verschiedenen Kulturen zu „nicht mehr zu hinterfragendem erfahrungsbestimmten Verhalten". Das heißt, dass Werte häufig unbewusst sind und erst sichtbar werden, wenn sie als Handlung im Alltag angewendet werden (s. hierzu auch Hofstede 2012, S. 9). Erst bei einer Nichtübereinstimmung des Verhaltens eines Individuums mit dem kulturell erwarteten Verhalten wird das kulturell erwünschte Verhalten durch die zumeist sanktionierenden Reaktionen der Beteiligten deutlich (vgl. Barmeyer 2000, S. 30; vgl. Abschn. 3.1).

2.3 Nachhaltigkeit als gesellschaftlicher Wert

Ein Leitbild, das sich insbesondere durch seine Plausibilität zur Problemlösung durchgesetzt hat, ist der gesellschaftliche Wert der Nachhaltigkeit. Die Verankerung von Nachhaltigkeit ist auf gesellschaftliche Veränderungen zurückführbar, infolge derer die „destruktiven Folgen einer wachstums- und fortschrittsgetriebenen Moderne langsam ins öffentliche Bewusstsein sickerten" (Probst 2013).

Nachhaltigkeit weist als Konzept verschiedene Bedeutungen auf. Eine der meistzitierten Bedeutung ist die auf Hans Carl von Carlowitz zurückführende forstwirtschaftliche Bedeutung nicht mehr Ressourcen zu nutzen als von selbst wieder regenerierbar sind. Dieser Gedanke lässt sich, losgelöst vom forstwirtschaftlichen Hintergrund, als modernes Verständnis der Nachhaltigkeit bezeichnen und weist auf einen der zentralen Aspekte von Nachhaltigkeit, die Generationengerechtigkeit, hin (vgl. Ekhardt 2005).

Die Bewusstseinsveränderung innerhalb der (in diesem Fall) deutschen Kultur von einer wachstumsgetriebenen hin zu einer nachhaltigkeitsorientierten Gesellschaft führte dazu, dass die Nachhaltigkeit als eine seit Langem existierende Leitidee in das Zentrum des gesellschaftlichen Bewusstseins rückte. Durch die Bewährung der Nachhaltigkeit als Leitidee in der politischen Kultur erhielt diese eine zunehmende Bedeutung und wurde ein wesentlicher Bestandteil der Kultur. Ein Beispiel für die Verankerung und den hohen Stellenwert der Nachhaltigkeit ist die Aufnahme der Generationengerechtigkeit bzw. des Umweltschutzes in das Grundgesetz (Art. 20a): „Der Staat schützt auch in Verantwortung für die künftigen Generationen die natürlichen Lebensgrundlagen [...]".

Die Positionierung zur Nachhaltigkeit ist nicht mehr nur eine gesellschaftliche oder unternehmerische Frage (CSR), sondern inzwischen auch eine der persönlichen Wertepäferenz (PSR). Somit stehen die verschiedenen Dimensionen von Nachhaltigkeit im Alltag in einem permanenten Werteabgleich miteinander, der Konflikte auf Ebene der erwarteten und gelebten gesellschaftlichen Verantwortung verschiedener Akteure zur Folge haben kann.

2.4 Konfliktpotenzial von CSR im Unternehmenskontext

Gehen wir im Bereich Nachhaltigkeit nun gezielter auf die Unternehmensebene ein, fällt auf: Die Positionierung zum gesellschaftlichen Wert Nachhaltigkeit erfolgt durch CSR. Das Konzept der Nachhaltigkeit wird im Alltag oft mit CSR gleichgesetzt bzw. synonym verwendet, CSR ist jedoch ein auf den Beitrag eines Unternehmens fokussiertes enger gefasstes Konzept der Nachhaltigkeit. Das CSR-Konzept lässt sich in verschiedene Ansätze – mit unterschiedlicher Beziehung und Intensität der Beziehung zwischen Unternehmen und Gesellschaft unterteilen: den Shareholder-Value-Ansatz u. a. nach Friedman (1962), den Stakeholderansatz nach Freeman (1984, S. 25) und den Ansatz der „licence to operate" (vgl. Suchanek und Lin-Hi 2006, S. 3). Weitere Ansätze, die aus Gründen des Umfangs des Beitrags nicht näher betrachtet werden, sind u. a. der Shared-Value-Ansatz von Porter und Kramer (2006, 2011, 2012) sowie das Konzept der Gemeinwohlökonomie von Felber (2014).

Von Friedmans Verständnis „there is one and only one social responsibility of business to use its resources and engage in activities designed to increase its profits so long as it stays within the rules of the game" (Friedman 1962) ausgehend, sollte die Verantwortung eines Unternehmens auf der ökonomischen Dimension und somit der Maximierung des Shareholder Values liegen, wobei die soziale Verantwortungsübernahme ausschließlich als Aufgabe der Regierung angesehen wird. Dieser Profitmaximierungsgedanke stellt Materialismus als gesellschaftlichen Wert (Inglehart 1989) an erste Stelle. Die von Inglehart als stille Revolution bezeichnete Veränderung ist die Verschiebung vom Fokus auf Versorgung und Sicherheit (Materialismus) hin zu Partizipation, Achtung und Selbstverwirklichung (Postmaterialismus; Rödder 2006). Der Begründer des World Values Survey wird zwar ob der Linearität seiner Studie kritisiert, dennoch ist diese eine der international umfassendsten Studien dieser Zeit und dient zahlreichen Forschern als Basis für weitere Untersuchungen in dieser Richtung (Bauer-Kaase und Kaase 1998). Dieser Studie liegt eine Fragebogenerhebung der Bevölkerung verschiedener Länder (Schnitt aller relevanten Gruppen) zugrunde, die die Priorisierung verschiedener Werte untersucht. Zu priorisieren sind im deutschsprachigen Raum Aufrechterhaltung von Ruhe und Ordnung, mehr Einfluss der Bürger auf die Entscheidungen der Politik, Kampf gegen die steigenden Preise und Schutz des Rechts auf freie Meinungsäußerung (Bauer-Kaase und Kaase 1998, S. 258). Dieser Priorisierung hat Inglehart jeweils die Begriffe Materialismus und Postmaterialismus zugeordnet.

Unter Berücksichtigung des Wertewandels der (deutschen) Gesellschaft (Abb. 2) von materialistischen Zielen hin zu postmaterialistischen Zielen, zeigt sich bereits Poten-

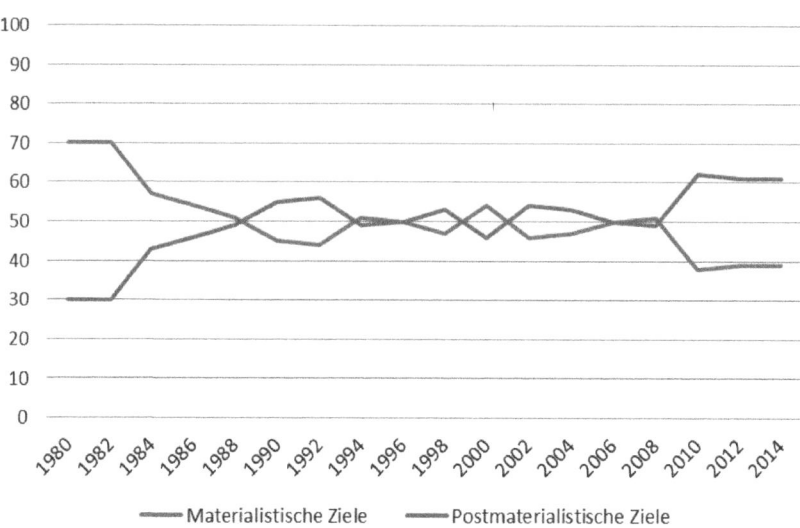

Abb. 2 Veränderung der Bedeutung persönlicher Ziele in Westdeutschland (1998–2014). (Eigene Darstellung in Anlehnung an Destatis und WZB 2016, S. 418)

zial für unternehmensinterne Konflikte. Sofern ein Unternehmen dem beschriebenen Shareholder-Value-Konzept folgt, sich die Werte der Mitarbeiter aber im Zuge des gesellschaftlichen Wertewandels hin zu einer postmaterialistischen Priorisierung verändert haben (Abb. 2), könnte die Sinnhaftigkeit der Unternehmensausrichtung von einem Teil der Mitarbeiter infrage gestellt werden (s. Abschn. 3.2).

Freeman erweitert diesen Ansatz der Shareholderverantwortung um die Verantwortung gegenüber den Stakeholdern. Die Definition des Begriffs Stakeholder geht auf Freeman und Reed zurück (1983, S. 88–106). Diese von den Autoren genannten Anspruchsgruppen sind zwar je Organisation individuell zu definieren, allerdings lassen sich ohne Anspruch auf Vollständigkeit folgende Gruppen benennen: Wettbewerber, Medien, Regierung, Eigentümer, Arbeitnehmer, Nichtregierungsorganisationen, Zulieferer und Kunden. Durch die gegenseitige Einflussnahme aufgrund vielfältiger Wechselbeziehungen entsteht beidseitig eine Verantwortung füreinander, wobei insbesondere die Unternehmen die Interessen ihrer Stakeholder berücksichtigen müssen (Freeman 1984). Somit haben Unternehmen nicht nur eine ökonomische Verantwortung gegenüber ihren Mitarbeitern. Diese Verantwortung kann als erfolgreich bezeichnet werden, wenn die Mitarbeiter das Maximum ihrer Fähigkeiten und Leistungsbereitschaft für das Unternehmen einsetzen und somit Arbeitskraft, Zeit und Ressourcen nach besten Wissen und Gewissen einbringen (vgl. Boschert 2016, S. 60). Die Erreichung dieses angestrebten Zustands setzt eine Auseinandersetzung des Unternehmens bzw. der Führungskraft mit den Erwartungen und Bedürfnissen der Mitarbeiter voraus. Eine zentrale Voraussetzung für die erwähnte Leistungsbereitschaft ist eine angemessene Qualität der Beziehung des Mitarbeiters zum Unternehmen und seinen Führungskräften (vgl. Boschert 2016, S. 60). Die Qualität der Beziehung, insbesondere zwischen Mitarbeitern und ihren Führungskräften (stellvertretend für die Beziehung zum Unternehmen), wird maßgeblich durch das Maß an Authentizität, Wertschätzung und Berechenbarkeit beeinflusst. Das Training von spezifischen Situationen ist weniger von Bedeutung als vielmehr die Fähigkeit zur Selbstreflexion und zum Bewusstsein für sich selbst (Selbstverständnis bzw. Selbstbewusstsein), um dadurch ein besseres Verständnis für das Gegenüber (z. B. die zu führenden Mitarbeiter) zu haben (vgl. Boschert 2016, S. 68). Die 4. Marburger Coaching-Studie (Stephan 2016) belegt, dass Themen wie z. B. Authentizität, Wertschätzung und Berechenbarkeit in Führungskräftecoachings besonders nachgefragt werden und daher eine besondere Relevanz im Unternehmenskontext haben.

Bei CSR geht es aber nicht nur um die Stakeholderperspektive, also die Betrachtung einzelner Anspruchsgruppen und wie das Unternehmen diese berücksichtigen kann, vielmehr geht es auch um eine gesellschaftliche Akzeptanz des Unternehmens und seiner Tätigkeiten. Diese „licence to operate" (gesellschaftliche Legitimität des Unternehmens) erhält ein Unternehmen nicht mehr allein durch die Perspektive Friedmans, also durch seine wirtschaftlichen Wertschöpfungsaktivitäten unter Berücksichtigung der rechtlichen Rahmenbedingungen (vgl. Stehr 2015, S. 501 ff.), vielmehr wird von einer Mitverantwortung der Unternehmen für soziale und ökologische Herausforderungen ausgegangen. Die eigentliche Herausforderung hierbei ist nicht die explizite Adressierung dieser gesellschaftlichen Erwartungen (vgl. Suchanek und Lin-Hi 2006, S. 2), sondern eine implizite Erwartungshaltung der Gesellschaft gegenüber dem Handeln des Unternehmens auf Basis gesellschaftlicher Normen und Werte, beispielsweise wie bereits beschrieben zum Wert *Nachhaltigkeit*.

Insgesamt wird deutlich: CSR wurde bisher nicht einheitlich und allgemeingültig definiert (vgl. Crane et al. 2008, S. 3; Schneider 2012, S. 17 f.; Remisova und Buciova 2012, S. 274), weshalb die Aussage von Dow Votaw nach wie vor Gültigkeit hat:

> The term is a brilliant one; it means something, but not always the same thing to everybody. [...] the idea of legal responsibility or liability; [...] socially responsible behavior in an ethical sense; [...] „responsible for", is a casual mode; many simply equate it with a charitable contribution (Votaw und Sethi 1973, S. 11 f., zitiert nach Coelho et al. 2003, S. 15).

Das Fehlen eines einheitlichen CSR-Verständnisses von Individuen, Unternehmen und der Gesellschaft kann zu wertebasierten Konflikten zwischen den verschiedenen Parteien führen, diese bewegen sich u. a. in den Spannungsfeldern (vgl. Zirnig 2009, S. 7; McWilliams et al. 2006, S. 8):

- Wertekonflikte zwischen Unternehmen und Mitarbeitern, z. B. Materialismus – Postmaterialismus (s. Abschnitt zu Friedman)
- Wertekonflikte zwischen Mitarbeitern auf Basis der Werte: Wertschätzung, Authentizität, Berechenbarkeit im Spannungsfeld zwischen extrinsischer Motivation (erwünschte Verhaltensweisen top down vorgegeben) und intrinsischer Motivation (Verhaltensweisen auf Basis von Selbstreflexion vorleben; s. Abschnitt Stakeholderorientierung)

- Wertekonflikte zwischen Unternehmen und Gesellschaft durch explizite interne Anforderungen (z. B. Gewinnmaximierung) und implizite externe Erwartungen (z. B. Sicherung von Arbeitsplätzen; Abschnitt „licence to operate")

Diese Spannungsfelder lassen sich unter dem Begriff *wertebasierte Konflikte* (s. Abschn. 3) subsummieren. Der Anteil des Individuums an solchen Konflikten und die damit möglicherweise verbundene Verantwortungsübernahme wird auch PSR genannt.

2.5 Personal Social Responsibility: Nachhaltigkeit und Verantwortung auf persönlicher Ebene

Der Diskurs zur Übernahme von gesellschaftlicher Verantwortung durch Individuen blickt bereits auf eine lange Historie zurück. Gedanken dieser Art sind bereits beim kategorischen Imperativ von Kant 1788 – „Handle so, daß die Maxime deines Willens jederzeit zugleich als Prinzip einer allgemeinen Gesetzgebung gelten könne" (Kant 2003) – wie auch beim offeneren moralischen Imperativ – „Handle so, daß die Wirkungen deiner Handlungen verträglich sind mit der Permanenz echten menschlichen Lebens auf Erden" (Jonas 1979, S. 36) – vorhanden. Es entsteht der Eindruck einer individuellen Verantwortung im Hinblick auf die Gesamtgesellschaft. In Relation zum bereits betrachteten Konzept CSR (s. Abschn. 2.3) wird dieses Konzept einer individuellen Verantwortungsübernahme im Weiteren PSR genannt. Nachhaltigkeit als ein gesellschaftlicher Wert durch den sich persönliche gesellschaftliche Verantwortungsübernahme manifestieren kann, bedeutet mehr als soziale Spendenaufrufe oder ökologische Effizienzprojekte; es geht darum, das übergeordnete Ziel der Generationengerechtigkeit (s. Abschn. 2.2) im Alltag zu berücksichtigen und gleichzeitig die individuellen Werten, wie z. B. Nächstenliebe, auszuleben.

„Wer sich mit Nachhaltigkeit in einer sehr persönlichen Weise beschäftigt, wird immer wieder auf diese innere Stimme geführt, die als Bauchgefühl eine Orientierung in einer gemeinsamen (Werte-)Welt darstellt, in der Verstand und Gefühl, Inneres und Äußeres, Sein und Bewusstsein zusammengehören. Wer das erkennt, ist auch in der Lage, Entscheidungen zu treffen und sich der Folgen seines Handelns bewusst zu sein." (Hildebrandt 2014)

Eine hohe PSR-Affinität führt zu einem erhöhten Bewusstsein für ethisch wünschenswerte Handlungen beispielsweise im Sinne der Generationengerechtigkeit als eine Ausprägung der Nachhaltigkeitsorientierung. Dieses erhöhte Bewusstsein kann zu Konflikten zwischen den individuellen (PSR-)Werten und den Unternehmens-(CSR-)Werten führen.

Eine hohe PSR-Affinität zeichnet sich u. a. durch ein Bedürfnis des weitestgehend konsequenten Auslebens der eigenen Werte, auch im beruflichen Kontext, aus. Das bewusste Leben der individuellen Werte führt zu einem Abgleich dieser mit den Unternehmenswerten des Arbeitgebers.

Somit ist PSR kein Konstrukt aus individuellen Werten, die im beruflichen Kontext vernachlässigt bzw. zurückgestellt werden. Vielmehr stehen die Werte in einem ständigen Abgleich mit den gelebten Werten des Unternehmens, also dem PSR-Grad der Kollegen und Vorgesetzten. Implizit stellen die Summe der PSR-Perspektiven aller Mitarbeiter die Unternehmenswerte und somit die Einstellung des Unternehmens gegenüber CSR dar (vgl. Stehr und Struve 2017), unberührt davon was das Unternehmen als Priorisierung von CSR kommuniziert.

Insgesamt basieren Wertekonflikte auf dem Abgleich der Wertevorstellungen zweier Parteien und den daraus resultierenden Diskrepanzen zwischen diesen. Diese Wertevorstellungen können sich sowohl auf die Wertekonstrukte ganzer Kulturen beziehen, können aber auch nur auf einzelne Werte, z. B. Nachhaltigkeit im beruflichen Kontext, fokussiert sein.

3 Wertebasierte Konflikte – Wertekonflikte

Einen Verstoß gegen individuelle Werte können je nach Priorisierung als bedrohlich empfunden werden. Auf eine solche Bedrohung reagiert der Mensch mit Stress. Insbesondere die anhaltende Konfrontation mit diesen Werteverstößen und der kontinuierliche Versuch, diesen Konflikt zu lösen, kann bei ausbleibendem Erfolg zu einer sog. Inkongruenz führen, die umgangssprachlich als zwei Seelen in einer Brust beschrieben werden könnte (vgl. Stock 2015, S. 40 ff.). Das Andauern eines solchen Zustands kann zu unangenehmen Gefühlen bis hin zum Burn-out führen (s. Abschn. 1). Der wohl bekannteste Fall solcher regelmäßig auftretenden Inkongruenzen steht im beruflichen Kontext im Zusammenhang mit der Entsendung von Personen für einen bestimmten Zeitraum ins Ausland und der anschließenden Rückkehr. Der zu durchlaufende Prozess wird auch als doppelter Kulturschock bezeichnet (vgl. Woesler 2009, S. 31).

3.1 Kulturschock: Wertebasierter Konflikt zwischen Kulturen und Individuen

Im Zusammenspiel zwischen Werten und Normen von Gesellschaft, Unternehmen und Individuen gibt es einen kontinuierlichen Austausch und Abgleich der Kongruenz, sprich der Vereinbarkeit. Mögliches Konfliktpotenzial bietet sich beim Abgleich der individuellen Werte mit denen einer neuen Gesellschaft. Die Konfrontation mit einer neuen Gesellschaft kann im Rahmen eines Wechsels der gesellschaftlichen Rahmenbedingungen z. B. bei einer Expatriation (zeitlich begrenzter Arbeitsaufenthalt im Ausland) entstehen. Bei einer solchen Veränderung der externen Bedingungen für ein Individuum kommt es zum sog. Kulturschock. Der Begriff Kulturschock wurde öffentlich erstmals von Cora Dubois verwendet, um den Zustand zu beschreiben, den Anthropologen im Erstkontakt mit anderen Kulturen erfahren können (Paige 1993). Dieser Schock beschreibt die psychischen Folgen einer mangelnden Anpassung an das Ausland insbesondere in den ersten Monaten des Aufenthalts.

Tab. 1 Kompetenzen für die erfolgreiche Expatriation. (Eigene Darstellung nach Stehr 2013, S. 146; Mertesacker 2010, 324 ff.)

Rang	Kompetenz	In x von 29 Studien als positiver Einfluss identifiziert
1	**Interkulturelle Sensibilität** – davon 10/29 Unterkategorie: Empathie – davon 4/29 Unterkategorie: respektvolles Verhalten	19
2	**Offenheit**	13
3	**Flexibilität** – davon 3/29 Unterkategorie: Anpassungsfähigkeit – davon 2/29 flexibler Umgang mit neuen Situationen	15
4	**Kommunikationskompetenz**	10
5	**Sprachfähigkeiten** (Fremdsprache)	7
6	**Selbstsicherheit**	5
7	**Interkulturelles Wissen**	4

In Relation zur Aufenthaltszeit innerhalb der neuen Kultur nimmt die Zufriedenheit nach einer ersten Euphorie (Honeymoonphase) i. d. R. schnell ab. Der Entsandte gerät in einen Kulturschock. Dies ist beispielsweise auf keine oder eine unterschätzte Akkulturation (vgl. Abschn. 2.1) zurückführbar. Mit einer zunehmenden Anpassung an die neue Kultur tritt die Erholungsphase ein.

Der Entsendete verfügt idealerweise über Kompetenzen, die als Präindikatoren für eine erfolgreiche Entsendung dienen und die Erholungs- und Anpassungsphase fördern (Tab. 1). Auf Basis von 29 Studien zwischen 1960 und 2009 können die folgenden sieben Kompetenzen mehrheitlich beobachtet werden (jede Studie brachte eine unterschiedliche Anzahl an Erfolgsfaktoren hervor).

Die betrachteten Kompetenzen *interkulturelle Sensibilität, Offenheit, Flexibilität, Kommunikationskompetenz, Sprachfähigkeiten, Selbstsicherheit* und *interkulturelles Wissen* sind demnach entscheidend für eine erfolgreiche Entsendung. Dies lässt darauf schließen, dass Personen bei denen diese Kompetenzen ausgeprägt sind, weniger anfällig für einen Kulturschock sind oder besser mit diesem umgehen können.

Geordnet betrachtet mögen diese Kompetenzen als selbstverständlich gelten, aber sind sie das auch in einer Stresssituation, bei einem Konflikt in einer fremden Kultur? Die Konfrontation mit zumeist unterschätzen Anforderungen an die Anpassungsbereitschaft und Flexibilität der Entsendeten in kultureller, politischer und wirtschaftlicher Hinsicht können sich in einer seelischen Belastungssituation äußern (Huber 2007, S. 5). Eine mögliche Nebenerscheinung des Kulturschocks ist u. a. Burn-out (Expat-News 2014).

Die Abb. 3 stellt das Wohlbefinden der Entsendeten im Zeitverlauf dar. Nach einer ersten Euphorie, der sog. Honeymoonphase, sinkt das Wohlbefinden signifikant, es tritt der sog. Fremdkulturschock ein der auch als U-Kurve bezeichnet wird (vgl. Lysgaard 1955). Diese Kurve wurde vielfach weiterverwendet und -entwickelt. Betrachtet man den gesam-

Corporate Social Responsibility und interkulturelle Kompetenz

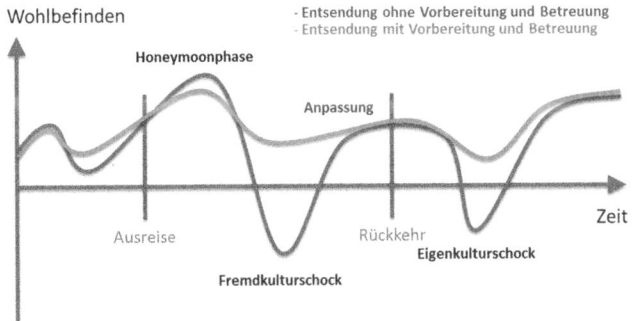

Abb. 3 Wohlbefinden von Entsendeten im Zeitverlauf. (Expat-News 2014)

ten Prozess der Expatriation von der Entsendung bis zur Rückkehr, wird eine doppelte U-Kurve deutlich, die aufgrund ihrer Form auch als W-Kurve bezeichnet wird. Dem Eigenkulturschock wird im unternehmerischen Alltag zunächst weniger Beachtung geschenkt (Stroppa 2011). In der Tat ist es schwierig sich vorzustellen, man könne sich in der Heimatkultur unwohler fühlen, als in der ursprünglichen Fremdkultur, dies kann allerdings ein Effekt der Akkulturation (s. Abschn. 2.2), also der Anpassung an die Fremdkultur, sein.

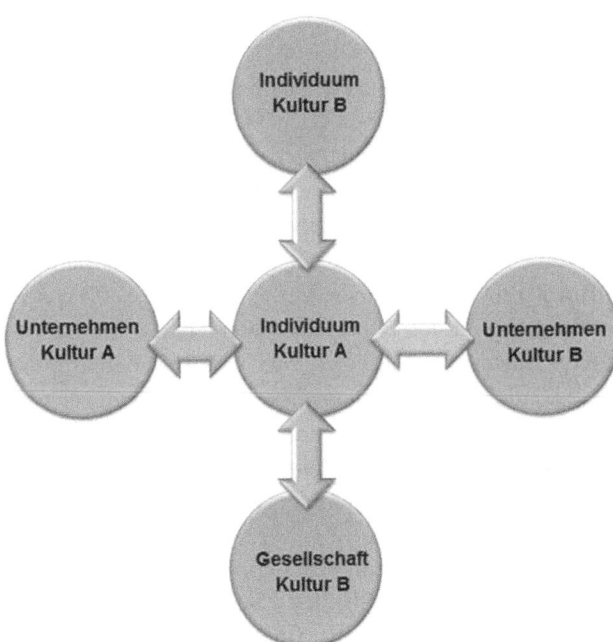

Abb. 4 Potenzielle Wertekonflikte. (Eigene Darstellung)

Sowohl der Fremdkulturschock als auch der oft unterschätzte Eigenkulturschock können durch eine angemessene Vorbereitung und Betreuung, z. B. in Form interkultureller Trainings, aufgefangen werden.

Zusammengefasst dient ein interkulturelles Training dazu, die Achtsamkeit der zukünftigen Expatriates zu schulen. Die Ermittlung der eigenen Werte und Normen ist hierbei erfolgsentscheidend, um sich auf die kulturellen Regeln, Normen und Werte des Gastlands einstellen zu können (Expat-News 2014).

Wie eingangs erwähnt, ist es nicht immer leicht, seine Werte zu kennen, da sie oft implizit sind. Sie werden einem jedoch deutlich bewusst, wenn ein Konflikt auftritt. Dies ist auch der Grund, weshalb einem erst im Ausland die eigene kulturelle Prägung bewusst wird. Die Abb. 4 zeigt, in welchen Bereichen besonders mit Konflikten gerechnet wird: mit einer anderen Kultur, sei es mit ihrer gesamten Gesellschaft, mit einem Unternehmen oder einem Individuum dieser Kultur. Was allerdings wesentlich weniger Aufmerksamkeit bekommt, sind die Konflikte, die zwischen vermeintlich *gleichen* Kulturen entstehen können: beispielsweise zwischen einem Individuum und seinem Unternehmen. Im Folgenden wird aufgezeigt wie sich dies äußern kann.

3.2 Kulturschock: Wertebasierter Konflikt zwischen Individuen und Unternehmen

Werteinkongruenz im Alltag kann insbesondere im beruflichen Alltag zu Konflikten führen (vgl. Stock 2015, S. 40). Der folgende Abschnitt beschäftigt sich damit, wie diese Konflikte entstehen können. Unternehmen verfügen, ebenso wie Individuen, über eigene Werte. Diese finden sich in Leitlinien, Handbüchern etc. wieder. Die Unternehmenswerte (vgl. Abschn. 2.3) und die daraus resultierende CSR-Affinität des Unternehmens stehen in Relation zu den individuellen Werten der einzelnen Mitarbeiter, also ihrer PSR-Affinität (vgl. Abschn. 2.4). Unter Berücksichtigung eines stetigen gesellschaftlichen Wandlungsprozesses hin zu Bevölkerungsgruppen, die auf persönliche Werte bedacht sind, rücken insbesondere Wertekonflikte in den Fokus von Unternehmen, die sich im Bereich CSR engagieren. CSR führt zu einer hohen Priorisierung von Werten im Berufsalltag durch das Unternehmen. Diese werteorientierte Kultur trifft auf die individuellen Werte der einzelnen Mitarbeiter. Um die eigene Situation zu ermitteln, bietet es sich an, die CSR- und PSR-Affinität des Unternehmens und des Mitarbeiters miteinander in Relation zu setzen. Laut den Autoren kann dies zu vier Fällen führen, die sich wie in Abb. 5 darstellen lassen.

3.2.1 Konfliktarme Konstellationen von Corporate und Personal Social Responsibility

Idealerweise finden sich niedrig PSR-affine Mitarbeiter (niedrige Ausprägung von PSR) in niedrig CSR-affinen Unternehmen wieder. Dieses lediglich reaktive, auf Risikominimierung ausgerichtete CSR-Engagement führt mit nicht nachhaltigkeitsorientierten und wenig auf ihre eigenen Werte bedachten Mitarbeitern zu geringem Konfliktpotenzial. Re-

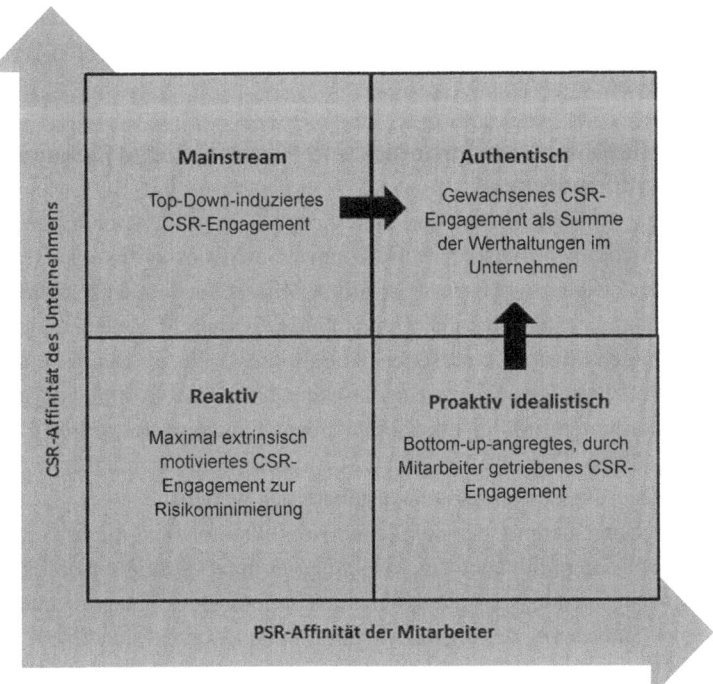

Abb. 5 Relation der Corporate-Social-Responsibility(*CSR*)- und Personal-Social-Responsibility (*PSR*)-Affinität. (Eigene Darstellung)

aktives CSR-Engagement zur Kosten- und Risikominimierung ist aber nur der am wenigsten ausgereifte Ansatz von verschiedenen möglichen Anwendungsfällen (vgl. Stehr 2015, S. 504).

Eine weitere, wahrscheinlich wertekonfliktarme (nicht wertekonfliktfrei, da auch werteorientierte Mitarbeiter unterschiedliche Ansichten in der wertehaltigen Auslebung haben können) Konstellation ist die Verortung von PSR-affinen Mitarbeitern in CSR-affinen Unternehmen, da sich durch die beidseitige Priorisierung von beispielsweise nachhaltigkeitsorientierten Themen Synergien zwischen der Manpower (inklusive Willen zur Leistung, s. Abschn. 2.3) und der ökonomischen Umsetzungsstärke durch das Unternehmen ergeben können; dies führt zu authentischem CSR-Engagement.

Entsprechend aufgestellte Unternehmen, die mit PSR-affinen Mitarbeitern ausgestattet sind, sind zudem langfristig innovativer (vgl. Jastram und Kühn 2014, S. 159–160).

Demzufolge wären die *reaktive CSR-PSR-Konstellation* sowie die *authentische CSR-PSR-Konstellation* die beiden konfliktarmen Varianten.

Ein CSR-Konzept, das typisch für den Bereich des authentischen CSR-Engagements ist, ist das CSR-Konzept 4.0, das auf der Wertekongruenz zwischen Mitarbeitern und Unternehmen aufbaut (vgl. Stehr und Struve 2017, S. 20 f.).

In diesem Beitrag liegt der Fokus auf den beiden Fällen *Mainstream* und *proaktiv idealistisch*, da diese aufgrund der vorliegenden Werteinkongruenz ein höheres Konfliktpotenzial aufweisen.

3.2.2 Konstellationen von Corporate und Personal Social Responsibility mit Konfliktpotenzial

Stehen die Werte von Mitarbeiter und Unternehmen im Widerspruch zueinander kann es zu Konflikten kommen. Beispielsweise können Gewissenskonflikte aufseiten der Mitarbeiter entstehen, wenn es sich um PSR-affine Mitarbeiter in einem nicht-CSR-affinen Unternehmen handelt, es also lediglich *proaktiv idealistisches* Engagement gibt.

Es kann aber auch Frustration aufseiten der Führungskräfte, als Repräsentanten der Unternehmenswerte, zur Folge haben, wenn diese eine hohe-CSR-Affinität gegenüber wenig PSR-affinen Mitarbeitern infolge eines Mainstream-Engagements vertreten, durchsetzen und umsetzen müssen. Der jeweilige Konflikt ist umso wahrscheinlicher, je höher die individuelle Priorisierung des bewussten Auslebens der Werte ist.

Eine genaue Untersuchung der möglichen Konfliktpotenziale dieser beiden Fälle erlaubt es, Handlungsempfehlungen (in Anlehnung an interkulturelle Konflikte) geben zu können. Die nachfolgenden beispielhaften Beschreibungen können zu einer Selbsteinschätzung bzw. Einordnung der eignen Situation in den Kontext der Abb. 6 genutzt werden.

Im Fall des Mainstream-Engagements, also eines top-down induzierten CSR-Engagements von Unternehmensseite, gibt es verschiedene denkbare Szenarien auf Basis der Haltung der wenig PSR-affinen Mitarbeiter im Sinn eines Ampelsystems anhand der Haltung gegenüber dem Engagement als auch dem Grad der Beteiligung am Engagement (Abb. 6):

- Rote Ampel: Die Mitarbeiter empfinden das CSR-Engagement, beispielsweise ethische Leitsätze, als überflüssig und bemühen sich nicht um eine Integration in den Unternehmensalltag.
- Gelbe Ampel: Die Mitarbeiter kennen beispielsweise die ethischen Leitsätze des Unternehmens nicht und leben diese demnach nicht im Unternehmensalltag.
- Grüne Ampel: Die Mitarbeiter stehen dem Engagement neutral gegenüber, sind aber nicht an einer selbstmotivierten Umsetzung interessiert.

Da CSR-orientierte Unternehmen Verantwortung gegenüber ihren Stakeholdergruppen, also u. a. auch gegenüber ihren Mitarbeitern übernehmen (s. Abschn. 2.3), stellt sich die Frage, wie sich Konflikte dieser Art vorbeugen bzw. erkennen und auflösen lassen.

Treffen nun durch verschiedene gesellschaftliche Entwicklungen nicht nur stark wertebasierte Unternehmen auf wenig werteorientierte Mitarbeiter, sondern wenig CSR-affine Unternehmen auf PSR-affine Mitarbeiter, besteht bei einer möglichen Werteinkongruenz ein deutlich höheres Konfliktpotenzial als bei wenig PSR-affinen Mitarbeitern, da diese das Ausleben ihrer persönlichen Werte (PSR) niedriger priorisieren.

Corporate Social Responsibility und interkulturelle Kompetenz

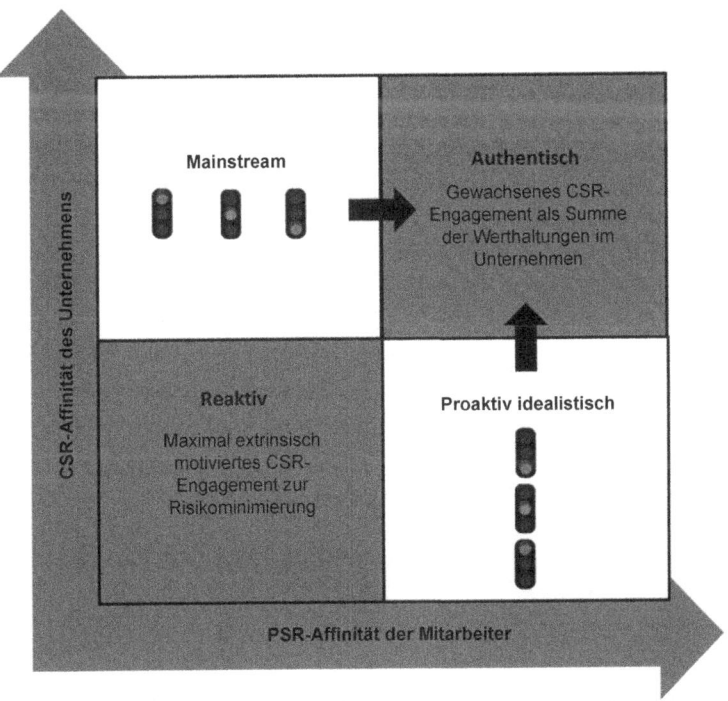

Abb. 6 Mainstream- und proaktiv-idealistisches Engagement. (Eigene Darstellung)

Im Fall des *proaktiv idealistischen* Engagements, also einem durch Mitarbeiter angeregten, Bottom-up-CSR-Engagement zumeist einzelner Initiativen, können verschiedene Szenarien, basierend auf der Haltung des wenig CSR-affinen Unternehmens bzw. der Unternehmensleitung im Sinn eines Ampelsystems entstehen (Abb. 6):

- Rote Ampel: Die Unternehmensleitung bzw. die Führungskräfte äußern keinerlei Wertschätzung für die einzelnen Initiativen und gehen bis hin zu einer Unterbindung dieser, beispielsweise durch die Anweisung, diese Aktivitäten zukünftig außerhalb der Arbeitszeit durchzuführen.
- Gelbe Ampel: Die Unternehmensleitung bzw. Führungskräfte zeigen kein Interesse an den Initiativen, tolerieren aber deren Durchführung.
- Grüne Ampel: Die Unternehmensleitung bzw. Führungskräfte tolerieren die Durchführung der Mitarbeiterinitiativen und unterstützen diese auf Rückfrage auch in geringem Maß (z. B. Sachspenden, stundenweise Freistellung).

Unternehmenswerte müssen nicht für jeden positiv empfunden werden; so kann beispielsweise Gewinnmaximierung für Aktionäre positiv sein, für Mitarbeiter die wegrationalisiert werden, die Existenz bedrohen.

> **Wie fühlt sich die rote Ampel aus der proaktiv idealistischen Perspektive an?**
> „Morgens 7:30 Uhr verlässt man das Haus, um pünktlich um 8:00 Uhr am Schreibtisch zu sitzen, so will es die Präsenzkultur als Teil der indirekten Unternehmenskultur, trotz offizieller Vertrauensarbeitszeit.
>
> Der erste Gang führt in die Kaffeeküche, dem inoffiziellen Newsletter des Unternehmens, inklusive neuester Erkenntnisse über Versetzungen und Kündigungen, bevor die Betroffenen es selbst auch nur ahnen – Teil der indirekten Unternehmenskultur – liebevoll ‚Flurfunk' genannt, trotz der Prämisse einer ‚offenen, direkten und zeitnahen' Kommunikation. 8:30 Uhr im Konferenzraum Jour fixe, denn es ist wichtig, dass alle über die Entscheidungen des Teams Bescheid wissen und hinter ihnen stehen, nur so lässt sich vertrauensvoll arbeiten. 10:00 Uhr der Vorgesetzte des Teamleiters ist mit dem Teamergebnis nicht zufrieden, aber nun hat nicht mehr das Team die Entscheidung getroffen, sondern der neue Mitarbeiter, seit drei Monaten im Unternehmen und noch nicht genug ‚Stallgeruch', um in Schutz genommen zu werden. Zweieinhalb Stunden, ein Viertel des Arbeitstags in einem werteorientierten Unternehmen, denn so will es die Vertrauensarbeitszeit." (anonymisiertes Interview, 2. März 2017, Heilbronn)

3.2.3 Parallelen zwischen Konflikten von Corporate und Personal Social Responsibility und interkulturellen Konflikten

Die vielfältigen Wechselwirkungen von Werten zum einen im interkulturellen Kontext (s. Abschn. 3.1) und zum anderen im Unternehmenskontext (s. Abschn. 3.2) haben aufgezeigt, wie vielschichtig das Konfliktpotenzial bei einer Nichtübereinstimmung von Werten in der Zusammenarbeit von Individuen sein kann. Über alle denkbaren Konstellationen dieser auf Werteinkongruenzen basierenden Konflikte hinweg (Abb. 6) ist der Kulturschock beim Betroffenen ein mögliches Resultat (s. Abschn. 3.1). Diese auf Wertekonflikten basierenden Kulturschocks können sowohl im Unternehmenskontext (s. Abschn. 1) als auch im interkulturellen Kontext zum Burn-out beim Betroffenen führen (vgl. Huber 2007). Um diesem u. a. auch produktivitätsrelevanten Effekt begegnen zu können, gibt es vielfältige Lösungsansätze auf verschiedenen Ebenen und in verschiedenen Stadien des Prozesses. Mögliche Lösungsansätze je nach Ausprägung des Kulturkonflikts werden in Abschn. 4 ausführlich beschrieben.

In diesem Abschnitt wurde herausgestellt, was ein Kulturschock für die eigenen Werte und den Umgang mit diesen bedeutet und welche negativen Konsequenzen er haben kann. Ein Kulturschock kann somit einen wertebasierten Konflikt erzeugen, der zu einer Belastung führt. Die Gründe für die Entstehung solcher Konflikte im interkulturellen Kontext weisen Parallelen zu denen zwischen Individuum und Unternehmen auf (Abb. 7).

Der folgende Abschnitt zeigt Vorgehensweisen für eine mögliche Konfliktlösung, die zu positiven Konsequenzen führen können.

Abb. 7 Kulturschocks in verschiedenen Kontexten. (Eigene Darstellung)

4 Auflösung wertebasierter Konflikte

Im Folgenden wird darauf eingegangen, inwiefern Methoden aus dem interkulturellen Training, das zur Abmilderung eines Kulturschocks beitragen kann (s. Abschn. 3.1), auf unternehmensinterne wertebasierte Konflikte und deren Abmilderung adaptierbar sind.

Bei genauerer Betrachtung der bereits beschriebenen Konflikte, die zu einem Kulturschock führen können, fällt auf: Ein entscheidender Faktor ist der Umgang des Individuums mit der Situation, spezifischer ausgedrückt: der Umgang des Individuums mit der wahrgenommenen Werteinkongruenz (Abb. 8).

Im interkulturellen Kontext bzw. beim Umgang mit klassischen Kulturschocks wird auf die sog. Ambiguitätstoleranz als notwendige Kompetenz verwiesen. Ambiguitätstoleranz bezeichnet die Fähigkeit, Unklarheiten, Unstimmigkeiten, unsichere und unstrukturierte Situationen und/oder unterschiedliche Erwartungen und Rollen, die an die eigene Person gerichtet sind, auszuhalten (vgl. Frenkel-Brunswik 1949, S. 108–143).

Die Kompetenz bezieht sich ebenso auf das Symptom eines unternehmensinternen Kulturschocks, hier als kognitive Dissonanz bezeichnet. Zur Erinnerung: Als kognitive Dissonanz wird „eine als unbequem empfundene psychische Spannung aufgrund eines psychologischen Widerspruchs zwischen füreinander relevanten und gleichzeitig resistenten Kognitionen beschrieben" (Raffée et al. 1973, S. 41; s. Abschn. 1).

In beiden Situationen geht es vereinfacht darum, wie mit Unsicherheiten und nicht erfüllten, auf den eigenen Werten basierenden Erwartungen umgegangen wird. Auf diese Weise kann man die Toleranz bzw. den Umgang mit der kognitiven Dissonanz als Äquivalent zur Ambiguitätstoleranz im Unternehmenskontext bezeichnen.

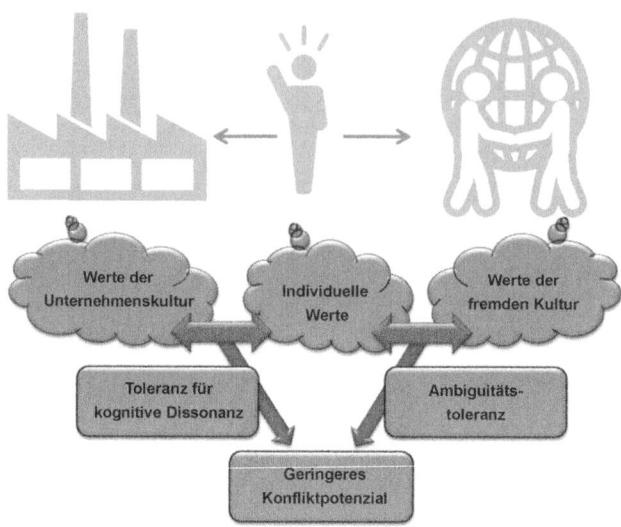

Abb. 8 Auflösung wertebasierter Konflikte. (Eigene Darstellung)

In Anlehnung an Erfahrungen aus dem interkulturellen Kontext kann davon ausgegangen werden: Je höher die Kompetenz (Toleranz für kognitive Dissonanzen/Ambiguitätstoleranz) ausgeprägt ist, desto geringer ist das Konfliktpotenzial.

Bezugnehmend auf die Relation von CSR und PSR (Abb. 6) gilt es zu berücksichtigen, dass beide rote Ampeln für ein Burn-out beim Mitarbeiter oder der Führungskraft sorgen können. Es entsteht ein Gefühl der Machtlosigkeit basierend auf einem Werteungleichgewicht wie bei der eingangs beschriebenen kognitiven Dissonanz. Der Betroffene versucht zwar, nach seinen Werten zu handeln, die entsprechend erwartete positive Reaktion des Umfelds, im Sinn von Wertschätzung, bleibt allerdings aus.

4.1 Lösungsansätze für Mitarbeiter der proaktiv-idealistischen Gruppe

Besteht Klarheit über die eigenen Werte und die des Unternehmens, können folgende Lösungsansätze hilfreich sein. Ausgehend von einer proaktiv idealistischen Einordnung der Gesamtsituation (Abb. 9) ergeben sich unterschiedliche Handlungsempfehlungen entsprechend der zuvor beschriebenen Ampelsituation (s. Abschn. 3.2).

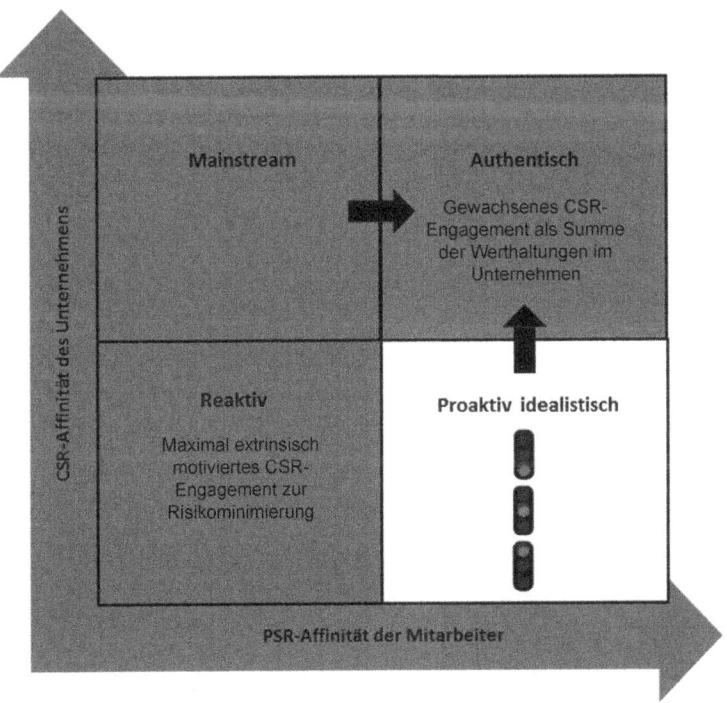

Abb. 9 Proaktiv-idealistische Relation von Corporate Social Responsibility (*CSR*) und Personal Social Responsibility (*PSR*). (Eigene Darstellung)

Ein Beispiel für die grüne Ampel im proaktiv idealistischen Bereich: Organisationen und Unternehmen haben bereits erste Umsetzungsschritte ergriffen, um von den Effekten von PSR in ihrem CSR profitieren zu können. Beispielsweise gibt es bei der Salford University Manchester eine freiwillige Selbstverpflichtung der Mitarbeiter zu kleinen Beiträgen zum ökologischeren Verhalten im Alltag (Asbury und Ball 2016). Die höchsten CSR-Standards – authentisches CSR – können nur durch die persönlichen Verhaltensänderungen eines jeden Einzelnen erfolgreich umgesetzt werden. In Tab. 2 finden sich zusammengefasst Beispielsituationen, in denen sich die proaktiv idealistische Gruppe wiederfinden kann, und es werden Handlungsoptionen aufgezeigt, wie diese damit umgehen könnten.

Tab. 2 Lösungsansätze proaktiv-idealistische Gruppe. (Eigene Darstellung)

Situation	Beispielsituation	Handlungsoptionen	Erforderliche Kompetenzen (s. Abschn. 3)
	Die Unternehmensleitung bzw. Führungskräfte tolerieren die Durchführung der Mitarbeiterinitiativen und unterstützen auf Rückfrage auch in geringem Maß (z. B. Sachspende, stundenweise Freistellung). Diese Situation erscheint zunächst aufgrund der beschränkten Unterstützung als angenehmste der drei Möglichkeiten, kann aber durch die wenig definierte Haltung des Unternehmens zu Frustration führen. Engagieren sich die Mitarbeiter beispielsweise mehrmals im Jahr Projekte, bei denen das Unternehmen i. d. R. auf Rückfragen Sachspenden zur Verfügung stellt, kann die Notwendigkeit, bei jeder Gelegenheit erneut um Unterstützung bitten zu müssen, als Schikane empfunden werden, da es aus der Erfahrung der Mitarbeiter mit hoher Wahrscheinlichkeit erneut gleich entschieden wird	In einem solchen Fall kann die konkrete Anfrage nach einer Verankerung der Aktivität im Betriebsablauf bzw. Jahresverlauf zu einer erhöhten Effizienz und Motivation führen. Die Aktivität könnte, obwohl sie nur von einzelnen Mitarbeitern angeregt und durchgeführt wird, als Unternehmensengagement deklariert und (intern) kommuniziert werden. Auf diese Weise werden weder die Entscheidungsträger noch die Mitarbeiter mit dem wiederkehrenden formalen Genehmigungsprozess belastet, sondern die Mitarbeiter können sich auf die Umsetzung konzentrieren. Ein weiterer positiver Nebeneffekt der internen Bekanntmachung solcher Initiativen könnte die Wirkung als Leuchtturmprojekt sein, wodurch weitere Mitarbeiter inspiriert werden, eigene Ideen vorzuschlagen oder etwas zu bestehenden Aktivitäten aufgrund gruppendynamischer Prozesse beizutragen. Durch die Kommunikation der Werte des PSR-affinen Individuums in Form der Aktivitäten bzw. des Engagements im Unternehmen, kann bei einer Mehrheitsfähigkeit der gelebten Werte ein schleichender Wertewandlungsprozess (beispielsweise „authentisch" s. Abb. 6) einsetzen (s. Abschn. 2.1)	Der Mitarbeiter sollte bei der Formulierung des Vorschlags über Wissen über die Unternehmenskultur (interkulturelles Wissen) verfügen. Zum Beispiel: Wie werden Entscheidungen generell getroffen? Wie viele Personen gilt es zu überzeugen? Auf welche Art von Argumenten wird eingegangen, welche sind für die Entscheidungsfindung irrelevant? Gibt es Instanzen im Unternehmen, die nicht übergangen werden sollten? Sind diese Fragen geklärt, gilt es, mit einer Sensibilität für die entsprechende Situation (interkulturelle Sensibilität) durch Empathie und respektvollem Verhalten den Vorschlag voranzubringen. Die entsprechende Kommunikation mit einem Vorgesetzten bzw. Entscheidungsträger wird durch eine Selbstsicherheit in Bezug auf die eigenen Werte, Bedürfnisse und Ideen sowie eine (trainierbare) Kommunikationskompetenz erleichtert. Vom Unternehmen wird eine Offenheit (für neue Vorschläge) und eine Flexibilität in Form der Toleranz möglicher neuer Situationen bzw. der Anpassungsfähigkeit an neue, von Mitarbeitern vorgetragene Bedürfnisse (nichts anderes ist der Versuch, nach seinen individuellen Werten zu leben) entwickelt

Corporate Social Responsibility und interkulturelle Kompetenz

Tab. 2 (Fortsetzung)

Situation	Beispielsituation	Handlungsoptionen	Erforderliche Kompetenzen (s. Abschn. 3)
(grün/gelb)	*Die Unternehmensleitung bzw. die Führungskräfte zeigen kein Interesse an den Initiativen, tolerieren aber die Durchführung dieser.* Gehen wir von der Situation „grün" aus, ist der Unterschied die fehlende (zeitliche, monetäre etc.) Unterstützung durch das Unternehmen. In dieser Situation könnte das erste Ziel sein, auf den Status aus Situation „grün" im Sinn kleiner, aber stetiger Veränderungsschritte zu gelangen	Um eine Unterstützung durch das Unternehmen zu erhalten, sollte der Mitarbeiter versuchen, die Mehrwerte der entsprechenden Aktivitäten aufzuzeigen. Bei verschiedenen CSR-Initiativen können dies u. a. die folgenden Vorteile sein: Teambildungscharakter von Aktionen, öffentlicher Kommunikationswert (Imageverbesserung), höhere Motivation der Mitarbeiter durch gestiegene Sinnhaftigkeit (z. B. bei der Optimierung bzw. Ergänzung von Arbeitsprozessen)	Wie bei Situation „grün" werden interkulturelle Kompetenzen benötigt, wobei insbesondere Selbstsicherheit und Sensibilität im Vordergrund stehen. Selbstsicherheit drückt die Überzeugungskraft eines von der jeweiligen Initiative beeindruckten Mitarbeiters aus. Sensibilität wird benötigt, damit der Kommunikationsprozess mit einem Entscheidungsträger, in dem der Mehrwert der Initiative herausgestellt werden könnte, nicht durch ein Aufzeigen von vermeintlich bisherigen Mängeln im Sinne einer Belehrung stattfindet, sondern vielmehr einen Mach-mich-besser-Workshop-Charakter aufweist
(gelb/rot)	*Die Unternehmensleitung bzw. die Führungskräfte äußern keinerlei Wertschätzung für die einzelnen Initiativen und gehen bis hin zu einer Unterbindung dieser, beispielsweise durch die Anweisung, diese Aktivitäten zukünftig außerhalb der Arbeitszeit durchzuführen*	In dieser Phase sind die Handlungsoptionen erheblich eingeschränkt. Falls Aktivitäten außerhalb der Arbeitszeit verlagert werden, können sich die Interessen der Mitarbeiter ebenfalls dorthin verschieben. Möchte das Unternehmen dies verhindern, bedarf es einer konkreten Einbindung der Mitarbeiter. Um von Situation „rot" zu Situation „gelb" zu gelangen, kann in Führungswechsel notwendig sein, der neue Perspektiven eröffnet und Schwerpunkte setzt	Hier wird von den Mitarbeitern ein besonders hohes Maß an Selbstsicherheit verlangt, um mit der Zurückweisung seitens des Unternehmens umzugehen. Voraussetzung auf Unternehmensseite ist wie in Situation „gelb" beschrieben, eine gewisse Offenheit des Unternehmens

4.2 Lösungsansätze für Unternehmer bzw. Manager der Mainstream-Gruppe

Wie bereits beschrieben, verlangt die Mainstream-Einstufung (Abb. 10) i. d. R. Maßnahmen, die von der Unternehmensführung top-down ausgehen.

Laut einer Befragung sehen sich die meisten Führungskräfte in ihrer Rolle als *Motivator* oder *Diener*. Wenige hingegen sehen sich als *Zielsetzer* oder *Eigennütziger*. Während der *Motivator* die „Mitarbeitenden stolz [macht], ein Teil des Unternehmens zu sein" und ein „Wir-Gefühl und Teamgeist" (Hattendorf et al. 2016, S. 23) in den Vordergrund stellt, setzt der *Diener* Prioritäten auf die „berufliche Weiterentwicklung der Mitarbeitenden" und deren „Wohlergehen" und hebt die „Wichtigkeit hervor, sich für die Gesellschaft zu engagieren" (Hattendorf et al. 2016, S. 23). Aus diesen beiden Definitionen geht deutlich hervor, welchen Stellenwert sowohl CSR als auch PSR für das Selbstverständnis von Führungskräften hat. Eine Mehrheit der Führungskräfte hat ein positives Bild der Geführten, die als *fleißig*, *engagiert* und *verlässlich* gesehen werden. Diese Bedingungen schaffen einen günstigen Rahmen, für die Entfaltung von CSR und der Möglichkeit eine Wertekongruenz sowohl in der Führungsrolle als auch in der Rolle als Geführter zu finden. Die Tab. 3

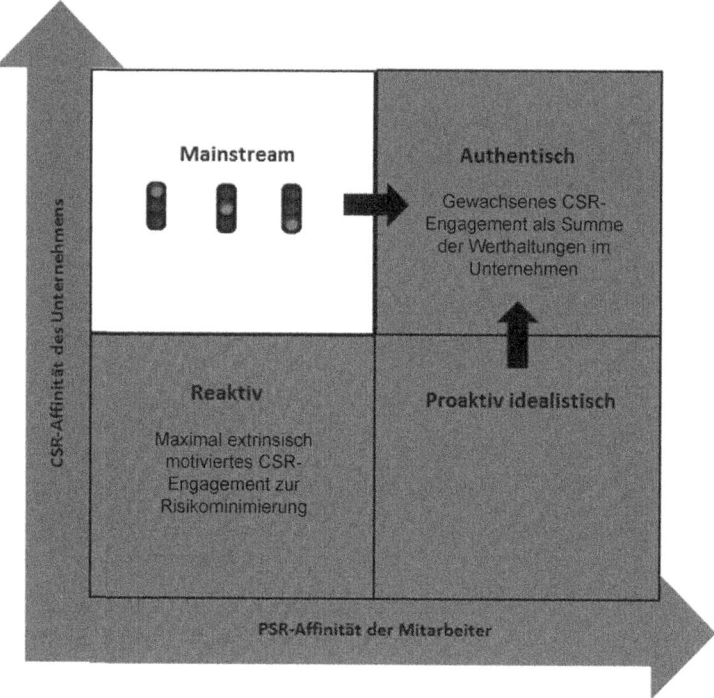

Abb. 10 Mainstream Corporate Social Responsibility (*CSR*): Hohe CSR-Affinität und niedrige Personal-Social-Responsibility(*PSR*)-Affinität. (Eigene Darstellung)

Corporate Social Responsibility und interkulturelle Kompetenz

Tab. 3 Lösungsansätze für Mainstream-Corporate-Social-Responsibility-Engagement. (Eigene Darstellung)

Situation	Beispielsituation	Handlungsoptionen	Erforderliche Kompetenzen (s. Abschn. 3)
🟡	*Die Mitarbeiter stehen dem Engagement neutral gegenüber, sind aber an einer selbstmotivierten Umsetzung interessiert*	Das Unternehmen kann durch gezielte Kommunikationsmaßnahmen die Mitarbeiter über Aktionen informieren und eventuell durch Anreize motivieren. Hierbei sind insbesondere die Führungskräfte ein Beispiel, da sie Informationen an die Mitarbeiter weitergeben können und als Beispiel fungieren. Die Mitarbeiter wiederum können, durch das Vorleben durch die Führungskräfte angeregt werden, an punktuellen Aktionen teilzunehmen. Sollte dies gelingen, kann eine weitere Verbreitung im Unternehmen möglich sein	Vom Unternehmen wird Kommunikationskompetenz und Empathie erwartet, um die Bedürfnisse seiner Mitarbeiter zu identifizieren und zu beachten. Die Mitarbeiter hingegen sollten ein Mindestmaß an Offenheit zeigen, um sich zumindest zu informieren
🟢	*Die Mitarbeiter kennen beispielsweise die ethischen Leitsätze des Unternehmens nicht und leben diese demnach nicht im Unternehmensalltag*	Im Unterschied zu Situation „gelb" geht es in Situation „grün" darum, das Thema Unternehmenskultur überhaupt zu kommunizieren. Daher braucht das Unternehmen eine umfassende Kommunikationsstrategie. Nur wenn die Mitarbeiter die Unternehmenskultur kennen, können sie auch danach handeln. Ergänzend hierzu empfiehlt es sich, die Unternehmenskultur erlebbar zu machen, beispielsweise indem Helden genutzt oder Rituale eingeführt werden	In dieser Situation stehen besonders die Kommunikationsfähigkeiten des Unternehmens im Vordergrund. Die Offenheit der Mitarbeiter ist ebenfalls Grundvoraussetzung, um die Unternehmenskultur anzunehmen
🔴	*Die Mitarbeiter empfinden das Corporate-Social-Responsibility-Engagement, beispielsweise ethische Leitsätze, als überflüssig und bemühen sich nicht um eine Integration in den Unternehmensalltag*	Situation „rot" beschreibt eine Situation, bei der das Unternehmen sich im Bereich Corporate Social Responsibility engagiert, aber die eigenen Mitarbeiter nicht erreicht. Hierbei reicht eine Kommunikationsstrategie allein nicht aus. Vielmehr bedarf es einer Corporate-Social-Responsibility-Strategie, die zu den Unternehmenswerten passt, um die Mitarbeiter unter Umständen besser einbinden zu können. Schon bei der Einstellung neuer Mitarbeiter ist zu beachten, dass deren Werte und Ziele mit denen des Unternehmens übereinstimmen. Genauso liegt es in der Verantwortung der Bewerber, sich darüber Gedanken zu machen, inwieweit ihre Werte mit denen des Unternehmens kompatibel sind, bei dem sie sich bewerben	Das Unternehmen sollte in diesem Fall besonders Flexibilität zeigen, um die Mitarbeiterschaft zu erreichen und zu überzeugen. Vonseiten der Mitarbeiter ist auch hier Offenheit gefragt

stellt Situationen dar, die die Gruppe des Mainstream betreffen und zeigt auf, wie letztere diesen begegnen können.

Insgesamt kann bei einer *Mainstream*-Situation von einer Herausforderung im Bereich der Akkulturation bzw. Akkommodation der Unternehmenskultur ausgegangen werden (s. auch Abschn. 2.1). Diejenigen Mitarbeiter, die neu in das Unternehmen kommen, erlernen zwar Kommunikations- und Interaktionsregeln, die auf den Unternehmenswerten basieren, um in der Unternehmenskultur handlungsfähig zu sein (Akkulturation), allerdings findet keine (ausreichende) Übernahme (oder bereits existierende Übereinstimmung) der Werte, Normen und Denkweisen in das eigene Wertegerüst statt (Akkommodation). Diese Wertekongruenz im Vorhinein oder eine sukzessive Anpassung der Werte aneinander (individuelle Werte passen sich an Unternehmenswerte an und anders herum) sind allerdings ein entscheidender Faktor zur Identifikation der Mitarbeiter mit ihrem Unternehmen (Tab. 3).

Ein weiterer Ansatzpunkt kann der interne Umgang mit den Unternehmenswerten sein. Unternehmenswerte sollten – wie auch Werte in der Gesellschaft – keine starren Statuten sein, sondern sich mit der Gesellschaft mitentwickeln, insbesondere wenn es sich nicht um ein eigentümergeführtes Unternehmen handelt, bei dem der Gründer oder dessen Familie die Werte entwickeln und vorleben.

4.2.1 Persönliche Lösung für die Führungskraft

Im Folgenden soll verdeutlicht werden, welche konkrete Rolle Werte in der Gesellschaft, im Unternehmen und für den Einzelnen spielen. Unsere heutige Gesellschaft oszilliert zwischen einer Zunahme an Komplexität und Überforderung und einer Besinnung auf das Wesentliche (Hattendorf et al. 2016). Diese beiden Trends sind auch ein Grund für den Boom von Coachingangeboten und -nachfrage (Stephan 2016), hat doch Coaching sehr viel mit Wertearbeit im Privaten wie im Beruflichen zu tun. Viele Führungskräfte lassen sich auf ihrem Karrierepfad von einem Coach begleiten, um den Blick für das Wesentliche nicht zu verlieren und gleichzeitig, um der zunehmenden Komplexität Herr zu werden (Stephan 2016). Ein solches Coaching der Führungskraft hilft, die eigene Selbstreflexion zu unterstützen.

4.2.2 Lösung für das Gesamtunternehmen

Die unternehmerische Lösung auftretender Werteinkongruenzen sollte an die vorliegende Situation angepasst werden. Wie bereits kurz im Abschn. 3.2 beleuchtet, gehören zu einem Wertekonflikt immer die Einstellungen beider Parteien (Unternehmen und Mitarbeiter). Selbstverständlich kann die Belegschaft aus einer Mischung der verschiedenen beschriebenen Ampelmitarbeitertypen bestehen. In diesem Fall kann man die Gruppe gezielt mit unterschiedlichen Maßnahmen ansprechen und mobilisieren.

In gewisser Weise lässt sich interkulturelle Kompetenz auf CSR und PSR soweit übertragen: Geht ein Mitarbeiter ins Ausland oder verändern sich die Werte des Unternehmens durch eine Fusion oder Übernahme, kann es zu einem Wertekonflikt kommen und Mitarbeiter werden aus der Komfortzone herausgerissen. Daraus lassen sich verschiedene

Handlungsoptionen ableiten: die Veränderung annehmen und auf Kongruenz mit den eigenen Werte überprüfen oder die Situation so verändern, dass sie stimmig wird, oder die Stelle oder den Arbeitgeber wechseln.

5 Ausblick

Im Rahmen dieses Beitrags wurden die folgenden Fragestellungen diskutiert:

- Warum entstehen Wertekonflikte?
- Welche Parallelen gibt es in der Entstehung von interkulturellen Konflikten und CSR-basierten Wertekonflikten?
- Welche Vorgehensweisen aus dem interkulturellen Bereich können bei der Auflösung von CSR-basierten Wertekonflikten nützlich sein?

Um Lösungsstrategien anzubieten, wurden Parallelen zu wertebasierten Konflikten im interkulturellen Kontext gezogen. Um die genannten Vorgehensweisen in die Praxis umzusetzen, bedarf es allerdings der Auseinandersetzung mit den eigenen Werten und denen des Unternehmens. Voraussetzung hierfür ist es nicht nur die Kenntnis der jeweiligen Werte, sondern auch die Bereitschaft und Fähigkeit zur Selbstreflexion.

Gehören Sie zu den *Reaktiven* oder *Authentischen*, besteht weniger Handlungsbedarf als bei den anderen beiden Gruppen (s. Abb. 6). Grundsätzlich gilt: Entscheidet sich ein Individuum oder ein Unternehmen gegen wertorientiertes Agieren, kann dies dennoch zu einer kognitiven Dissonanz führen. Der Mitarbeiter legt für sich lediglich fest – ob bewusst oder unbewusst, welchen Preis er bereit ist, dafür zu zahlen, seine eigenen Werte zu überwinden oder sogar zu ignorieren. Dieser Preis kann rein materiell (Gehalt, Prämien, andere Annehmlichkeiten) oder ideell sein. Im letzteren Fall können wichtige Werte weniger wichtige Werte verdrängen. Beispielsweise kann das Sicherheitsbedürfnis eines Mitarbeiters höher sein, als sein Anspruch, die eigenen Werte mit denen des Unternehmens grundsätzlich in Einklang zu bringen. Dies ist allerdings nicht mit der Toleranz für kognitive Dissonanz gleichzusetzen (Abschn. 3), die sowohl eine bewusste Auseinandersetzung mit den eigenen und fremden Werten voraussetzt, als auch eine bewusste Entscheidung, mit diesen in einer bestimmten Situation umzugehen.

Doch was heißt das nun für Unternehmen, Mitarbeiter und Bewerber? Zunächst trägt das Unternehmen die Verantwortung, die eigenen Werte zu kommunizieren und vorzuleben. Dies ermöglicht ihm im nächsten Schritt glaubwürdig auch CSR-Aktivitäten zu vertreten, die seinen Werten entsprechen.

Stellt das Unternehmen beim Abgleich mit den kommunizierten und den gelebten Werten eine kognitive Dissonanz fest, ist es seine Verantwortung, nicht nur den eigenen Mitarbeitern, sondern auch der Gesellschaft gegenüber, diese offen anzusprechen oder bestenfalls proaktiv zu bekämpfen.

Eine Möglichkeit ist, den eigenen Mitarbeitern ein werteorientiertes interkulturelles Training anzubieten. Die Mitarbeiter, die die Inkongruenz der kommunizierten mit den gelebten Werten des Unternehmens erst sichtbar machen, können durch ein solches Training erkennen, inwieweit sie im Sinn des Unternehmens agieren und ihre Stärken in der täglichen Arbeit einbringen können.

Genauso sollten sich Bewerber vorab Gedanken machen, inwieweit das Unternehmen, für das sie sich interessieren, ihre eigenen Werte verkörpert und diese auch durch Tatsachen, wie Umgangsformen, den Räumlichkeiten und den Stellenausschreibungen überprüfbar sind. Sowohl das Unternehmen als auch die Person, die sich bewirbt, sollten sich im Sinn einer harmonischen Zusammenarbeit folgende Fragen stellen:

- Welche Werte sind für mich (den Bewerber) wichtig?
- Stimmen diese Werte mit denen des Unternehmens überein?
- Falls nicht, weist der Bewerber eine ausreichende Ambiguitätstoleranz auf?

Dieser Trend, die Werte auch bei der Bewerbung in den Fokus zu nehmen, bestätigt sich auch durch Hinweise auf Karriereportale (Müller 2017). Bei einer Befragung von über 4000 Unternehmen in 13 Ländern zu Unternehmenswerten wird deutlich, wie wichtig den Mitarbeitern gelebte Werte sind (Ecco Network 2013). Allerdings zeigt die Studie nicht auf, wie sich diese Werte manifestieren. In der Studie Unternehmenskultur und Unternehmenswerte geben 37 % der Befragten an, dass in ihrem Unternehmen ein kooperatives Klima herrscht, während 21 % ihr Unternehmen als eines einstufen, das Freiraum für Kreativität und Eigenverantwortung einräumt (Bockholdt 2014). Diese Faktoren kann man gegebenenfalls auch schon während eines Bewerbungsgesprächs wahrnehmen. Allerdings ist es als Außenstehender schwierig, konkrete Merkmale zu finden, die eine gelebte Unternehmenskultur tatsächlich ausmachen.

Stellt also ein Bewerber im Nachhinein fest, dass er sich falsch entschieden hat, können die Lösungsansätze aus Abschn. 4 helfen, einen Weg zu finden, der vielleicht die Bedürfnisse von Mitarbeiter und Unternehmen gleichermaßen berücksichtigt.

Auf diesem Beitrag aufbauend bietet sich vielfältiges weiterführendes Forschungspotenzial. Zum einen könnten die vermeintlich konfliktärmeren CSR-PSR-Konstellationen: reaktives CSR-Engagement und authentisches CSR-Engagement (s. Abb. 5) näher untersucht werden.

In Bezug auf Mitarbeiter könnte ermittelt werden, was es für ein Unternehmen bedeutet, PSR-affine Mitarbeiter einzustellen und zu beschäftigen, und welche Voraussetzungen dafür geschaffen werden müssen. Hierbei könnte, analog zum interkulturellen Kontext, die Akkomodation bzw. Akkulturation des Mitarbeiters in diesem Unternehmen beschrieben werden.

Grundsätzlich stellt sich die Frage, welche Konsequenzen Bewerber oder Mitarbeiter ziehen, wenn eine Inkongruenz mit den Werten des Unternehmens besteht.

Die in der Einleitung genannten Zahlen zu Burn-out und zur Erfolgsquote von Unternehmen und ihren Mitarbeitern, die ihre Werte leben, sprechen dafür, sich umfassend mit den eigenen Werten zu beschäftigen. Zwar wird mit dem Job immer noch die Existenz gesichert und das Prestige ausgedrückt, doch findet zunehmend und mit der Generation Y ein Umdenken statt. Was wäre, wenn wir das tun würden, was wir am besten können und dafür auch noch bezahlt würden?

Literatur

Angelopoulou A (2007) Unternehmen streben nach Glaubwürdigkeit. FAZ.net. http://www.faz.net/aktuell/beruf-chance/arbeitswelt/werte-als-erfolgsgarant-unternehmen-streben-nach-glaubwuerdigkeit-1459666.html. Zugegriffen: 29. Juni 2017

Asbury S, Ball R (2016) The practical guide to corporate social responsibility: do the right thing, 2. Aufl. Routledge, Taylor & Francis Group, London, New York

Barmeyer CI (2000) Interkulturelles Management und Lernstile: Studierende und Führungskräfte in Frankreich, Deutschland und Quebec. Campus, Frankfurt am Main

Bauer-Kaase P, Kaase M (1998) Werte und Wertewandel – ein altes Thema und eine neue Facette. In: Galler HP, Wagner G, Krupp H-J (Hrsg) Empirische Forschung und wirtschaftspolitische Beratung: Festschrift für Hans-Jürgen Krupp zum 65. Geburtstag. Campus, Frankfurt am Main, S 256–274 (http://www.diw.de/sixcms/detail.php/81790. Zugegriffen: 29. Juni 2017)

Bockholdt T (2014) Quick Survey – Unternehmenskultur und Unternehmenswerte. S 1–11. http://www.intersearch-executive.de/download/ISEC_Studie_Unternehmenskultur_und_Unternehmenswerte.pdf. Zugegriffen: 29. Juni 2017

Bolten J (2007) Einführung in die Interkulturelle Wirtschaftskommunikation. Vandenhoeck & Ruprecht, Göttingen

Bolten J (2012) Interkulturelle Kompetenz. Landeszentrale für Politische Bildung Thüringen, Erfurt

Boschert F (2016) Stakeholder Relation Management als Kern der Führungsaufgabe. In: Altenburger R, Mesicek RH (Hrsg) CSR und Stakeholdermanagement. Management-Reihe Corporate Social Responsibility. Springer, Berlin, Heidelberg

Bürgisser S (2011) Konflikte zwischen Vorstand und Geschäftsführer in Nonprofit-Organisationen: Eine Analyse der Spannungsfelder und deren Ursachen. Gabler, Wiesbaden, S 102–104

Coelho PRP, McClure JE, Spry JA (2003) The social responsibility of corporate management: a classical critique. Am J Bus 18(1):15–24

Crane A, Matten D, Spence LJ (2008) Corporate Social Responsibility – Readings and cases in a global context. Routledge Chapman & Hall, Oxford

Destatis WZB (2016) Datenreport 2016. Ein Sozialbericht für die Bundesrepublik Deutschland. Statistisches Bundesamt (Destatis) Wissenschaftszentrum Berlin für Sozialforschung (WZB). https://www.destatis.de/DE/Publikationen/Datenreport/Downloads/Datenreport2016.pdf?__blob=publicationFile. Zugegriffen: 4. Mai 2017

d'Iribarne P (2008) Penser la diversité du monde. Éditions du Seuil, Paris

Ecco Network (2013) Unternehmenswerte – hohle Phrasen oder gelebte Realität? Die wichtigsten Ergebnisse des „International Index of Corporate Values 2013". S 1–8. http://www.ecco-network.de/resources/Corporate_Values/Kurzbericht_Deutschland.pdf. Zugegriffen: 29. Juni 2017

Ekhardt F (2005) Das Prinzip Nachhaltigkeit: Generationengerechtigkeit und globale Gerechtigkeit. C.H. Beck, München

Expat-News (2014) Kulturschock – die wirtschaftlichen Folgen für Unternehmen. Rubrik Interkulturelles. https://www.expat-news.com/18741/interkulturelle-kompetenzen-ausland/kulturschock-die-wirtschaftlichen-folgen-fuer-unternehmen/. Zugegriffen: 18. Apr. 2017

Felber C (2014) Die Gemeinwohlökonomie – eine demokratische Alternative wächst. Deuticke, Wien

Festinger L (2012) Theorie der kognitiven Dissonanz, 2. Aufl. Huber, Bern

Freeman RE (1984) Strategic Management – Stakeholder Approach. Boston, S 25, erneut aufgegriffen in zfwu (2004) Strategic Management: A Stakeholder Approach. Pitman Publishing. http://www.zfwu.de/fileadmin/pdf/3_2004/Freeman_HansenBodeMossmeyer.pdf. Zugegriffen: 28. Okt. 2014

Freeman RE, Reed DL (1983) Stockholders and stakeholders: a new perspective on corporate governance. Calif Manage Rev 25(3):88–106

Freisinger E (2016) Gelebte Unternehmenswerte steigern wirtschaftlichen Erfolg. https://www.haufe.de/controlling/rechnungslegung/gelebte-unternehmenswerte-steigern-wirtschaftlichen-erfolg_110_386822.html. Zugegriffen: 27. März 2017

Frenkel-Brunswik E (1949) Intolerance of Ambiguity as an Emotional and Perceptual Personality Variable. J Pers 18:108–143

Friedman M (1962) Capitalism and Freedom. http://www.pdf-archive.com/2011/12/28/friedman-milton-capitalism-and-freedom/friedman-milton-capitalism-and-freedom.pdf. Zugegriffen: 28. Okt. 2014

Glauner F (2016) CSR und Wertecockpits: Mess- und Steuerungssysteme der Unternehmenskultur, 2. Aufl. Springer Gabler, Berlin, Heidelberg

Glöckner A, Balderjahn I, Peyer M (2010) Die LOHAS im Kontext der Sinus-Milieus. Mark Rev St Gallen 27(5):36–41

von Goddeck V (2011) Organisation und Werte: Formen, Funktionen, Folgen. VS, Wiesbaden

Hattendorf K, Heidbrink L, Egorov M, Peus C, Pircher Verdorfer A (2016) Führungskräftebefragung 2016 – Eine Studie der Wertekommission und der TUM School of Management der technischen Universität München. https://www.wertekommission.de/wp-content/uploads/2016/10/Führungskräftebefragung-2016.pdf. Zugegriffen: 20. Apr. 2017

Hildebrandt A (2014) Warum Compliance für CSR so wichtig ist. http://www.umweltdialog.de/de/csr-management/Gastbeitrag/2014/Warum-Compliance-f-r-CSR-so-wichtig-ist-.php. Zugegriffen: 20. März 2017

Hofstede G (1993) Cultural constraints in management theories. Acad Manag Exec 7(1):81–94

Hofstede G (2012) Lokales Denken, Globales Handeln. C.H. Beck, München

Huber B (2007) Kulturschock Auslandsaufenthalt – auf Kosten der Gesundheit? Aspekte einer Auslandsentsendung und ihr Einfluss auf den Gesundheitszustand von Expatriates. http://www.icunet.ag/fileadmin/content/innovation/Studie_-_Kulturschock_Auslandsaufenthalt.pdf. Zugegriffen: 27. März 2017

Inglehart R (1989) Kultureller Umbruch. Wertwandel in der westlichen Welt. Campus, Frankfurt am Main, New York

Jastram SM, Kühn SK (2014) Innovation through multi-stakeholder networks in the field of corporate social responsibility. InTeR 3(14):155–160

Jonas H (1979) Das Prinzip Verantwortung – Versuch einer Ethik für die technologische Zivilisation. Suhrkamp, Berlin

Kant I (2003) Kritik der praktischen Vernunft. Meiner, Hamburg

Koch S, von Rosenstiel L (2007) Persönliche Werte, Wertewandel und Konsumverhalten. In: Frey D, von Rosenstiel L (Hrsg) Wirtschaftspsychologie. Enzyklopädie der Psychologie, Bd. DIII/6. Hogrefe, Göttingen, S 745–781

Lysgaard S (1955) Adjustment in a foreign society: Norwegian fulbright grantees visiting the United Stated. Int Soc Sci Bull 7:33–42

McWilliams A, Siegel DS, Wright PM (2006) Corporate social responsibility: strategic implications. J Manag Stud 43(1):1–18

Meglino BM, Ravlin EC, Adkins CL (1989) A work value approach to corporate culture. A field test of value congruence process its relationship to individual outcomes. J Appl Psychol 74:424–432

Mertesacker M (2010) Die Interkulturelle Kompetenz im internationalen Human Resources Management – eine konfirmatorische Evaluation. Reihe: Personal, Organiation und Arbeitsbeziehungen, Bd. 47. Eul Verlag, Lohmar, Köln (Dissertation)

MILD – Münchener Institut für lösungsorientiertes Denken (2017) Zahlen & Fakten. Daten und Fakten zur psychischen Gesundheit. http://www.muenchener-institut.de/beratung-fuer-unternehmen/zahlen-daten-fakten/. Zugegriffen: 20. März 2017

Müller C (2017) Persönliche Werte: Erfolg braucht Haltung. http://karrierebibel.de/persoenliche-werte-erfolg-braucht-haltung/. Zugegriffen: 29. Juni 2017

Paige RM (1993) Education for the Intercultural Experience. Intercultural Press, Yarmouth/ME

Porter ME, Kramer MR (2006) Strategy and society: the link between competitive advantage and Corporate Social Responsibility. Harv Bus Rev 84(12):78–92

Porter ME, Kramer MR (2011) Creating shared value. Harv Bus Rev 89(1):62–77

Porter ME, Kramer MR (2012) Shared Value: Die Brücke von Corporate Social Responsibility zu Corporate Strategy. In: Schneider A, Schmidpeter R (Hrsg) Corporate Social Responsibility. Springer, Berlin, Heidelberg

Probst L (2013) Nachhaltigkeit als politischer Wert. Bundesanstalt für politische Bildung bpb. http://www.bpb.de/apuz/166663/nachhaltigkeit?p=all. Zugegriffen: 4. Mai 2017

Raffée H, Sauter B, Silberer G (1973) Theorie der kognitiven Dissonanz und Konsumgüter-Marketing. Betriebswirtschaftlicher Verlag, Wiesbaden, S 41

Ravlin EC, Meglino BM (1998) Individual values in organizations: concepts, controversies, and research. J Manage 24(3):351–389

Remisova A, Buciova Z (2012) Measuring corporate social responsibility towards employees. J East Eur Manag Stud 17(3):273–291

Rödder A (2006) Vom Materialismus zum Postmaterialismus? Ronald Ingleharts Diagnosen des Wertewandels, ihre Grenzen und Perspektiven. Zeithistorische Forschungen/Studies in Contemporary History, Bd. 3, S 480–485

Schneider A (2012) Reifegradmodell CSR – eine Begriffsklärung und -abgrenzung. In: Schneider A, Schmidpeter R (Hrsg) Corporate Social Responsibility. Verantwortungsvolle Unternehmensführung in Theorie und Praxis. Springer, Berlin, Heidelberg, S 17–24

Stehr C (2013) Intercultural Training and Intercultural Competencies – Current Models of Intercultural Management in the Light of Business Practice – The development of an efficient, success-oriented posting-model (PSR-Model). In: de Bozinoff MJ (Hrsg) Lifestyle in Globalization. Megatrend University, Belgrade, S 129–160

Stehr C (2015) General Management und Corporate Social Responsibility. In: Schneider A, Schmidpeter R (Hrsg) Corporate Social Responsibility. Verantwortungsvolle Unternehmensführung in Theorie und Praxis, Bd. 2. Springer Gabler, Berlin, S 501–518

Stehr C, Struve F (2017) CSR und Compliance – Die gesellschaftliche Verantwortung von Unternehmen. In: Schulz MR (Hrsg) Compliance-Management im Unternehmen: Strategie und praktische Umsetzung. Deutscher Fachverlag GmbH, Frankfurt am Main, S 339–361

Stephan M (2016) 4. Marburger Coaching-Studie. Universität Marburg, Marburg

Stock C (2015) Burnout: Erkennen und verhindern, 2. Aufl. Haufe-Lexware, Freiburg

Stroppa C (2011) Interkulturelle Anpassungsprozesse: Die Rolle von interpersonalen Netzwerken, sozialer Unterstützung und kultureller Distanz im Rahmen von Auslandsentsendungen. Dissertation, LMU München, Fakultät für Psychologie und Pädagogik

Suchanek A, Lin-Hi N (2006) Eine Konzeption unternehmerischer Verantwortung. Diskussionspapier NR. 2006-7, Wittenberg-Zentrum für Globale Ethik e. V.

Uehlinger C (2009) Bedeutet international arbeiten interkulturell kompetent zu sein? In: Voigt C (Hrsg) Interkulturell führen. Diversity 2.0 als Wettbewerbsfaktor. NZZ Verlag, Zürich, S 255–266

Volber M (2014) Der volkswirtschaftliche Schaden vom Arbeitsstress. https://www.welt.de/sonderthemen/stress/article125753289/Der-volkswirtschaftliche-Schaden-von-Arbeitsstress.html. Zugegriffen: 20. März 2017

Votaw D, Sethi S (1973) The corporate dilemma: traditional values versus contemporary problems. Prentice Hall, Englewood Cliff, N.J.

Woesler M (2009) A new model of cross-cultural communication: critically reviewing, combining and further developing the basic models of Permutter. In: Yoshikawa H, Hofstede T (Hrsg) Hallpike, and the social constructivism. European Univ. Press, Berlin, Bochum, London, Paris, S 31

Zirnig D (2009) Corporate Social Responsibility – Definitorische Abgrenzung, Instrumente und betriebswirtschaftliche Erfolgswirkungen. Dilomica Verlag, Hamburg

Prof. Dr. Christopher Stehr (geboren 1967) studierte Politikwissenschaft und Betriebswirtschaftslehre an der Universität München. Er erhielt ein Vollstipendium der Deutsch-Japanisch-Akademischen Burse der Universität Ulm mit dem Ziel, interdisziplinär und interkulturell zum Thema Bevölkerungsentwicklung und Globalisierung zu forschen. Am Forschungsinstitut für anwendungsorientierte Wissensverarbeitung der Universität Ulm leitete er Drittmittelprojekte zum Thema Globalisierung und promovierte parallel dazu an der Freien Universität Berlin. Im Jahr 2003 gründete er die Unternehmensberatung polymundo, die sich auf Globalisierung und Strategische Beratung fokussierte. Von 2003 bis 2009 hatte er eine Postdoc-Stelle am Institut für Unternehmensplanung, Fakultät für Mathematik und Wirtschaftswissenschaften der Universität Ulm inne. Von März 2009 bis September 2010 war er Professor für International Business und Interkulturelles Management an der Karlshochschule International University in Karlsruhe. Seit Oktober 2010 ist er Professor für Internationales Management an der German Graduate School of Management and Law (GGS) in Heilbronn. Im Jahr 2012 initiierte er die sog. Heilbronner Erklärung zur gesellschaftlichen Verantwortung des Mittelstands, eine freiwillige CSR-Selbstverpflichtung zwischen kleinen und mittleren Unternehmen (KMUs) der Region Heilbronn-Franken. Seine Forschungsschwerpunkte umfassen die Bereiche: Internationalisierung und Globalisierung von KMU, Corporate Social Responsibility (CSR) sowie Interkulturelle Kompetenz.

Dr. Nina Dziatzko ist Head of Scientific Research bei Polymundo GmbH & Co. KG. Gleichzeitig ist sie Postdoc an der German Graduate School of Management and Law (GGS). Sie forscht und lehrt zur Relevanz von interkulturellen Trainings für eine gelungene Auslandsentsendung und zu Global Leadership sowie zur kulturellen Prägung des CSR-Verständnisses in verschiedenen Ländern. Sie hat an der Universität des Saarlandes und der Université du Littoral Côte d'Opale zu Herausforderungen in der Zusammenarbeit multikultureller Teams bei der BMW Group promoviert.

Franziska Struve ist wissenschaftliche Projektassistentin an der German Graduate School of Management and Law gGmbH (GGS). Sie studierte Betriebswirtschaftslehre im Bereich Dienstleistungsmanagement mit Fokus auf Medien und Kommunikation in Kooperation mit Kaufland an der DHBW Heilbronn. Seit September 2013 arbeitete sie zusätzlich zu ihrem dualen Studium am Lehrstuhl für Internationales Management an der GGS. Ihre Forschungen und Publikationen umfassen den Bereich CSR sowie Interkulturelle Kompetenz, u. a. ist sie Mitherausgeberin des Buchs *CSR und Marketing*, das 2017 im Springer Verlag erschienen ist.

Verantwortungsvolles Handeln und Interkulturelles Management als Teil der Geschäftspraxis am Beispiel der Deutsche Post DHL Group

Susanna Nezmeskal-Berggötz und Katharina Tomoff

1 Unternehmensverantwortung als globaler Logistikkonzern

Als weltweit tätiges Logistikunternehmen lebt die Deutsche Post DHL Group von der Vielfalt ihrer Stakeholder. Kunden und Investoren mit unterschiedlichen kulturellen Hintergründen fordern Qualität und Nachhaltigkeit. Weltweit rund 520.000 Mitarbeiter und Mitarbeiterinnen „verbinden jeden Tag Menschen und verbessern Leben" (Deutsche Post DHL Group 2014, S. 6). Diversität und weltweite Präsenz spielen damit auch in der Unternehmensverantwortung der Deutsche Post DHL Group eine entscheidende Rolle.

Diese ist in der Geschäftsstrategie verankert: Die Deutsche Post DHL Group hat sich mit der Strategie 2020 das Ziel gesetzt, „zum Maßstab für verantwortungsvolles unternehmerisches Handeln zu werden" (Deutsche Post DHL Group 2017a, S. 4). Ebenso in der Strategie verankert ist der Anspruch, den Bedürfnissen von Stakeholdern sowie Gesellschaft und Umwelt gerecht zu werden, letzteres insbesondere durch die Entwicklung grüner Logistiklösungen. Das Unternehmen will damit zum Anbieter, Arbeitgeber und Investment erster Wahl werden. Die Abb. 1 zeigt ein Schaubild der Strategie, wie sie extern wie auch intern an Mitarbeiter und Mitarbeiterinnen kommuniziert wird. Es verdeutlicht die folgenden Ziele:

- Erste Wahl als Anbieter: für Kunden, die die Deutsche Post DHL Group als Referenz für Logistik betrachten
- Erste Wahl als Arbeitgeber: für Menschen, die für die Deutsche Post DHL Group arbeiten, weil es ihr Leben bereichert

S. Nezmeskal-Berggötz (✉) · K. Tomoff
Deutsche Post DHL Group
Bonn, Deutschland
E-Mail: s.nezmeskal@dpdhl.com

K. Tomoff
E-Mail: katharina.tomoff@dpdhl.com

© Springer-Verlag GmbH Deutschland, ein Teil von Springer Nature 2019
A. B. Karlshaus und I. C. Mochmann (Hrsg.), *CSR und Interkulturelles Management*, Management-Reihe Corporate Social Responsibility,
https://doi.org/10.1007/978-3-662-55230-8_3

Abb. 1 Ziele der Konzernstrategie. (Deutsche Post DHL Group 2017a, S. 20)

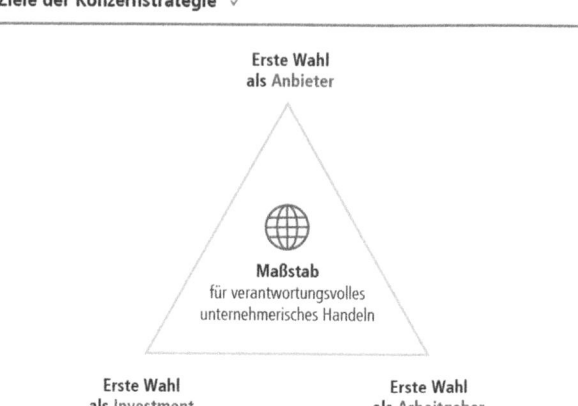

- Erste Wahl als Investment: für Stakeholder, die die Deutsche Post DHL Group als Unternehmen betrachten, das hochgesteckte Ziele erreicht

Im Kern dieses Dreiklangs steht das Ziel, für all diese Gruppen zum Maßstab für verantwortungsvolles unternehmerisches Handeln zu werden (Deutsche Post DHL Group 2017b, S. 4).

Interkulturelle Kompetenz ist dabei schon für das Kerngeschäft entscheidend: Als einer der weltweit größten Post- und Logistikdienstleister entwickelt der Konzern Lösungen für Kunden in nahezu allen Ländern und Territorien. Dadurch erhalten die Kunden Zugang zum Welthandel, einem wichtigen Schlüssel für wirtschaftliche Entwicklung und Wohlstand. Wissen über und Verständnis von kulturellen Aspekten sind somit zentral für die erfolgreiche Umsetzung sowie Nachhaltigkeit des Kerngeschäfts (Deutsche Post DHL Group 2017b, S. 7; 2017c).

Als verantwortungsvolles Unternehmen legt die Deutsche Post DHL Group in strategischen Entscheidungen und im täglichen Geschäft Wert auf

- die Einhaltung weltweiter Standards für ethisch und rechtlich korrekte Geschäftsabläufe,
- einen größtmöglichen Wertbeitrag für lokale Gesellschaften,
- Verantwortung für die eigenen Mitarbeiter und Mitarbeiterinnen und
- möglichst geringe Umweltauswirkungen des Geschäfts.

So erfüllt der Konzern seine Verpflichtung zur verantwortungsvollen Unternehmensführung und bleibt erfolgreich für Mitarbeiter und Mitarbeiterinnen, Kunden und Investoren (Deutsche Post DHL Group 2017c, S. 20).

2 Unternehmensverantwortung strategisch verankert

Unternehmensverantwortung und eine verantwortungsvolle Geschäftspraxis sind in der Strategie der Deutsche Post DHL Group verankert. Ein Managementprozess wurde etabliert, um die Verantwortung des Konzerns und Erwartungen seiner Stakeholder zu definieren (Abb. 2).

Wesentliches Element hierfür ist die Materialitätsanalyse des Konzerns (Abb. 3): Der Dialog mit unterschiedlichen Anspruchsgruppen und die Analyse der Geschäftsauswirkungen erlauben es, auf kulturell bedingt unterschiedliche Anforderungen einzugehen. Die Materialitätsanalyse liefert einen Orientierungsrahmen für Themen, die für das Unternehmen Deutsche Post DHL Group am relevantesten, d. h. materiellsten sind. Das bedeutet nicht, dass andere Themen ausgeschlossen sind, aber garantiert, dass die wichtigsten Themen im Mittelpunkt stehen. Im Jahr 2017 betrafen diese drei Themenfelder

- Unternehmensführung mit den drei materiellen Themen Compliance, Standards in der Wertschöpfungskette sowie Datenschutz und -sicherheit;
- Umwelt mit den materiellen Themen Energieeffizienz und Klimawandel und Luftverschmutzung sowie
- Mitarbeiter mit Mitarbeiterengagement, Achtung der Menschenrechte, Mitarbeiterentwicklung und Arbeits- und Gesundheitsschutz.

Die Ergebnisse der Materialitätsanalyse werden zunächst auf globaler Ebene genutzt, um die wesentlichen Themen für eine verantwortungsvolle Geschäftspraxis zu definieren und zu behandeln. *Verantwortungsvolle Geschäftspraxis* bedeutet bei der Deutsche Post DHL Group, das Geschäft im Einklang mit geltendem Gesetz, ethischen Standards und internationalen Leitlinien zu betreiben. Dabei berücksichtigt der Konzern die Anforderungen seiner Stakeholder, insbesondere seiner Mitarbeiter und Mitarbeiterinnen, Kunden und Investoren. Der Konzern kann durch eine verantwortungsvolle Geschäftspraxis aktiv

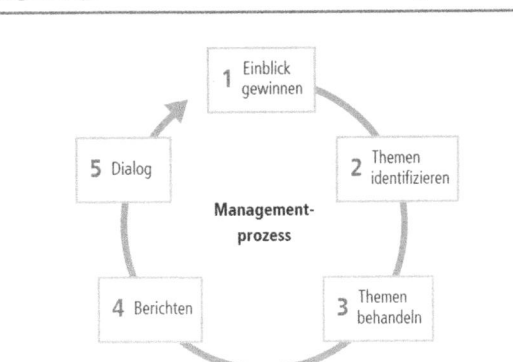

Abb. 2 Managementprozess der Unternehmensverantwortung. (Deutsche Post DHL Group 2017a, S. 21)

Abb. 3 Materielle Themen der Deutschen Post DHL Group. (Deutsche Post DHL Group 2017a, S. 21)

Risiken minimieren und Chancen maximieren. Nicht zuletzt ermöglichen die etablierten Managementprozesse und umgesetzten Maßnahmen robuste und stabile Lieferketten.

Das Netzwerk Responsible Business Practice (verantwortungsvolle Geschäftspraxis) stellt durch die Teilnehmer und Teilnehmerinnen aus den Unternehmensfunktionen und -divisionen von der Deutsche Post DHL Group sicher, dass Ziele definiert werden und entsprechende Maßnahmen global, regional und lokal umgesetzt werden. Mit unterschiedlichen kulturellen Hintergründen bringen sich auch die Mitglieder des Sustainability Advisory Councils ein. Das mit internationalen Experten besetzte Gremium berät die Deutsche Post DHL Group unabhängig in Fragen zur Unternehmensverantwortung und verantwortungsvollen Geschäftspraxis.

In der gelebten verantwortungsvollen Geschäftspraxis gilt der *Verhaltenskodex* der Deutsche Post DHL Group als Kompass. Er orientiert sich „an internationalen Übereinkünften und Leitlinien wie der Allgemeinen Erklärung der Menschenrechte, den Konventionen der Internationalen Arbeitsorganisation (ILO) und dem Global Compact der Vereinten Nationen" (Deutsche Post DHL Group 2017d). Der Verhaltenskodex erlaubt es dem Konzern, mit Mitarbeitern und Mitarbeiterinnen aus nahezu allen Ländern und Territorien der Welt übergreifende und verbindende Standards für verantwortungsvolles unternehmerisches Handeln zu setzen. Bei seiner Entwicklung wurden alle Geschäftsbereiche und regionale Anforderungen berücksichtigt.

Ein weiteres wichtiges verbindendes Element ist die globale Agenda zur Unternehmensverantwortung, bestimmt durch die wesentlichen Themen von der Deutschen Post DHL Group und die Unterstützung der Globalen Ziele nachhaltiger Entwicklung der Vereinten Nationen. Mit diesen Elementen erkennt der Konzern an, dass Verantwortung über die Ländergrenzen hinweg umgesetzt werden muss und etabliert ein gemeinsames sowie konzernweites Verständnis von verantwortungsvoller Geschäftspraxis.

3 Unternehmensverantwortung im interkulturellen Spannungsfeld

Ein Konzern wie die Deutsche Post DHL Group, der Mitarbeiter und Mitarbeiterinnen in nahezu allen Ländern und Territorien hat, begegnet auch Herausforderungen, die aus dieser Internationalität entstehen. So stehen die globalen Standards zur Unternehmensverantwortung manchmal im Widerspruch zu lokalen Gegebenheiten. Um diese aufzulösen, ist ein gemeinsames Werteverständnis entscheidend, ebenso wie die gemeinsame Entwicklung dieser Werte und der offene Austausch untereinander. Dazu nutzt der Konzern sein vielfältiges Netzwerk.

Unterschiede werden auch deutlich, wenn es um die Anforderungen der externen Stakeholder geht. In unterschiedlichen Ländern und Gesellschaften zeigen sich auch Unterschiede in der Nachfrage nach nachhaltigen Lösungen. Doch insbesondere in der Zusammenarbeit mit international tätigen Kunden gelingt es der Deutsche Post DHL Group, entsprechende Lösungen zu platzieren. Und nicht zuletzt kurbelt ein wachsendes Problembewusstsein bei der Endkundschaft zu sozialen und Umweltproblemen die Nachfrage nach nachhaltigen Lösungen an.

4 Verantwortungsvolle Geschäftspraxis in der Umsetzung

Die Agenda zur Unternehmensverantwortung wird bei der Deutsche Post DHL Group auf globaler, regionaler und lokaler Ebene umgesetzt. Für die unterschiedlichen Themen wurden neben zentralen Ansprechpersonen auch regionale und lokale Netzwerke etabliert. So gibt es beispielsweise Experten für Umwelt oder Sicherheit am Arbeitsplatz auf Standortebene. Bei der Umsetzung von Programmen und Maßnahmen werden kulturelle Unterschiede nicht nur berücksichtigt, die interkulturelle Zusammenarbeit ist oft eine Bereicherung, wenn es um mehr Verantwortung für Mitarbeiter und Mitarbeiterinnen, Umwelt und Gesellschaft geht. Das zeigt sich in unterschiedlichen Initiativen und Programmen.

4.1 Beispiel Mitarbeiterentwicklung: Konzerninitiative Certified

Ein zentrales und konzernübergreifendes Element für die Weiterentwicklung von Mitarbeitern und Mitarbeiterinnen ist die Certified-Initiative der Deutsche Post DHL Group. Die Certified-Module vermitteln Wissen über den Konzern und gehen gleichzeitig auf die Rolle jedes Einzelnen ein. Die Teilnahme an den Modulen ist unabhängig von Funktion und Hierarchiestufe und schafft eine einzigartige Möglichkeit zum Austausch der Teilnehmer und Teilnehmerinnen der Deutsche Post DHL Group (Deutsche Post DHL Group 2017a, S. 50).

4.2 Beispiel Energieeffizienz: Entwicklung von Elektrofahrzeugen

Mit dem Programm GoGreen konzentriert sich die Deutsche Post DHL Group darauf, die Geschäftsauswirkungen auf die Umwelt zu minimieren und einen Mehrwert für Gesellschaft und Kunden zu schaffen. Die Mission von der Deutsche Post DHL Group ist eine Null-Emissions-Logistik bis zum Jahr 2050 zu erreichen. Dabei werden innovative Lösungen für mehr Energieeffizienz oft lokal entwickelt und dann auf weitere Länder übertragen. Ein Beispiel dafür ist das konzerneigene Elektrofahrzeug Streetscooter, das mittlerweile in Deutschland in Serie produziert wird, aber auch in anderen Ländern getestet wird (Deutsche Post DHL Group 2017a, S. 71).

4.3 Beispiel Corporate Citizenship: Partnerschaft mit SOS-Kinderdorf

Bei Programmen zum gesellschaftlichen Engagement setzt die Deutsche Post DHL Group auf globale Partnerschaften. Die erfolgreiche Implementierung lebt aber vom Engagement der Mitarbeiter und Mitarbeiterinnen in den unterschiedlichen Ländern, die Programmaktivitäten unter Berücksichtigung lokaler Gegebenheiten umsetzen. Darüber hinaus tauschen sich die jeweiligen Kollegen und Kolleginnen in interkulturellen Netzwerken zu den Aktivitäten aus, beispielsweise zur Begleitung junger Menschen in das Berufsleben mit SOS Kinderdorf (Deutsche Post DHL Group 2017a, S. 60).

4.4 Beispiel Integration: Flüchtlingsinitiative

Die Deutsche Post DHL Group lebt von der Vielfalt ihrer Mitarbeiter und Mitarbeiterinnen. Dementsprechend hat sich der Konzern die Unterstützung der Integration geflüchteter Menschen in Deutschland zur Aufgabe gemacht. Dazu gehört nicht nur die Einstellung erster Flüchtlinge über Praktika, Ausbildungen und Arbeitsverträge. Rund 15.000 Mitarbeiter und Mitarbeiterinnen beteiligen sich in Deutschland an der Flüchtlingsinitiative des Konzerns, beispielsweise als Integrationslotsen oder Sprach- und Lesepaten (Deutsche Post DHL Group 2017a, S. 61).

Der Austausch von Menschen aus verschiedenen Kulturen spielt nicht nur eine wesentliche Rolle bei Managementprozessen und Programmen zur Umsetzung der Unternehmensverantwortung bei der Deutsche Post DHL Group. Diversität ist selbst Teil der Verantwortung des Konzerns und gleichzeitig ein Schlüssel zum Erfolg und gelebte Praxis.

5 Verhaltenskodex und Diversity Management als fester Bestandteil der Unternehmenskultur bei der Deutsche Post DHL Group

Bei der Deutsche Post DHL Group arbeiten Beschäftigte verschiedener Altersgruppen mit den unterschiedlichsten nationalen, ethnischen und religiösen Hintergründen, Menschen mit Behinderung und unterschiedlicher sexueller Orientierung oder Identität.

Um die Vielzahl verschiedener Kulturen und Nationen in einem multinationalen Konzern zu einen, braucht es ein einheitliches Wertesystem. Sowohl die Etablierung des Verhaltenskodex als auch das Diversity Management bei der Deutsche Post DHL Group unterstützen die Entwicklung eines homogenen Führungsleitbilds sowie einer gemeinsamen Unternehmenskultur.

Empirische Untersuchungen belegen, dass interkulturelle Teams nicht aus sich heraus erfolgreicher sind. Interkulturelle Diversität erbringt nur dann bessere Ergebnisse, wenn interkulturelle Kompetenz im Unternehmen vorhanden ist und vorgelebt wird. Darüber hinaus bedarf es kultureller Bindeglieder, damit verantwortungsvolles und nachhaltiges Handeln und Interkulturelles Management zum festen Bestandteil der Unternehmenskultur werden (Köppel 2013, S. 16).

Die Bedeutung wertbasierter und ethischer Unternehmensführung ist nicht nur im Kontext der interkulturellen Herausforderung zu sehen. Mittel- und langfristig ist es gerade für ein so personalintensives Unternehmen wie die Deutsche Post DHL Group wesentlich, Beschäftigte und Bewerber über eine klare werteorientierte Unternehmenskultur zu halten und zu gewinnen. Das wird gerade in jüngster Zeit durch verschiedene Studien bestätigt. Insbesondere bei jungen Nachwuchskräften ist dies ein wichtiger Faktor bei der Bewertung der Arbeitgeberattraktivität. So zeigt die PricewaterhouseCoopers(PWC)-Studie Millennials at work, das es für junge Bewerbende ein entscheidendes Kriterium bei der Arbeitgeberauswahl ist, ob ein Unternehmen Regelungen zu Ethik und Werte formuliert hat, mit denen man sich identifizieren kann (PWC 2012a, S. 4). Darüber hinaus spielt für diese neue Generation bei der Stellenauswahl vermehrt auch die offensichtliche Bereitschaft eines Unternehmens, gesellschaftliche Verantwortung zu übernehmen, eine wichtige Rolle.

Werteorientierung, klare Ethikregeln und ein wertschätzendes Arbeitsumfeld steigern die Arbeitgeberattraktivität. Noch deutlicher wird das anhand einer weiteren Studie Transportation & Logistics 2030, Vol. 5, die sich speziell mit der Logistikbranche auseinandersetzt (PWC 2012b). Sie kommt zu dem Ergebnis, dass einerseits die Branche bei potenziellen Bewerbenden als wenig attraktiv angesehen wird, andererseits aber ein etabliertes Diversity-Programm, das Werte und Wertschätzung des einzelnen Angestellten impliziert, zur Imagesteigerung beitragen kann (PWC 2012b, S. 7 und 26 ff.). Mit einem Diversity-Programm wird gleichzeitig die Leistungsbereitschaft und Motivation der Beschäftigten gefördert und die Voraussetzung geschaffen, gezielter auf unterschiedliche Kundenanforderungen eingehen zu können und insgesamt dazu beizutragen, dass Unternehmen besser auf wirtschaftliche Veränderungen reagieren können.

Wertebasierte und ethische Unternehmensführung dienen selbstverständlich nicht nur der internen Unternehmenskultur. Die Entwicklung der letzten Jahre hat zunehmend gezeigt, dass Kunden vermehrt Unternehmen danach aussuchen, ob ethische Werte und deren entsprechende Kodifizierung bzw. Umsetzung in den unternehmerischen Alltag vorhanden sind. So wird heute von den Unternehmen ein Höchstmaß an Transparenz erwartet (Deutsche Post DHL Group 2009, S. 45). Kunden wollen Einblicke in die Prozesse des Wertemanagements haben, z. B. in Form von Audits oder durch Beantwortung umfangreicher, detaillierter Fragekataloge.

Was an dieser Stelle für Kunden gilt, ist auch für Investoren von hoher Relevanz. Sogenannte Ethikfonds gewinnen zunehmend an Bedeutung und Investoren und Analysten wählen und beurteilen Unternehmen, deren Aktien sie erwerben oder mit denen sie handeln wollen, vermehrt nach dem Vorhandensein und der Einhaltung ethischer Standards. Dies wird durch die wachsende Bedeutung von Nachhaltigkeitsindizes, wie z. B. den Dow Jones Sustainability Index und FTSE4Good, bestätigt (Deutsche Post DHL Group 2017a, S. 23).

Allein die Formulierung ethischer Werte und die Kommunikation einer Unternehmenskultur der Vielfalt unter den Beschäftigten („diversity") tragen jedoch nicht per se zum Erfolg bei. Es gilt vielmehr, die Kultur der Vielfalt unter den Beschäftigten nachhaltig zu fördern und zu etablieren.

5.1 Der Verhaltenskodex bei der Deutsche Post DHL Group

Seit 2006 ist der Verhaltenskodex bei der Deutsche Post DHL Group fest verankert. Er orientiert sich an den Grundsätzen der Allgemeinen Erklärung der Menschenrechte sowie den Prinzipien des UN Global Compact und folgt allgemein anerkannten rechtlichen Standards, einschließlich maßgeblicher Antikorruptionsgesetze und -vereinbarungen.

Der Verhaltenskodex wurde von Anfang an im bewussten Dialog und mit Beteiligung der Unternehmensbereiche und unter Berücksichtigung regionaler sowie unterschiedlicher kultureller Anforderungen entwickelt. Er gilt für alle Regionen und Unternehmensbereiche des Konzerns und spiegelt das Selbstverständnis und die Verpflichtung der Deutsche Post DHL Group wider, integer, verantwortungsbewusst und nach hohen ethischen Standards zu handeln.

Der Kodex ist der zentrale Leitfaden zur Sicherstellung der Umsetzung ethischer Standards im Konzern und er ist gleichzeitig das Bindeglied für eine gemeinsame werteorientierte Unternehmenskultur.

Inhaltlich umfasst der Kodex Themen wie Bestechung, Geschenke und Zuwendungen, fairen Wettbewerb und Interessenkonflikte. Des Weiteren beinhaltet er u. a. Leitlinien zu Qualität und Service, gegenseitigem Respekt und Offenheit, Diversity, Sicherheit, Umwelt und Datenschutz. Er wird durch spezifizierte Richt- und Leitlinien ergänzt (Deutsche Post DHL Group 2017d, S. 14). Alle weiteren Konzernrichtlinien, wie beispielsweise die Antikorruptionsrichtlinie sowie regional gültige Richtlinien und Verhaltensanweisungen, stützen sich auf den Verhaltenskodex oder leiten sich von ihm ab (Abb. 4).

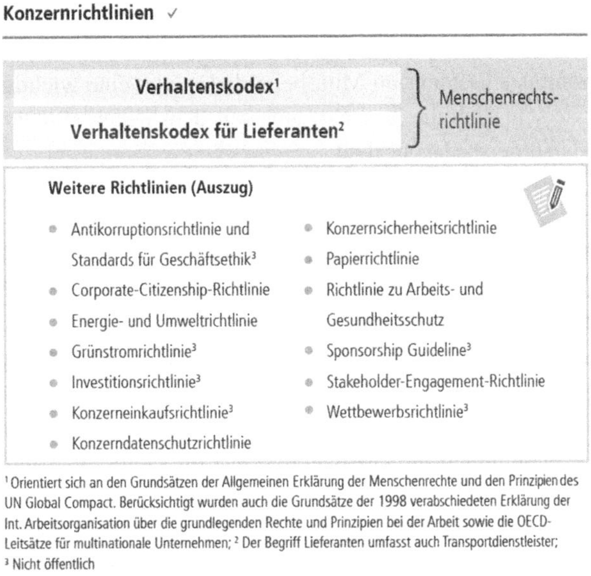

Abb. 4 Konzernrichtlinien der Deutsche Post DHL Group. (Deutsche Post DHL Group 2017a, S. 24)

Konzernrichtlinien ✓

Verhaltenskodex[1]
Verhaltenskodex für Lieferanten[2]
} Menschenrechtsrichtlinie

Weitere Richtlinien (Auszug)

- Antikorruptionsrichtlinie und Standards für Geschäftsethik[3]
- Corporate-Citizenship-Richtlinie
- Energie- und Umweltrichtlinie
- Grünstromrichtlinie[3]
- Investitionsrichtlinie[3]
- Konzerneinkaufsrichtlinie[3]
- Konzerndatenschutzrichtlinie
- Konzernsicherheitsrichtlinie
- Papierrichtlinie
- Richtlinie zu Arbeits- und Gesundheitsschutz
- Sponsorship Guideline[3]
- Stakeholder-Engagement-Richtlinie
- Wettbewerbsrichtlinie[3]

[1] Orientiert sich an den Grundsätzen der Allgemeinen Erklärung der Menschenrechte und den Prinzipien des UN Global Compact. Berücksichtigt wurden auch die Grundsätze der 1998 verabschiedeten Erklärung der Int. Arbeitsorganisation über die grundlegenden Rechte und Prinzipien bei der Arbeit sowie die OECD-Leitsätze für multinationale Unternehmen; [2] Der Begriff Lieferanten umfasst auch Transportdienstleister; [3] Nicht öffentlich

5.1.1 Schulung und Sensibilisierung

Grundlage des Handelns bei der Deutsche Post DHL Group sind die Werte, die im Verhaltenskodex festgeschrieben sind. Um die nachhaltige Implementierung des Verhaltenskodex zu erreichen, müssen ein Bewusstsein für die ethischen Standards geschaffen sowie Regelungen anschaulich und erfahrbarer gemacht werden.

Wichtig ist in diesem Zusammenhang eine umfassende Kommunikation, um eine breite Akzeptanz und einen offenen Dialog zu erreichen. Insofern steht bei der Kommunikation nicht mögliches Fehlverhalten im Mittelpunkt. Vielmehr soll der Verhaltenskodex den Beschäftigten bei der Deutsche Post DHL Group als Hilfestellung dienen. Er ist als der ethische Kompass zu sehen, der den Mitarbeitern und Mitarbeiterinnen Orientierung für ein rechtmäßiges und ethisch einwandfreies Verhalten im Arbeitsalltag gibt.

Entsprechend sind die Trainingsprogramme und Kommunikationsaktivitäten ausgestaltet. Der Multinationalität des Konzerns entsprechend liegen der Verhaltenskodex, ein vereinfachter Kodex (Kurzversion) sowie das webbasierte Training in 21 Sprachversionen vor. Das webbasierte Training ist auch Teil der Einarbeitungsprozesse für neue Mitarbeitende, um jeden Beschäftigten von Anfang an mit den Inhalten des Verhaltenskodex und deren Anwendung im beruflichen Alltag vertraut zu machen. Für Führungskräfte sind diese Schulungen verpflichtend, denn sie spielen als Vorbilder und Multiplikatoren eine wichtige Rolle in der Vermittlung der Werte und Leitlinien. Darüber hinaus stehen Trainings zu speziellen Themen, wie z. B. Antikorruption und Wettbewerbsrecht, zur Verfügung.

Ein wichtiger Maßstab für das mit dem Verhaltenskodex verbundene Wertemanagement ist die jährlich stattfindende Mitarbeiterbefragung. Die Beschäftigten erhalten Fragen zum Verhaltenskodex und somit die Möglichkeit, ihre Vorstellungen bezüglich des Wertemanagements im Konzern einzubringen. Die Mitarbeiterbefragung ist insgesamt ein zentrales Element im Mitarbeiterdialog und eine wichtige Steuerungsgröße, da sie zeigt, wie sehr sich die Beschäftigten mit dem Unternehmen identifizieren und wo konkreter Handlungsbedarf besteht.

5.1.2 Supplier Code of Conduct

Im Sinn einer Gewährleistung von Werten und ethischen Standards in der gesamten Wertschöpfungs- und Lieferkette der Deutsche Post DHL Group ist der Verhaltenskodex für Lieferanten zusammen mit dem Konzerneinkauf entwickelt worden. Er ist verbindlicher Bestandteil aller Konzernverträge und verpflichtet die Vertragspartner zur Umsetzung derselben Standards in ihren eigenen Lieferketten. Lieferanten und Lieferantinnen sowie Mitarbeiter und Mitarbeiterinnen, die Kontakt zu Lieferanten haben, werden entsprechende Schulungen zum Verhaltenskodex für Lieferanten angeboten.

5.1.3 Sicherstellung der Einhaltung des Verhaltenskodex

Unabhängig vom Beitrag des Verhaltenskodex zur Unternehmenskultur sind natürlich auch rechtliche Anforderungen zu erfüllen. Insofern bedeutet verantwortungsvolle Geschäftspraxis für die Deutsche Post DHL Group auch, Maßnahmen zu ergreifen und effiziente Strukturen zu schaffen, mit deren Hilfe mögliche Risiken frühzeitig erkannt und vermieden werden können sowie die Reputation des Konzerns gestärkt wird. So ist für die Einhaltung des Verhaltenskodex im Konzern eine Compliance-Organisation aufgebaut worden. Verstöße können über viele verschiedene Kanäle, u. a. über eine Compliance-Hotline, gemeldet werden.

Darüber hinaus ist es vor dem Hintergrund sich verändernder politischer oder gesellschaftlicher Anforderungen wichtig, externes Know-how einzubeziehen. So berät das Sustainability Advisory Council (SAC) bei der Weiterentwicklung und Umsetzung des Verhaltenskodex, das als internationales externes Gremium u. a. Vertreter unterschiedlicher Professionen und Perspektiven repräsentiert.

5.2 Diversity Management bei der Deutsche Post DHL Group

Die Vielfalt innerhalb der Belegschaft bei der Deutsche Post DHL Group stellt eine wesentliche Stärke dar. Das Potenzial der rund 520.000 Beschäftigten mit all ihren unterschiedlichen Fähigkeiten, Qualifikationen und Sichtweisen zu nutzen und die Einbindung zu fördern, ist eine der wichtigsten Aufgaben des Diversity Managements bei der Deutsche Post DHL Group.

Allein in Deutschland arbeiten Menschen aus über 150 Nationen zusammen; in der Konzernzentrale in Bonn sind es rund 50 Nationen (Deutsche Post DHL Group 2017a, S. 2; 2016, S. 29).

Der Frauenanteil weltweit liegt bei 35 %. Im mittleren und oberen Management beträgt der Anteil konzernweit 21,5 %. In der Hauptgesellschaft der Deutsche Post AG sind über 15.000 Beschäftigte mit Behinderungen tätig. Dies entspricht einer Beschäftigungsquote im Jahresdurchschnitt von 9,8 % und liegt damit deutlich über der gesetzlichen Quote (Deutsche Post DHL Group 2017a, S. 41). Allein diese Zahlen zeigen, wie sehr die Deutsche Post DHL Group ein People Business ist und Diversity bzw. der bewusste Umgang mit dieser Vielfalt Teil der Unternehmenskultur ist.

Unter dem Motto „Alle verschieden, zusammen erfolgreich" zielt das Diversity Management bei der Deutsche Post DHL Group darauf ab, eine Arbeitsumgebung zu schaffen, in der alle Beschäftigten die eigenen Fähigkeiten einbringen können, um so die Motivation, Kreativität und schließlich Produktivität zu steigern und die besten Talente zu halten und zu gewinnen.

Vor diesem Hintergrund hat der Konzernvorstand im Jahr 2013 die Erklärung zu Vielfalt und Inklusion verabschiedet und weltweit in 21 Sprachen kommuniziert. Sie bildet den Rahmen und gleichzeitig die Grundlage für das Diversity Management bei der Deutsche Post DHL Group.

5.2.1 Heterogene Teams und interkulturelle Kompetenz

Die Herausforderung besteht darin, diese Vielfalt, d. h. all die unterschiedlichen Perspektiven, Fähigkeiten und Erfahrungen, die jeder Einzelne mitbringt, zu berücksichtigen und in den Arbeitsalltag einzubeziehen. So fällt den Führungskräften eine besondere Rolle zu – nicht zuletzt, weil sie eben selbst Teil dieser beispielsweise kulturellen und nationalen Vielfalt sind. Dementsprechend werden Schulungen angeboten, um das Bewusstsein für Diversity und interkulturelle Kompetenz mit Blick auf die tägliche Arbeit zu fördern. Diese Kompetenz umfasst das Wissen und das Bewusstsein um interkulturelle Unterschiede und Besonderheiten sowie deren Einfluss auf Werte und Arbeitsweisen. Zusätzlich geht es darum, ein breites Bewusstsein über den Mehrwert von Diversity zu schaffen.

Das Diversity-Training steht als E-Learning in 9 Sprachen den Beschäftigten auf der ganzen Welt zur Verfügung. Zusätzlich wird in den internen Medien kontinuierlich anhand von ausgewählten Beispielen aus den Unternehmensbereichen über den Beitrag von gemischten Teams zum Geschäftserfolg oder von unterschiedlichen Projekten und Aktivitäten, die auf Diversity einzahlen, berichtet. Um das Verständnis für Vielfalt unter den Beschäftigten global zu fördern und die zahlreichen einzelnen Aktivitäten an den verschiedenen Standorten miteinander zu verbinden, wird jährlich zu einer internationalen Diversity-Woche aufgerufen. Im Jahr 2017 beteiligten sich an 250 Standorten in 40 Ländern über 40.000 Mitarbeiter und Mitarbeiterinnen mit Aktivitäten und Veranstaltungen zu verschiedenen Themenschwerpunkten. Zusätzlich wird in Deutschland in Kooperation mit der Charta der Vielfalt ein Diversity-Tag ausgerichtet.

5.2.2 Struktur und Organisation

Organisatorisch ist das Diversity Management bei der Deutschen Post DHL Group in der Abteilung Diversity & Values verankert, die eng mit Partnern in den Unternehmensbereichen zusammenarbeitet. Auf Managementebene wurde im Jahr 2014 ein internationales Diversity Council eingerichtet, dem Führungskräfte der Zentralfunktionen und Unternehmensbereiche sowie unterschiedlichen Standorten der Welt unter dem Vorsitz des Personalvorstands angehören.

Das Diversity Council berät als internes Gremium über die Weiterentwicklung des Diversity Management im Konzern. Damit werden ein breiter Austausch gewährleistet und wichtige Entwicklungen z. B. über regionale Arbeitsmärkte und Maßnahmen in den Unternehmensbereichen diskutiert. Darüber hinaus agieren die Mitglieder des Diversity Council als Botschafter für Vielfalt in ihren jeweiligen Unternehmensbereichen.

Darüber hinaus ist ein Monitoringsystem zu Diversity-Kennzahlen entwickelt worden, die dem Management regelmäßig vorgestellt und erörtert werden. Damit werden zusätzliche Transparenz geschaffen, weitere Handlungsfelder identifiziert und der Erfahrungsaustausch zwischen den Unternehmensbereichen gefördert.

6 Fazit

Vielfalt und gegenseitiger Respekt zählen zu den Grundwerten des Konzerns. Das wird mit der Erklärung des Vorstands zu Vielfalt und Inklusion aus dem Jahr 2013 zum Ausdruck gebracht und ist fester Bestandteil des Verhaltenskodex von der Deutsche Post DHL Group seit 2006. Eine wichtige Rolle zur Beurteilung, wie diese Werte unter den Beschäftigten gelebt werden, spielt das Ergebnis der jährlichen Mitarbeiterbefragung, in die auch die Aspekte Diversity und Verhaltenskodex einbezogen sind. Die Beschäftigten erhalten somit die Möglichkeit, ihre Vorstellungen bezüglich des Wertemanagements im Konzern einzubringen. Im Einzelnen geben die Ergebnisse Aufschluss darüber, wie die unterschiedlichen Facetten der Vielfalt im täglichen Miteinander akzeptiert und integriert sind und lassen Handlungsfelder für weitere Maßnahmen ableiten. Beispielsweise ein wichtiges Indiz mit Blick auf die im Konzern etablierten Werte ist in diesem Zusammenhang der Wert zu Mitarbeiterengagement. Dieser lag im Jahr 2017 bei 75 % und damit einen Prozentpunkt über dem externen Referenzwert (Deutsche Post DHL Group 2017a, S. 47).

Zusammenfassend sind es insgesamt zwei Erfolgsfaktoren, die zur Etablierung eines einheitlichen Wertesystems bei der Deutsche Post DHL Group mit der ganzen Vielfalt an Kulturen und Nationen beigetragen haben. Die nachhaltige Kommunikation und die Bereitstellung von Trainings in mehreren Sprachen sind entscheidend, Inhalte des Verhaltenskodex und Botschaften zum Selbstverständnis der Unternehmenskultur und dem Diversity Management den Beschäftigten weltweit zu vermitteln.

Ein weiterer Erfolgsfaktor ist die Verankerung des Verhaltenskodex und des Diversity Managements im Personalressort. So sind alle Möglichkeiten gegeben, um entlang der Human-Resources-Wertschöpfungskette, von der Einstellung bis zur Personalentwicklung, die rund 520.000 Beschäftigten und Führungskräfte unmittelbar zu erreichen.

Diversity ist zudem Teil der gelebten Verantwortung der Deutsche Post DHL Group, indem das Thema ausdrücklich im Verhaltenskodex abgebildet ist. Mit diesem übergreifenden Kodex wird ein gemeinsames Werteverständnis im Konzern etabliert. Das erlaubt auch, mögliche Spannungsfelder zwischen globalen Konzernstandards und lokalen Gegebenheiten aufzulösen.

Die einzelnen Richtlinien werden regional und lokal umgesetzt, mithilfe von lokalen Experten und durch entsprechende Maßnahmen. Damit wird den unterschiedlichen Kulturen und Gegebenheiten vor Ort Rechnung getragen.

Die Standards für eine verantwortungsvolle Geschäftspraxis (Responsible Business Practice) bei der Deutsche Post DHL Group werden im Rahmen des Nachhaltigkeitsmanagementprozesses definiert. Dabei wird die aus dem Kerngeschäft resultierende Unternehmensverantwortung ebenso berücksichtigt wie die globale Nachhaltigkeitsagenda (definiert durch die Globalen Ziele nachhaltiger Entwicklung der Vereinten Nationen) und die Erwartungen der Stakeholder des Konzerns. Im Rahmen einer regelmäßigen Materialitätsanalyse analysiert der Konzern seine wesentlichen Themen für eine verantwortungsvolle Geschäftspraxis in den Bereichen Unternehmensführung, Mitarbeiter und Umwelt.

Verantwortungsvolle Geschäftspraxis und weitere Bereiche der Unternehmensverantwortung sind in der Geschäftsstrategie der Deutsche Post DHL Group verankert. So wird den Anforderungen von Stakeholdern wie Mitarbeitern und Mitarbeiterinnen, Kunden und Investoren Rechnung getragen. Gleichzeitig verdeutlicht der Konzern damit, dass verantwortungsvolles Handeln Teil des Geschäfts ist, mit dem übergreifenden Unternehmenszweck, Menschen zu verbinden und Leben zu verbessern.

Literatur

Deutsche Post DHL Group (2009) Delivering Tomorrow, Kundenerwartungen im Jahr 2020 und darüber hinaus. Eine globale Delphistudie. http://www.dpdhl.com/content/dam/dpdhl/logistik_populaer/trends/delphi-studie_deutsch.pdf. Zugegriffen: 17. Mai 2017

Deutsche Post DHL Group (2014) Strategy 2020. Focus. Connect.Grow. http://www.dpdhl.com/content/dam/dpdhl/ueber_uns/strategy/dpdhl-praesentation-strategie-2020.pdf. Zugegriffen: 18. März 2018

Deutsche Post DHL Group (2016) Bericht zur Unternehmensverantwortung. http://www.dpdhl.com/content/dam/dpdhl/Investoren/Veranstaltungen/Reporting/2017/FY2016/DPDHL_CR-Bericht_2016.pdf. Zugegriffen: 17. Mai 2017

Deutsche Post DHL Group (2017a) Bericht zur Unternehmensverantwortung. http://www.dpdhl.com/content/dam/dpdhl/dpdhl/verantwortung/downloads/dpdhl-bericht-zur-unternehmensverantwortung-2017.pdf. Zugegriffen: 17. Mai 2017

Deutsche Post DHL Group (2017b) Verhaltenskodex – Das Wie, das unser Handeln bestimmt. https://www.dpdhl.com/content/dam/dpdhl/dpdhl/verantwortung/organisation_und_strategie/dpdhl-verhaltenskodex.pdf. Zugegriffen: 17. Mai 2017

Deutsche Post DHL Group (2017c) Strategie 2020. http://www.dpdhl.com/de/ueber_uns/strategie.html. Zugegriffen: 17. Mai 2017

Deutsche Post DHL Group (2017d) Code of Conduct. http://www.dpdhl.com/content/dpdhl/de/ueber_uns/code_of_conduct.html. Zugegriffen: 17. Mai 2017

Köppel P (2013) Synergy Consult, Netzwerk Synergie durch Vielfalt. http://www.synergie-durch-vielfalt.de/synergie-durch-vielfalt/diversity-themen/kultur.html. Zugegriffen: 18. Juli 2017

PWC (2012a) Millennials at work, Reshaping the Workplace. https://www.pwc.com/m1/en/services/consulting/documents/millennials-at-work.pdf. Zugegriffen: 17. Mai 2017

PWC (2012b) Transportation & Logistics 2030. Volume 5: Winning the talent race. https://www.pwc.com/gx/en/transportation-logistics/pdf/pwc-tl-2030-volume-5.pdf. Zugegriffen: 17. Mai 2017

Susanna Nezmeskal-Berggötz verantwortet seit 2006 den Bereich Corporate Diversity, der die beiden Themen Code of Conduct und Diversity Management beinhaltet. Sie begann 1999 ihre berufliche Laufbahn bei der Deutsche Post DHL. Über mehrere Jahre hinweg arbeitete sie als Personalleiterin in verschiedenen Niederlassungen BRIEF und hatte zudem die juristische Projektleitung für ein großes Umstrukturierungsprojekt bei der Deutsche Post AG inne. Susanna Nezmeskal ist Rechtsanwältin und war Mitglied einer internationalen Anwaltskanzlei, bevor sie ihre Karriere bei der Deutsche Post DHL begann. Im Jahr 2003 erwarb sie zusätzlich den Executive MBA.

Katharina Tomoff leitet seit 2013 bei der Deutsche Post DHL Group die Abteilung Shared Value, deren Fokus es ist, ökonomische Erfolge durch gesellschaftliche und soziale Verantwortung zu erzielen. In ihren Bereich fällt auch das konzernweite Umweltschutzprogramm GoGreen, für das sie bereits seit 2010 verantwortlich ist. Das im März verkündete neue Umweltschutzziel, bis 2050 alle logistikbezogenen Emissionen auf null zu reduzieren, wird durch verschiedene Maßnahmen wie Flottenmodernisierung, Einsatz von Fahrzeugen mit alternativen Antrieben oder intelligenten Lagerhäusern vorangetrieben. Vor ihrer Zeit bei der Deutsche Post DHL Group arbeitete sie u. a. bei der SICK AG, einem mittelständisches Unternehmen, das Sensoren zur Automatisierung von Logistik- und Produktionsprozessen herstellt.

Werte- und Mitarbeiterorientierung als Basis eines erfolgreichen Nachhaltigkeitsmanagements: Praktische Umsetzungen und Bewertung derselben am Beispiel der Otto Group

Jennifer Schall-van Bellen und Andreas Streubig

1 Die Otto Group: Nachhaltigkeit als Teil der DNA

Die Otto Group kann, als weltweit agierende Handels- und Dienstleistungsgruppe, auf eine einzigartige Unternehmenshistorie zurückblicken, die stetig durch den Pioniergeist der Familie Otto geprägt und fortentwickelt wurde. Unter dem Dach der international agierenden Unternehmensgruppe, mit 123 anteilsmäßig wesentlichen Unternehmen und einer Präsenz in über 30 Ländern, tragen die Geschäftsfelder der Otto Group dazu bei, Menschen auf der ganzen Welt durch Service und Handel global zu vernetzen. Dadurch fungiert der Konzern als ein international bedeutungsvoller Gestalter unserer modernen Gesellschaft. Die in den 1980er-Jahren durch Dr. Michael Otto eingeführte Unternehmenspolitik des nachhaltigen Handelns formte seitdem ein strategisches Nachhaltigkeitsverständnis, dem sich die Otto Group verantwortlich und verpflichtet fühlt. Diverse Meilensteile des eigenen Nachhaltigkeitsengagements, darunter die Einführung eines systematischen Corporate-Responsibility(CR)-Managements ab etwa 1986, die Einführung eines verbindlichen und vereinheitlichten Code of Conduct (1996) sowie die erstmalige Einführung eines Umweltmanagementsystems nach ISO 14001 bei einem Handelsunternehmen, sind seitdem realisiert worden (Otto Group 2017a). Dass Nachhaltigkeit und unternehmerische Verantwortung wichtige Unternehmensziele darstellen, zeigt sich auch in der institutionellen Verankerung der Nachhaltigkeitssteuerung im Unternehmen. Neben dem Konzernvorstand dient v. a. das CR-Board unter Leitung des Vorstandsvorsitzenden als essenzielles Entscheidungsgremium und stellt darüber hinaus den stetigen konzernübergreifenden Austausch über die Nachhaltigkeitsaktivitäten sicher. Ergänzt wird das

J. Schall-van Bellen (✉)
Köln, Deutschland

A. Streubig
Hugo Boss AG
Metzingen, Deutschland

© Springer-Verlag GmbH Deutschland, ein Teil von Springer Nature 2019
A. B. Karlshaus und I. C. Mochmann (Hrsg.), *CSR und Interkulturelles Management*, Management-Reihe Corporate Social Responsibility,
https://doi.org/10.1007/978-3-662-55230-8_4

CR-Board seit 2014 durch ein Sustainable Supply Chain Management Board (SSCM-Board), das unter Mitwirkung von einkaufsnahen Direktoren und Geschäftsführern die v. a. für die globalen Lieferketten des Konzerns relevanten Nachhaltigkeitsaspekte präzisiert und zur Umsetzung bringt (Otto Group 2017b).

2 Das innerbetriebliche Corporate-Responsibility-Management: impACT

Der Nachhaltigkeitsmanagementprozess der Otto Group wird durch faktenbasierte, strategische Analyse- und Steuerungsinstrumente unterstützt. Dabei bildet die Nachhaltigkeitsstrategie 2020 eine fünfteilige Zielformulierung (Tab. 1): Sie umfasst sowohl die nachhaltige Gewinnung und Verarbeitung von Rohstoffen als auch die Umsetzung der Sozialstandards für Lieferanten und die Verwirklichung der Klimaziele.

Um die Verfolgung und Erreichung der für 2020 festgelegten Zielzustände zu gewährleisten, bedient sich die Otto Group eines fortschrittlichen Prozesses, der als grundlegende Methodik für das nachhaltige Handeln des Konzerns fungiert: impACT.

impACT, eine Wortkomposition, die die Betrachtung der unternehmerischen Auswirkungen („impact") und die daraus abgeleiteten Handlungen („act") thematisiert, beschreibt einen dreistufigen, strategischen Prozess, der von der Wirkungseinschätzung des Konzernverhaltens bis hin zur Implementierung von Lösungsmaßnahmen reicht. Ökonomische, ökologische und soziale Unternehmenseinflüsse werden sichtbar und messbar gemacht und gewähren so einen holistischen Blick auf den Footprint der Otto Group. Auf diese Weise kann der Konzern die Gewichtung und Priorisierung seiner Nachhaltigkeitsmaßnahmen vornehmen und die relevantesten Themenfelder in den Handlungsvordergrund stellen (Otto Group 2017c).

Im impACT-Prozess laufen drei wesentliche Schritte nacheinander ab: Zunächst die eigentliche Wesentlichkeitsanalyse, die sich auf quantitative und qualitative Bewertungen stützt. Zusätzlich zu dem im Nachhaltigkeitsmanagement seit Langem üblichen Dialog mit den internen und externen Stakeholdern eines Unternehmens nutzt die Otto Group seit

Tab. 1 Die fünf Teilstrategien der Nachhaltigkeitsstrategie 2020. *FSC* Forest Stewardship Council. (Otto Group 2017c)

Strategie	Ziel
Textilstrategie	100 % nachhaltige Baumwolle bei Eigen- und Lizenzmarken
Möbelstrategie	100 % FSC®-zertifizierte Möbelprodukte
Papierstrategie	50 % FSC®-zertifiziertes Tiefdruckpapier für Kataloge und Werbemittel
Sozialprogramm	100 % Integration der Lieferanten für Eigen- und Lizenzmarken
Klimastrategie	50 % Reduktion der CO_2-Emissionen

vier Jahren ein Werkzeug namens estell[1], das die zur Otto Group gehörende Systain Consulting entwickelt hat. Basierend auf dem mathematischen Modell einer erweiterten Input-Output-Rechnung werden hier bestimmte Einkaufs- und Vertriebsdaten der Handelsgruppe mit Statistiken und Bilanzen zu den unerwünschten Umwelt- und Sozialauswirkungen entlang der gesamten Wertschöpfungskette der beschafften und vertriebenen Sortimente verknüpft. Indem diese Schadwirkungen am Ende in Euro bewertet werden (bis auf die sozialen Kategorien), entsteht eine Vergleichbarkeit der einzelnen Aspekte. Ergebnis ist ein quantifiziertes Bild der wesentlichen Schadwirkungen entlang der gesamten Wertschöpfungskette, das Ausgangspunkt für die Themenpriorisierung und Maßnahmengenerierung ist. Ergänzt um das wie bisher erhobene Stakeholderfeedback entsteht daraus eine neue Qualität der bekannten Wesentlichkeitsmatrix, in der sich nun die quantitative Dimension aus estell und die qualitative Bewertung der Stakeholder gegenüberstehen und ergänzen.

Auf diese Relevanzbewertung folgt die Entwicklung von Konzepten und Initiativen, die zur Adressierung der relevanten Themen effektiv und im notwendigen Mitteleinsatz effizient sind. Beispiele hierfür sind das Sozialprogramm der Otto Group, die Klimastrategie mit einem Reduktionsziel von 50 % CO_2 bis 2020 (verglichen zum Basisjahr 2006) und die nachhaltige Textilstrategie, die u. a. eine Umstellung aller Eigen- und Lizenzmarkenartikel aus Baumwolle auf eine nachhaltig erzeugte Baumwolle fordert. Estell zeigt aber auch, dass z. B. mehr als 10 % der gesamten Umweltauswirkungen in der Nutzungsphase bei den Kunden entstehen.

Im dritten Schritt erfolgt die Integration der so entwickelten Konzepte in die CR-Strategie des Unternehmens und ihre Steuerungsprozesse. Die bei der Zielerreichung gemachten Fortschritte werden im Rahmen der innerbetrieblichen Steuerung gemessen und im Rahmen der Otto Group Nachhaltigkeitskommunikation intern wie extern berichtet. Sie sind darüber hinaus relevant für die Incentivierung des Otto Group Vorstands.

3 Corporate Social Responsibility: Soziale Kernwerte und Unternehmenswerte

Das technische und organisatorische Verständnis von CR ist bereits tief in das innerbetriebliche Management der Otto Group integriert. Es stellt sich nun einerseits die Frage, ob die Einbindung innovativer Nachhaltigkeitskonzepte eine unmittelbare, verantwortungsvolle Wertekultur zur Folge hat. Andererseits lässt sich dieses Verhältnis auch aus der umgekehrten Perspektive betrachten: Wie können CR-Werte als nachhaltiger Bestandteil der Firma eingebunden werden, um die Mitarbeiterinnen und Mitarbeiter für nachhaltiges, bewusstes Handeln zu motivieren? Wie wird das, was nach außen kommuniziert wird, intern zum gelebten Grundsatz? Hierzu ist es entscheidend zu wissen, wie CR definiert und kommuniziert wird.

---

[1] Siehe http://estell.systain.com.

Unternehmensverantwortung gilt bei der Otto Group als fundamentale Richtschnur, die die sozialen und ökologischen Aspekte durch effiziente und innovative Betriebsprozesse in Einklang mit dem wirtschaftlichen Erfolg des Unternehmens bringt. Mit diesem Bild des Dreiklangs von ökologischen, sozialen und ökonomischen Faktoren folgt die Otto Group dem Konzept der Triple Bottom Line, dem Dreisäulenmodell der nachhaltigen Entwicklung (Elkington 1999). Integriertes und unternehmensweites, strategisches CR-Management ist für die Otto Group ein unabkömmlicher Leitsatz (Streubig 2016, S. 10). Es bedingt die selbstverständliche Integration von CR-Verständnis und -prozessen in die einzelnen Business-Units. Die Einbindung der multiplen Akteure gewährleistet, dass sich der Nachhaltigkeitsgedanke in jedem operativen Bereich und in jeder Aktivität des Unternehmens wiederfindet (Tennant 2015): Das Multistakeholderengagement des Unternehmens bindet v. a. auch Mitarbeiterinnen und Mitarbeiter mit ein. Sie stellen, als direkte Repräsentanz der Firma sowie als unmittelbare Verbindung zwischen diversen Stakeholdergruppen, die maßgeblichen Vermittler des Wertekonzepts dar. Nicht zuletzt bilden sie auch den direkten Kontakt zum Endkunden. Die Relevanz einer CR-beeinflussten Unternehmenskultur für Corporate Social Responsibility (CSR) wird deutlich: Sie birgt die Kraft, CSR die Bedeutung zukommen zu lassen, die es benötigt, um Mitarbeiterinnen und Mitarbeiter auf die positiven Auswirkungen nachhaltigkeitsorientierten Handelns aufmerksam zu machen. Ziel einer nachhaltigkeitsorientierten Unternehmenskultur sollte es sein, motivierende Eigenwerte zu kreieren, die in Verbindung mit persönlichen Zielen verantwortungsgeleitete Handlungsmotivationen hervorrufen. Laut Glauner ist es die intrinsische Motivation, die aus der Kombination von Zielen und persönlichen Werten entsteht und uns dazu bewegt, Entscheidungen aus Überzeugung zu treffen – und letzten Endes darauf bezogene Maßnahmen zu ergreifen: „Persönliche Werte sind die Treiber für individuelle Handlungen" (Glauner 2016, S. 49).

Verantwortung ist einer der Kernwerte des moralischen menschlichen Werteverständnisses. Diverse Identitätswerte finden sich in Unternehmenswerten wieder. Unternehmenswerte lassen sich auf diverse Identitätswerte zurückführen: menschliche Grundwerte, auf denen unser erfolgreiches, gesellschaftliches Miteinander basiert (Wieland 2004, S. 6). Sie sind somit ein Set aus individuellen Wertekonzepten, die durch gegenseitige Übereinstimmung eine vereinheitlichte Wertekultur bilden. Diese einheitliche Unternehmenswertekultur wird in der Wirtschaftswissenschaft, neben einer harmonisierten Organisationsstruktur und der Anwendung entsprechender Instrumente, als das Werkzeug für die Gestaltung eines funktionierenden, strategischen Managementansatzes betrachtet (Sattelberger 1996, S. 15).

4 Die erweiterte Verantwortung

Strategische Nachhaltigkeitsarbeit im Unternehmen setzt voraus, dass alle Instanzen des Unternehmens der sich daraus ergebenden Verantwortung im eigenen Handeln bewusst sind. Wie bereits zuvor erörtert, kommt daher den Mitarbeitern eines Unternehmens, als unmittelbarer Akteur und Entscheider im Rahmen der Geschäftstätigkeit, eine große Bedeutung in Bezug auf die tägliche Umsetzung des Firmenwertesystems zu. Folglich ist die systematische Vermittlung der vom Unternehmen als relevant erachteten Werte, in unserem Fall die der Nachhaltigkeitswerte, eine Managementaufgabe, der sich ein Arbeitgeber v. a. mit einem darauf gerichteten Human-Ressource-Management(HRM)-Ansatz stellen sollte. HRM ist, als eingebundener Bestandteil des strategischen Managements, der Bereich, der am Kern der Unternehmensgemeinschaft arbeitet. Dadurch steht HRM in direktem Zusammenhang mit der Erstellung einer wertegeprägten Firmenkultur (Hentze und Thies 2012, S. 173). HR hat also einen maßgeblichen, wenn nicht sogar prioritären Einfluss darauf, wie sich die Arbeitnehmer an ihrem Arbeitsplatz verhalten (Wright 2008, S. 7). Das Verhalten der Mitarbeiter wiederum entscheidet über die Effektivität einer Corporate Strategy. Ziel und Absicht der Personalarbeit sollte daher sein, solche Anreize zu schaffen, die Motivation und Weiterbildung fördern und die Mitarbeiter zu werte- und kulturkonformem Verhalten anregen. Der Kerngedanke dahinter: „Wir ziehen alle an einem Strang".

Nachhaltigkeit wird durch diese Aspekte zum gelebten Konzept. Mit dem Einbezug von HR in die Gestaltung einer nachhaltigen Unternehmenskultur stellt sich das Unternehmen der Verantwortung im erweiterten Sinn – es erstellt nicht nur ein Programm, das den verantwortungsvollen Umgang mit Mensch und Natur zum Ziel hat, sondern fördert ein Verantwortungsgefühl unter den Mitarbeitern, in Hinblick auf den Arbeitgeber und darüber hinaus. Die Auswirkung von HR-Instrumenten auf das Engagement und den Einsatz von Mitarbeitern ist in der Wissenschaft bereits weithin anerkannt (Meyer und Herscovitch 2001; Miebach 2017). Dennoch steckt die Entdeckung des Potenzials von Firmen als Orte der Wertevermittlung in den Kinderschuhen. Von der rein betriebswirtschaftlichen Auslegung des Unternehmensbegriffs ausgehend, wird die Rolle des Unternehmens als Nachhaltigkeitsbotschafter häufig mit Argwohn beäugt. Dabei sind gerade dort, wo das Unternehmen wie eine eigene, kleine Gesellschaft funktioniert, die Wurzeln des respekt- und verantwortungsvollen Miteinanders verankert. Die Otto Group hat es sich zur Aufgabe gemacht, diese Wurzeln zu stärken und den Weg für die Vermittlung von Werten der gesellschaftlichen Verantwortung zu ebnen.

5 Die Corporate-Social-Responsibility-Initiativen der Otto Group

Um unternehmensintern allen Mitarbeitern die Möglichkeit zu bieten, sich mit Nachhaltigkeit und verantwortungsbewusstem Handeln auseinanderzusetzen, gestaltet die Otto Group bereits seit mehreren Jahren Nachhaltigkeitsinitiativen für ihre Mitarbeiter. Diese erfüllen unterschiedlichste Funktionen; sei es die der Kommunikation, der Integration bzw. Inklusion oder des persönlichen, ehrenamtlichen Einsatzes (Corporate Volunteering). Es ist unbestritten, dass solche Initiativen auch einen reflexiven Einfluss auf den Teilnehmenden haben. Die Intensität und der jeweilig beeinflussende Faktor sind jedoch zwei Einheiten, die schwer messbar sind. Die Otto Group hat, im Rahmen einer wissenschaftlichen Arbeit, Befragungen bei Projektorganisatoren und Projektteilnehmern durchführen lassen, um sich dieser Fragestellung anzunähern. Im Fokus der Umfragen lag die eigene Wahrnehmung von Nachhaltigkeit und nachhaltigem Handeln. Die Antworten wurden im Anschluss mit der Firmendefinition von Nachhaltigkeit verglichen und gegenübergestellt. War das Nachhaltigkeitskonzept der Otto Group zuverlässig in die Initiative integriert worden, ließ sich eine Verbundenheit des Mitarbeiters mit dem Nachhaltigkeitsverständnis der Firma feststellen. Gleichzeitig bezog die Studie die Aussagen der Mitarbeiterinnen und Mitarbeiter auf einzelne Instrumente, die in der Initiative angewandt wurden und die die Motivation zum nachhaltigen Handeln messbar machten. In die Studie einbezogen wurden dabei Zielengagement, das den Einsatz des Teilnehmers/der Teilnehmerin in Bezug auf Nachhaltigkeit bewertet und Zielrelevanz, die die persönliche Einschätzung der Wichtigkeit nachhaltigkeitsbezogener Thematiken einbezieht.

Mehrere personalorientierte Instrumente wurden auf ihre Anwendung innerhalb der Nachhaltigkeitsinitiativen geprüft. Sie trugen im Folgenden dazu bei, effektive Maßnahmen herauszuarbeiten und somit genauer darzustellen, welche Maßnahmen sich in einer Unternehmenskultur, wie die der Otto Group, am besten für eine Wertvermittlung eignen: Teilnehmerfeedback, Ziel- und Strategiedefinition, Schwierigkeitsgrad, Betreuung, Arbeitsaufwand und Fortdauer der Initiative. Die Faktoren wurden anhand der Goal-Setting Theory und dem High-Performance Cycle nach Locke und Latham (2002, S. 714) gewählt. Sie sind in der Theorie leistungsprägende Eigenschaften, die sich, je nach Grad der Erfüllung, positiv auf die Arbeitsausführung und Zielbezogenheit eines Mitarbeiters auswirken können. Zum Beispiel wirkt sich ein intensives Feedbackgespräch positiv auf die Einstellung zu der dem Feedback zugrundeliegenden Tätigkeit aus, da der Mitarbeiter oder die Mitarbeiterin sich wahrgenommen und wertgeschätzt fühlt (Locke et al. 1988, S. 27). Demnach, so lautet die Adaption des theoretischen Ansatzes, bergen gerade solche Einflussfaktoren die Möglichkeit, wachsende Leistungsbereitschaft bezogen auf firmenkulturelle Schwerpunkte herzustellen. Die Studie konzentrierte sich auf eben genannte Instrumente, um die Vermittlung der Nachhaltigkeitswerte zu untersuchen. So wurde davon ausgegangen, dass eine gesteigerte Intensität bzw. eine ausgeprägte Wahrnehmung dieser Instrumente bedeutete, dass die Mitarbeiterinnen und Mitarbeiter einen stärkeren Bezug zu dem strategischen Nachhaltigkeitsansatz der Otto Group entwickelten. Je intensiver und bewusster der Einsatz von Feedback, Zieldefinition, Betreuung, Aufwand und Fortdauer der Initiative genutzt wurde, desto enger wurde nachher der Bezug von Mitarbeiterinnen und Mitarbeitern zur Nachhaltigkeitsstrategie der Otto Group empfunden.

Mit anderen Worten: Nachhaltigkeit sollte für die Mitarbeiterinnen und Mitarbeiter keine leere Hülle mehr darstellen, zu der es keine persönliche Beziehung gibt. Es sollte vielmehr der Sinn und Zweck nachhaltigen Handelns verinnerlicht werden, sodass es bestenfalls für Mitarbeiterinnen und Mitarbeiter eine Notwendigkeit bedeutet: nachhaltiges Handeln, das in Fleisch und Blut übergeht. Diese Annahme wurde in der Studie anhand dreier Unternehmensinitiativen wissenschaftlich untersucht. Qualitative Befragungen von Projektmanagern und teilnehmenden Mitarbeitern dienten als Grundlage der Datenanalyse (Schall-van Bellen 2017, S. 41 f.). Diese drei Initiativen werden in den folgenden Abschnitten dargestellt.

Bei den bewerteten Maßnahmen handelt es sich um internationale Maßnahmen, die nicht nur innerhalb einer Nation funktionierten, sondern auch außerhalb der Operating Company in Deutschland angewandt wurden. Daher wurde den Mechanismen ein international gültiger Wert zugeschrieben. Instrumente wie Involvement und Feedbackgabe können auch in anderen Kulturen eine gleichwertige Funktion haben. Aus diesem Grund braucht sich eine Bewertung von CSR-Initiativen nicht national zu beschränken – ganz im Gegenteil, wir können in unserer globalisierten Welt davon ausgehen, dass sich Wertbilder auch über Landesgrenzen hinaus wiederfinden.

6 Der Nachhaltigkeitstag als informative Initiative

Um das allgemeine Verständnis der Nachhaltigkeitsstrategie 2020 zu fördern, veranstaltete die Heinrich Heine GmbH, eines der Tochterunternehmen der Otto Group, einen Nachhaltigkeitstag, der darauf ausgerichtet war, Mitarbeitern im Dialog die Nachhaltigkeitsziele der Otto Group näherzubringen. Die Initiative war auf die Interaktionsmöglichkeit der Teilnehmerinnen und Teilnehmer ausgelegt (Schall-van Bellen 2017, S. 114). Vor allem der persönliche Kontakt sowie Feedback- und Nachfragemöglichkeiten wurden den Teilnehmern geboten. Zu allen fünf Teilstrategien der Otto Group wurden für diese Zwecke Messestände und Informationsveranstaltungen organisiert, die sich jeweils für fünfzehn Minuten mit einer vorangemeldeten Gruppe von Mitarbeitern diesen Teilstrategien widmete. Die Informationsveranstaltung orientierte sich an den Kernzielen des Unternehmens und lud dazu Experten ein, beispielweise einen Vertreter der Cotton-made-in-Africa(CmiA)-Initiative, der Aid by Trade Foundation (AbTF) oder auch den Pressesprecher des Forest Stewardship Council (FSC) Deutschland (Schall-van Bellen 2017, S. 112). Des Weiteren kooperierte die Firma für diesen Tag mit Jobrad, einer Gesellschaft, die ein Dienstfahrradleasingkonzept für Mitarbeiter anbietet. Darüber hinaus wurde auf dem Firmencampus ein Film über eine Textilfirma in Kambodscha gezeigt sowie eine Sammelaktion für Handyrecycling veranlasst (Schall-van Bellen 2017, S. 113). Durch die Orientierung der Initiative an den Nachhaltigkeitsstrategiezielen der Otto Group erlebte der teilnehmende Mitarbeiter eine starke Verbindung zu diesen; es entstand ein starker Brückenschlag hin zu den Firmenwerten. Durch die offene Kommunikation in einem unbefangenen, eigens für diesen Zweck kreierten Umfeld, war es Teilnehmern möglich, themenbezogene Fragen zu stellen und Diskussionsgruppen beizuwohnen. Beides regte dazu an, eigene Gedanken in die Nachhaltigkeitsdebatte einfließen zu lassen und gewährleistete somit eine selbstengagierte und -motivierte Auseinandersetzung mit dieser (Schall-van Bellen 2017, S. 50 f.). Die begrenzte Teilnehmerzahl von 10 bis 20 Mitarbeitern pro Gruppe ermöglichte es jedem, sich in die Gespräche einzubringen (Schall-van Bellen 2017, S. 150). Wie der Name verrät, charakterisiert den Nachhaltigkeitstag eine eintägige Auseinandersetzung mit der Materie; er ist somit nicht als fortlaufendes Instrument zu verstehen. Dennoch kann er bei wiederholter Ausrichtung als regelmäßige, informative Nachhaltigkeitsveranstaltung eingesetzt werden.

7 Die Grüne 8 als Mitarbeiteraktion

Die Nachhaltigkeitsaktion im Jahr 2013 zeichnete sich dadurch aus, dass durch eine aktive Beschäftigung und Einbindung der Mitarbeiter und Mitarbeiterinnen eine Brücke zu ihren alltäglichen Tätigkeiten geschlagen wird; dies mit dem Ziel, das Überdenken eigener Handlungsweisen anzuregen und durch neu erworbene Erkenntnisse zu bereichern. Ein unternehmensinterner Wettbewerb bildete das Kernstück der Aktion: Während eines achtwöchigen Zeitraums wurden Teilnehmer und Teilnehmerinnen dazu angehalten, in einer eigens für den Wettbewerb erstellten Broschüre ihre nachhaltigen (oder weniger nachhaltigen) Alltagshandlungen durch ein festgelegtes Punktesystem zu bewerten. Die Broschüre wurde an mehreren Tagen auf dem Gelände des Headquarters der Otto Group in Hamburg ausgeteilt, die Teilnahme und Nutzung war freiwillig. Die behandelten Themenschwerpunkte waren dabei Mobilität, Abfall, Energie und Wasser. Mobilität beispielsweise enthielt Rubriken, in denen Teilnehmer und Teilnehmerinnen angeben konnten, ob sie morgens mit dem Auto oder dem Fahrrad zur Arbeit gefahren waren, von Carsharing-Angeboten Gebrauch gemacht oder zu Fuß den Arbeitsweg zurückgelegt hatten. Je nach nachhaltigem und umweltverantwortungsbewusstem Handeln wurden unterschiedliche Punkteanzahlen vergeben. Abfall enthielt Rubriken, die z. B. die Nutzung von Papier- und Plastiktüten sowie Mehrwegflaschen einbezogen. Energie beinhaltete die Ausschaltung von nicht gebräuchlichen Energiequellen sowie die sparsame Nutzung von Licht und Strom; der Schwerpunkt Wasser fokussierte den Gebrauch virtuellen Wassers bei der Lebensmittelverarbeitung und führte daher die Rubrik vegetarische Ernährung. Während der achtwöchigen Dauer der Aktion wurden weitere, auf Nachhaltigkeit ausgerichtete Lösungsanbieter, wie Car2Go und StadtRad auf den Firmencampus eingeladen, um auf umweltbewusstere Fortbewegungsmöglichkeiten aufmerksam zu machen (Schall-van Bellen 2017, S. 38 f.). Die Grüne 8 zeichnet sich durch Ihre besondere Teilnehmerzentrierung aus, da sie Mitarbeiterinnen und Mitarbeiter dazu anregte, sich auf freiwilliger Basis mit den eigenen, alltäglichen Handlungsmustern auseinanderzusetzen. Eine Verlosung bildete das große Finale der Initiative. Die ausgefüllten Punktebroschüren konnten eingesandt werden, alle Teilnehmer hatten somit die Chance, ein E-Bike zu gewinnen. Eine entscheidende Eigenschaft stellte vor allem die spielerische und herausfordernde Auslegung der Initiative dar. Sie hat wesentlich dazu beigetragen, die persönliche Wahrnehmung nachhaltiger und weniger nachhaltiger Aspekte im alltäglichen Leben zu schulen und bot allen Teilnehmern die Gelegenheit, sich auf ganz individuelle Art und Weise dem Thema Nachhaltigkeit zu nähern (Schall-van Bellen 2017, S. 58).

8 Die Kraft der Verantwortung als Social-Initiative

Aufbauend auf dem gleichnamigen Slogan, der einst als Motto und Leitbild der Otto Group galt, wurde ab 2011 konzernweit die Initiative Kraft der Verantwortung ins Leben gerufen. Die Initiative verfolgte das Ziel, auf einer unternehmensinternen Online-Plattform innerhalb eines Jahres 4000 Engagements von Mitarbeitern und Mitarbeiterinnen zu sammeln. Diese konnten sich in den ausgewählten Bereichen Wirtschaftlichkeit, Innovation, Vielfalt und Nachhaltigkeit widerspiegeln. Im Ergebnis entstand ein Schaubild der vielfältigen gemeinnützigen Aktivitäten, die durch engagierte Otto-Group-Mitarbeiterinnen und -Mitarbeiter realisiert wurden. Kraft und Einflussmöglichkeiten der Gemeinschaft – der Corporate Community – kamen so zum Ausdruck.

Um ein konkretes persönliches Engagement zu veröffentlichen und darüber zu berichten, wurden die Teilnehmer und Teilnehmerinnen dazu eingeladen, sich auf einer Plattform anzumelden, die im Aufbau einem sozialen Netzwerk gleichkam. Dort konnten Mitarbeiter und Mitarbeiterinnen ein eigenes Profil erstellen und online Beiträge posten, aber auch intern miteinander kommunizieren. Sinnbildlich für die Verantwortung, die die Otto Group mit vereinter Kraft übernehmen konnte, stand das Wir-Gefühl. Die starke kommunikative Begleitung, u. a. die Unterstützung durch vielerlei Werbe- und Informationsmedien, war wesentlich für den Erfolg der Aktion. Roadshows und Unternehmensveranstaltungen festigten zusätzlich das Bild der vereinenden Kraft der Verantwortung (Schall-van Bellen 2017, S. 59). Die Initiative stellte eine Transparenz für bereits bestehende Engagements her, die sich sowohl auf das Unternehmen, als auch auf das private Umfeld eines Mitarbeiters oder einer Mitarbeiterin beziehen konnten. Dadurch wurde auch ein Interesse der Firma an den persönlichen Engagements deutlich, das die Entwicklung einer Kultur der Wertschätzung förderte. Gleichzeitig war die erfolgreiche Umsetzung des Projekts an den freiwilligen Einsatz gebunden, wodurch wie bei der Grünen 8 die Vermittlung von Unternehmenswerten durch eine aktive Einbringung realisiert wurde. Einerseits zeigten die vielfältigen Beiträge der Mitarbeiter die diversen persönlichen Perspektiven auf, andererseits bildeten diese durch die gemeinschaftliche Veröffentlichung ein großes Bild des gemeinsamen Unternehmungsgeists. Die individuellen Commitments waren bunt und umfangreich, sodass sie ein vielschichtiges Bild der vielfältigen Interaktion zwischen der Otto Group und der Gesellschaft im Allgemeinen zeichnete (Schall-van Bellen 2017, S. 59 ff.).

9 Zusammenfassung

Die Otto Group zeigt in vielerlei Aktivitäten und Initiativen ihr Bestreben, eine enge Werteverbindung zu Mitarbeiterinnen und Mitarbeitern aufzubauen. Dies geschieht in erster Linie durch den Austausch von Informationen bezüglich nachhaltiger, strategischer Unternehmensmaßnahmen und die Einladung zur persönlichen Einbringung und Teilhabe. Der Nachhaltigkeitstag bei Heine repräsentiert solch einen Tag der Begegnung, der eine intensive Wissensvermittlung ermöglicht. Durch Initiativen wie die Grüne 8 wird an die Verantwortung jedes einzelnen Mitarbeiters und jeder einzelnen Mitarbeiterin appelliert. Durch eine spielerisch aufgebaute Wettbewerbssituation werden Teilnehmer und Teilnehmerinnen mit ihren alltäglichen Handlungen konfrontiert, wodurch die individuelle Auseinandersetzung mit dem Thema Nachhaltigkeit und Umweltbewusstsein erfolgt.

Die Initiative Kraft der Verantwortung wiederum stellte die Verbindung zu bereits verantwortungsbewussten Aktionen und Engagements von Mitarbeiterinnen und Mitarbeitern her und verdeutlichte dadurch die ungeheure Kraft der Vielen, die sich durch das Erreichen von 4000 freiwilligen, gemeinnützigen Aktivitäten eindrucksvoll dokumentierte. Hierdurch wurde die oftmals formalisierte Grenze zwischen Privatleben und beruflicher Aktivität überwunden und eine Verknüpfung dieser beiden Lebensräume geschaffen; so wie jeder Angestellte eines Unternehmens eben zugleich immer auch Mitglied einer – das Unternehmen umgebenden – Gesellschaft ist.

Der Blick auf die dargestellten Initiativen macht deutlich, welch essenzielle Funktion der Arbeitgeber für die Vermittlung von Werten an Mitarbeiter und Mitarbeiterinnen hat. Alle befragten Teilnehmer und Teilnehmerinnen wiesen eine Beziehung zu den Unternehmenswerten der Otto Group auf. Einerseits konnten die strategischen Ziele und die davon abgeleiteten Werte des Konzerns wiedergegeben werden, andererseits konnten einzelne Mitarbeiter und Mitarbeiterinnen sogar die gleich der Firmenbeschreibung formulierte Definition betreffend Nachhaltigkeit und Verantwortung wiedergeben (Schall-van Bellen 2017, S. 64 f., 67). Hierdurch erscheint die Verantwortung des Arbeitgebers gegenüber der Mitarbeiter und Mitarbeiterinnen in einem neuen Licht: Die Kommunikation der richtigen und für den Zusammenhalt und nachhaltigen Bestand der Gesellschaft nötigen Werte obliegt somit zu einem nicht unwesentlichen Teil den Unternehmen. Zu diesem Zweck initiierte Aktionen dienen nicht nur der Positionierung als „employer of choice", sondern können ein bleibendes Wertebild erschaffen, das Mitarbeiter dazu anhält, heute nachhaltigere Entscheidungen für morgen zu treffen.

Literatur

Elkington J (1999) Cannibals with forks: triple bottom line of 21st century business [Kannibalen mit Gabeln: die „Triple Bottom Line" des Business im 21. Jahrhundert. Capstone Publishing Ltd, Oxford

Glauner F (2016) Wertecockpits und Wertemanagement. CSR und Wertecockpits. Management-Reihe Corporate Social Responsibility. Springer, Berlin, Heidelberg. https://doi.org/10.1007/978-3-662-48930-7_3

Hentze J, Thies B (2012) Unternehmensethik und Nachhaltigkeitsmanagement. Haupt, Bern

Locke EA, Latham GP (2002) Building a practically useful theory of goal setting and task motivation. Am Psychol 57(9):705–717

Locke EA, Latham GP, Erez M (1988) The determinants of goal commitment. Acad Manag Rev 13(1):23–39

Meyer JP, Herscovitch L (2001) Commitment in the Workplace. Toward a general model [Engagement am Arbeitsplatz. Arbeit in Richtung eines generell anwendbaren Modells]. Hum Resour Manage Rev 11(3):474–487

Miebach B (2017) Handbuch Human Resource Management. Das Individuum und seine Potenziale für die Organization. Springer, Wiesbaden

Otto Group (2017a) Historie. https://www.ottogroup.com/de/verantwortung/Nachhaltige-Unternehmensfuehrung/Historie.php. Zugegriffen: 24. Apr. 2018

Otto Group (2017b) CR-Organisation. https://www.ottogroup.com/de/verantwortung/Nachhaltige-Unternehmensfuehrung/CR-Organisation.php. Zugegriffen: 24. Apr. 2018

Otto Group (2017c) CR-Strategie. https://www.ottogroup.com/de/verantwortung/Nachhaltige-Unternehmensfuehrung/CR-Strategie.php. Zugegriffen: 24. Apr. 2018

Sattelberger T (1996) Die lernende Organisation im Spannungsfeld von Strategie, Struktur und Kultur. In: Sattelberger T (Hrsg) Die lernende Organisation. Konzepte für eine neue Qualität der Unternehmensentwicklung. Springer, Wiesbaden, S 11–56

Schall-van Bellen J (2017) Value and employee orientation as a basis for effective Sustainability management: implementation methods and assessments using the case of Otto group. Cologne Business School, Köln

Streubig A (2016) Otto group's Systematic Approach towards Sustainability ... and what HR has got to do with. Unternehmenspräsentation

Tennant F (2015) The importance of corporate social responsibility. Financier Worldwide. https://www.financierworldwide.com/the-importance-of-corporate-social-responsibility/#.WSLRLnf5yu4. Zugegriffen: 24. Apr. 2018

Wieland J (2004) Wirtschaftsethik und Wertemanagement. http://www.boell-bw.de/fileadmin/Heinrich-Boell-Stiftung/2004/04-Einf_hrungsvortrag.pdf. Zugegriffen: 24. Apr. 2018

Wright PM (2008) Human Resource Strategy. Adapting to the Age of Globalization [Human Resource Strategie. Die Adaptierung und das Gloablisierungszeitalter]. SHRM Foundation, Alexandria/VA

Jennifer Schall-van Bellen studierte von 2012 bis 2017 an der Cologne Business School und begann während ihres Bachelor- sowie Masterstudiengangs International Culture and Management bereits, sich in sowohl interkulturellen als auch nachhaltigkeitsbezogenen Themenkomplexen zu engagieren. Für ihre Studienleistungen und extracurricularen Aktivitäten wurde die Absolventin mehrfach ausgezeichnet, erhielt ein hochschulinternes Stipendium und wurde in das WiWi-Talents-Hochbegabtenprogramm aufgenommen. Im Rahmen ihrer Masterarbeit führte Jennifer Schall-van Bellen ein wertebezogenes Interviewprojekt für die Otto Group (Hamburg) durch. Anhand eines nachhaltigkeitsbezogenen Wertemessinstruments identifizierte sie während ihrer Forschungsarbeit einzelne Motivatoren nachhaltigen Handelns, die in unternehmensinternen Nachhaltigkeitsveranstaltungen und -projekten Anwendung fanden.

Andreas Streubig begann seine berufliche Karriere mit dem Eintritt in die Otto Group im Jahr 1994 als IT-Koordinator und Projektleiter im Vorstandsbereich Verkauf des Unternehmens. Nach Stationen in der Internen Unternehmensberatung sowie an der Spitze der Importsteuerung des Konzerns übernahm er 2007 die Verantwortung für den Bereich Nachhaltigkeitsmanagement der Otto Group. Zehn Jahre lang entwickelte er mit seinem Team das strategische Nachhaltigkeitsmanagement des Hamburger Familienunternehmens und rollte die entsprechenden Programme in den Konzern aus. Im Jahr 2014 wurde der inzwischen entwickelte systematische Nachhaltigkeitsmanagement-Ansatz „impACT" mit dem CSR-Preis der Bundesregierung ausgezeichnet.

Im Oktober 2017 übernahm Andreas Streubig die Funktion des Director Global Sustainability bei HUGO BOSS in Metzingen und verantwortet seitdem die Weiterentwicklung und Umsetzung sämtlicher Nachhaltigkeitsaktivitäten bei HUGO BOSS. Im Laufe der Jahre war er in verschiedenen Funktionen für Non-Profit-Organisationen wie Social Accountability International (SAI) und Textile Exchange (TE) tätig. Aktuell ist er u.a. als Mitglied des Fachbeirats „Erfolg mit Anstand" der Stiftung Club of Hamburg aktiv.

Praktische Umsetzung von Corporate Social Responsibility im Global Sourcing der Pierburg Gruppe

Marcus Gerlach

1 Die Pierburg Gruppe und der Einkauf

Pierburg kann heute auf über 108 Jahre Erfahrung zurückblicken.[1] Gegründet am 25. März 1909 in Berlin Wilmersdorf als Gebr. Pierburg oHG befasste sich das ursprüngliche Stahlhandelsunternehmen schon nach wenigen Jahren mit der Vergaserproduktion. Sowohl eigenentwickelte als auch unter Lizenz von Solex produzierte Vergaser machten Pierburg bald zum Marktführer. Im Jahr 1947 wurde der Unternehmenssitz nach Neuss verlegt und erneut mit der Vergaserproduktion begonnen. Auf dem Gebiet der Vergaser stieg das Unternehmen in den 1960er- und 1970er-Jahren zum europäischen Marktführer auf. Zu dieser Zeit wurde fast jedes deutsche Auto und der Großteil der europäischen Autos mit Pierburg-Vergasern ausgestattet.

Pierburg hat in seiner Geschichte schon einmal ein disruptives technologisches Ereignis durchlebt. Die Einführung des Katalysators Anfang der 1990er-Jahre bedeutete für Pierburg das abrupte Ende des Vergasergeschäfts, das den überwiegenden Großteil des Umsatzes ausmachte. Pierburg musste sich somit neu orientieren und hat dies erfolgreich bewältigt. Heute stellt Pierburg, als Teil der Rheinmetall Automotive Gruppe, Komponenten zur Schadstoffreduzierung und Verbrauchsoptimierung sowie verschiedenste Pumpen her. Der momentane technologische Wandel mit den Megatrends Digitalisierung und Dekarbonisierung könnte ein ähnliches disruptives Ereignis werden.

Pierburg hat sich in den 108 Jahren von einem deutschen Unternehmen zu einem global agierenden Automobilzulieferkonzern entwickelt. Über 4300 Mitarbeitende arbeiten an 16 Standorten in zwölf Ländern verteilt auf vier Kontinenten zusammen und erbringen

---

[1] Der vorliegende Beitrag lehnt sich an die Veröffentlichung von Gerlach (2015) an.

M. Gerlach (✉)
Rheinmetall Group, Pierburg GmbH
Neuss, Deutschland
E-Mail: marcus.gerlach@de.rheinmetall.com

© Springer-Verlag GmbH Deutschland, ein Teil von Springer Nature 2019
A. B. Karlshaus und I. C. Mochmann (Hrsg.), *CSR und Interkulturelles Management*, Management-Reihe Corporate Social Responsibility,
https://doi.org/10.1007/978-3-662-55230-8_5

einen Umsatz von über 1,5 Mrd. € (Rheinmetall Geschäftsbericht 2016). Die geographische Verteilung bedingt, dass allein innerhalb des Unternehmens viele Nationalitäten und Kulturen zusammenarbeiten und im Team komplexe Aufgabenstellungen bewältigen. Diese Vielfalt mit einheitlichen Werten zu erfüllen, die dann auch die Grundlage für das Werteverständnis mit den Geschäftspartnern bilden, ist eine Herausforderung.

Als Entwicklungs- und Fertigungspartner der Automobilindustrie verfügt Pierburg über die entsprechende Entwicklungskompetenz und hat das notwendige Fertigungs-Know-how. Der Schwerpunkt liegt dabei auf den Wertschöpfungsschritten Gießerei, mechanische Bearbeitung, Montage, Programmierung und Funktionsprüfung. Pierburg bezieht jedoch auch einen maßgeblichen Anteil an Komponenten und Bauteilen von externen Lieferanten. Es werden über 6500 Teile von mehr als 900 Zulieferern bezogen (Pierburg interne Statistik). Das Management dieses Zukaufumfangs von der Lieferantenqualifizierung über die Lieferantenauswahl bis hin zur Freigabe der Kaufteile für die Produktion liegt in der Verantwortung des globalen Einkaufs der Pierburg Gruppe.

Durch die hohen technischen Anforderungen und die große Anzahl und Varianz an Komponenten kommt dem Einkaufsbereich bei Pierburg eine zentrale Bedeutung zu. Um die komplexen Bauteile in der benötigten Qualität termingerecht zu marktfähigen Preisen zu beschaffen, ist der Einkauf in einer Matrix mit vier Hauptbereichen organisiert: Projekteinkauf, Lieferantenqualitätsentwicklung, regionaler Facheinkauf und globales Commodity Management. Der Einkaufsprozess startet projektbezogen schon in der Entwicklung des Endprodukts. Dazu sind die Projekteinkäufer räumlich und projektorientiert in die Entwicklung eingebunden. Dort findet schon eine sehr frühe Einbindung möglicher Lieferanten statt; zum einen, um die engen Terminschienen zu ermöglichen, zum anderen aber auch, um Innovationsimpulse von den Wertschöpfungspartnern zu erhalten.

Mit der Lieferantenqualitätsentwicklung (Supplier Quality Development, SQD) stellt Pierburg sicher, dass ihre Lieferanten die notwendigen Anforderungen erfüllen. Dies gilt sowohl für Bestandslieferanten als auch für neue Lieferanten, die in das Portfolio aufgenommen werden. Neben generellen Audits zur grundsätzlichen Qualifizierung werden die Entwicklungsprojekte durch den SQD-Bereich mit dem Advanced Product Quality Planning (APQP) begleitet. APQP (Teil der amerikanischen QS 9000) ist ein kontinuierliches Projektmanagement für die Produkt- und Qualitätsplanung. Ziel ist die Fehlervermeidung mithilfe einer einheitlichen, produktbezogenen Dokumentationsstruktur, die dem Anwender die notwendige Transparenz über das Herstellgeschehen liefert (Wikipedia 2017a). Dadurch sollen systematisch schon in der Entwicklungsphase spätere Fehler während der Produktion ausgeschlossen werden.

In Zusammenarbeit zwischen dem regionalen Facheinkauf und dem globalen Commodity Management wird auf Basis technologischer und qualitativer Standards die Bestvalue-Lieferantenstrategie für jede Komponente erarbeitet. Geographische bzw. regionale Bedürfnisse und Anforderungen spielen dabei eine zunehmend wichtigere Rolle, die durch den regionalen Facheinkauf vertreten wird. Das globale Commodity Management orientiert sich stärker am Gesamtoptimum der Gruppe, was jedoch nur über kooperative Abstimmung mit den Einzelregionen zu erreichen ist.

2 Corporate Social Responsibility bzw. Nachhaltigkeit als unternehmerischer Ansatz

Der Begriff Corporate Social Responsibility (CSR) ist grundsätzlich nicht neu, wird aber in jüngerer Vergangenheit immer relevanter. Dies kann u. a. daran beobachtet werden, dass die Europäische Kommission am 16. April 2013 einen Vorschlag für eine Richtlinie vorgelegt hat. Dadurch sollen ab 2017 Unternehmen von öffentlichem Interesse verpflichtet werden, ihre CSR-Konzepte weitgehend offenzulegen (EU Richtlinien Vorschlag 2013). Weiterhin haben in der Automobilindustrie die meisten namhaften internationalen Hersteller eigene CSR-Programme und fordern dies auch von ihren Lieferanten ein.

Was bedeutet CSR für die betriebliche Praxis und warum ist dies ein sinnvoller unternehmerischer Ansatz? Der Begriff CSR bzw. unternehmerische Gesellschaftsverantwortung (oft auch als unternehmerische Sozialverantwortung bezeichnet) umschreibt den freiwilligen Beitrag der Wirtschaft zu einer nachhaltigen Entwicklung, der über die gesetzlichen Forderungen (Compliance) hinausgeht (Wikipedia 2017b). In diesem Begriffsbestimmungsversuch wird der Beitrag von CSR zu einer nachhaltigen (wirtschaftlichen) Entwicklung erwähnt. Nachhaltig im Sinn von längere Zeit andauern oder bleiben (Wikipedia 2017c) kann eben dazu beitragen, das langfristige Bestehen eines Unternehmens zu sichern. Damit wird die Bedeutung der Nachhaltigkeit als eine Komponente der Unternehmensstrategie deutlich.

Durch die nachhaltige Entwicklung des Unternehmens entsteht Planungssicherheit die an sich das Wachstum der Gesellschaft befördert. Für Pierburg ist es wichtig, dass Nachhaltigkeit in allen Bereichen des Unternehmens angestrebt wird, d. h. das nachhaltige Entwickeln neuer Produkte, der nachhaltige Aufbau neuer Standorte und natürlich auch die nachhaltige Einführung neuer Lieferanten bzw. die nachhaltige Pflege bestehender Lieferantenbeziehungen. Durch dieses Vorgehen entstehen insbesondere in der Zusammenarbeit mit Lieferanten Vertrauensverhältnisse und dadurch Synergien, die zu geringeren Gesamtkosten führen bzw. größeren Nutzen erzeugen.

Nachhaltigkeit ist jedoch nur ein Aspekt der CSR. Diese definiert die Rheinmetall Gruppe, zu der Pierburg gehört, folgendermaßen (Rheinmetall 2017a): „Rheinmetall ist seit seiner Gründung vor 125 Jahren ständig in Bewegung. Unternehmerisches Handeln hat weit reichende Auswirkungen. Dauerhaften Erfolg hat ein Unternehmen nur, wenn es ökonomische, ökologische und soziale Kriterien aufeinander abgestimmt in die Geschäftstätigkeit integriert und Mehrwert für sich, seine Mitarbeitenden und die Gesellschaft schafft. Für Rheinmetall ist es daher selbstverständlich, im Rahmen seiner Möglichkeiten seinen Beitrag zu einer wirtschaftlich stabilen und ökologisch verantwortlichen Entwicklung der Gesellschaft zu leisten."

Im Code of Conduct, den Rheinmetall schon im Jahr 2003 veröffentlicht hat, wird klar ausgedrückt, dass die unumkehrbare Globalisierung für Rheinmetall im Einklang mit sozialer Verantwortung stehen soll. Einige Grundsätze, die in diesem Code of Conduct enthalten sind, werden zur Verdeutlichung zitiert (s. Box Die Rheinmetall AG; Rheinmetall 2017b):

Die Rheinmetall AG

- begrüßt im fortschreitenden Prozess der Internationalisierung und Globalisierung Initiativen zur Förderung eines verantwortlichen Unternehmertums.
- erklärt sich bereit zur Beachtung und Sicherung von generell akzeptierten Kernarbeitsnormen der Internationalen Arbeitsorganisation (ILO) und der Menschenrechte.
- will verhindern, dass der unumkehrbare Prozess der Globalisierung bei den Menschen auf dieser Welt Ängste auslöst.
- will das menschliche Gesicht der Globalisierung auch durch die Schaffung und den Erhalt von Arbeitsplätzen zeigen.
- ist überzeugt, dass soziale Verantwortung ein wichtiger Faktor für den langfristigen Erfolg des Rheinmetall-Konzerns ist und so zu einem weltweiten Frieden und Wohlstand in der Zukunft beiträgt.

Im weiteren Verlauf des Code of Conducts ermutigt die Rheinmetall AG ausdrücklich ihre Geschäftspartner, die vereinbarten Grundsätze in ihrer eigenen Unternehmenspolitik zu verankern. Dieser Aspekt hat seit ungefähr zwei Jahren deutlich an Dynamik gewonnen. Speziell die Kunden im Automotive-Bereich fordern von der Piergroup ein klares Bekenntnis zu ihrer CSR, verlangen jedoch auch, dass die Piergroup den Gedanken der CSR in der Lieferkette etablieren und sogar nachprüfen sollte. Da im Automotive-Bereich grundsätzlich Normen wie z. B. die ISO/TS 16949 oder die ISO 14001 globale Anwendung finden, existiert eine gewisse weltweite Einheitlichkeit im Hinblick auf grundlegende Themen wie Umweltschutz oder auch die Forderung zur Einhaltung von Gesetzen, wie es in der letzten Neuüberarbeitung der ISO 14001 gefordert wird.

Pierburg hat die Umsetzung von CSR in der Supply Chain noch 2014 durch den Rheinmetall Code of Conduct und die automotiven Industrienormen TS 16949 und ISO 14001 begründet und Fragen ihrer Kunden damit beantwortet. Die Normen gelten in der Automobilindustrie als Grundlage, die Lieferanten erfüllen müssen. Eine spezielle Forderung Pierburgs in dieser Hinsicht war jedoch nicht notwendig. Die Gültigkeit des Code of Conduct ist durch die Veröffentlichung auf der Rheinmetall-Homepage gegeben, bedarf also auch keiner gesonderten Aktion des Einkaufs in Kooperation mit den Lieferanten. In den allgemeinen Geschäftsbedingungen wurde im Jahr 2014 eine Compliance-Klausel aufgenommen, in der die Verpflichtung der Lieferanten auf Compliance im Generellen und auf einige spezielle Themengebiete (z. B. Verbot von Kinderarbeit, Verbot von Umweltverschmutzung, Einhaltung einiger EU-Normen, u. a. REACH) gefordert wird. Eine grundsätzliche Struktur der CSR war also schon gegeben, jedoch wurde der Ansatz noch passiv verfolgt.

Schon im Jahr 2015 jedoch wurde diese passive Herangehensweise durch einen aktiven Maßnahmenplan überholt. Natürlich gelten die oben genannten Normen bzw. Forderungen immer noch. Es wurde jedoch ein spezielles Programm zur Umsetzung von CSR in der Lieferantenkette aufgelegt. In diesem CSR-Programm wurden alle Lieferanten von Fertigungsmaterial von Pierburg angeschrieben und über die Wichtigkeit und Sinnhaftigkeit von CSR aus Sicht des Unternehmens informiert. Weiter wurden die Lieferanten aufgefordert, sich einem CSR Self Assessment zu unterziehen. Für diese Evaluierung hat Pierburg erneut auf einen Standard in der Automobilindustrie zurückgegriffen. Die Automotive Industry Action Group (AIAG) ist eine 1982 in Nordamerika gegründete Organisation, die ursprünglich eine klare Qualitätssteigerung in der Automotive-Lieferantenkette zum Ziel hatte. Mittlerweile hat sich der Fokus erweitert und die Vision heute ist, dass die AIAG einen Katalysator für höchste Leistung zur Etablierung einer nahtlosen, effizienten und verantwortungsvollen Lieferkette darstellt. Die AIAG hat eine CSR-Selbstbewertung entworfen, die die Dimensionen Menschenrechte, Umwelt, Compliance und Ethik, Diversity, Gesundheit und Sicherheit und Allgemeines umfasst (AIAG 2017).

Im Rahmen des Pierburg-CSR-Programms wurden alle Lieferanten gebeten, diese AIAG-CSR-Selbstbewertung auszufüllen und an Pierburg zurückzusenden. Es wurden eine zentrale E-Mail-Adresse und eine Bearbeitungsstelle dafür geschaffen. Dort werden die eingehenden Bewertungen registriert und auf Plausibilität geprüft. Lieferanten, die einen Gesamtwert unter 80 % erreicht haben, werden erneut angeschrieben und um die Erstellung eines Maßnahmenplan zur Erreichung der 80 % gebeten. Diese Pläne werden dann von Pierburg im Rahmen von Besuchen mit den Lieferanten durchgesprochen.

Für 2017 ist vorgesehen, dieses CSR-Programm noch durch einen speziellen Supplier Code of Conduct zu vervollständigen. Dieser Supplier-Verhaltenscodex ist im Grunde an dem Code of Conduct von Rheinmetall angelehnt, unterstreicht aber zum einen die Wichtigkeit von Nachhaltigkeit als unternehmerischen Ansatz für Rheinmetall und alle Konzerngesellschaften und fordert zum anderen nun ganz klar die Bekenntnis zu und die Einhaltung eben dieser Grundsätze von den Lieferanten. Damit ist die Verankerung von CSR in der Lieferkette durch eine offizielle Richtlinie im Rahmen des Rheinmetall-CSR-Programms gegeben. Das ist eine klare Weiterentwicklung von einer Ermutigung der Geschäftspartner hin zu einer starken Forderung bzw. Erwartung an die Lieferanten (Abb. 1).

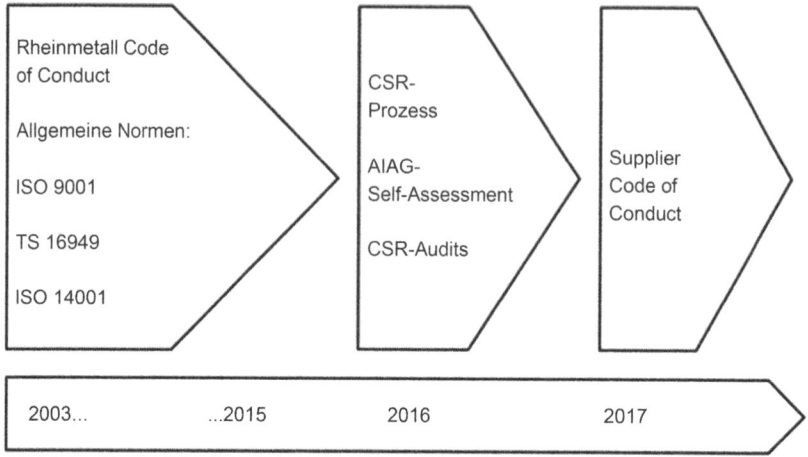

Abb. 1 Entwicklung der Corporate Social Responsibility bei Pierburg. (Eigene Darstellung)

3 Globalisierung als starker Trend in der Automobilindustrie und ihre Herausforderungen

Die Globalisierung als Megatrend oder zumindest starker Trend in der Automobilindustrie ist grundsätzlich bekannt. Dennoch verstärkt sich die Verschiebung der Gewichte zwischen den Kontinenten in dieser Industrie weiterhin. Dies wird durch die geographische Verteilung der Automobilproduktionszahlen im Vergleich über einen größeren Zeitraum deutlich.

Die Verteilung der globalen Automobilproduktion hat sich im Jahr 2003 so dargestellt: Von den 57,4 Mio. Einheiten, die 2003 produziert wurden, entfielen 34,0 % auf Asien, 34 % auf Europa und 32 % auf Nord- und Südamerika (Abb. 2).

Im Jahr 2016, also 13 Jahre später, sieht die Situation wie folgt aus: Europa repräsentiert noch 28 %, Nord- und Südamerika 21 % und Asien nimmt mittlerweile 50 % der produzierten Menge ein (Abb. 3).

Mit dieser rasanten geographischen Verschiebung der Automobilproduktion geht auch eine entsprechende Veränderung der regionalen Aufstellung der Automobilzulieferer ein-

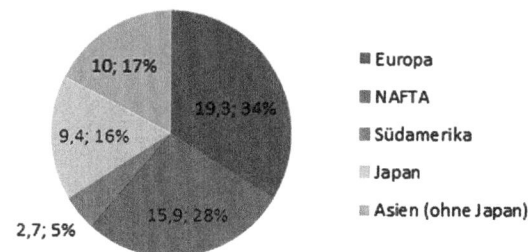

Abb. 2 Globale Produktion von Personenkraftwagen und Kleintransportern 2003 in Millionen Einheiten und prozentuale Verteilung. (IHS Automotive 2017)

Abb. 3 Globale Produktion von Personenkraftwagen und Kleintransportern 2016 in Millionen Einheiten und prozentuale Verteilung. (IHS Automotive 2017)

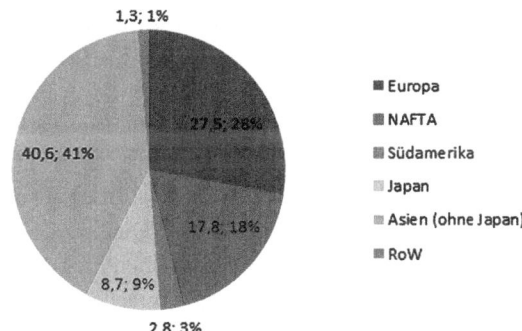

her. Die Automobilhersteller erwarten grundsätzlich kurze Lieferwege (Just-in-time-Belieferung) und somit muss man sich als Lieferant dort ansiedeln, wo die Automobile gebaut werden. Für Pierburg heißt das, dass diese im Jahr 2016 an insgesamt 18 Standorten, 16 davon Produktionswerke, in 12 Ländern vertreten waren.

Die Internationalisierung von Pierburg bedeutet jedoch auch eine Globalisierung ihrer Lieferantenbasis. Denn auch Pierburg bevorzugt, genau wie ihre Kunden, eine kurze Lieferkette. Auch wenn durch die fortschreitende Digitalisierung die Welt an sich kleiner und beherrschbarer erscheint, haben lange Lieferketten mehrere Risikofaktoren. Zum einen sind bei langen Transportwegen viele Produkte und damit Kapital gebunden, zum anderen besteht ein erhöhtes Qualitätsrisiko. Dies rührt daher, dass ein eventueller Fehler erst bei Verwendung im (Empfänger-)Werk entdeckt wird. Bei einer langen Lieferkette, z. B. von Europa nach China, wären aber etwa fünf Wochen Vorräte potenziell von diesem Qualitätsdefekt betroffen. Natürlich existiert auch ein Währungsrisiko, wenn die Lieferanten in der einen Währung bezahlt werden (z. B. Euro), Pierburg jedoch von ihren Kunden die lokale Währung in China erhält, also CNY. Zur Begrenzung all dieser Risiken verfolgt Pierburg „local for local" als Einkaufsstrategie.

Diese Strategie hat jedoch zur Folge, dass sich die Lieferantenbasis für Pierburg erweitert und dies nicht nur in der Anzahl, sondern auch in der kulturellen Vielfalt. Denn obgleich ein gewisser Anteil der Lieferanten aus den angestammten Regionen auch mit Pierburg international wird, reicht dies bei Weitem nicht aus, um die Bedarfe an den neuen, stark wachsenden Standorten in China, Indien und Mexico zu decken. Folglich nimmt Pierburg neue lokale Lieferanten in ihr Portfolio auf. Dies bedeutet für den Einkauf bei Pierburg, dass die Mitarbeiter auch internationaler werden. Das Einkaufsteam wächst international an den Produktionsstandorten der Gesellschaft. So hat Pierburg heute in allen Produktionswerken eine Einkaufsmannschaft etabliert und das globale Einkaufsteam ist internationaler geworden. Die Konzernsprache im Einkauf ist folglich Englisch. Das internationale Wachstum vor Ort hilft Pierburg auch dabei, die neuen Lieferanten in den internationalen Märkten besser zu verstehen, da Pierburg in den meisten Fällen die Lieferanten mit Einkäufern gleicher Nationalität betreuen kann.

4 Nachhaltigkeit als Ansatz zur Risikominimierung bei der Globalisierung des Lieferantenportfolios

Der Aufbau neuer Lieferanten ist schon innerhalb bekannter Märkte eine Herausforderung. Bis ein Lieferant an die Pierburg liefern kann, wird ein klar strukturierter Prozess der Lieferantenqualifizierung durchschritten. Dieser Prozess ist global standardisiert, da Pierburg zum einen nach globalen (Qualitäts-)Standards selbst liefert und zum anderen auch globale Lieferanten hat. Aber nicht nur die Lieferantenqualifizierung im Allgemeinen, sondern auch die technische Freigabe eines Kaufteils von einem Lieferanten ist eine komplexe und kostspielige Aufgabe. Das Freigabeprozedere ist i. d. R. mit aufwendigen technischen Validierungen verbunden, die eben entsprechende Kosten bedingen. Um diese Kosten zu begrenzen bzw. nicht andauernd in neue Validierungen einzusteigen, strebt Pierburg an, einmal freigegebene Lieferanten und Bauteile nicht ohne wesentlichen Grund zu wechseln. Pierburg bevorzugt also langfristige bzw. nachhaltige Lieferanten- und Lieferbeziehungen.

Die Herausforderung der Einführung neuer Lieferanten steigt bei der Internationalisierung deutlich an, denn es bestehen dann nicht nur die technischen und qualitativen Herausforderungen, sondern eben auch die der interkulturellen Unterschiede. In vielen Ländern außerhalb Deutschlands besteht ein anderes Verständnis von Qualität, Management, Einhaltung von Zusagen, Einhaltung von gesetzlichen Regeln und ähnlichem. Dabei ist es vorteilhaft, auf gemeinsamen Normen und Werten aufzusetzen. Die oben bereits erwähnten automotiven Qualitätsnormen (u. a. TS 16949 und ISO 14001) geben einen Rahmen vor. Durch die konsequente Anwendung von CSR in Form eines klaren Prozesses und eines Supplier Code of Conducts, wird dieser Rahmen aber noch spezifiziert und detailliert.

Dabei versteht Pierburg CSR nicht als verklärten Begriff im Sinn von biologisch sondern vielmehr als Grundlage zur Sicherung von nachhaltigen langfristigen Lieferbeziehungen. Die hohen Kosten, die ein Lieferantenwechsel erzeugt, wurden oben bereits beschrieben. Wenn derartige Lieferantenwechsel noch dazu ungeplant geschehen, erhöhen sich die Kosten meist nochmals, weil dann auch noch eine zeitkritische Komponente hinzukommt. Die klare Forderung an die Lieferanten von Pierburg, selbst CSR-Grundsätze für sich zu erlassen und entsprechend danach zu arbeiten, reduziert aus Sicht von Pierburg ihr Risiko für ungeplante Lieferantenwechsel. Es reduziert auch das Risiko eventueller Versorgungsengpässe oder Bandstillstände. All das kann nämlich durch Verhalten verursacht werden, das nicht im Einklang mit den CSR-Grundsätzen steht. Verletzt ein Lieferant z. B. Umweltstandards oder Arbeitsgesetze und fallen diese Verstöße den Behörden auf, kann es dazu kommen, dass der Betrieb des Lieferanten – zumindest vorübergehend – stillgelegt wird. Derartiges härteres Durchgreifen der Behörden ist z. B. in China insbesondere bei Umweltverstößen mittlerweile vermehrt zu beobachten.

Weiterhin ermöglichen solide und langfristige Lieferantenbeziehungen, die auf der Basis einheitlicher Werte – gegeben z. B. durch CSR – aufbauen, das Entstehen von gegenseitigem Vertrauen. Auf dieser Grundlage öffnen sich Lieferanten dann auch für Innovationen bzw. setzen ihre Ressourcen für innovative Lösungen für ihre Kunden ein. Derartige Innovationen bringen i. d. R. Vorteile z. B. bei Kosten oder Funktion mit sich. Auch dadurch wird für Pierburg ein Zugewinn geschaffen.

5 Fazit

Bei der fortschreitenden Internationalisierung der Pierburg Gruppe und den damit verbundenen interkulturellen Herausforderungen helfen einheitliche Werte, die wirtschaftliche Grundlage langfristig abzusichern. Für Pierburg sind Lieferanten wichtige Wertschöpfungspartner, die wesentliche Teile der Wertschöpfung für das Unternehmen erbringen. Gerade im interkulturellen Zusammenhang gibt die Verankerung von CSR in der Lieferantenbasis Sicherheit für das gemeinschaftliche Wirtschaften. CSR schafft somit einen Mehrwert und senkt die Kosten im Gesamtsystem bei gleichzeitigen positiven Effekten für die Gesellschaft, u. a. deswegen hat sich Pierburg entschieden, für sich selbst und die Lieferanten CSR konsequent umzusetzen.

Literatur

AIAG (2017) Suchbegriff „AIAG". www.aiag.org/about. Zugegriffen: 1. März 2017
EU Richtlinien Vorschlag (2013) Vorschlag für eine Richtlinie des Europäischen Parlaments und des Rates zur Änderung der Richtlinien 78/660/EWG und 83/349/EWG des Rates im Hinblick auf die Offenlegung nichtfinanzieller und die Diversität betreffender Informationen durch bestimmte große Gesellschaften und Konzerne, Richtlinienvorschlag COM(2013) 207 final/2013/0110 (COD)
Gerlach M (2015) Nachhaltige Beschaffung im globalen Kontext für die Pierburg Gruppe in CSR. In: Fröhlich E (Hrsg) CSR und Beschaffung. Springer, Berlin, Heidelberg
IHS Automotive (2017) Homepage www.ihsmarkit.com bzw. Veröffentlichungen von IHS für registrierte Kunden
Rheinmetall (2016) Rheinmetall Geschäftsbericht. www.rheinmetall.com. Zugegriffen: 1. Juni 2017
Rheinmetall (2017a) Homepage. www.rheinmetall.com. Zugegriffen: 1. März 2017
Rheinmetall (2017b) Suchbegriff „code of conduct". www.rheinmetall.com. Zugegriffen: 1. März 2017
Wikipedia (2017a) Suchbegriff „APQP". www.wikipedia.de. Zugegriffen: 1. März 2017
Wikipedia (2017b) Suchbegriff „CSR". www.wikipedia.de. Zugegriffen: 1. März 2017
Wikipedia (2017c) Suchbegriff „Nachhaltigkeit". www.wikipedia.de. Zugegriffen: 1. März 2017

Marcus Gerlach Nach dem Studium der Betriebswirtschaftlehre an der Ludwig-Maximilians Universität zu München, begann Marcus Gerlach seine berufliche Laufbahn bei der Rheinmetall Automotive AG als Beteiligungscontroller. Im Jahr 2001 ging er als kaufmännischer Leiter zu einem neu gegründeten Joint Venture der Rheinmetall Automotive mit der SAIC nach Shanghai und sammelte erste Auslandserfahrung. Im Anschluss übernahm Herr Gerlach nach einer Zwischenstation im zentralen Controlling der Pierburg GmbH die Leitung der Business Unit Magnetventile und verantwortete die Markt- und Produktstrategie dieses Produktbereichs. Mitte 2007 wurde er als kaufmännischer Geschäftsführer der KS ATAG, ebenfalls Teil der Rheinmetall Automotive Gruppe, berufen. Er verantwortete u. a. auch den Einkauf der KS ATAG. Anfang 2010 übernahm er dann die Gesamtverantwortung für zwei Tochtergesellschaften der Rheinmetall Automotive Gruppe in den USA. In dieser Funktion sammelte er Erfahrungen im Bereich Operations. Nach seiner Rückkehr aus den USA wurde Herr Gerlach Mitte 2014 mit der Leitung des globalen Einkaufs der Division Mechatronics (Pierburg und Pierburg Pump Technology) betraut. Er leitet ein Team von über 150 Einkäufern, die global über alle Mechatronics-Standorte verteilt agieren. Ein zentraler Bestandteil seiner Arbeit ist dabei die fortschreitende Globalisierung der Gruppe mit entsprechend nachhaltiger Lieferantenentwicklung zu unterstützen.

CSR in internationalen Lieferketten: Interkulturelle Kompetenz als Voraussetzung zur Vermeidung von Werteimperialismus

Nick Lin-Hi, Karsten Müller, Julia-Marie Degenhardt, Regina Kempen und Alexander Meier

1 Einleitung

Das Thema Corporate Social Responsibility (CSR) hat in den letzten Jahren in der unternehmerischen Praxis kontinuierlich an Relevanz gewonnen. Ein gutes CSR-Image ist für Unternehmen heute ein wichtiger Vermögenswert, der sich positiv auf die unternehmerische Wettbewerbsfähigkeit auswirkt (vgl. Branco und Rodrigues 2006). Entsprechend sind Unternehmen stark daran interessiert, als verantwortlicher Akteur wahrgenommen zu werden und richten ihre CSR-Aktivitäten regelmäßig auf Reputationseffekte aus. Hierin spiegelt sich wider, dass betriebswirtschaftliche Überlegungen ein zentraler Grund für Unternehmen sind, sich mit ihrer gesellschaftlichen Verantwortung auseinanderzusetzen (vgl. Blumberg und Lin-Hi 2015).

Ein gutes CSR-Image setzt voraus, dass Unternehmen ihre gesamten Wertschöpfungsaktivitäten verantwortlich organisieren. Dies ist darin begründet, dass es sich beim CSR-

N. Lin-Hi (✉) · J.-M. Degenhardt
Universität Vechta
Vechta, Deutschland
E-Mail: nick.lin-hi@uni-vechta.de

J.-M. Degenhardt
E-Mail: julia-marie.degenhardt@uni-vechta.de

K. Müller · R. Kempen · A. Meier
Universität Osnabrück
Osnabrück, Deutschland
E-Mail: karsten.mueller@uni-osnabrueck.de

R. Kempen
E-Mail: regina.kempen@uni-osnabrueck.de

A. Meier
E-Mail: alex.meier@uni-osnabrueck.de

Image um ein holistisches Konstrukt handelt, da Verantwortlichkeit stets einem Unternehmen als Ganzes zugebilligt wird und nicht lediglich für einzelne Bereiche. Ein Unternehmen, das auf der einen Seite in vorbildlicher Weise die Vereinbarkeit von Familie und Beruf fördert, auf der anderen Seite aber in einen Umweltskandal verwickelt ist, wird üblicherweise nicht als verantwortlich wahrgenommen. Vor diesem Hintergrund ist zu konstatieren, dass eine ganzheitliche Verankerung von Verantwortungsübernahme die Basis für ein langfristig gutes CSR-Image bildet (vgl. Lin-Hi und Müller 2013).

Die ganzheitliche Verankerung von CSR bezieht sich dabei nicht nur auf den internen Organisationsbereich, sondern erstreckt sich ebenso auf vorgelagerte Wertschöpfungsstufen. Von Unternehmen wird heute erwartet, dass sie bei ihren Lieferanten hinreichende Arbeits-, Umwelt- und Sozialstandards sicherstellen (vgl. Van Buren und Patterson 2012). Demzufolge wird es einem Unternehmen negativ zugerechnet, wenn seine Lieferanten gegen Standards verstoßen, wodurch wiederum das eigene CSR-Image beschädigt wird (vgl. Amaeshi et al. 2008). Vor diesem Hintergrund kann es wenig verwundern, dass Unternehmen heute ein vitales Interesse daran haben, dass ihre Lieferanten grundlegende Arbeits-, Umwelt- und Sozialstandards vorweisen können.

Das Interesse von Unternehmen an der Übernahme von Verantwortung für ihre Lieferanten ist primär instrumenteller Natur, d. h. Unternehmen werden nicht allein durch moralische Überlegungen motiviert, sondern auch und insbesondere durch ein betriebswirtschaftliches Kalkül. Entsprechend streben Unternehmen immer auch danach, CSR in Lieferketten für sich selbst wertschaffend auszugestalten. Sofern diese instrumentelle Perspektive dazu führt, dass die Interessen von Lieferanten nicht angemessen beachtet werden, erwächst hieraus ein potenzielles Konfliktfeld. Eine unzureichende Berücksichtigung von Lieferanteninteressen bedingt die Gefahr eines Werteimperialismus, bei dem im Namen von Verantwortungsübernahme Standards in Lieferketten durchgesetzt werden, die unter Umständen lokale Werte und Normen auf Lieferantenseite verletzen oder diesen widersprechen.

Der vorliegende Beitrag adressiert das Problem eines Werteimperialismus als mögliche Folge von CSR in globalen Lieferketten. Hierfür wird im nächsten Schritt zunächst in die Verantwortung von Unternehmen für ihre Lieferanten eingeführt. Anschließend wird das Problem eines Werteimperialismus dargestellt und in den Kontext von CSR in Lieferketten eingebettet. Dies bildet die Basis, um die Bedeutung von interkultureller Kompetenz für eine wertschaffende Verantwortungsübernahme in Lieferketten zu entfalten. Der Beitrag endet mit einer Schlussbemerkung.

2 Verantwortung für Lieferketten

Die Zuweisung von unternehmerischer Verantwortung für Arbeits-, Umwelt- und Sozialstandards in Lieferketten wurde in der Praxis lange Zeit eher kritisch gesehen. Hierbei wurde etwa immer wieder das Argument angeführt, Unternehmen sei es kaum oder gar nicht möglich, auf die Art und Weise der Wertschöpfung bei Lieferanten Einfluss zu nehmen. In den letzten Jahren hat jedoch ein Umdenken stattgefunden und immer mehr

Unternehmen bekennen sich heute explizit zu ihrer Verantwortung für ihre Zulieferer (vgl. Moosmayer und Davis 2016). Exemplarisch hierfür sei auf das Handelsunternehmen Aldi Nord verwiesen, das in seinem Nachhaltigkeitsbericht 2015 verspricht: „Wir übernehmen Verantwortung in unserer Lieferkette" (Aldi Nord 2015, S. 4).

Ein wesentlicher Grund für das Umdenken in der unternehmerischen Praxis resultiert aus gesellschaftlichen Erwartungen. Unternehmen können langfristig nur dann erfolgreich am Markt agieren, wenn sie existierenden Erwartungen hinreichend gerecht werden (vgl. Ashforth und Gibbs 1990). Da die Öffentlichkeit heute erwartet, dass CSR auch bei Lieferanten verankert wird (vgl. Andersen und Skjoett-Larsen 2009), ist es für den unternehmerischen Erfolg wichtig, grundlegende Standards in Lieferketten zu adressieren. Unternehmen, die dieser Erwartung nicht gerecht werden, müssen damit rechnen, in den Fokus öffentlicher Kritik zu geraten. Die Gefahr einer solchen Kritik ist – sowohl in Bezug auf ihre Artikulation als auch in Bezug auf ihre negativen Konsequenzen – aufgrund der Wirkmacht von sozialen Medien in den letzten Jahren deutlich angestiegen.

Ein Beispiel für die öffentliche Kritik infolge von unzureichenden Standards im Bereich von Arbeitsbedingungen liefert der Technologiekonzern Apple. Das Unternehmen geriet ab 2009 aufgrund der Arbeitsbedingungen bei seinem Zulieferer Foxconn in die internationalen Schlagzeilen (s. etwa Barboza 2009; Topping 2009). Dem taiwanesischen Unternehmen, das weltweit zu den größten Akteuren in der Elektronikindustrie zählt, wurden u. a. wiederholt zu niedrige Löhne, exzessive Überstunden, Ausbeutung von Mitarbeitenden sowie Diskriminierung vorgeworfen (s. z. B. Chan und Ngai 2010; Xu und Li 2013). Obgleich Apple im rechtlichen Sinn keine Verantwortung für Arbeitsbedingungen bei seinen Lieferanten trägt, wurde der Technologiekonzern in der Öffentlichkeit für die kritisierten Standards bei Foxconn (mit-)verantwortlich gemacht. Als Folge geriet der iPhone-Hersteller im Zuge der vermehrten Berichterstattung über die Arbeitsbedingungen bei Foxconn zunehmend in die Kritik. So berichtete The Economist beispielsweise im Mai 2010: „Apple was expecting lots of publicity ahead of the international release of the iPad, its latest gadget, on May 28th – but not the sort it received in Hong Kong this week, which included the ritual burning of pictures of iPhones and calls for a global boycott" (The Economist 2010).

Apple verteidigte zunächst die Arbeitsbedingungen bei seinem Zulieferer als „pretty nice" (Xu und Li 2013, S. 379), gab später aber an, über Missstände nicht informiert gewesen zu sein (vgl. Petersen und Lemke 2015). Ein vielbeachteter Artikel der Journalisten Duhigg und Barboza in der New York Times am 25. Januar 2012 (vgl. Duhigg und Barboza 2012) führte jedoch dazu, dass das Unternehmen seine Haltung änderte und sich nun verstärkt dem Thema CSR in Lieferketten annahm (vgl. Arthur 2012). So trat das Unternehmen 2012 der Fair Labor Association bei, bekannte sich zu dessen „workplace code of conduct" und initiierte Audits bei Foxconn sowie weiteren Lieferanten (vgl. Apple 2013a; Fair Labor Association 2012). Aufbauend auf den Auditergebnissen verpflichteten sich Apple und Foxconn zu weitreichenden Maßnahmen zur Verbesserungen von Arbeitsbedingungen in Fabriken (vgl. Fair Labor Association 2012) und der iPhone-Hersteller formulierte später in seinem Fortschrittsbericht zur Verantwortung gegenüber seinen Lieferanten (Apple 2013b, S. 16): „We don't allow suppliers to act unethically or in ways that threaten the rights of workers – even when local laws and customs permit such practices. We're working to end excessive work hours, prohibit unethical hiring policies, and prevent the hiring of underage workers".

Das Beispiel Apple macht deutlich, dass es im wohlverstandenen Eigeninteresse von Unternehmen ist, Verantwortung für die eigenen Lieferketten zu übernehmen. Für Unternehmen stellt sich heute nicht mehr die Frage, ob sie CSR in Lieferketten umsetzen, sondern vielmehr wie sie dies tun. In der Praxis dominiert dabei ein Compliance-orientierter Ansatz, bei dem Unternehmen ihren Lieferanten einzuhaltende Standards vorschreiben (vgl. Locke et al. 2009; De Neve 2014). Zu den typischen Instrumenten einer so verstandenen Verantwortungsübernahme für Lieferketten gehören insbesondere Verhaltenskodizes für Lieferanten, Lieferantenauditierungen und Lieferantenzertifizierungen (s. hierzu etwa Fröhlich 2015). Insgesamt kann damit durchaus formuliert werden, dass CSR in Lieferketten in der Praxis als Thema nicht nur angekommen ist, sondern auch von Unternehmen angenommen wurde.

Die Tatsache, dass Unternehmen sich heute mit Standards bei ihren Lieferanten beschäftigen, ist zweifelsfrei zu begrüßen. Dies gilt umso mehr vor dem Hintergrund, dass Arbeits-, Umwelt- und Sozialstandards gerade in Produktionsstätten in Schwellen- und Entwicklungsländern nicht selten defizitär sind – exemplarisch hierfür sei auf den tragischen Einsturz des Rana-Plaza-Gebäudes in Bangladesch verwiesen, bei dem mehr als 1100 Textilarbeiter zu Tode kamen (vgl. Motlagh 2014). Hinzu kommt, dass Unternehmen durch ihr Einkaufsverhalten durchaus einen Einfluss auf vorherrschende Standards bei Lieferanten haben (vgl. Lin-Hi und Blumberg 2017). An dieser Stelle sei darauf hingewiesen, dass es schwierig für Lieferanten ist, grundlegende Standards nachzuhalten, wenn Unternehmen ihre Einkaufsentscheidungen primär von Preis und Lieferzeiten abhängig machen.

Obgleich es gute Gründe dafür gibt, dass Unternehmen für ihre Lieferanten Verantwortung übernehmen, stellt sich die Frage nach den Standards, die sinnvollerweise einzuhalten sind. Für Unternehmen ist es hierbei am einfachsten, sich an existierenden gesellschaftlichen Erwartungen zu orientieren, die wiederum durch eine westliche Sichtweise geprägt sind. Zugrunde liegt dem die Logik, dass die Nichterfüllung von Erwartungen sich negativ auf das CSR-Image eines Unternehmens auswirkt (vgl. Lin-Hi und Blumberg 2018). Hierin spiegelt sich wider, dass Unternehmen im Wettbewerb anreizorientiert agieren und Entscheidungen regelmäßig auch vor dem Hintergrund von Kosten-Nutzen-Überlegungen treffen. Dies gilt letztendlich auch für das Handlungsfeld CSR, sodass Unternehmen die Übernahme von gesellschaftlicher Verantwortung vorzugsweise so ausgestalten, dass sie hiervon profitieren (vgl. Blumberg und Lin-Hi 2015).

Die instrumentelle Ausgestaltung von CSR, d. h. die Fokussierung auf den unternehmerischen Nutzen, ist an für sich nicht nur unproblematisch, sondern auch ethisch geboten (vgl. Suchanek 2007). Es wäre gesellschaftlich dysfunktional, wenn Verantwortungsübernahme Wettbewerbsnachteile bedingen würde, da dies langfristig dazu führen würde, dass verantwortliche durch unverantwortliche Unternehmen verdrängt werden. Aus spieltheoretischer Sicht ist das Problem in einem zweiseitigen Gefangenendilemma verwurzelt, das die Gefahr einer Ausbeutbarkeit von moralischen Vorleistungen – hier Verantwortungsübernahme – bedingt. Das Vorliegen eines zweiseitigen Gefangenendilemmas in der Wirtschaft ist typischerweise Resultat einer defizitären Rahmenordnung, die durch fehlende Institutionen (z. B. Gesetze) und/oder deren unzureichende Durchsetzung konstituiert wird (vgl. Pies et al. 2009). Obgleich es somit wichtig ist, CSR stets auch vor dem Hintergrund von existierenden Anreizen zu betrachten, so bringt die damit verbundene instrumentelle Herangehensweise auch Probleme mit sich. In Bezug auf Verantwortungsübernahme für Lieferketten manifestiert sich das Problem dabei in Form der Gefahr eines Werteimperialismus.

3 Werteimperialismus

Ganz allgemein ist unter Werteimperialismus zu verstehen, dass in einer kulturübergreifenden Beziehung ein Partner dem anderen die eigenen Werte, Gebräuche und kulturellen Sichtweisen aufzwingt und damit die einheimischen Werte unterdrückt oder verdrängt (vgl. Tomlinson 1991). In der Konsequenz liegt einem Werteimperialismus die (implizite) Annahme der Überlegenheit der eigenen Werte zugrunde (vgl. Osterhammel 1995), infolgedessen von anderen erwartet wird, dass sie diese Werte anerkennen und übernehmen. Angemerkt sei, dass ein Werteimperialismus nicht zwangsweise intendiert sein muss, sondern auch in einer fehlenden Reflexion über die Gültigkeit eigener Werte in einem anderen Kulturkreis verwurzelt sein kann. Ein klassisches Beispiel für einen Werteimperialismus ist die vermeintliche Zivilisierung der einheimischen Bevölkerung in Nordamerika (Indianer) durch die europäischen Eroberer, die den Einheimischen eine vermeintlich bessere Kultur, Bildung, Religion usw. bringen wollten. Das Phänomen des Werteimperialismus firmiert in der Diskussion auch unter den Begriffen Kulturimperialismus sowie kultureller Kolonialismus (s. etwa Liu et al. 2015; Tomlinson 1991).

Werteimperialismus geht regelmäßig mit der Bildung von Hierarchien einher, wobei die betroffenen Akteure als primitiv, rückständig und disziplinierungsbedürftig dargestellt werden (vgl. Said 1993). In Anlehnung an das Münchhausen-Trilemma (s. hierzu Albert 1968) ist eine Letztbegründung von Werten jedoch unmöglich, sodass ein praktizierter Werteimperialismus eine Anmaßung des Sollens darstellt. Zudem geht Werteimperialismus üblicherweise mit dem Verlust der lokalen Werte sowie kultureller Vielfalt einher (vgl. Tomlinson 1991), wodurch dieser dem „Faktum des Pluralismus" (Rawls 1993) und auch der Würde des Menschen widerspricht. Darüber hinaus zeigt sich die Problematik eines Werteimperialismus darin, dass sich die Betroffenen durch die ihnen vorgeschriebenen Werte in ihrer kulturellen Selbstbestimmung eingeschränkt und gedemütigt fühlen, diese daher nicht akzeptieren und Widerstand dagegen leisten (vgl. Said 1993).

Die Gefahr eines Werteimperialismus ist im Kontext von CSR aufgrund der explizit vorhandenen normativen Dimension bei Verantwortungszuweisungen in besonderer Weise gegeben. CSR beinhaltet stets auch eine normative Sollensvorschrift, die über die an Unternehmen gestellten Erwartungen transportiert wird (vgl. Lin-Hi 2009). Da CSR ein westliches Konzept ist (vgl. Banerjee 2008; Lund-Thomsen 2008), kann es bei der Zuweisung von Verantwortlichkeiten auf globaler Ebene sowie in anderen Kulturen potenziell zu einem Werteimperialismus kommen, wobei insbesondere Schwellen- und Entwicklungsländer betroffen sind.

In der Tat existieren kritische Stimmen in Bezug auf CSR in Lieferketten und einen damit einhergehenden Werteimperialismus (etwa Banerjee 2008; Blowfield und Dolan 2008; Lund-Thomsen 2008; Khan und Lund-Thomsen 2011). Dieser droht bereits vor dem Hintergrund, dass ein Großteil der Wortführer der CSR-Debatte sowie der relevanten Institutionen, wie etwa die International Labor Association (ILO), das World Business Council for Sustainable Development (WBCSD) oder die Fair Labor Association (FLA), aus dem Westen kommen. Auch viele global angewendete Standards und Initiativen wie beispielsweise die Business Social Compliance Initiative, die Equator Principles, der Global Compact, die Global Reporting Initiative oder die ISO 26000 Norm haben ihren Ursprung in der westlichen Welt. Schließlich ist auch noch anzumerken, dass allein durch die Sprache des Diskurses, die in dem hier relevanten Kontext v. a. Englisch ist, eine automatische Selektion und Richtungsvorgabe vorgenommen werden, die einen Werteimperialismus befördern (vgl. Tomlinson 1991). Zugespitzt formuliert müssen sich CSR-Standards daher folgende Kritik gefallen lassen: „made in the West and exported to the rest" (Khan et al. 2010, S. 1430).

Die Probleme eines Exports von Standards und damit von Werteimperialismus haben sich etwa deutlich in den 1990er-Jahren in Pakistan bei der Fußballproduktion gezeigt (hierzu und zu den folgenden Ausführungen in diesem Absatz vgl. Khan und Lund-Thomsen 2011; Khan et al. 2007). Aufgrund massiver internationaler Kritik an Arbeitsbedingungen allgemein sowie an Kinderarbeit im Spezifischen, wurden die Näharbeiten, die zuvor dezentral in einzelnen Dörfern in Heimarbeit durchgeführt wurden, in Fabriken verlegt. Hierdurch wurde es zwar möglich, Kinderarbeit effektiv zu unterbinden, jedoch führte dies ebenso zum Wegfall eines lebensnotwendigen Einkommens in Familien, infolgedessen Kinder in hoch problematische Industrien wie Bergbau und Prostitution abwanderten. Hinzu kam, dass es den Arbeitern und Arbeiterinnen nun nicht mehr möglich war, Näharbeiten flexibel zwischen anderen Tätigkeiten zu erledigen. In Verbindung mit den jetzt notwendigen Pendelfahrten wurde insbesondere für Frauen die Vereinbarkeit von Arbeit und Familie erschwert und die Zahl der erwerbstätigen Frauen in dieser Industrie ging deutlich zurück. Insgesamt kam es durch die hier eingeführte CSR-Maßnahme zu einer Verschlechterung der Arbeitssituation der lokalen Arbeiter und Arbeiterinnen sowie zu reduzierten Familieneinkommen, da lokale Bedingungen nicht berücksichtigt wurden.

Der mit CSR in Lieferketten bisweilen einhergehende Werteimperialismus ist aber nicht nur für die Arbeiter und Arbeiterinnen in anderen Kulturkreisen ein Problem, sondern ebenso auch für die einkaufenden Unternehmen. Das Vorschreiben von westlichen Standards kann bei Lieferanten durchaus auf größeres Unverständnis stoßen und gewissermaßen Entfremdungseffekte bedingen. Generell gilt die Logik, dass eine Regelbefolgung umso wahrscheinlicher ist, je mehr die Sinnhaftigkeit der Regel verstanden wird. Entsprechend bedingt ein Unverständnis auf Lieferantenseite, dass hier Widerstände aufgebaut werden, die die Verbesserung von Arbeits-, Umwelt- und Sozialstandards behindern (vgl. Khan und Lund-Thomsen 2011; Blowfield und Dolan 2008). Zudem besteht die Gefahr, dass Lieferanten Ausweichstrategien entwickeln, um vorgegebene Standards zu unterlaufen und in Konsequenz selbige nur auf dem Papier vorhanden sind (vgl. Lin-Hi und Blumberg 2017). Insgesamt erwächst für Unternehmen hieraus das Problem, dass Compliance-orientierte Ansätze – also die einseitige Vorgabe von zu erfüllenden Standards – allgemein sowie Auditierungen und Zertifizierungen im Speziellen nicht immer die gewünschte Wirkung entfalten und infolgedessen das Risiko von Fehlleistungen dadurch nach wie vor existent ist. Vor dem Hintergrund, dass Unternehmen regelmäßig versprechen, für ihre Lieferanten Verantwortung zu übernehmen, ist mit negativen Konsequenzen im Fall von Fehlleistungen zu rechnen.

Zusammengefasst erscheint es damit sowohl aus normativen als auch aus instrumentellen Gründen sinnvoll, CSR in Lieferketten weniger primär als Compliance-Aufgabe zu verstehen, sondern vielmehr als partnerschaftlichen Ansatz zu begreifen (vgl. Khan und Lund-Thomsen 2011; Dolan 2010). Ein solcher Ansatz ist darauf ausgerichtet, gemeinsame Interessen in den Mittelpunkt zu stellen und Wege zu finden, wie mit unterschiedlichen Werten und Wertvorstellungen umgegangen werden kann. Hierdurch wird es möglich, ein Commitment von Lieferanten zur grundlegenden Idee von CSR zu erhalten (vgl. Locke et al. 2009) und Ansätze für Verbesserungen von Standards in den Blick zu nehmen, die die Interessen der Betroffenen berücksichtigen und diesen einen Mehrwert bieten. Eben dies setzt ein hohes Maß an interkultureller Kompetenz voraus.

4 Interkulturelle Kompetenz als wichtiges Element für CSR in Lieferketten

Interkulturelle Kompetenz spielt im Kontext von CSR eine zunehmend bedeutende Rolle (vgl. Joutsenvirta und Uusitalo 2010; Völker 2014). Sie wird definiert als „the ability to communicate effectively and appropriately in intercultural situations based on one's intercultural knowledge, skills and attitudes" (Deardorff 2006, S. 247). Interkulturelle Kompetenz beschreibt damit die Fähigkeit, mit Akteuren aus anderen Kulturkreisen erfolgreich zu interagieren. Die Forschung zu interkultureller Kompetenz unterscheidet dabei grundsätzlich zwei verschiedene Ansätze.

Einerseits versucht der strukturelle Ansatz einzelne Komponenten zu definieren, aus denen sich interkulturelle Kompetenz zusammensetzt. Nach dem ABC-Modell (s. hierzu Ward et al. 2005) lassen sich so „attitudes" (A), „behaviour" (B) und „cognition" (C) unterscheiden. Während Empathie, Offenheit, Toleranz, Flexibilität, die Fähigkeit zur Rollendistanz oder Ambiguitätstoleranz als im interkulturellen Kontext notwendige und hilfreiche Einstellungen (A) bezeichnet werden (vgl. Stüdlein 1997), umfasst die verhaltensbasierte Komponente (B) das angemessene und effektive Handeln in interkulturellen Situationen. Auf dieser Ebene sind die Bereitschaft und Fähigkeit zur Kommunikation sowie zum Aufbau von vertrauensvollen Beziehungen zentrale Bestandteile (vgl. Stüdlein

1997). In kognitiver Hinsicht (C) umfasst interkulturelle Kompetenz das Wissen um die kulturelle Prägung von Wahrnehmung, Denken und Handeln (vgl. Stüdlein 1997) sowie darüber hinaus kulturspezifisches Wissen und die Fähigkeit zur Metakommunikation.

Andererseits beschreiben Prozessmodelle der interkulturellen Kompetenz, in welchen prototypischen Phasen sich interkulturelle Kompetenz entwickelt und welches dabei die zentralen Entwicklungsschritte sind. In seinem viel beachteten Phasenmodell der Entwicklung interkultureller Sensitivität beschreibt Bennett (1986) beispielsweise die Entwicklung von einer ethnozentrischen hin zu einer ethnorelativen Perspektive in sechs Phasen. Von einem anfänglichen Stadium der Verleugnung interkultureller Unterschiede entwickelt sich interkulturelle Sensitivität demnach in den Phasen Verteidigung/Abwehr, Herunterspielen, Akzeptanz, Adaption bis hin zur Integration. Das oben beschriebene Beispiel eines Werteimperialismus im Fall der vermeintlichen Zivilisierung der einheimischen Bevölkerung in Nordamerika greift Bennett (1986) als typisches Verhalten der Verleugnungsphase auf. Eine zentrale Fähigkeit, die hingegen in der Integrationsphase zum Tragen kommt, ist die Fähigkeit zum kontextuellen Relativismus. Dies beschreibt die Fähigkeit, die Beurteilung von Handlungen vom jeweiligen kulturellen Kontext abhängig zu machen.

In ihrem integrativen Ansatz kombiniert Deardorff (2006) die Struktur- und Prozessperspektive interkultureller Kompetenz. Demnach steht an erster Stelle eine förderliche Einstellung gegenüber Menschen aus anderen Kulturen, die Respekt und Offenheit voraussetzt. Aus dieser Einstellung entsteht das Bewusstsein für die eigene kulturelle Prägung sowie die Aneignung kulturellen Wissens. Auf individueller Ebene führt diese dann zu einem veränderten internen Bezugsrahmen, der sich durch Flexibilität, Empathie und eine ethnorelative Perspektive auszeichnet. Auf Ebene der Interaktion resultiert im Folgenden das adäquate Verhalten im interkulturellen Kontext.

Überträgt man diesen Ansatz auf die zuvor dargestellten Herausforderungen von CSR in Lieferketten und die Gefahr eines Werteimperialismus, so stehen demnach an erster Stelle der Respekt und die grundsätzliche Offenheit der betroffenen Unternehmen gegenüber den verschiedenen Akteuren der Lieferkette (vgl. Black 2006). Eine solche Offenheit wird dadurch gefördert, dass Verantwortungsübernahme nicht nur als Möglichkeit zur Gewinnsteigerung, sondern ebenso als eine normative Verpflichtung verstanden wird. Ein zweiter Schritt besteht in der Reflexion der (eigenen) kulturell geprägten Erwartungen in Bezug auf die Einführung von Standards in der Lieferkette. Zentral ist darüber hinaus auch die Aneignung ausreichenden Hintergrundwissens über die im betreffenden Land vorherrschenden Werte. Hilfreich kann dazu die Orientierung an bestehenden Rahmenmodellen kultureller Werte, wie etwa der GLOBE-Studie, sein (s. hierzu House et al. 2004). Beispielsweise kann eine unterschiedlich starke Ausprägung der Machtdistanz, also der Bereitschaft, ungleiche Machtverteilungen zu akzeptieren, das Verhalten in Kommunikations- und Verhandlungssituationen maßgeblich beeinflussen. Ein weiterer Schritt erfordert dann, sich in die Perspektive der Lieferanten hineinzuversetzen und das eigene Vorgehen bei der Implementierung von Standards flexibel anzupassen. Dies sollte dann in einem letzten Schritt zu einem effektiven und adäquaten Kommunikationsverhalten mit den Lieferanten führen. In der Gestaltung der Kommunikationssituation und -strukturen sollte dabei ein besonderes Augenmerk auf die gleiche Machtverteilung zwischen den Akteuren im Sinn von gleicher Kontrolle und Initiative gelegt werden (vgl. Black 2006).

Auf Basis einer qualitativ-empirischen Untersuchung beschreiben Joutsenvirta und Uusitalo (2010) ähnliche zentrale interkulturelle Kompetenzen im Kontext von CSR. So benennen sie u. a. die Sensitivität von Unternehmen für Werte und kulturelle Veränderung sowie die Fähigkeit, die eigene Expertenposition einzusetzen und gleichzeitig die Expertise des Partners zu berücksichtigen. Außerdem betonen sie als weitere zentrale interkulturelle Kompetenz im Kontext von CSR die Fähigkeit, eine vertrauensvolle Beziehung aufzubauen und diese auch bei Interessenkonflikten beizubehalten. Aus der Perspektive der Organisationsentwicklung bedeutet dies, dass die Umsetzung von CSR in internationalen Lieferketten nicht lediglich die Nutzung von typischen Instrumenten wie die Distribution von Verhaltenskodizes für Lieferanten, Lieferantenauditierungen oder Lieferantenzertifizierungen umfasst, sondern ebenso die Erarbeitung von Standards und deren Implementierung auf partizipative und dialogorientierte Weise beinhaltet. Letzteres ist typisch für die Organisationsentwicklung und umfasst etwa lokale CSR Sounding Boards, Mitarbeiterbefragungen, Dialog-Workshops oder Resonanz- und Fokusgruppen unter Beteiligung der verschiedenen Stakeholder.

5 Schlussbemerkung

Verantwortungsübernahme in Lieferketten ist für Unternehmen ein Thema, das eine Vielzahl an Herausforderungen mit sich bringt. Bereits aufgrund der existierenden Erwartungen in der Gesellschaft kommen Unternehmen jedoch nicht umhin, sich hiermit auseinanderzusetzen, da anderenfalls negative Effekte in der öffentlichen Wahrnehmung drohen. Hinzu kommt, dass im Jahr 2017 in Deutschland eine CSR-Berichtspflicht in Kraft getreten ist, die Unternehmen faktisch dazu verpflichtet, sich mit Arbeits-, Umwelt- und Sozialstandards bei ihren Lieferanten zu beschäftigen. Zwar gilt die CSR-Berichtspflicht nur für große, kapitalmarktorientierte Unternehmen, gleichwohl werden aber auch kleine und mittlere Unternehmen in indirekter Weise in ihrer Rolle als Kooperationspartner für große und kapitalmarktorientierte Unternehmen betroffen sein.

Die Sicherstellung von grundlegenden Standards bei Lieferanten ist für Unternehmen stets mit Kosten verbunden. Entsprechend stellt sich die Frage, wie sich CSR in Lieferketten in eine wertschaffende Investition überführen lässt. Eine Voraussetzung hierfür ist, dass Unternehmen und Lieferanten in partnerschaftlicher Weise interagieren, was wiederum interkulturelle Kompetenz voraussetzt. Letztere wirkt einem Werteimperialismus und der damit einhergehenden Abwehrhaltung auf Lieferantenseite entgegen. Interkulturelle Kompetenz schafft somit die Bedingungen, dass CSR in Lieferketten zu positiven Effekten führen und etwa Produktivität, Qualität und Flexibilität verbessern kann. Gleichzeitig wird Verantwortungsübernahme in Lieferketten so auch normativ wertvoll, da durch interkulturelle Kompetenz die Interessen von Lieferanten berücksichtigt werden können.

Literatur

Albert H (1968) Traktat über kritische Vernunft. Mohr Siebeck, Tübingen
Aldi Nord (2015) Nachhaltigkeitsbericht 2015. https://www.aldi-nord.de/content/dam/aldi/germany/corporate/verantwortung/nachhaltigkeitsbericht-2015/Unternehmensgruppe_ALDI_Nord_Nachhaltigkeitsbericht_2015_web.pdf.res/1485169263511/Unternehmensgruppe_ALDI_Nord_Nachhaltigkeitsbericht_2015_web.pdf. Zugegriffen: 26. Juni 2018
Amaeshi KM, Osuji OK, Nnodim P (2008) Corporate social responsibility in supply chains of global brands: A boundaryless responsibility? Clarifications, exceptions and implications. J Bus Ethics 81(1):223–234
Andersen M, Skjoett-Larsen T (2009) Corporate social responsibility in global supply chains. Supply Chain Manag Int J 14(2):75–86
Apple (2013a) Fair Labor Association begins inspections of Foxconn. https://www.apple.com/pr/library/2012/02/13Fair-Labor-Association-Begins-Inspections-of-Foxconn.html. Zugegriffen: 26. Juni 2018
Apple (2013b) Apple Supplier Responsibility – 2013 Progress Report. https://images.apple.com/euro/supplier-responsibility/f/generic/pdf/Apple_SR_2013_Progress_Report.pdf. Zugegriffen: 26. Juni 2018
Arthur C (2012) Apple supplier audit begins with Foxconn plant. https://www.theguardian.com/technology/2012/feb/13/apple-supplier-audit-foxconn. Zugegriffen: 26. Juni 2018
Ashforth BE, Gibbs BW (1990) The double-edge of organizational legitimation. Organ Sci 1(2):177–194
Banerjee SB (2008) Corporate Social Responsibility: The good, the bad and the ugly. Crit Sociol (Eugene) 4(1):51–79
Barboza D (2009) IPhone maker in China is under fire after a suicide. http://www.nytimes.com/2009/07/27/technology/companies/27apple.html. Zugegriffen: 26. Juni 2018
Bennett MJ (1986) A developmental approach to training for intercultural sensitivity. Int J Intercult Relations 10(2):179–196
Black LD (2006) Corporate social responsibility as capability: The case of BHP Billiton. J Corp Citizsh 23:25–38
Blowfield ME, Dolan CS (2008) Stewards of virtue? The ethical dilemma of CSR in African agriculture. Dev Change 39(1):1–23
Blumberg I, Lin-Hi N (2015) Business case-driven management of CSR: Does managers' "cherry picking" behavior foster irresponsible business practices? Bus Prof Ethics J 33(4):321–350
Branco MC, Rodrigues LL (2006) Corporate social responsibility and resource-based perspectives. J Bus Ethics 69(2):111–132
Van Buren HJ III, Patterson KD (2012) Institutional predictors of and complements to industry self-regulation with regard to labor practices. Bus Soc Rev 117(3):357–382
Chan J, Ngai P (2010) Suicide as protest for the new generation of Chinese migrant workers: Foxconn, global capital, and the state. Asia-Pacific J Japan Focus 8(37):1–33
Deardorff DK (2006) Identification and assessment of intercultural competence as a student outcome of internationalization. J Stud Int Educ 10(3):241–266
Dolan CS (2010) Virtual moralities: The mainstreaming of Fairtrade in Kenyan tea fields. Geoforum 41(1):33–43
Duhigg C, Barboza D (2012) In China, human costs are built into an iPad. http://www.nytimes.com/2012/01/26/business/ieconomy-apples-ipad-and-the-human-costs-for-workers-in-china.html. Zugegriffen: 26. Juni 2018

Fair Labor Association (2012) Independent investigation of Apple supplier, Foxconn. www.fairlabor.org/sites/default/files/documents/reports/foxconn_investigation_report.pdf. Zugegriffen: 26. Juni 2018

Fröhlich E (2015) CSR und Beschaffung. Springer, Berlin, Heidelberg

House RJ, Hanges PJ, Javidan M, Dorfman PW, Gupta V, GLOBE associates (2004) Leadership, culture and organizations: The GLOBE study of 62 nations. SAGE, Thousand Oaks

Joutsenvirta M, Uusitalo L (2010) Cultural competences: An important resource in the industry – NGO Dialog. J Bus Ethics 91(3):379–390

Khan FR, Lund-Thomsen P (2011) CSR as imperialism: Towards a phenomenological approach to CSR in the developing world. J Chang Manag 11(1):73–90

Khan FR, Munir KA, Willmott H (2007) A dark side of institutional entrepreneurship: Soccer balls, child labour and postcolonial impoverishment. Organ Stud 28(7):1055–1077

Khan FR, Westwood R, Boje DM (2010) "I feel like a foreign agent": NGOs and corporate social responsibility interventions into Third World child labor. Hum Relations 63(9):1417–1438

Lin-Hi N (2009) Eine Theorie der Unternehmensverantwortung: Die Verknüpfung von Gewinnerzielung und gesellschaftlichen Interessen. Erich Schmidt, Berlin

Lin-Hi N, Blumberg I (2017) The power(lessness) of industry self-regulation to promote responsible labor standards: Insights from the Chinese toy industry. J Bus Ethics 143(4):789–805

Lin-Hi N, Blumberg I (2018) The link between (not) practicing CSR and corporate reputation: Psychological foundations and managerial implications. J Bus Ethics 150(1):185–198

Lin-Hi N, Müller K (2013) The CSR bottom line: Preventing corporate social irresponsibility. J Bus Res 66(10):1928–1936

Liu S, Volcic Z, Gallois C (2015) Introducing intercultural communication: global cultures and contexts, 2. Aufl. SAGE, London

Locke R, Amengual M, Mangla A (2009) Virtue out of necessity? Compliance, commitment, and the improvement of labor conditions in global supply chains. Polit Soc 37(3):319–351

Lund-Thomsen P (2008) The global sourcing and codes of conduct debate: Five myths and five recommendations. Dev Change 39(6):1005–1018

Moosmayer DC, Davis SM (2016) Staking cosmopolitan claims: How firms and NGOs talk about supply chain responsibility. J Bus Ethics 135(3):403–417

Motlagh J (2014) The ghosts of Rana Plaza. In Bangladesh, one year after the worst accident in the history of the garment industry, recovery remains a fragile process, justice seems elusive, and reform has a long way to go. Va Q Rev 90(2):44–89

De Neve G (2014) Fordism, flexible specialization and CSR: How Indian garment workers critique neoliberal labour regimes. Ethnography 5(2):184–207

Osterhammel J (1995) Kolonialismus: Geschichte, Formen, Folgen. C.H. Beck, München

Petersen HL, Lemke F (2015) Mitigating reputational risks in supply chains. Supply Chain Manag Int J 20(5):495–510

Pies I, Hielscher S, Beckmann M (2009) Moral commitments and the societal role of business: An ordonomic approach to corporate citizenship. Bus Ethics Q 19(3):375–401

Rawls J (1993) Political liberalism. Columbia University Press, New York

Said EW (1993) Culture and imperialism. Knopf, New York

Stüdlein Y (1997) Management von Kulturunterschieden: Phasenkonzept für internationale strategische Allianzen. Springer, Wiesbaden

Suchanek A (2007) Ökonomische Ethik, 2. Aufl. Mohr Siebeck, Tübingen

The Economist (2010) Suicides at Foxconn. Light and death. http://www.economist.com/node/16231588. Zugegriffen: 26. Juni 2018

Tomlinson J (1991) Cultural imperialism: A critical introduction. Pinter, London

Topping A (2009) Apple factory worker kills himself after disappearance of prototype. https://www.theguardian.com/world/2009/jul/22/apple-worker-suicide-prototype-missing. Zugegriffen: 26. Juni 2018

Völker F (2014) Der Investitionscharakter von CSR bei Familienunternehmen: Eine theoretische und empirische Vergleichsanalyse. Springer, Wiesbaden

Ward C, Bochner S, Furnham A (2005) The psychology of culture shock. Routledge, London

Xu K, Li W (2013) An ethical stakeholder approach to crisis communication: A case study of Foxconn's 2010 employee suicide crisis. J Bus Ethics 117(2):371–386

Prof. Dr. Nick Lin-Hi ist Inhaber der Professur für Wirtschaft und Ethik an der Universität Vechta und verantwortet hier den gleichnamigen Bachelorstudiengang. Zuvor war er bis 2015 Juniorprofessor für Corporate Social Responsibility (CSR) an der Universität Mannheim, wo er sich auch habilitierte. Nick Lin-Hi promovierte an der Handelshochschule Leipzig und studierte Betriebswirtschaftslehre an der Katholischen Universität Eichstätt-Ingolstadt.

Im Mittelpunkt der Arbeit von Professor Lin-Hi steht die gesellschaftliche Verantwortung von Unternehmen. Zu seinen Forschungsschwerpunkten gehören hierbei: Arbeitsbedingungen in asiatischen Schwellenländern, Corporate and Global Governance, Nachhaltigkeit in Lieferketten, unternehmerisches Fehlverhalten sowie Werte- und Integritätsmanagement. Seit mehr als einem Jahrzehnt arbeitet Nick Lin-Hi regelmäßig mit Unternehmen zusammen und unterstützt diese bei der Entwicklung von nachhaltig wertschaffenden CSR-Strategien.

Prof. Dr. Karsten Müller ist Inhaber der Professur Arbeits- und Organisationspsychologie mit Schwerpunkt interkulturelle Wirtschaftspsychologie an der Universität Osnabrück. Darüber hinaus führte er Lehr- und Forschungstätigkeiten an der Universität Mannheim, der Bergischen Universität Wuppertal, der Fernuniversität Hagen, der Hochschule Pforzheim, der Technischen Universität Kaiserslautern, der Marmara Universität Istanbul, der Universität National in San José und der San Diego State University durch.

Die Forschung am Fachgebiet Arbeits- und Organisationspsychologie mit dem Schwerpunkt interkulturelle Wirtschaftspsychologie beschäftigt sich neben interkulturellen Aspekten der Wirtschaftspsychologie u. a. mit den Themengebieten gesellschaftliche Verantwortung von Unternehmen, transformative Konsumentenforschung, Technologieakzeptanz, Usability und Protoyping und dem Einsatz von Survey-Feedbackverfahren zur Personal- und Organisationsentwicklung.

Julia-Marie Degenhardt ist seit Oktober 2016 wissenschaftliche Mitarbeiterin an der Professur für Wirtschaft und Ethik an der Universität Vechta. Sie absolvierte ihr Bachelorstudium in Europastudien 2011 an der University of Southern Denmark. Ihr Masterstudium in internationalem Recht, Wirtschaft und Management absolvierte sie 2014 an der Universität Kopenhagen und der Copenhagen Business School. Nach ihrem Studium arbeitete Julia-Marie Degenhardt als Junior-Beraterin bei Danske Bank. Sie hat Auslandserfahrung in Dänemark, Österreich, Kanada und den USA und hat Praxiserfahrung u. a. im Bereich der nachhaltigen Regionalentwicklung, dem Consultingbereich und der Arbeit mit Wirtschaftsförderungen, IHK, sozialen Unternehmen und multinationalen Unternehmen.

Dr. Regina Kempen ist seit Juli 2016 als wissenschaftliche Mitarbeiterin (Post-Doc) am Lehrstuhl für Arbeits- und Organisationspsychologie mit Schwerpunkt Interkulturelle Wirtschaftspsychologie der Universität Osnabrück beschäftigt. Sie war zuvor seit 2011 als Promovendin/wissenschaftliche Mitarbeiterin am gleichen Lehrstuhl tätig. Ihr Diplomstudium in Psychologie absolvierte Regina Kempen an der Universität Freiburg. In ihrer Forschung beschäftigt sie sich aktuell insbesondere mit den Themen Nachhaltigkeit, Diversität und interkultureller Kompetenz. Sie ist Dozentin und Lehrbeauftrage an der Universität Osnabrück und der Universität Würzburg. Regina Kempen ist freiberuflich als Organisationsberaterin und Trainerin für interkulturelle Kompetenz tätig.

Dr. Alexander Meier ist wissenschaftlicher Mitarbeiter (Post-Doc) am Fachgebiet der Arbeits- und Organisationspsychologie an der Universität Osnabrück. Neben der Leitung eines Mentoring-Projekts wirkt er beim Projekt eCoInnovateIT mit, was sich mit dem nachhaltigen Konsum von Informations- und Kommunikationstechnologien (IKT) befasst. Während seines Studiums der Cognitive Science hat er sich vorwiegend mit Machine Learning, Neuroinformatics und Computational Linguistics befasst. Zusätzlich liegt sein Forschungsinteresse in Nachhaltigkeit, konfiguralen Methoden und Machine Learning mit Anwendung auf organisationspsychologische Fragestellungen, z. B. Change Management oder Corporate Social Responsibility.

Interkulturelle Aspekte in der CSR-Umsetzung

Corporate-Social-Responsibility-Implementierung als interkultureller Prozess

Kathrin Ankele

1 Zum Verständnis von Corporate Social Responsibility

Die Europäische Kommission definierte Corporate Social Responsibility (CSR) im Jahr 2011 neu als „die Verantwortung von Unternehmen für ihre Auswirkungen auf die Gesellschaft". Unternehmen sollen hierbei „auf ein Verfahren zurückgreifen können, mit dem soziale, ökologische, ethische, Menschenrechts- und Verbraucherbelange in enger Zusammenarbeit mit den Stakeholdern in die Betriebsführung und in ihre Kernstrategie integriert werden" (Europäische Kommission 2011, S. 7). Die vollständige Integration von CSR in die Kernstrategie von Unternehmen und damit einhergehend eine breite organisationale Durchdringung ist bislang jedoch noch kaum gelungen. CSR ist also noch nicht in dem Maß Teil der DNA von Unternehmen geworden, wie man in Vorworten von Nachhaltigkeitsberichten und in Imagebroschüren immer wieder lesen kann.

Eine breite Verankerung kann nach Auffassung der Autorin nur dann gelingen, wenn CSR gleichwertiger Teil der Mission, Vision und Kultur eines Unternehmens wird und auch im Unternehmensalltag anderen, scheinbar oder tatsächlich entgegenstehenden Unternehmenszielen wie Kundenzufriedenheit, Innovationsführerschaft, Umsatzsteigerung etc. nicht systematisch nachgeordnet wird.

Dieser Beitrag soll Unternehmen Impulse geben, die sich erstmals systematisch mit CSR befassen, aber auch Fortgeschrittenen, die den Durchdringungsgrad von CSR in ihrem Unternehmen reflektieren wollen.

K. Ankele (✉)
SUSTAINUM Consulting
Berlin, Deutschland
E-Mail: k.ankele@sustainum-consulting.de

© Springer-Verlag GmbH Deutschland, ein Teil von Springer Nature 2019
A. B. Karlshaus und I. C. Mochmann (Hrsg.), *CSR und Interkulturelles Management*, Management-Reihe Corporate Social Responsibility,
https://doi.org/10.1007/978-3-662-55230-8_7

2 Corporate Social Responsibility und Kultur

Kultur wird hier verstanden als Orientierungssystem, das Bedeutung und Sinn stiftet, zugleich Handlungsanreize schafft, Handlungsmöglichkeiten bietet und Handlungsgrenzen setzt (vgl. Thomas 2006, S. 118). Dabei strukturiert Kultur ein für die Zugehörigen spezifisches Handlungsfeld, das neben geschaffenen und genutzten Objekten auch Institutionen, Ideen und Werte umfasst (vgl. Thomas 2005, S. 22).

Einem Prozessverständnis folgend werden hier zwei weitere zentrale Merkmale von Kultur zugrunde gelegt: einerseits die Mehrwertigkeit von Kultur: Sie ist z. B. sowohl National-, als auch Organisations-, Abteilungs- und Professionskultur und jedes Individuum weist eine Mehrfachzugehörigkeit auf (vgl. Bolten 2016). Mehrfachzugehörigkeit meint also, dass eine Person Deutsche, Engländer oder Chinesin und zugleich Biologe, Betriebswirt oder Sozialwissenschaftlerin, außerdem Wissenschaftler oder Praktikerin ist. Jede dieser Kulturdimensionen prägt die Werte und Haltungen der Person und nicht allein die Nationalkultur. Andererseits ist Kultur durch Relationalität gekennzeichnet, d. h. sie zeigt und verändert sich in und durch Beziehungen und Interaktionen von Akteuren (vgl. Bolten 2016). Die gemeinsame Entwicklung einer CSR-Strategie und die Diskussion realisierbarer sowie angemessener Ziele und Maßnahmen sind somit wichtige kulturprägende Handlungen.

Wenn Kultur also als Orientierungssystem fungiert, muss CSR dort verankert werden. Da Kultur zugleich mehrwertig und relational ist, muss beim Implementierungsprozess die Mehrfachzugehörigkeit der Unternehmensmitglieder berücksichtigt werden, d. h. die National-, Abteilungs- und Professionskultur, um die damit verbundenen Werthaltungen transparent und einer Verständigung zugänglich machen zu können. Und die Relationalität bedingt, dass Verständigung und behutsame Veränderung der Einstellungen zu CSR und zu den Handlungsspielräumen des Unternehmens intensiven Austausch und Kommunikation voraussetzen.

3 Die Implementierung von Corporate Social Responsibility

Die Implementierung von CSR wird hier als interkultureller Prozess konzipiert, der idealtypisch die in Abb. 1 aufgeführten Elemente beinhaltet: Initiierung eines interkulturellen Prozesses, Standortbestimmung, Leitbildentwicklung, Strategieentwicklung und Umsetzung, Kompetenzen für verantwortliches Handeln, Kommunikation (inklusive Berichterstattung). Es handelt sich in der Praxis jedoch weder um einen linearen Prozess noch umfasst er stets alle genannten Stufen. Eine interkulturelle Handlungskompetenz ist insbesondere bei der Standortbestimmung, der Leitbild- und der Strategieentwicklung bedeutsam, da sie fruchtbare Diskussionen zwischen verschiedenen National-, Abteilungs- und Professionskulturen erst ermöglicht, die für eine breit angelegte Integration in die Kernstrategie eines Unternehmens unabdingbar sind. Denn nicht nur die Experten der CSR-Abteilung sollten die Bedeutung von CSR für das Unternehmen erkennen und gewisser-

Corporate-Social-Responsibility-Implementierung als interkultureller Prozess

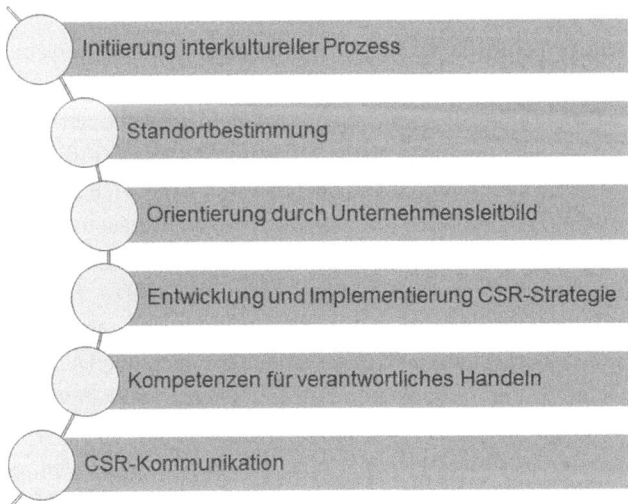

Abb. 1 Elemente der Implementierung von Corporate Social Responsibility (*CSR*). (Eigene Darstellung)

maßen als NGO im eigenen Unternehmen fungieren. CSR muss vielmehr über alle Unternehmensbereiche hinweg Orientierungsfunktion entfalten. Die CSR-Kommunikation ist der Vollständigkeit halber erwähnt, auch weil sie für die Interaktion mit Stakeholdern wichtig ist, sie wird hier jedoch nicht behandelt.

3.1 Initiierung eines interkulturellen Prozesses

Damit die CSR-Implementierung erfolgreich verlaufen kann, müssen bestimmte Weichen gestellt werden. Von großer Bedeutung ist ein klares Mandat der Geschäftsleitung, das die Zielsetzung, die Arbeitsweise (Format, Dauer) und die Handlungsspielräume aufzeigt und vor der gesamten Belegschaft bekanntgemacht wird. Die Glaubwürdigkeit der Initiative und die Bereitschaft von Mitarbeitern, sich darin zu engagieren, hängen entscheidend davon ab, dass die Geschäftsführung diese Initiative aktiv unterstützt und selbst Zeit investiert. Eine direkte Berichterstattung der interkulturellen Arbeitsgruppe (AG) an den Vorstand unterstreicht ihre Bedeutung.

Um die Vielfalt des Unternehmens in den Implementierungsprozess einfließen zu lassen, sollte eine AG mit Mitarbeiterinnen und Mitarbeitern aus verschiedenen Ländern, Regionen, Unternehmensbereichen und Hierarchiestufen eingesetzt werden. Auf diese Weise können die unterschiedlichen Werteorientierungen und Einstellungen zu CSR, zu den Handlungsspielräumen und Restriktionen des Unternehmens offengelegt und einem interkulturellen Verständigungsprozess zugänglich gemacht werden. Diese Unterschiede sind durch die Zugehörigkeit zu verschiedenen Nationalkulturen, Religionen, Geschlechtern aber auch Ausbildungen und Professionen als Betriebswirt, Ingenieur, Natur-, Politik- oder Sozialwissenschaftler und Zugehörigkeit zu verschiedenen Hierarchiestufen geprägt. Die Auswahl der AG-Mitglieder durch eine vom Vorstand als Leitung der AG benannte Person sollte die genannten Aspekte berücksichtigen und erfordert daher einen guten Überblick über die Zusammensetzung der Belegschaft. Bei einem international aufgestellten Unternehmen sollten alle oder zumindest die wichtigsten Standorte bzw. Länder vertreten sein. Dies stellt die Zusammenarbeit vor Herausforderungen, lässt sich aber mit modernen Videokonferenzanlagen und Telefonkonferenzen weitgehend kompensieren. Persönliche Treffen sollten jedoch – wenn möglich – zumindest zu Beginn der gemeinsamen Arbeit und zum Abschluss eingeplant werden, um eine für den Prozess wichtige Beziehung untereinander aufzubauen. Weitere operative Details wie Häufigkeit der (virtuellen) Treffen sind im konkreten Fall festzulegen und hängen nicht zuletzt mit den verfügbaren Ressourcen zusammen.

Mit der Steuerung des Prozesses sollte eine Person betraut werden, die über Erfahrungen in der Moderation interkultureller Prozesse verfügt. Die Herausforderung besteht darin, die Glaubenssätze, mentalen Modelle und Narrative der AG-Mitglieder bewusst zu machen, um sie einer Überprüfung und behutsamen Veränderung zugänglich machen zu können. Erfolgreich ist der Prozess, wenn es gelingt, bei den AG-Mitgliedern transformatives Lernen anzustoßen, das neben einer Gehaltsreflexion (Inhalte: was ist CSR), auch eine Prozess- und eine Prämissenreflexion beinhaltet, d. h. eine Überprüfung der eigenen Annahmen (vgl. Nazarkiewicz 2016, S. 24 f.). Die AG-Mitglieder haben darüber hinaus die Aufgabe, als Promotoren und Paten der CSR-Implementierung die gesamte Belegschaft des Unternehmens auf dem Laufenden zu halten, zu informieren und Fragen, Anregungen sowie Kritik in die AG zurück zu spiegeln.

Die AG sollte außerdem zu jedem Zeitpunkt wissen, wo sie im Gesamtprozess steht, welche Aufgaben als Nächstes anstehen und wo die bislang erarbeiteten Ergebnisse und Lernerfahrungen zu finden sind. Hierfür ist eine geeignete Wissensplattform zu installieren, zu der neben den AG-Mitgliedern auch die gesamte Belegschaft Zugang hat. Auf der Wissensplattform könnte auch ein Projekttagebuch geführt werden, das sowohl von der Moderation als auch von allen AG-Mitgliedern geführt wird und die Lernerfahrungen im Laufe des gemeinsamen Prozesses dokumentiert. Die Belegschaft sollte bei entscheidenden Meilensteinen außerdem direkt angesprochen und einbezogen werden, indem z. B. Mitarbeiterversammlungen genutzt werden, um die Initiierung der AG und ihren Auftrag bekanntzumachen und zum Mitmachen durch Fragen und Feedbacks anzuregen. Auch das Intranet sollte genutzt werden, um die Belegschaft regelmäßig über den Status quo zu informieren.

Nach Bedarf sollten zusätzlich zu den ständigen AG-Mitgliedern weitere interne und externe Experten hinzugezogen werden, wenn Fach- oder Methodenwissen erforderlich ist, das in der AG nicht vorhanden ist oder gezielt neue Impulse gesetzt werden sollen. Dies bietet sich beispielsweise in Bezug auf Nachhaltigkeitsherausforderungen (z. B. Klimawandel – Klimaschutz und Anpassung) und Lösungsansätze an (z. B. Beschaffungssicherheit durch nachhaltiges Lieferkettenmanagement). Der geeignete Zeitpunkt für externe Impulse hängt vom Stand des Wissens und der Dynamik der Arbeitsgruppe ab und muss von der Moderation situativ entschieden werden.

Die Methoden, die im Verlauf des Prozesses zum Einsatz kommen, sollten darauf ausgerichtet sein, dass die AG-Mitglieder nicht nur kognitive (Wissen), sondern auch konative (Können) und affektive (Wollen) Lernerfahrungen machen (vgl. Bolten 2016, S. 81), die das oben angesprochene transformative Lernen unterstützen. Hierzu ist auch eine Atmosphäre zu schaffen, die einen offenen, kreativen Austausch ermöglicht, in dessen Verlauf Ideen entstehen, die über ein business as usual hinausgehen, und darüber hinaus Spaß macht.

So kann beispielsweise das gegenseitige Kennenlernen der AG-Mitglieder zu Beginn der gemeinsamen Arbeit wie ein Speeddating organisiert werden: Die Teilnehmer setzen sich jeweils drei bis fünf Minuten gegenüber und erzählen sich gegenseitig ihren beruflichen Werdegang sowie die beruflichen und persönlichen Berührungspunkte mit CSR. Ist die Zeit um, wechseln die Teilnehmer auf einer Seite jeweils einen Stuhl weiter, bis alle miteinander gesprochen und einen Eindruck davon gewonnen haben, wie homogen oder heterogen die Einstellungen in der AG gegenüber CSR sind.

Eine andere Möglichkeit des Kennenlernens besteht darin, dass alle AG-Mitglieder gebeten werden, auf Karten jeweils zwei bis drei Sätze zu vervollständigen, die etwas über die Bedeutung von CSR aussagen. Beispiele hierfür sind:

- Gesellschaftliche Verantwortung ist für mich ...
- CSR machen wir in erster Linie wegen ...
- Wenn wir uns für CSR nicht engagieren würden ...
- Besonders wichtig ist CSR für unser/e ...
- Gegen CSR spricht ...
- Der wichtigste Teil von CSR ist ...

Die Karten werden von der Moderation eingesammelt und der Reihe nach vorgelesen, wobei die AG in einer offenen Abstimmungsrunde gebeten wird, die Aussagen anonymisierten Steckbriefen der Mitglieder zuzuordnen, die an einer Pinnwand hängen. Die Abb. 2 zeigt anhand von zwei Fragen, fiktiven Steckbriefen und Antworten, zu welchen Ergebnissen diese Übung führen kann.

Die Steckbriefe sollten nur knappe formale Informationen wie Profession und Abteilung beinhalten, damit nicht sofort auf die Person geschlossen werden kann. Der Sinn der Übung besteht darin, Glaubenssätze, aber auch Klischees offenzulegen, die in Bezug auf das Thema CSR und die Einstellungen der AG-Mitglieder vorhanden sind. Damit wird ein erster Schritt zur Prämissenreflexion unternommen. Die Diskussion sollte den Einfluss der unterschiedlichen Kulturen und Erfahrungen der AG-Mitglieder auf die Ergebnisse reflektieren. Neben der Prämissenreflexion, die jedes AG-Mitglied implizit im Lauf der Übung vollzieht, sollte die Moderation auch explizit Fragen zu den Prämissen und deren Wahrheitsgehalt stellen und die Ergebnisse dokumentieren, z. B. im Projekttagebuch.

Abb. 2 Zuordnung von Corporate-Social-Responsibility(*CSR*)-relevanten Aussagen. (Eigene Darstellung)

3.2 Standortbestimmung

Im Rahmen der Standortbestimmung verschaffen sich die AG-Mitglieder einen Überblick über den Status quo von CSR in ihrem Unternehmen. Dieser Schritt kann mit einer intuitiven Übung beginnen, indem die AG-Mitglieder spontan beantworten, ob CSR ihres Erachtens in der Mission, den Werten und der Vision des Unternehmens verankert ist und hierfür wie in Abb. 3 bei den Antwortalternativen Ja, Nein oder Weiß nicht jeweils ein Kreuz setzen. Im Anschluss wird die Antwortverteilung in der Gruppe diskutiert, wobei die jeweiligen Annahmen offengelegt werden. Auch dies dient der Prämissenreflexion.

Im nächsten Schritt sollte diese spontane Einschätzung überprüft werden, indem die vorhandene Mission, die Werte und die Vision für das Unternehmen in 5, 10 oder 20 Jahren explizit daraufhin analysiert werden, wie sich CSR darin niederschlägt. Diese Aufgabe kann an einzelne AG-Mitglieder delegiert werden, die ihre Ergebnisse bei einem der nächsten Treffen mit dem Rest teilen, oder aber die Analyse findet in Gruppenarbeit während eines AG-Treffens statt. Die AG-Mitglieder erfahren, wie CSR in den genannten Leitbildelementen abgebildet ist und wie weit die individuellen Einschätzungen davon abweichen.

Die Standortbestimmung muss sich darüber hinaus auch auf die CSR-Leistung des Unternehmens erstrecken. Hierfür kann entweder mit den AG-Mitgliedern ein Quick-Check durchgeführt werden oder es kann eine ausführliche partizipative Selbstbewertung mithilfe des Kriterien- und Indikatorenmodells zur Bewertung von Nachhaltigkeit (KIM) erfolgen (vgl. Grothe und Teller 2016).

Der Quick-Check ersetzt nicht eine ausführliche Bewertung. Er dient vielmehr dazu, die Bandbreite an Wissen und Einstellungen der AG-Mitglieder gegenüber der CSR-Leistung des Unternehmens offenzulegen und dabei die drei oben genannten Reflexionsformen durch gezielte Fragen der Moderation auszulösen (Gehalts-, Prozess- und Prä-

Abb. 3 Corporate Social Responsibility in Leitbildelementen. (Eigene Darstellung)

missenreflexion). Der Quick-Check kann mithilfe einer Merkmalsspinne erfolgen, die die CSR-Leistung in vier Oberkategorien (Ökologie, Mitarbeiter, Gesellschaft und Lieferkette/Produkte) unterteilt und mit Indikatoren konkretisiert. Die Abb. 4 zeigt beispielhaft, wie eine Merkmalsspinne zur partizipativen Bewertung der CSR-Leistung aufgebaut werden kann. Die Anzahl der Handlungsfelder (Achsen) und deren Beschriftung kann variieren und an den Sprachgebrauch im Unternehmen angepasst werden. Die AG-Mitglieder geben zu jedem Thema ihre Bewertung ab, indem sie, wie in Abb. 4 anhand von vier der zwölf Felder gezeigt, einen Punkt in das ihres Erachtens zutreffende Feld setzen (vom inneren Kreis, der einer schlechten Leistung entspricht, bis zum äußeren Kreis, der eine exzellente Umsetzung darstellt). Die Bewertung an sich, aber auch die Homogenität oder Heterogenität der Bewertung, geben wichtige Anregungen für die Diskussion der AG darüber, wo das Unternehmen in puncto CSR steht.

Die Standortbestimmung durch die AG-Mitglieder sollte durch weitere Informationsquellen und Standards ergänzt werden, die als Referenz für die eigene CSR-Leistung dienen können (s. Abb. 5). Hierzu bieten sich eine Wettbewerberanalyse (wie sind zentrale Wettbewerber in puncto CSR aufgestellt), eine Mitarbeiterbefragung (wie sind die Kenntnisse über die Leitbildelemente; in welchem Maß werden diese gelebt; wie werden

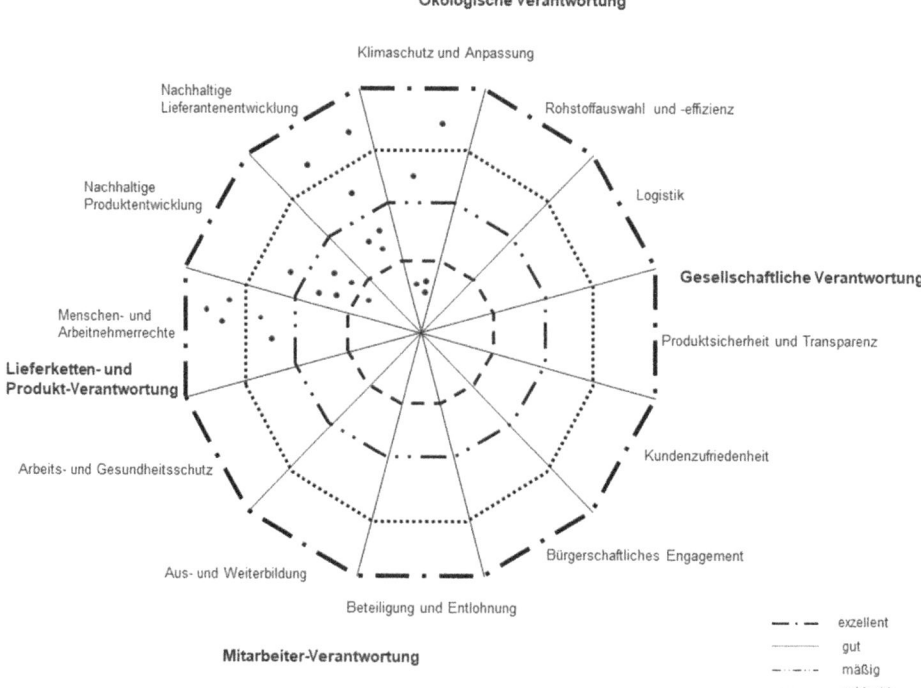

Abb. 4 Bewertung der Corporate-Social-Responsibility-Leistung eines Unternehmens. (Eigene Darstellung)

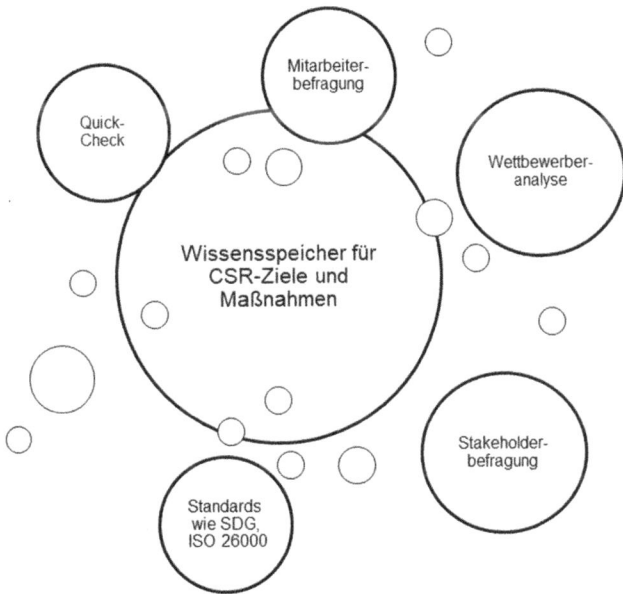

Abb. 5 Wissensspeicher für die Entwicklung von CSR-Zielen und Maßnahmen. (Eigene Darstellung)

mitarbeiterbezogene CSR-Themen wie Führung, Beteiligung, Umgang/Kommunikation oder Entwicklungschancen bewertet) oder die Befragung externer Stakeholder an. Die Beteiligung von Stakeholdern bei der Definition der wesentlichen CSR-Themen ist eine notwendige Voraussetzung für Unternehmen, die einen CSR-(oder Nachhaltigkeits-)Bericht gemäß Global Reporting Initiative (GRI) veröffentlichen wollen und wird auch im Rahmen des Umweltmanagements gemäß ISO 14001 seit einiger Zeit gefordert. Die GRI-Standards bieten nicht nur Orientierung in Bezug auf die Einbeziehung von Stakeholdern, sondern auch dafür, welche sozialen und ökologischen Themen in einem Nachhaltigkeitsbericht behandelt werden sollten und somit auch durch die CSR-Strategie eines Unternehmens abgedeckt sein müssen.

Darüber hinaus liefern international anerkannte Standards wie der Global Compact, der Leitfaden ISO 26000 oder aber die Sustainable Development Goals der UN Orientierung für die CSR-Strategie eines Unternehmens.

Im Ergebnis sollten die AG-Mitglieder über ein fundiertes und weitgehend geteiltes Verständnis der ökologischen und sozialen Herausforderungen wie Klimawandel, Ressourcenknappheit, Arbeitnehmerrechte entlang der Lieferkette oder Chancengleichheit verfügen, vor denen ihr Unternehmen steht, sowie über die entsprechende CSR-Leistung ihres Unternehmens. Darüber hinaus sollten sie abweichende Einschätzungen innerhalb der AG über die CSR-Leistung erkannt haben und verstehen, worauf diese fußen, z. B. auf nationalen oder religiösen Werteunterschieden. Das bedeutet nicht zwingend, dass über alle Themen hinweg Konsens herrscht, auch wenn der Verständigungsprozess darauf abzielt. Nicht auflösbare Werteunterschiede sollten auf jeden Fall festgehalten werden und sich im Rahmen der CSR-Strategieentwicklung z. B. darin niederschlagen, dass Unterschiede bei einzelnen CSR-Zielen und Maßnahmen eines international aufgestellten Unternehmens möglich sind, sofern sie explizit gemacht und nachvollziehbar begründet werden.

3.3 Orientierung durch ein Unternehmensleitbild

Ein wirkungsvolles Leitbild ist stets wertebasiert, macht folglich implizit oder explizit Aussagen darüber, für welche Werte das Unternehmen im Besonderen steht (vgl. Ulrich 2001). Werte vermitteln Handlungsorientierung, sie stellen Verhaltensmaßstäbe und Entscheidungsgrundlagen dar. Jeder Mensch verfügt über ein persönliches Wert- und Normensystem, das teilweise von anderen übernommen wurde und sich teilweise aus eigenen Erfahrungen und Überlegungen heraus entwickelt hat. Die persönlichen Werte sind darüber hinaus durch übergeordnete Wertesysteme einer National-, Gruppen-, oder Unternehmenskultur geprägt.

Neben der Werteorientierung beinhaltet ein Leitbild zwei weitere Perspektiven: Es trifft Aussagen über den eigentlichen Auftrag des Unternehmens (Mission – Was genau machen wir? Warum gibt es uns?). Außerdem zeigt es auf, wohin sich das Unternehmen entwickeln will (Vision – Was wollen wir werden?).

Aus der Standortbestimmung ist bekannt, inwieweit CSR bereits in Mission, Werten und Vision verankert ist. Die Entwicklung oder Aktualisierung des Unternehmensleitbilds durch die AG sollte als rekursiver Prozess organisiert werden. Dabei wird einerseits geprüft, welche Werte und Visionen aus einer CSR-Perspektive für das Unternehmen wünschenswert wären. Andererseits wird analysiert, wie bestehende Werte und Visionen angepasst oder erweitert werden können, um einer CSR-Perspektive gerecht zu werden.

Ein Beispiel soll dies verdeutlichen: Die Werte eines Unternehmens lauten Innovation, Fairness, Disziplin, Partnerschaft und Kundenorientierung. Die AG diskutiert nun erstens, was Fairness aus CSR-Perspektive bedeutet, z. B. faire Verträge mit Lieferanten entlang der gesamten Lieferkette, und ergänzt den erläuternden Satz zu diesem Wert entsprechend. Zweitens erweitert die AG die Wertesammlung aus CSR-Perspektive um Enkelfähigkeit und erläutert diesen Wert.

Neben den expliziten Werten sind in einem Unternehmen häufig auch implizite Werte vorhanden. Ferner werden die Werte möglicherweise nicht von allen Mitarbeitern geteilt. Die AG sollte sich daher bewusst machen, welche impliziten und expliziten Werte vorhanden sind, um nachfolgend eine behutsame Weiterentwicklung der Unternehmenswerte aktiv unterstützen zu können.

In einem ersten Schritt sollte hierzu ein Brainstorming zu Werten durchgeführt werden. Alle AG-Mitglieder erhalten Karten, auf die sie zunächst jeder für sich Werte aufschreiben, die sie als wünschenswert erachten. Im Anschluss werden diese im Plenum vorgestellt und erklärt. Dopplungen werden entfernt. Mit den verbliebenen Karten kann nun eine Werteauktion durchgeführt werden. Das bedeutet, alle AG-Mitglieder erhalten eine definierte Menge an Spielgeld, mit dem sie Werte ersteigern können. Die Werte können übersichtlich an Pinnwänden befestigt werden oder aber einzeln aus einem Gefäß gezogen werden. Ein Auktionator (die Moderation) bietet entweder alle Werte der Reihe nach zur Versteigerung an oder alle AG-Mitglieder sind der Reihe nach Auktionator für jeweils einen Wert, den sie aus dem Gefäß ziehen und attraktiv anbieten müssen. Weitere Abwandlungen sind denkbar. Haben alle AG-Mitglieder ihr Geld aufgebraucht oder geben für die verbliebenen Werte kein Gebot ab, ist die Versteigerung beendet. Die Werte werden nun gemäß ihrer Zuschlagssumme durch die AG zu einer Wertepyramide aufgebaut und die Auswertung beginnt.

Die Auswertung kann mit folgenden Fragen strukturiert werden:

- Gibt die Höhe der Zuschlagssumme und die Position in der Wertepyramide die Hierarchisierung der Werte korrekt wieder? Teilen alle diese Einschätzung?
- Stimmen diese mit den Unternehmenswerten überein? Welche nicht?
- Sind diese Werte eine geeignete Grundlage für die Übernahme gesellschaftlicher Verantwortung?
- Wenn nein, welche Werte fehlen hierfür?
- Was steht solchen Werten gegebenenfalls im Weg?

Die Diskussion der AG sollte darin münden, dass die Wertepyramide im Hinblick darauf reflektiert und gegebenenfalls angepasst wird, ob sie eine langfristige und glaubwürdige Implementierung von CSR unterstützt.

3.4 Strategieentwicklung

Für die Entwicklung einer CSR-Strategie können die AG-Mitglieder die Ergebnisse der Standortbestimmung heranziehen, bestehend aus Quick-Check, Mitarbeiter- und Wettbewerberanalyse, Stakeholderbefragung und Analyse von Standards und diese in einer Strengths-Weaknesses-Opportunities-Threats(SWOT)-Analyse bündeln (Abb. 6). Hierzu sollte die CSR-Strategie zunächst strukturiert werden, z. B. nach den weiter oben genannten vier Verantwortungsbereichen ökologische Verantwortung, gesellschaftliche Verantwortung, Mitarbeiterverantwortung sowie Produkt- und Lieferkettenverantwortung. Anschließend sollten diesen Verantwortungsbereichen wiederum Handlungsfelder zugeordnet werden (s. Abb. 4). Nun kann die CSR-Leistung des Unternehmens anhand der Handlungsfelder in der SWOT-Analyse in Stärken, Schwächen, Chancen und Risiken für das Unternehmen unterteilt werden (Abb. 6). Ein Handlungsfeld birgt dann Chancen, wenn das Unternehmen beispielsweise durch exklusive Maßnahmen Stärken entwickeln kann, die es von Wettbewerbern abhebt oder wenn es eine Schlüsselfunktion positiv nutzen

Abb. 6 SWOT-Analyse der Corporate-Social-Responsibility-Handlungsfelder. (Eigene Darstellung in Anlehnung an www.free-management-ebooks.com 2013)

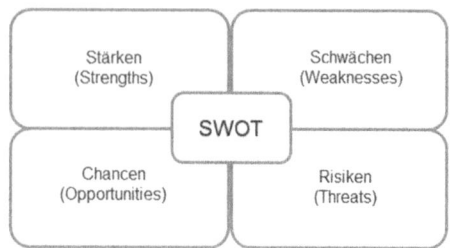

kann. Umgekehrt bergen Handlungsfelder Risiken, wenn ein Unternehmen mehrfach von Nichtregierungsorganisationen für eine bestimmte Handlungsweise kritisiert wurde, z. B. wegen schlechten Arbeitsbedingungen bei seinen Lieferanten.

Die SWOT-Analyse unterstützt die AG dabei, Ansatzpunkte und Prioritäten für die CSR-Strategie zu erarbeiten. Hierzu kann die AG beispielsweise zu jedem CSR-Handlungsfeld einen Kritiksatz und einen Visionssatz formulieren. Werden z. B. die Aus- und Weiterbildung sowie Entwicklungsmöglichkeiten von Mitarbeitern als mittelmäßig bewertet, wird dieses Handlungsfeld dem Quadranten Schwächen zugeordnet. Ein Kritiksatz formuliert, was derzeit unzureichend ist. Der Visionssatz zeigt die Perspektive für das Handlungsfeld auf, beispielsweise „wir wollen in überdurchschnittlichem Maß in Aus- und Weiterbildung investieren und vielfältige Entwicklungsmöglichkeiten für unsere Mitarbeiter bieten". Diese Visionssätze können wiederum in die Leitbildentwicklung einfließen und dort weiterbearbeitet werden.

Letztlich sollten für jeden Verantwortungsbereich und jedes Handlungsfeld neben einer Vision konkrete Ziele und Maßnahmen definiert und in eine Roadmap überführt werden, mit Meilensteinen, Zuständigkeiten und einem Zeitrahmen für deren Umsetzung. Bei den Zielen kann zwischen Prozess- und Ergebniszielen unterschieden werden. Ein Prozessziel ist z. B. die Einführung einer Nachhaltigkeitssoftware zur Erfassung der steuerungsrelevanten sozialen und ökologischen Indikatoren. Ein Ergebnisziel ist auf einen Zustand bezogen, wie z. B. Reduktion der Treibhausgasemissionen um 40 % bis 2050 oder Erhöhung des Anteils weiblicher Führungskräfte auf 35 % bis 2020. Darüber hinaus sollten geeignete Erfolgsindikatoren definiert werden, die ein regelmäßiges Controlling und Nachjustieren ermöglichen. Die Vorgehensweise kann sich an dem Plan-Do-Study-Act-Zyklus orientieren, der eine Weiterentwicklung des aus dem Qualitätsmanagement stammenden Plan-Do-Check-Act-Zyklus darstellt, verbunden mit dem Aspekt des kontinuierlichen Verbesserungsprozesses (KVP; Abb. 7).

Die von der AG erarbeitete CSR-Strategie sollte zu verschiedenen Zeitpunkten einerseits mit der Geschäftsführung diskutiert werden und andererseits der gesamten Belegschaft vorgestellt werden, um sowohl das Mandat der Geschäftsführung aufrechtzuerhalten als auch die Belegschaft mitzunehmen und Feedback einzuholen.

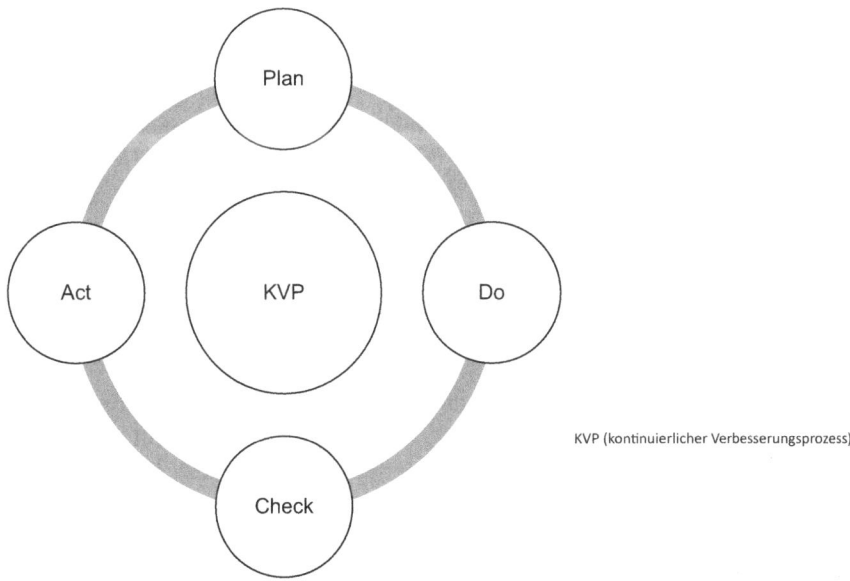

Abb. 7 Plan-Do-Study-Act(PDCA)-Zyklus zur kontinuierlichen Verbesserung der Corporate-Social-Responsibility-Leistung. (Eigene Darstellung in Anlehnung an Deming 1993)

4 Kompetenzen für verantwortliches Unternehmenshandeln

Die breite Verankerung von CSR im Unternehmen erfordert verschiedene Kompetenzen. Kompetenzen werden hier verstanden als Selbstorganisationsfähigkeit, als Fähigkeit, sich selbst und eigeninitiativ Ziele zu setzen, entsprechend zu handeln und aktiv in neuen Anforderungssituationen zu lernen, also auch das selbstorganisierte Verhalten im Umgang mit komplexen, unbestimmten und unvorhergesehenen Situationen. Dieses Verständnis von Kompetenzen unterscheidet sich von Definitionen, in denen Kompetenzen mit Fähigkeiten, Kenntnissen und/oder Qualifikationen gleichgesetzt werden (vgl. Heyse und Erpenbeck 2010).

Zur Ermittlung und Weiterentwicklung von Kompetenzen kann das Verfahrenssystem Kompetenzdiagnostik und -entwicklung (KODE®) herangezogen werden, das Mitte der 1990er-Jahre entwickelt wurde und seither kontinuierlich ausgebaut wird. Es besteht aus verschiedenen Kompetenzermittlungs- und Entwicklungstools, mit deren Hilfe eine differenzierte Betrachtung der folgenden vier menschlichen Grundkompetenzen unter günstigen und ungünstigen Situationen vorgenommen werden kann (Heyse und Erpenbeck 2010):

- P – Personale Kompetenz. Fähigkeit, sich selbst gegenüber klug und kritisch zu sein, produktive Einstellungen, Werthaltungen und Ideale zu entwickeln.

- A – Aktivitäts- und Handlungskompetenz. Fähigkeit, alles Wissen und Können, alle Ergebnisse sozialer Kommunikation, alle persönlichen Werte und Ideale auch wirklich willensstark und aktiv umsetzen zu können.
- F – Fachlich-methodische Kompetenz. Fähigkeit, mit fachlichem und methodischem Wissen gut ausgerüstet, auch scheinbar unlösbare Probleme schöpferisch zu bewältigen.
- S – Sozial-kommunikative Kompetenz. Fähigkeit, sich aus eigenem Antrieb mit anderen zusammen- und auseinanderzusetzen, kreativ zu kooperieren und zu kommunizieren.

Im Regelfall nimmt ein Klient eines KODE®-Beraters eine Selbsteinschätzung anhand eines Online-Fragebogens vor und erhält die Ergebnisse in Form eines ausführlichen Dokuments. Dieses wird im Rahmen eines Beratungsgesprächs vorgestellt und beinhaltet das Kompetenzprofil unter normalen und schwierigen Bedingungen, eine Erläuterung der Kompetenzen sowie Interpretationsangebote und Entwicklungstipps.

KODE® kann auch herangezogen werden, um aus einem Kompetenzatlas mit 64 Einzelkompetenzen diejenigen herauszustellen und zu gewichten, die für eine erfolgreiche Implementierung von CSR in das Tagesgeschäft erforderlich sind. Auf diese Weise können Soll-Profile entwickelt werden, die eine Grundlage für Personalentwicklung, Training und Coaching bilden (Heyse und Erpenbeck 2010).

5 Fazit

Für eine erfolgreiche Implementierung von CSR in die Kernstrategie eines Unternehmens muss CSR Eingang finden in die Mission, Vision und Kultur eines Unternehmens, um über alle Bereiche hinweg Orientierungsfunktion entfalten zu können. Hierfür müssen zunächst einmal kulturelle Unterschiede zwischen verschiedenen Unternehmensmitgliedern in Bezug auf Einstellungen gegenüber CSR, die sozialen und ökologischen Auswirkungen des Unternehmens und seine entsprechenden Handlungsspielräume erkannt und einem gezielt darauf ausgelegten interkulturellen Verständigungsprozess zugänglich gemacht werden. Transformatives Lernen ist die Grundlage für ein breit verankertes CSR-Verständnis, wie eingangs beschrieben.

Das heißt auch, dass im Rahmen der Entwicklung einer CSR-Strategie nicht nur Wissen vermittelt werden darf, sondern es müssen auch Handlungskompetenzen aufgebaut und motivationsfördernde Rahmenbedingungen gesetzt werden, um das Wissen über CSR um ein Können und ein Wollen zu erweitern.

Literatur

Bolten J (2016) Interkulturelle Trainings neu denken. interculture Journal, Sonderausgabe (Inter-)Kulturalität neu denken! 26:75–91

Deming WE (1993) The New Economics. Massachusetts Institute of Technology Press, Cambridge, MA, S 35

Europäische Kommission (2011) Eine neue EU-Strategie (2011–2014) für die soziale Verantwortung der Unternehmen (CSR)

www.free-management-ebooks.com (2013) SWOT Analysis: Strategy Skills. http://www.free-management-ebooks.com/dldebk-pdf/fmeswot-analysis.pdf. Zugegriffen: 26. Juni 2018

Grothe A, Teller M (2016) Das Kriterien- und Indikatorenmodell (KIM) zur Bewertung von Nachhaltigkeit. In: Grothe A (Hrsg) Bewertung unternehmerischer Nachhaltigkeit. Modelle und Methoden zur Selbstbewertung. Erich Schmidt, Berlin, S 103–119

Heyse V, Erpenbeck J (Hrsg) (2010) Kompetenzmanagement. Waxmann, Münster, New York, München, Berlin

Nazarkiewicz K (2016) Kulturreflexivität statt Interkulturalität? Re-thinking cross-cultural – A culture reflexive approach. interculture Journal, Sonderausgabe (Inter-)Kulturalität neu denken! 26:23–31

Thomas A (2005) Theoretische Grundlagen interkultureller Kommunikation und Kooperation. In: Thomas et al (Hrsg) Grundlagen und Praxisfelder. Handbuch interkulturelle Kommunikation und Kooperation, Bd. 1. Vandenhoeck & Ruprecht, Göttingen

Thomas A (2006) Interkulturelle Handlungskompetenz – Schlüsselkompetenz für die moderne Arbeitswelt. Arbeit 15(2):114–125

Ulrich H (2001) Unternehmungspolitik, 3. Aufl. Gesammelte Schriften, Bd. 2. Paul Haupt, Bern, Stuttgart

Diplom-Biologin Kathrin Ankele studierte Biologie an der Universität Konstanz. Sie leitete das Forschungsfeld Ökologische Unternehmenspolitik am IÖW und war danach als Senior Managerin Corporate Responsibility bei Vodafone Deutschland. Anschließend leitete sie beim WWF Deutschland die strategische Partnerschaft für Nachhaltigkeit zwischen WWF und EDEKA. Sie ist Mitinhaberin von SUSTAINUM Consulting. Darüber hinaus war sie als Lehrbeauftragte für die Universität St. Gallen tätig sowie für die Freie Universität und die Hochschule für Wirtschaft und Recht in Berlin. Sie publizierte u. a. *Kompetenz-Perspektiven – Kompetenz-Aufstellungen für die Digitalisierung im Mittelstand* (2018), *Zur Legitimität standardisierter Bewertungsverfahren* (2016), *Erfolgsvoraussetzungen für Corporate Citizenship in Deutschland* (2008), *The influence of different characteristics of the EU environmental management and auditing scheme on technical environmental innovations and economic performance* (2006) und *The Role of Voluntary Initiatives in a Sustainable Corporate Governance* (2005).

Unternehmenskultur als Katalysator interkulturellen Corporate-Social-Responsibility-Engagements im Mittelstand

Susanna Krisor und Gerda Köster

1 Einleitung

Ein auf kontinuierliches Wachstum ausgerichtetes Wirtschaftssystem wird zunehmend infrage gestellt (Institut für Wachstumsstudien 2013). Der heutige Anspruch an die Wirtschaft fordert ebenso ein nachhaltiges Agieren (Bundeszentrale für politische Bildung 2012), nicht nur weil es ethisch schicker und gesellschaftlich sinnvoller ist, sondern auch weil ein wachsender Anteil der Kunden es fordert (Institut für Handelsforschung Köln 2014). Beispielsweise hat sich der Umsatz der Biobranche und der erneuerbaren Energien vervielfacht (Statista 2017a; Statistisches Bundesamt 2017). Die Schere zwischen dem Wunsch nach Billig- vs. Premiumprodukten geht immer weiter auseinander. Viele Kunden haben verstanden, dass sie sich informieren müssen, da ihre Kaufentscheidung auch immer eine Entscheidung über Produktionsbedingungen ist (Institut für Handelsforschung Köln 2014). Zunehmend mehr beziehen Verbraucher auch die gesellschaftliche und politische Situation der jeweiligen Länder in ihre Konsumentscheidungen mit ein. Die eigene Wertehaltung wird immer stärker hinterfragt und mit den finanziellen Möglichkeiten abgeglichen. Selbst wenn ein Auto ein Statussymbol bleibt, so ist beispielsweise im Premiumbereich ein jüngeres Automobilunternehmen sehr erfolgreich mit emissionsfreien Seriensportwagen. Wer etwas auf sich hält, zeigt was er hat und dies am besten ohne Ökolook, aber dennoch ökologischer und nachhaltiger als der Normalverbraucher.

Dennoch steht dauerhaft maximales wirtschaftliches Wachstum und nachhaltiges Agieren in den meisten Organisationen im Widerspruch. Um trotzdem Stakeholdern und Kri-

S. Krisor (✉)
Wetter, Deutschland
E-Mail: susanna.krisor@tu-dortmund.de

G. Köster
Wassenberg-Effeld, Deutschland
E-Mail: info@gmk-entwicklung.de

tikern gerecht zu werden, versuchen viele Unternehmen durch Corporate-Social-Responsibility(CSR)-Aktivitäten ihr Image aufzupolieren. Durch die zunehmende Internationalisierung und Digitalisierung und die damit einhergehende kurzfristige Informationsreichweite werden allerdings häufig CSR-Versprechen und Aktivitäten in ihrer Widersprüchlichkeit offensichtlich. So haben es gerade Pharma-, Rüstungs-, Energie- und Automobilkonzerne schwer, glaubwürdig zu bleiben, wenn die CSR-Maßnahmen im Widerspruch zum Kerngeschäft stehen. Die Strahlkraft der Unglaubwürdigkeit überschattet allerdings auch alle CSR-Aktivitäten anderer Unternehmen. Der Verdacht des Marketingzwecks haftet schnell an Förderprojekten. Die einzelnen Maßnahmen an sich mögen die jeweiligen Primärziele erreichen und sinnvoll im Sinn der kulturellen, sozialen oder ökologischen Verantwortung sein. Die Sekundärziele wie Unternehmensimage und -attraktivität für Stakeholder, Kunden und Mitarbeitende zu verbessern, werden eher gegenteilige Effekte haben, sodass Glaubwürdigkeit und Authentizität beschädigt werden.

In diesem Beitrag soll der Frage nachgegangen werden wie Unternehmen des international agierenden Mittelstands in diesem beschriebenen Spannungsfeld ihr CSR-Engagement so umsetzen können, dass sie glaubwürdig authentisch sind und ihre Sekundärziele erreichen.

2 Corporate Social Responsibility im Mittelstand

Ein Großteil aller Unternehmen zählen zum Mittelstand (weltweit etwa 80 %, Fernández-Aráoz et al. 2016). In Deutschland sind die meisten aktiven (nicht öffentlichen) Unternehmen familien- (91 %) bzw. eigentümergeführt (88 %). Sie verantworten etwa die Hälfte der Gesamtbeschäftigung und machen über 40 % des Gesamtumsatzes aus (Statista 2017b).

In Bezug auf alle Kernentscheidungen sind die Unternehmer bzw. die Unternehmerfamilie die Schlüsselpersonen im Mittelstand. Dies gilt auch für das nachhaltige Engagement des Unternehmens. Der Unternehmer prägt mit seinem Verständnis von CSR, seinen Werten und Visionen, inwiefern das Unternehmen sich dem Thema CSR widmet (Walther und Schenkel 2010). Dabei scheint es nach Walther und Schenkel (2010) zwei typische Muster zu geben:

1. Diejenigen Unternehmer bzw. Unternehmerinnen, die sich ethisch verpflichtet fühlen, v. a. ihrer Verantwortung für die Region und ihre Mitarbeiter nachzukommen. Anders als Unternehmer bzw. Unternehmerin in Großkonzernen sind sie vor Ort als Privat- und Geschäftsperson bekannt und repräsentieren ihr Unternehmen und dessen Werte i. d. R. über viele Jahre hinweg. Ein Teil der Unternehmensgewinne wird daher beispielsweise in der Förderung lokaler Projekte in den Bereichen Sport, Kunst, Jugendförderung oder Bildung eingesetzt. Diese Unternehmer bzw. Unternehmerinnen erachten ihr Engagement eher als selbstverständlich. Dieser Unternehmer- bzw. Unternehmerinnentyp wird vermutlich keine externe, offizielle Kommunikation nutzen, um sein Engagement für die Erreichung von Sekundäreffekten zu nutzen. Dies ist auch ein wesentlicher Un-

terschied zu Großkonzernen: „Familienunternehmen zeichnen sich zumeist durch eine werteorientierte Unternehmensführung aus. Nachhaltigkeit wird dort oftmals seit Generationen gelebt – ohne dies explizit nach innen zu leben oder werbewirksam nach außen zu tragen" (Schmidt und Reisinger 2015, S. 8).
2. Der andere Unternehmer- bzw. Unternehmerinnentyp orientiert sich maßgeblich an ökonomischen Effekten. Verspricht eine CSR-Maßnahme einen zusätzlichen Gewinn, dann engagiert er bzw. sie sich auch über das erforderliche Maß für CSR-Projekte, allerdings auch mit einem Fokus auf die Stakeholder und die externe Vermarktung.

Unabhängig vom Unternehmer- bzw. Unternehmerinnentypus ist natürlich jedes Familienunternehmen zunächst darauf ausgerichtet, sein Überleben für die Zukunft und die nachfolgende Generation zu sichern. Wie dies geschieht ist geprägt durch die Person des Unternehmers bzw. der Unternehmerin. Sie prägt, in welchem Maß welche Werte vorherrschen. Werte, die in der Praxis im Mittelstand häufig zu finden sind, sind z. B. Unternehmertum, Sparsamkeit, Nachhaltigkeit, Langfristigkeit, Integrität, soziale Verantwortung und Personenorientierung.

Als Stärke des Mittelstands in Bezug auf CSR können die Unternehmen regionale CSR-Aktivitäten aufgrund der persönlichen Verantwortungsübernahme und der lokalen Verbundenheit glaubwürdig umsetzen. Überregionale, internationale CSR-Projekte werden ebenfalls im international agierenden Mittelstand implementiert. Allerdings in einem deutlich kleineren Umfang. Walther und Schenkel (2010) beschreiben, dass im mittelständischen CSR-Engagement häufige Schwachpunkte v. a. die strategische Einbettung und Implementierung sowie fehlende Ressourcen sind. Diese Aspekte sind wichtige Voraussetzungen für ein langfristiges CSR-Engagement im interkulturellen Kontext. Wobei zu berücksichtigen ist, dass Strategieentwicklung in Familienunternehmen generell häufig impliziter, intuitiver und evolutionärer geschieht (vgl. Schmidt 2014) und insgesamt emotionaler entschieden wird (Wimmer 2014) als in Großkonzernen. Zudem stellen Fernández-Aráoz et al. (2016, S. 7) in ihrer Studie zu generellen Erfolgsfaktoren von Familienunternehmen fest: „Die erfolgreichsten Familienunternehmen etablieren zunächst einmal eine gute Governance-Basis, bewahren sich ihre Familien-DNA, erkennen und entwickeln sowohl familieninterne als auch -externe Talente und achten auf eine systematische Nachfolgeregelung". In Bezug auf CSR fokussiert sich dieser Abschnitt auf den Aspekt der DNA, da dies aus Sicht der Autorinnen der Kernunterschied zu Großkonzernen ist. In Familienunternehmen arbeiten die Mitarbeiter letzten Endes auch immer für die Familie (Vollmer 2016; Wimmer 2014). Nach Fernández-Aráoz et al. (2016) stehen im Mittelpunkt der Familien-DNA die wichtigsten Familienmitglieder des Unternehmens, die langfristig das Gesamtunternehmen mit seiner Kultur prägen und auf ihre soziale Verantwortung achten. Im Folgenden wird allerdings die Terminologie der Unternehmens-DNA gebraucht, da aus Sicht der Autorinnen die Familien-DNA der Begrifflichkeit nach auch private Aspekte einschließen müsste, die aber im Unternehmen i. d. R. außen vor gelassen werden.

Die Unternehmens-DNA sollte der Startpunkt für ein strategisches CSR-Engagement sein. Anschließend können die Governance-Strukturen auf Passung oder auf projektbasierte Alternativen geprüft werden. In der Praxis entsteht im Mittelstand CSR-Engagement allerdings eher implizit oder wie beschrieben durch die Prägung des Unternehmers bzw. der Unternehmerin als explizit strategisch. Dies ist durch den persönlichen Nachdruck einerseits wünschenswert, andererseits kann die explizite strategische Einbettung die Wirkung des Engagements verstärken. Durch die abgeleiteten CSR-Maßnahmen lässt sich u. a. auch das klassische Talentmanagement überdenken; wenn beispielsweise alle Mitarbeiter – unabhängig von Alter, Ausbildung, Länge der Betriebszugehörigkeit etc. – dahingehend beobachtet werden, wie sie sich in diesen Projekten über ihre Rollenbeschreibung hinaus für das Unternehmen einsetzen. Dieses Vorgehen passt zum Anspruch des Mittelstands, dass sich Mitarbeiter stark als Gesamtperson für das Unternehmen einsetzen (Leidinger 2012). Weiterhin müssen 39 % der mittelständischen Unternehmen in den nächsten fünf Jahren Nachfolger der Unternehmensleitung benennen (Posch 2017). Die Nachfolgerentscheidung prägt nicht nur die Entscheidung über die führende Person (Wer) und die strategische Ausrichtung (Was) der Zukunft (Schmidt 2014), sondern auch die Unternehmenswerte (Wie). Daher ist v. a. die Gestaltung von CSR-Aktivitäten eine Möglichkeit für Nachfolger der nächsten Generation, an Werten des Unternehmens festzuhalten und durch die Auswahl von CSR-Projekten mit einer eigenen Note zu versehen (vgl. Schmidt 2013).

3 Die Unternehmens-DNA als Ausgangspunkt des Corporate-Social-Responsibility-Engagements

Zunächst stellt sich die Frage, warum sich ein Unternehmen freiwillig über die gesetzlichen Anforderungen hinaus gesellschaftlich engagieren und damit ökologische und/oder soziale Verantwortung übernehmen will. In Relation zu den Shareholderinteressen kann es hier nach Beckmann (2007) zwei Optionen geben:

1. Durch den Balanceansatz wird versucht, Maßnahmen zur kurzfristigen Unternehmenszielerreichung mit vermeintlich widersprüchlichen CSR-Aktivitäten auszubalancieren, um so eine Kompromisslösung zu finden. Im Konfliktfall zwischen Zielen der wirtschaftlichen Interessen und der gesellschaftlichen Verantwortung wird nach Abwägung der widersprüchlichen Ziele normativ entschieden, welchem Interesse nachzugehen ist.
2. Bei dem Win-win-Ansatz werden die CSR-Aktivitäten weniger als Gegengewicht zu wirtschaftlichen Aktivitäten, sondern vielmehr als Teil einer Strategie zur langfristigen Sicherung des Unternehmenserfolgs gesehen.

In der Praxis findet sich häufig eine hybride Kombination dieser beiden Ausgangspunkte. Beispielsweise sind die CSR-Aktivitäten als nachhaltiges Instrument verankert, wenn dies aber an die Grenze der Vereinbarkeit mit wirtschaftlichen Interessen stößt, werden (bestenfalls) ausgleichende Kompromisslösungen angestrebt (Beckmann 2007).

Zur Erreichung der Sekundärziele, wie einem attraktiven Unternehmensimage aus Sicht der Stakeholder, Kunden und Mitarbeitenden, braucht es einen Win-win-Ansatz. Durch die Verankerung der CSR-Aktivitäten in der Gesamtstrategie kann erst eine grundsätzliche Ableitung erfolgen, warum das Unternehmen gesellschaftliche Verantwortung übernehmen will. Dieses Warum sollte sorgfältig und kulturübergreifend erarbeitet und angemessen kommuniziert werden. Bei dem Blick auf die Homepages verschiedener Unternehmen sieht man diverse CSR-Projekte ohne jegliche erklärende Verbindung mit dem fördernden Unternehmen. Warum fördert ein Stiftehersteller ein Fußballprojekt? Ein Fensterhersteller einen Karnevalsverein? Inwiefern ergibt das einen Sinn? Aus Sicht eines neuen potenziellen Mitarbeitenden entsteht der Eindruck eines netten Projekts, aber es bleibt die Frage, ob das Unternehmen sich davon bloß gutes Marketing verspricht oder ob dahinter mehr steckt. Wenn der Sinn der CSR-Projekte klarer wird, kann auch sehr viel über das Unternehmen und seine Werte quasi nebenbei vermittelt werden. Die stringente Ableitung der Projekte von einem gemeinsamen Warum ist der Erfolgsfaktor zur Erreichung der CSR-Sekundärziele. Im ersten Schritt sollte bei der Unternehmens-DNA als Ausgangspunkt des CSR-Engagements gestartet werden.

3.1 Definition der Unternehmens-DNA

Damit das Unternehmen durch seine Repräsentanten vermitteln kann, warum es sich sozial und/oder ökologisch engagiert, sollte stringenterweise (vorab) auch klar sein, warum das Unternehmen eigentlich existiert, wie es typischerweise agiert und was es dadurch erreichen will. Die Diskrepanz zwischen Marketingslogans und tatsächlichem Handeln des Unternehmens kann somit verringert und die Glaubwürdigkeit erhöht werden. Dies ist die Basis für ein glaubwürdiges CSR-Engagement. Dementsprechend erfolgt die Erarbeitung von CSR-Konzepten am besten aus folgendem Dreiklang im erweiterten Sinn der Erklärungslogik nach Sinek (2009) und den Annahmen über den Organisationszweck nach Doug Ready (Ready und Roehl 2017).

Nach Doug Ready (Ready und Roehl 2017) werden Unternehmen dann besonders authentisch, wenn sie ein klares Purpose-Statement haben, das in Einklang mit dem Geschäftsmodell und der Art und Weise des Verhaltens der Unternehmensvertreter steht. Sinek (2009) beschreibt mit seinem Golden Circle, dass der Ausgangspunkt einer inspirierenden und glaubwürdigen Kommunikation vom Sinn und Zweck ausgeht. Unternehmen und Personen wird – anders als häufig üblich – empfohlen, die Argumentationskette damit zu starten, warum sie etwas tun, gefolgt davon, wie sie was tun wollen.

Im Folgenden wird beispielhaft eine Kurzanalyse der Unternehmens-DNA skizziert: Im ersten Schritt bezieht sich die Beantwortung der Fragen wie hier dargestellt auf das Unternehmen und anschließend auf die einzelnen Landesgesellschaften des Unternehmens. Im dritten Schritt wird die Kaskade in Bezug auf das CSR-Engagement wiederholt.

1. Definition des „why" bzw. des „purpose" des Unternehmens: Warum existiert dieses Unternehmen? Welchen Sinn und Zweck hat die Existenz des Unternehmens? Welche Grundüberzeugungen und Werte gibt es? Methodisch empfiehlt es sich mindestens fünf Mal die Frage nach dem Warum zu wiederholen, um mit jeder Antwort näher an den ursprünglichen Ausgangspunkt zu kommen (in Anlehnung an Sakichi Toyodas Methode zur Ursachenklärung, Ohno 2013).
2. Definition des „how" des Unternehmens: Wie wollen wir dies erreichen? Nach welchen Prinzipien handeln wir? Welche Stakeholderversprechen wollen wir machen? Welches Markenversprechen kommunizieren wir? Wie arbeiten wir zusammen? Wie differenzieren wir uns vom Wettbewerb?
3. Definition des „what" des Unternehmens: Was will das Unternehmen erreichen? Was ist die Vision? Mit welcher Strategie soll die Vision angestrebt werden? Welche Ziele will sich das Unternehmen setzen? Was sind die Maßnahmen? Welche Produkte und Dienstleistungen bieten wir potenziellen Kunden an?

Entscheidend in der praktischen Umsetzung ist nach Beantwortung der Fragen die Verknüpfung zwischen den Antworten im Geschäftsmodell und damit im wirtschaftlichen Handeln, in der Übernahme der gesellschaftlichen Verantwortung und der Unternehmenskultur als (Teil-)Ergebnis des Handelns aller Mitarbeitenden. Langfristig ist es notwendig, die Beantwortung der Fragen und der daraus abgeleiteten Maßnahmen wiederholt und kontinuierlich fortzuführen. Durch dieses Vorgehen können auf Basis der bisherigen Geschichte des Unternehmens und konfrontiert mit neuartigen Herausforderungen sowie sozialen Entwicklungen sehr bewusst kohärente Entscheidungen für die Zukunft getroffen werden. Junge Unternehmen und Start-ups können sich außerdem z. B. vom CSR Hub NRW in der Phase der Unternehmensgründung dabei unterstützen lassen, CSR in ihrem Geschäftsmodell zu verankern. Das vom Ministerium für Wirtschaft, Energie, Industrie, Mittelstand und Handwerk des Landes NRW geförderte Projekt soll durch ein Projektbüro, Workshops und Vernetzungsangebote Hilfestellung bezüglich CSR v. a. für Marketing und Kommunikation, Lieferkettenmanagement und Human Resources geben (CSR Hub NRW 2017).

4 Zusammenspiel von Unternehmenskultur mit Corporate-Social-Responsibility-Aktivitäten

Dieser Abschnitt soll das Wissen über CSR durch einen Blick auf das Zusammenspiel mit der Unternehmenskultur anreichern. Es kann nicht von einer Beeinflussung in nur einer Richtung von der Unternehmenskultur auf das CSR-Engagement ausgegangen werden, sondern jedes erfolgreiche und nicht erfolgreiche CSR-Projekt wird wiederum einen Einfluss auf die Unternehmenskultur haben. Daher geht es im Folgenden auch immer um eine Interaktion und gegenseitige Beeinflussung. Verschiedene Experten in diesem Buch beschreiben das Thema CSR im Detail. Somit wird der Schwerpunkt dieses Abschnitts auf das Thema Unternehmenskultur und die Interaktion mit CSR-Engagement gelegt.

Die Unternehmenskultur hat einen großen Einfluss darauf, welche Themen wann in der Unternehmensentwicklung in den Fokus der Aufmerksamkeit kommen und inwieweit Mitarbeitende die CSR-Aktivitäten mitgestalten, kennen, daran teilhaben, diese für glaubwürdig halten und dies auch intern sowie extern kommunizieren. Unternehmenskultur ist vielfach definiert worden (vgl. Schein 2004; Simon 2015; Grubendorfer 2016), daher wird hier nur auf die für (interkulturelle) CSR-Projekte im Mittelstand relevanten Aspekte eingegangen. Gemäß Schein (2004), Simon (2015) und Grubendorfer (2016) ist den meisten Definitionen gemein, dass es um geteilte Werte geht, die v. a. in der Beobachtung von Musterunterbrechungen im Unternehmen sichtbar werden. Wenn jemand die Spielregeln missachtet, wird er eine Reaktion der Organisation bekommen und damit einen Indikator erleben, wie hier kulturell normalerweise gespielt wird. Dies ist eine Information, die er i. d. R. nirgendwo nachlesen kann. Die Beobachtung in der Praxis ist, dass sich die meisten Leitlinien wohl eher auf theoretische Szenarien beziehen statt auf die real gelebte Unternehmenskultur. Grundsätzlich wird der Annahme gefolgt, dass Kultur nicht entscheidbar und damit machbar ist. Sie entsteht selbstorganisiert, aber eben nicht auf einem weißen Papier. Die Kultur eines Unternehmens (im Sinn von Musterentwicklung und -veränderungen) wird beeinflusst durch die historische Entwicklung der Organisation (zeitlich), das Zusammenspiel der Organisationsmitglieder (sozial) und die Rahmenbedingungen (sachlich; vgl. Schmidt 2014). Auf diese Dimensionen wird nachfolgend näher eingegangen. Zunächst werden die verschiedenen Determinanten der Unternehmenskultur genauer beschrieben.

4.1 Mögliche Determinanten der Unternehmenskultur

Unternehmenskultur prägt und entwickelt sich durch verschiedene unternehmensinterne und -externe Aspekte. Zu den internen Faktoren zählen v. a. die Historie, die Gesellschaftsform, gerade in mittelständischen Unternehmen auch die Frage, ob dieses inhaber-(familien-)geführt ist oder nicht, die Führungskräfte, die Belegschaft selbst und grundlegende Rahmenbedingungen, die das Unternehmen beeinflussen. Externe Faktoren, die die Kultur eines Unternehmens prägen, sind z. B. Veränderungen in der Frauenerwerbstätigkeit, Vereinbarkeit von Beruf und Familie, Änderungen im Umgang mit Ressourcen, aber auch die Megatrends Digitalisierung, Internationalisierung und Migrationsbewegungen. Alle diese Aspekte beeinflussen das Verhalten der Belegschaft und den geltenden gesellschaftlichen Wertekanon. Manche der beschriebenen Faktoren haben ihre Gültigkeit landesgrenzenübergreifend, andere sind sehr deutsche Phänomene. Im Rückschluss bedeutet dies, dass sowohl regionale, als auch nationale und internationale Kulturausprägungen entscheidende Determinanten der Unternehmenskultur sind. So sind die Voraussetzungen für Organisationsentwicklungsmaßnahmen, z. B. in einer US-amerikanischen Kultur, deutlich anders als in einer französischen Kultur (Barmeyer et al. 2015); d. h. CSR-Aktivitäten finden immer im Kontext der Unternehmenskultur und der Landeskultur statt – jeweils natürlich unter den Bedingungen eventueller Subkulturen. Nachhaltige internationale CSR-Projekte sind daher in der Praxis v. a. in der Beeinflussung ihrer Sekundareffekte hochgradig komplex und müssen aktiv gestaltet und gesteuert werden.

Vor einer genaueren Betrachtung der Kulturdimensionen soll herausgestellt werden, dass Kultur immer nur mehr oder weniger bewusst ist. Wie beschrieben lässt sich eine Kultur selten in Papierform studieren, sondern es wird versucht, über beobachtbare Muster und beschreibbare Artefakte eine möglichst realitätsnahe Annäherung zu generieren. Nach Schein (2004) spiegelt sich die Kultur auf drei Ebenen wieder:

1. Ebene: Welche Aspekte der Unternehmenskultur sind beobachtbar, beispielsweise in Verhaltensmustern, Gestaltung der Räumlichkeiten, Leitlinien etc.?
2. Ebene: Welche Werte werden kollektiv geteilt?
3. Ebene: Welche Grundannahmen liegen vor? Was ist hier selbstverständlich?

Nachdem in den vorangegangenen Abschnitten die DNA des Unternehmens mit seinen Landesgesellschaften sowie die Grundmotivation für das CSR-Engagement eruiert wurde, soll nun der Kontext durch die Determinanten der internationalen Kultur und der landesspezifischen Unternehmenskulturdimensionen reflektiert werden.

Übergreifend zeigt Hofstede (2010) auf, dass internationale Kulturgruppen einen wesentlichen Einfluss auf Unternehmen ausüben und identifiziert in seiner Arbeit sechs Kulturdimensionen, die länderübergreifend gültig sein sollen. Diese Aspekte können zur Einschätzung der vorherrschenden Landeskultur genutzt werden:

1. Machtdistanz (hoch vs. niedrig)
2. Individualismus vs. Kollektivismus
3. Maskulinität vs. Femininität
4. Ungewissheitsvermeidung (hoch vs. niedrig)
5. Lang- vs. kurzfristige Ausrichtung (des zeitlichen Planungshorizonts eines Unternehmens)
6. Nachgiebigkeit vs. Beherrschung

Nationale, landesspezifische Unternehmenskulturdeterminanten sollen hier mit einem Ansatz geprüft werden, der sich v. a. auf die Grundbedürfnisse der menschlichen Potenzialentfaltung bezieht. Purps-Pardigol (2015) arbeitet folgende Aspekte für die DACH-Länder heraus:

1. Zugehörigkeit,
2. Entfaltung und Gestaltung,
3. Vertrauen,
4. Erfahrungen,
5. Sinnhaftigkeit und
6. Achtsamkeit.

Sowohl die Landes- als auch die Unternehmenskultur bestimmen die tatsächlich im Unternehmen gelebten Werte. Nachhaltige CSR-Konzepte im interkulturellen Kontext beziehen daher sowohl die gelebten Werte des Stammlandes als auch die der internationalen Tochtergesellschaften mit in die Überlegungen ein. Hier gibt es bestenfalls Überschneidungen bei den gelebten Werten, in der Praxis werden aber auch divergierende Werte erlebt werden. In der Analysephase ist zu beobachten, wie sich die Kultur international entwickelt hat. Ist es eher eine pluralistische oder eine universelle Unternehmenskultur? Hat jede Landesgesellschaft weitgehend unabhängig von den anderen Landesgesellschaften und dem Mutterunternehmen eine eigene, spezifische Unternehmenskultur entwickelt, handelt es sich um eine pluralistische Unternehmenskultur (Steinmann und Schreyögg 2005). Diese sind häufig kohärenter zu den Landeskulturen und stärken die Differenzierung des Unternehmens am Markt. Allerdings ist es für das Gesamtunternehmen schwieriger global einheitlich zu agieren. Dies ist bei universellen Unternehmenskulturen leichter. Hier haben sich die Kulturen der Landesgesellschaften angeglichen oder es hat sich eine gemeinsame neue Kultur entwickelt. Diese ist dann untereinander kohärenter, unterscheidet sich i. d. R. aber stärker von den Landeskulturen (Steinmann und Schreyögg 2005). Bedeutsam ist daher im internationalen Management in der Praxis das Zusammenspiel der internationalen Kulturdimensionen und der nationalen Spezifika mit der Unternehmens-DNA als Basis für das CSR-Engagement.

4.2 Exemplarische Bedeutung der Unternehmenskultur für CSR-Engagement

Zur Beschreibung des aktuellen Status quo werden im Folgenden einige Gewinner des CSR-Wettbewerbs des Jahres 2017 des Bundesministeriums für Arbeit und Soziales (BMAS) beschrieben. Gerade in Großkonzernen scheint es in der Umsetzung eine Verknüpfung von CSR, Strategie und Unternehmenskultur zu geben. Die Grohe AG setzt passend zu ihrem Geschäft auf das Thema Nachhaltigkeit beim Wasserverbrauch. Von der Unternehmensstrategie ausgehend ist das Thema mit Prozessen, Produkten und Technologien verzahnt. Mitarbeiter können an Nachhaltigkeitsworkshops teilnehmen oder sich im Wettbewerb um die GROHE Sustainability Trophy bemühen. International engagiert sich das Unternehmen in Hilfsprojekten für Ausbildungen im Sanitärhandwerk (BMAS 2017). Laut Michael Rauterkus, Vorstand der Grohe AG, gibt es eine konsequente Verankerung des Engagements: „Nachhaltigkeit ist ein fester Bestandteil unseres Tagesgeschäfts und der DNA der Marke GROHE" (Grohe 2017).

Zudem wurden v. a. kleinere Unternehmen ausgezeichnet. In der Kategorie Unternehmen mit 250 bis 999 Beschäftigten gewann die Rapunzel Naturkost GmbH (BMAS 2017). Die Rapunzel Naturkost GmbH ist ein Beispiel dafür, wie wertebasiert ein Geschäftsmodell entstanden ist und wie intensiv die Leitidee, einen Beitrag zu einer besseren Welt liefern zu können, in vielen Aspekten des Unternehmens verankert ist. Treiber sind hier die Unternehmer bzw. Unternehmerinnen mit klaren Visionen und Leitlinien, die sich in vielfältigen Aktivitäten des Unternehmens wiederfinden. Extern sichtbar ist v. a. das vom BMAS ausgezeichnete Fair-Handels-Programm HAND IN HAND. Mit dem Ziel, faire Handelsbeziehungen und ökologischen Landbau mit den internationalen Partnern zu etablieren, erarbeitete das Unternehmen ein eigenes Programm und richtete dazu einen eigenen Fond zusammen mit der Deutschen Umwelthilfe ein (das Spendenkonto ist konsequenterweise bei der GLS Bank). Zudem hat der Unternehmer bzw. die Unternehmerin einen eigenen, internationalen Preis (One World Award) ins Leben gerufen, der den positiven Umgang mit der Globalisierung und den drei Säulen der Nachhaltigkeit (Ökologie, Ökonomie und Soziales) wertschätzt. Rapunzel Naturkost GmbH lässt auch die eigenen Geschäftspraktiken über die gesetzlichen Anforderungen hinaus durch das Öko-Audit der EU (Eco-Management and Audit Scheme) zertifizieren. Mitarbeiter und Mitarbeiterinnen werden von Beginn an mit den Nachhaltigkeitsthemen betraut. Beispielsweise werden Masterarbeiten dazu genutzt, um Wertschöpfungsketten mit konventionell arbeitenden Marktteilnehmern zu vergleichen. Alle Gebäude am deutschen Standort sind mit Photovoltaikelementen versehen. Außerdem gibt es eine eigene Eventreihe. Unter dem Titel Rapunzel Kulturkost veranstaltet das Unternehmen Vorträge, Konzerte und Kochshows. Es gibt ein eigenes Bio-Museum und Betriebs-Bienen (Rapunzel Naturkost 2017).

Neben den Preisträgern in der Kategorie Betriebliche Integration geflüchteter Menschen erhielt die Weleda Gruppe den Preis für Nachhaltiges Lieferkettenmanagement, da das Unternehmen über 15 Jahre dafür gesorgt hat, dass jede Charge zum Produzenten zurückverfolgt werden kann. Zudem richtet sich das Unternehmen bei der Beschaffung aller pflanzlichen Rohstoffe nach besonders strengen Kriterien (BMAS 2017): „Das Prinzip des Wirtschaftens zum Wohl von Mensch und Natur ist der Kern unserer Identität" (Weleda 2016, S. 1). Dieses Prinzip ist laut der Nachhaltigkeitsbroschüre Ausgangspunkt des CSR-Engagements und findet sich auch in der Vision wieder: „Eine Welt, in der Gesundheit und Schönheit von Mensch und Natur immer wieder neu entstehen" (Weleda 2016, S. 23). Weleda ist international in 52 Ländern tätig. Im ersten Teil des Berichts wird v. a. das Thema Diversity anschaulich präsentiert. Im Rahmen des Programms Vielfalt gewinnt! werden beispielsweise Einstiegsprogramme für Menschen mit Migrationshintergrund oder gemeinsames Gärtnern mit anderen Beschäftigten angeboten. Es wird versucht unter Berücksichtigung der kulturellen Landesspezifika regionale Best-Practice-CSR-Lösungen auf andere Länder zu übertragen. Im Umgang mit Partnerunternehmen setzt das Unternehmen auf langfristige Zusammenarbeit, garantierte Abnahmen und faire Preise. Während der Ausbildung können sich neue Mitarbeiter in Start-up-Manier rund um das Thema Gesundheit mit ihren Ideen und Fähigkeiten einbringen. Als Unternehmen mit anthroposophischen Wurzeln spielt hier das Wie eine wichtige Rolle. „Es geht nicht nur darum, was wir tun, sondern auch, wie wir es tun", sagt Rosa DeBalsi, Head of Capability bei Weleda UK (Weleda 2016, S. 18). Bemerkenswert in diesem Nachhaltigkeitsbericht ist die transparente Darstellung der Nachhaltigkeitsstrategie und der Zielerreichung der einzelnen Maßnahmen, wie z. B. Stakeholderdialoge, Verstärkung der internen Kommunikation oder der politischen Arbeit (Weleda 2016, S. 31 ff.).

Diese erfolgreichen Beispiele verdeutlichen, wie wichtig die skizzierte Verbindung von Unternehmens-DNA, Unternehmenskultur und CSR-Projekt ist.

5 Möglichkeiten zur stärkeren Verknüpfung der Unternehmenskultur und des Corporate-Social-Responsibility-Engagements

Bestenfalls werden die CSR-Projekte ausgehend von der Unternehmens-DNA abgeleitet. Da die Unternehmenskultur ein wichtiger Katalysator ist, um die CSR-Maßnahmen auch international erfolgreich zu machen, wird im Folgenden der Fokus auf die Unternehmenskultur gelegt. Klar ist, dass sich hier kein Kausalzusammenhang definieren lässt, sondern es immer um die gegenseitige Beeinflussung von Unternehmenskultur und CSR-Aktivitäten geht.

Zur Verstärkung der Effekte gibt es nicht die eine Maßnahme oder das eine vorab definierte Programm, das das Versprechen halten kann, dass CSR-Projekte international gelingen. Daher sollte zunächst gründlich die Ausgangsbasis erforscht werden, um entscheiden zu können, welche Maßnahmen am erfolgsversprechendsten für das jeweilige Unternehmen sind:

1. Zuerst wird durch eine DNA-Analyse (z. B. oben beschriebene Kurzanalyse oder DNA-Analyse von Organisationen nach Drevs 2017) analysiert, inwieweit die Unternehmens-DNA länderübergreifend identisch ist oder ob beispielsweise durch den Zukauf von Unternehmensteilen Unterschiede vorhanden sind (s. Abschn. 3).
2. Bezogen auf die internationalen CSR-Projekte ist es wichtig zu wissen, inwieweit sich die Landeskulturen gemäß Hofstede (2010) unterscheiden (s. Abschn. 4.1).
3. Im nächsten Schritt sollte identifiziert werden, inwieweit die einzelnen Landesgesellschaften unterschiedliche Unternehmenskulturen nach Purps-Pardigol (2015) haben bzw. welche Werte unternehmensweit gemeinsam geteilt und gelebt werden (s. Abschn. 5.1).

Aus diesen Analysen ergeben sich wichtige Indikationen, welche Gemeinsamkeiten und welche Unterschiede für die Ableitung von Maßnahmen und deren Effekte relevant sein könnten. Unternehmenskultur entwickelt sich selbstorganisiert. Sie kann nicht gezielt nach einem Kausalprinzip beeinflusst werden. Die drei Dimensionen der Unternehmenskulturentwicklung (zeitlich, sachlich, sozial) können nur teilweise beeinflusst werden und somit initiierende Anstöße zur Weiterentwicklung der Unternehmenskultur bieten. Wozu genau diese Impulse führen, lässt sich aber im Sinn der Unentscheidbarkeit von Unternehmenskultur nicht vorhersagen. Klar ist allerdings, dass die gewählten Anstöße zu einer erhöhten Aufmerksamkeit in der Kommunikation führen können. Daher muss Unternehmenskulturentwicklung immer als langfristiger Prozess mit regelmäßigen Reflexionen betrachtet werden.

Nachhaltige CSR-Strategien und Maßnahmen im Kontext international agierender mittelständischer Unternehmen sollten eng mit dem Unternehmen, also dem Sinn und Zweck seiner Existenz („why"), der Art und Weise zu handeln („how") und den Produkten und/oder Dienstleistungen des Unternehmens („what") verknüpft werden. Dies erfolgt durch eine fortwährende Beobachtung der Passung von DNA, Kultur, Geschäftsmodell und CSR-Aktivitäten. Für mittelständische Unternehmen hat dies einen großen internen und organisationalen Aufwand zur Folge. Dieser Aufwand sollte bei der Konzeption von CSR-Maßnahmen mitgedacht werden. Dementsprechend empfiehlt sich eine Fokussierung auf wenige Kernthemen, die tatsächlich langfristig um- und fortgesetzt werden können.

Im Anschluss an die oben beschriebene Analyse der Unternehmens-DNA („why") ist es hilfreich, sich zur Konzeption an der Veränderungsgestaltung im 3. Modus (von der Reith und Lohmer 2014; von der Reith und Wimmer 2014) zu orientieren. Die Zeit- und die Sozialdimension können das „how" des CSR-Projekts mit Blick auf die Unternehmenskultur ausdifferenzieren und die Sachdimension stellt durch das „what" den Bezug zum unternehmerischen Handeln her. Dies wird im Folgenden näher erläutert.

5.1 Zeitliche Dimension der Interaktion von Unternehmenskultur und internationalem CSR-Engagement

Geschäftsmodelle sind nicht in Stein gemeißelt, sondern bedürfen der fortwährenden Anpassung an sich verändernde Märkte. Über viele Jahrzehnte war Geschäftsmodell- und Organisationsentwicklung projekthaft: Änderungsbedarfe wurden erkannt, Konzepte entwickelt und umgesetzt. Anfang und Ende eines Change-Projekts waren klar definiert und zwischen Phasen der Veränderung war Zeit für Konsolidierung. Aktuell wird Organisationsentwicklung als fortwährende Veränderung beschrieben (vgl. von der Reith und Wimmer 2014). Ein Change-Prozess ist noch nicht beendet und der nächste oder die nächsten Prozesse beginnen bereits. In der Praxis sind diese Prozesse häufig verbunden mit dem Bewusstsein für Veränderungsbedarf, aber eher unspezifischen Zieldefinitionen bzw. einer Zieldefinition, die sich im Verlauf des Change ändern und an neue, vormals unbekannte Rahmenbedingungen anpassen kann und muss. Zeiten für Konsolidierung und intensive Reflexion sind seltener geworden. Unsicherheit ist ein permanenter Begleiter.

CSR-Strategien können einen Beitrag zur inneren und äußeren (sozialen) Stabilität leisten, indem sie für einen längerfristigen Zeitraum definiert werden und veränderungsresistent(er) sind. Im internationalen, mittelständischen Unternehmensumfeld verlangt dies einen hohen Abstraktionsgrad, um die Langfristigkeit des Engagements sicherzustellen. Alle Unternehmensvertretungen agieren sinnvollerweise mit ihren CSR-Aktivitäten unter einer gemeinsamen Leitlinie bei gleichzeitiger Freiheit zur individuellen Ausgestaltung.

Der Analogie der Veränderungsgestaltung im 3. Modus (von der Reith und Lohmer 2014; von der Reith und Wimmer 2014) folgend ist Zeit eine wesentliche Determinante zur „Choreografie des schrittweisen Handelns" (von der Reith und Wimmer 2014,

S. 155) in der Organisationsentwicklung und im Change Management. Auch die Entscheidung für CSR-Engagement wird vom Faktor Zeit beeinflusst. Dabei sind sowohl die Unternehmenshistorie als auch die Entwicklung aktueller Trends oder auch der Reifegrad der industriellen Entwicklung eines Landes und des Unternehmens relevant. International agierende mittelständische Unternehmen müssen die Komponente Zeit mit Blick auf Mutter- und Tochtergesellschaften bewerten. Die hierin oftmals zu findende Diversität beeinflusst wiederum die Bandbreite der möglichen CSR-Maßnahmen.

Folgende Fragen können bei der Gestaltung nützlich sein

- Soll das Projekt dauerhaft angelegt sein oder erreicht es bei der aktuellen Unternehmenskultur größere Effekte, wenn es temporär, aber dafür gegebenenfalls intensiver umgesetzt wird? Oder wird das Projekt in einer sehr kurzfristigen, auf Schnelligkeit getrimmten Organisation erfolgreicher, wenn es langfristig angelegt ist und explizit Zeit dafür eingeräumt wird? Wie schnell soll ein CSR-Projekt implementiert werden? Wie sollten diese Fragen beantwortet werden, um auch das Vertrauen innerhalb der Organisation in diese Projekte zu gewinnen?
- Wann ist ein guter Start- und Endzeitpunkt? Welche Zeitpunkte fallen gegebenenfalls mit passenden weiteren internen und externen Anlässen entweder zusammen oder eignen sich, dieses Thema fortzusetzen? Was war vorher, was kommt danach?
- In welcher Ausprägung und zu welchem Zeitpunkt passt die Ausgestaltung des Projekts zum Reifegrad der unterschiedlichen Landesgesellschaften?
- Wie sind die Projekte in der Historie angelegt gewesen? Sollte dies wiederholt werden oder mal ganz anders, z. B. von einer Landesgesellschaft zuerst und dann nach und nach hin zur Muttergesellschaft gesteuert sein?
- In welcher Dynamik sollten die Prozessschritte des CSR-Projekts konzipiert sein? Bei welchen Prozessschritten ist es sinnvoll mehr Zeit einzuplanen, um die Kulturdimensionen (z. B. Achtsamkeit und Entfaltung) besser mitwirken lassen zu können?

5.2 Soziale Dimension der Interaktion von Unternehmenskultur und internationalem Corporate-Social-Responsibility-Engagement

Unternehmenskultur wird von den Menschen in der Organisation gestaltet. Inhaber und Führungskräfte setzen durch ihr Verhalten und ihre Entscheidungen oft richtungsweisende Impulse und leiten so Veränderungen ein. Ob diese Veränderungen tatsächlich umgesetzt und gelebt werden, entscheidet letztlich aber das Verhalten des Großteils der Belegschaft. Entscheidungen für ein nachhaltiges CSR-Engagement im internationalen Kontext ist eine strategische Unternehmensentscheidung. Ob und wie diese strategische Entscheidung tatsächlich gelebt wird, wird in der Organisation selbst – und oft implizit – entschieden. Wesentliche Einflussfaktoren bei der gelungenen Einführung eines internationalen CSR-Engagements sind dabei neben dem erforderlichen Wandelbedarf der Organisation auch die Wandelbereitschaft und die Wandelfähigkeit der Mitarbeiter und Mitarbeiterinnen.

Es gilt, wie bei allen strategischen Veränderungsprozessen, die Schlüsselmitarbeitenden und die Belegschaft nicht nur kognitiv und faktenbasiert mitzunehmen, sondern diese auch emotional anzusprechen, einzubinden, mögliche Vorbehalte und Widerstände anzusprechen und zu bearbeiten (Herbst 2016). Etwa 70 % aller Change-Projekte scheitern, zumeist am Widerstand des mittleren Managements und der Belegschaft (ManagerSeminare 2016). Veränderungen, auch in Bezug auf nachhaltige CSR-Strategien, werden dann erfolgreich sein, wenn die erforderliche Wandelbereitschaft im Unternehmen hergestellt werden kann.

Entscheidend ist, dass „[...] die kritische diskursive Auseinandersetzung und Aushandlung bezüglich zentraler Fragen im verantwortlichen Managementteam oder über verschiedene Organisationseinheiten hinweg [...] ein wesentlicher Erfolgsfaktor für das Change-Management" ist (von der Reith und Wimmer 2014, S. 158). Bei diesem Zitat sind drei Aspekte besonders relevant für die Ausgestaltung der Interaktion von Unternehmenskultur und CSR-Engagement:

- die kritische, ehrliche Auseinandersetzung relevanter Unternehmensvertreter mithilfe impliziter und expliziter Methoden,
- bestenfalls auch des Führungsteams und
- unter bereichsübergreifender und interkultureller Einbindung verschiedener Mitarbeiter und Mitarbeiterinnen.

Der intensive und strukturierte Dialog mit allen betroffenen und beteiligten Führungskräften und Beschäftigen ist als Minimalvoraussetzung notwendig. Eine wirksame Methode zur Begleitung von unterschiedlichen Change-Projekten ist das Zürcher-Ressourcen-Modell nach Storch und Krause (2014). In Workshops wird mit Führungskräften und Beschäftigten erarbeitet, ob und wie sie die von Unternehmensseite gewünschten und initiierten strategischen Veränderungsprozesse tatsächlich mittragen. Dieses beteiligungsorientierte Verfahren ermöglicht es, durch das Finden eines gemeinsamen Ziels für diese Veränderung – hier für das interkulturelle CSR-Engagement – eine Basis für eine gelungene Realisierung der Veränderung zu schaffen. Gegebenenfalls wird so auch frühzeitig deutlich, ob keine Wandelbereitschaft in der Belegschaft für diesen Veränderungsprozess hergestellt werden kann. Damit erhält die Unternehmensleitung frühzeitig eine Rückmeldung über eventuelle Anpassungsbedarfe an die geplante strategische Neuausrichtung oder an die geplante CSR-Strategie.

> Wenn man die Kultur in einem Unternehmen nachhaltig ändern will, braucht man jedoch Menschen, die sich verändern wollen und können. [...] Vorbilder, die glaubwürdig und entgegen vieler Widerstände vorlebten, wovon sie sprachen (Purps-Pardigol 2015, S. 35).

Hier sind gerade im internationalen Mittelstand die Unternehmer und die Top-Führungskräfte gefragt, da sie im Fokus der Aufmerksamkeit der Organisation stehen. Gerade zur Weiterentwicklung der Unternehmenskultur und des CSR-Engagements im Gesamtunternehmen ist entscheidend, dass sie sich als Einzelne und auch gemeinsam als Führungsteam verändern wollen (nicht in ihren Persönlichkeiten, aber in der Art und Weise der Interaktion miteinander) und gemeinsam als Vorbilder agieren. Dies ist i. d. R. nur durch einen (intensiven) Prozess des Ringens um ein gemeinsames Verständnis der Kernidee möglich und sollte auch mit den internationalen Vertretern geschehen. Durch den Einbezug des Blicks auf die Interaktion zwischen den Führungskräften, ist eine Durchdringung in vorherrschenden Kommunikations- und Entscheidungsmuster (implizit und explizit) möglich. Dies ist deutlich wirksamer als das Handeln eines Einzelnen. Natürlich entsteht die Interaktion durch die Muster, die aus dem Verhalten der Einzelnen entstehen. Daher sollten auch immer bei Besetzungsentscheidungen von Schlüsselpositionen diese kulturellen Aspekte berücksichtigt werden und bei gravierenden Verstößen gegen die Kernwerte der Unternehmenskultur und der CSR-Projekte Konsequenzen erfolgen.

Wie bei allen beschriebenen Maßnahmen gilt die Unentscheidbarkeit auch beim Einfluss der obersten Führungsebene: „Mit dem Brechen von Regeln stören Top Manager die Kultur, sie können jedoch nicht vorhersagen, wie das Unternehmen reagiert, sie können es nicht kontrollieren" (Grubendorfer 2016, S. 90). Diese Unkontrollierbarkeit steht häufig im Gegensatz zu Führungsversuchen wie Mikromanagement. Um mehr Vertrauen zum Loslassen zu schaffen, sollten auch die Werte der Top-Manager zu der Unternehmens-DNA passen, damit ihre innere Haltung sie bei der Umsetzung der CSR-Projekte auf natürliche Art unterstützt. Dies ist bei Familienunternehmen eher wahrscheinlich, da bei der Personalauswahl externer Kandidaten neben der fachlichen Eignung v. a. der kulturelle Fit eine wesentliche Rolle spielt (Wimmer 2014; Domayer 2014). Gleichzeitig ist es wichtig, dass sich Führungsteams Reflexionsräume erlauben. Sie brauchen Möglichkeiten, um miteinander zu diskutieren, ob sie weitermachen wollen wie bisher, was sie aktuell in ihrer Unternehmenskultur beobachten und welche Schlüsse sie daraus für ihr eigenes zukünftiges Handeln ziehen wollen. Wenn sie sich tatsächlich Zeit für diesen Austausch nehmen und dadurch wesentlich besser abgestimmt sind, wird dies einen zieldienlicheren Eindruck auf die Belegschaft machen. Dies erleichtert den Mitarbeitenden, der Führungsmannschaft zu vertrauen und durch eigenes Handeln am selben Strang zu ziehen.

CSR-Projekte sollten immer Projekte des Gesamtunternehmens sein – auch wenn dies in der Praxis häufig nicht so erlebt wird, da diese oftmals separiert von einzelnen Abteilungen oder Personen gesteuert werden. Dadurch werden wichtige Chancen vertan: Das internationale CSR-Engagement sollte ein wichtiger Bestandteil der regelmäßigen Abstimmungen der bereichsübergreifenden Führungsteams sein. Gerade durch die oben beschriebene Notwendigkeit der strategischen Ableitung, der damit verbundenen Kommunikation und den Möglichkeiten, weitere Sekundäreffekte in der Belegschaft erzeugen zu können, sollten neben den Kernbereichen der Organisation – wenn vorhanden – auch die Strategie, die Kommunikation und der Personalbereich Teil des Projektteams sein. Durch den Einbezug von Mitarbeitenden aller beteiligten Landesgesellschaften in die verschiedenen Phasen des Projekts von der Ideensammlung bis zur Evaluation kann ein Beitrag zum Wir-Gefühl geschaffen werden. Außerdem können durch den bereichsübergreifenden Austausch beispielsweise auch durch Vertrieb und Produktion in den üblichen Prozessen Verbesserungspotenziale aufgedeckt werden.

Wichtig für den Einbezug der Belegschaft aller Ebenen sind die oben genannten Dimensionen der Unternehmenskultur nach Purps-Pardigol (2015). Zugehörigkeit und Verbundenheit entstehen in erster Linie durch gute Kommunikation und Information, d. h. dass die Belegschaft über das internationale CSR-Engagement Bescheid weiß und Möglichkeiten kennt, sich zu informieren. Je nach spezifischer Zielsetzung können Informationen aus erster Hand des Top-Managements v. a. der Notwendigkeit des CSR-Engagements, Workshops zur bereichsübergreifenden Initiierung von Projekten und zur Einbindung aller benötigten Kompetenzen, Vorstellungen der Arbeit verschiedener Bereiche zur Entdeckung blinder Flecken oder innovativer Ideen etc. nützlich sein. Eine klare Struktur, wer wann informiert wird, mitarbeiten kann oder Feedback geben darf, schafft Transparenz und Verbundenheit. Dadurch werden Siloeffekte abgebaut und größere Teile der Belegschaft können sich auch extern zu den CSR-Projekten äußern und zur positiven, authentischen Kommunikation beitragen.

In der Regel möchten sich Mitarbeitende einbringen, mitgestalten und sich mit ihrem Potenzial entfalten – gerade bei Projekten, die mit ihren eigenen Werten übereinstimmen und zusätzlich zum Standardarbeitsergebnis einen Unterschied machen können. Daher sollten zu den verschiedenen Projektphasen auch immer Möglichkeiten der Einbindung geschaffen werden. Auch wenn dies die zeitliche Dimension auf den ersten Blick verlängert. Auf diese Weise kann die Weisheit der Vielen genutzt werden und auch Mitarbeiter und Mitarbeiterinnen schätzen den Wert ihrer eigenen Arbeit höher sein (Purps-Pardigol 2015). Beispielsweise können bereichsübergreifende Beratungsteams, bestehend aus Vertretern der Belegschaft, für das Top-Management etabliert werden. Hier sollten auch explizit fachfremde Teilnehmer und Querdenker inkludiert werden, um den Fokus der Aufmerksamkeit auch auf untypischere Ideen zu lenken. Außerdem braucht es eine klare Prozessstruktur und Spielregeln, dann können die Mitarbeiter und Mitarbeiterinnen ihre eigenen Ideen entwickeln und umsetzen. Dies funktioniert mit starken positiven Affekten, die die Grundlage für intrinsische Motivation, bereichsübergreifendes Lernen und Ownership sind. Wichtig hierbei ist, dass die Wirksamkeit der Gruppe sichtbar wird, z. B. durch tatsächliche Umsetzung einzelner Ideen, Rückkopplungen der Fortschritte und breite Kommunikation sowie die Möglichkeit aller Mitarbeiter zur Teilhabe. Da dies wie beschrieben i. d. R. ein längerer, umfassender Prozess ist, sollten über die Zeit genügend Möglichkeiten zur Teilnahme bestehen. Wenn dies gut etabliert ist, kann auch das Top-Management immer mehr loslassen und sich mehr auf die strategischen Zukunftsfragen konzentrieren.

Durch diese Art der Zusammenarbeit über die Hierarchieebenen hinweg entsteht ein gegenseitiges Vertrauen, da Mitarbeitende im vordefinierten Rahmen selbstständig agieren und gegebenenfalls Spielregeln selbst definieren können. Natürlich ist dies ein schrittweiser Lernprozess für alle Beteiligten, da Referenzerfahrungen gemacht werden müssen und bei negativen Vorerfahrungen in der Vorbereitung intensiv unterstützt werden muss. Ebenso wird dieser Prozess, je nach Landeskultur, unterschiedlich verlaufen und moderiert werden müssen. Für ein Lernen dieser Art der Zusammenarbeit eignen sich CSR-Projekte, da diese weniger durch Kennzahlen gesteuert sind und gemeinsam übergreifende Ziele erreicht werden können.

So kann neben den Tätigkeiten der eigenen Rollenbeschreibung ein neuer Erfahrungshorizont entstehen, der die Belegschaft fordert, erweiterte Verantwortung zu übernehmen und eigene Wege zu finden. Wichtige Rahmenbedingungen sind die Freiwilligkeit und die Unterstützung beim eigenen Finden der Antworten auf relevante Fragen sowie der anschließenden Reflexion. Letzteres findet nur statt, wenn sich die Beteiligten Zeit nehmen und achtsam versuchen, die gemachten Beobachtungen und Erfahrungen miteinander zu teilen. In diesen Reflexionsräumen kann zudem wieder der Bezug zum eigentlichen Sinn hergestellt werden. Die Dimensionen der Unternehmenskultur nach Purps-Pardigol (2015) eignen sich optimal, um sie im Rahmen von CSR-Projekten zu etablieren und anschließend auszuweiten. Gleichzeitig fördern sie das Erreichen der Sekundärziele des CSR-Engagements.

> Mitarbeiter, die sich der CSR-Aktivitäten des eigenen Unternehmens und deren positiven Auswirkungen bewusst sind, zeigen erstens eine höhere Bereitschaft, den Kollegen zu helfen, machen zweitens deutlich öfter konstruktive Vorschläge, um Arbeitsprozesse zu verbessern, und fühlen zum Dritten weniger Erschöpfung als die Kollegen, die nichts über die CSR-Aktivitäten des Unternehmens wissen (Purps-Pardigol 2015, S. 170).

Im internationalen Mittelstand sollte auch überlegt werden, wie das CSR-Engagement mit dem Kulturaustausch und der Förderung von Talenten verknüpft werden kann. Da aus Sicht der Mitarbeiter in Familienunternehmen häufig nicht nur die zu erreichende Rolle, sondern v. a. die Nähe zur Unternehmerfamilie eine hohe Wertigkeit hat (Wimmer 2014), ist es besonders attraktiv an wertschöpfenden Projekten mitzuarbeiten. In der Praxis bieten sich zudem Auslandsaufenthalte und interkulturelle Task Forces zum interkulturellen Austausch (Zeutschel 2012) aber auch zur Erarbeitung gemeinsamer CSR-Lösungen an.

Dieser Ansatz des Miteinandergestaltens kann aber nicht nur auf die Mitarbeitenden, sondern ebenso auf Partnerunternehmen und Kunden übertragen werden. Familienunternehmen pflegen häufig eine besonders vertrauensvolle Beziehung zu ihren Partnerunternehmen und eine langfristige Kundenorientierung. Vor dem Hintergrund der begrenzten Ressourcen könnten sich Unternehmen mit ihren gleichgesinnten Partnerunternehmen für CSR-Aktivitäten zusammenschließen und so die Reichweite ihres Engagements vergrößern oder auch Kunden bei den von ihnen initiierten Projekten unterstützen.

Für die weitere Konzeption der CSR-Projekte im Sinn des 3. Modus können beispielhaft folgende Fragen zur Gestaltung der „kreativen Führung der Kommunikations- und Kooperationsdynamik" (von der Reith und Wimmer 2014, S. 155) nützlich sein:

- Welche internen und externen Stakeholder des CSR-Projekts müssen berücksichtigt und eingebunden werden? Welche Wechselwirkungen sind zu erwarten?
- Wie gelingt für und durch das CSR-Engagement die Bildung von Führungskoalitionen und Überzeugungskraft für die Teams?
- Wie kann das im Unternehmen vorhandene Know-how vernetzt und dessen Entfaltung Raum gegeben werden?
- Wie kann Teilhabe wann für wen ermöglicht werden? Wie kann die Verbreitung in die Gesamtbelegschaft gelingen? Welche Rolle spielen die Unternehmer?
- Wie gelingt die Überbrückung der Hierarchien und die Kommunikation auf Augenhöhe?
- Wie können regelmäßige Reflexionsräume geschaffen werden?
- Welche Kommunikationsstrategien und -formate können intern und extern hilfreich sein?
- Welche Spielregeln sind nötig, um Entscheidungen zu treffen und (Ziel-)Konflikte zu steuern?
- Wie werden implizites und explizites Wissen in diesen Prozess einbezogen?
- Wie können internationale Gemeinsamkeiten und Unterschiede genutzt werden? Wie gelingt eine internationale Auseinandersetzung mit den CSR-Zielen?

5.3 Sachliche Dimension der Interaktion von Unternehmenskultur und internationalem Corporate-Social-Responsibility-Engagement

„Es gibt keinen Change ohne Inhalt" (von der Reith und Wimmer 2014, S. 156), d. h. in dieser Thematik, dass die Unternehmenskultur und auch das interkulturelle CSR-Engagement niemals ohne Bezug zum „business need" betrachtet werden sollten. Die strategischen Herausforderungen des Geschäfts und die Zukunftsfähigkeit im Markt sind maßgeblich für die Ableitung aller Maßnahmen. Wie oben durch den Win-win-Ansatz beschrieben, sollten die CSR-Aktivitäten bestenfalls als Teil einer Strategie zur langfristigen Sicherung des Unternehmenserfolgs gesehen und durch die Unternehmenskultur unterstützt werden. Im Sinn des 3. Modus der Veränderungsgestaltung sollte also das Geschäftsmodell auch das „Design inhaltlicher Gestaltungsfelder" (von der Reith und Wimmer 2014, S. 155) mitbestimmen. Wichtig ist, dass die CSR-Projekte regelmäßig im Rahmen der Strategiemeetings der obersten Führungsebene reflektiert und auch Kunden- und Mitarbeiterfeedbacks eingeholt werden, damit die Sekundäreffekte abgeschätzt werden können. Will das Unternehmen wie hier empfohlen eine enge Verzahnung mit dem Geschäftsmodell erreichen, so kann in der Praxis beispielsweise die Methode des Business Model Canvas (vgl. Nagel 2014) mit einer Erweiterung um die Unternehmens-DNA und das CSR-Engagement genutzt werden.

> Folgende Fragestellungen können bei der sachlichen Ausgestaltung des CSR-Engagements helfen:
>
> - Wie sieht das übergeordnete Zukunftsbild aus, zu dem die Unternehmenskultur und das CSR-Engagement beitragen sollen? Von welchem Ausgangspunkt zu welchem Zielscenario sollen die Maßnahmen beitragen?
> - Inwieweit helfen die CSR-Projekte bei der strategischen Ausrichtung, v. a. als sichtbares Zeichen des „how" in Richtung der Kunden? Welches Problem des Kunden wird durch die CSR-Maßnahme gelöst?
> - Wie wird das CSR-Engagement intern und extern positioniert? Wie muss es gestaltet sein, damit es in der externen Kommunikation genutzt werden kann, um Vertrauen im Markt und bei den Kunden zu generieren? Wie kann es genutzt werden, um intern Mitarbeitern und Mitarbeiterinnen Zugehörigkeit zu ermöglichen?
> - Welche Interaktionen oder Wechselwirkungen mit anderen Projekten oder Partnerunternehmen könnten entstehen oder auch genutzt werden?
> - Müssen gegebenenfalls zur Passung von Geschäft, Kultur und CSR-Engagement auch Organisationsdimensionen wie Arbeitsweisen, Organisationsdesign, Rollenprofile etc. überdacht und verändert werden? Welche externen Rahmenbedingungen und Einflüsse wie Branche, Veränderungen in der Gesellschaft an sich etc. müssen mitbedacht werden?

6 Fazit

In mittelständischen Unternehmen werden vielfältige CSR-Projekte auch im internationalen Kontext umgesetzt. In der Regel geschieht dies sehr implizit und intuitiv sowie geprägt durch den Unternehmer bzw. die Unternehmerin. Dadurch ist das Engagement sehr authentisch, aber häufig wenig strategisch eingebettet und kommuniziert. Um die CSR-Aktivitäten wirkungsvoller zu gestalten, beschreibt dieses Kapitel die Wichtigkeit der strategischen Verankerung und das mögliche Zusammenspiel mit der Unternehmenskultur. Dadurch können CSR-Aktivitäten deutlicher innerhalb und außerhalb des Unternehmens verankert werden und an internationaler Reichweite gewinnen.

Literatur

Barmeyer C, Ghidelli E, Haupt U, Piber H (2015) Organisationsentwicklung im interkulturellen Raum. OrganisationsEntwicklung. Zeitschrift Für Unternehmensentwicklung Chang Manag 4:75–81

Beckmann M (2007) Corporate Social Responsibility und Corporate Citizenship – Eine empirische Bestandsaufnahme der aktuellen Diskussion über die gesellschaftliche Verantwortung von Unternehmen (Wirtschaftsethik-Studie Nr. 2007-1). Martin-Luther-Universität Halle-Wittenberg, Halle

BMAS – Bundesministerium für Arbeit und Soziales (2017) CSR-Preis. http://www.csr-in-deutschland.de/DE/CSR-Preis/csr-preis.html. Zugegriffen: 17. Juni 2017

Bundeszentrale für politische Bildung (2012) Wohlstand ohne Wachstum? Politik und Zeitgeschichte 62:27–28. http://www.bpb.de/shop/zeitschriften/apuz/139104/wohlstand-ohne-wachstum. Zugegriffen: 19. Mai 2017

CSR Hub NRW (2017) Corporate Social Responsibility. http://www.csrhub-nrw.de/warum-csr-fuer-junge-unternehmen/. Zugegriffen: 11. Juni 2017

Domayer E (2014) Personalauswahl (Nachfolgerauswahl) in Familienunternehmen. EQUA Schriftenreihe, Einflussfaktoren auf die Nachfolge in Familienunternehmen, Bd. 15, S 53–61

Drevs M (2017) Werkzeugkiste (50). DNA-Analyse von Organisationen. OrganisationsEntwicklung. Zeitschrift Für Unternehmensentwicklung Chang Manag 1:83–88

Fernández-Aráoz C, Iqbal S, Ritter J, Sadowski R (2016) Familienunternehmen besser führen. Harvard Business manager. Family business – Die Geheimnisse erfolgreicher Familienunternehmen 2:6–13

Grohe (2017) Grohe Nachhaltigkeitsbroschüre. https://www.grohe.com/com-de/19481/ueber-grohe/verantwortung/. Zugegriffen: 17. Juni 2017

Grubendorfer C (2016) Einführung in systemische Konzepte der Unternehmenskultur. Carl-Auer, Heidelberg

Herbst DG (2016) Wie Führungskommunikation in der Digitalisierung zum Erfolg führt. KMU-Magazin 12(1):2–5

Hofstede G (2010) Lokales Denken, globales Handeln. Interkulturelle Zusammenarbeit und globales Management. dtv, München

Institut für Handelsforschung Köln (2014) Nachhaltigkeit im Handel: Verbraucher fordern mehr Informationen – vor allem am PoS. https://www.ifhkoeln.de/pressemitteilungen/details/nachhaltigkeit-im-handel-verbraucher-fordern-mehr-informationen-vor-allem-am-pos/. Zugegriffen: 19. Mai 2017

Institut für Wachstumsstudien (2013) Kernaussage des Instituts für Wachstumsstudien. http://www.wachstumsgesellschaft.de/Inhalt/PDF/IWS_Kernaussage.pdf. Zugegriffen: 19. Mai 2017

Leidinger J (2012) Familienunternehmen: „Den positiven Rückenwind besser nutzen". Die Presse (25.02.2012). https://osb-i.com/sites/default/files/press/Familienunternehmen_Den_positiven_Rueckenwind_besser_nutzen_Die_Presse_Februar_2012_Interview_mit_Rudolf_Wimmer.pdf. Zugegriffen: 17. Juni 2017

ManagerSeminare (2016) Veränderungsmanagement: Immer mehr Change-Projekte scheitern. managerSeminare 221:13

Nagel R (2014) Werkzeugkiste 38. Die Business Model Canvas. OrganisationsEntwicklung Zeitschrift für Unternehmensentwicklung und Change Management 1:83–88

Ohno T (2013) Das Toyota Produktionssystem, 3. Aufl. Campus, Frankfurt am Main

Posch M (2017) Wenn die Jungen übernehmen. https://www.welt.de/sonderthemen/mittelstand/finanzierung/article164798973/Wenn-die-Jungen-uebernehmen.html. Zugegriffen: 3. Juni 2017

Purps-Pardigol S (2015) Führen mit Hirn. Mitarbeiter begeistern und Unternehmenserfolg steigern. Campus, Frankfurt am Main

Rapunzel Naturkost (2017) Rapunzel Naturkost: Wir machen Bio aus Liebe. http://www.rapunzel.de/ueber-rapunzel.html. Zugegriffen: 17. Juni 2017

Ready D, Roehl H (2017) Tränen des Stolzes – Ein Gespräch mit Doug Ready über unsere Sehnsucht nach Sinn. OrganisationsEntwicklung Zeitschrift für Unternehmensentwicklung und Change Management 1:12–17

von der Reith F, Lohmer M (2014) Systemisches Change-Management: Dimensionen der Wirksamkeit. In: Wimmer R, Glatzel K, Lieckweg T (Hrsg) Beratung im Dritten Modus. Die Kunst, Komplexität zu nutzen. Carl Auer, Heidelberg, S 148–173

von der Reith F, Wimmer R (2014) Organisationsentwicklung und Change Management. In: Wimmer R, Meissner JO, Wolf P (Hrsg) Praktische Organisationswissenschaft. Lehrbuch für Studium und Beruf. Carl Auer, Heidelberg, S 139–166

Schein EH (2004) Organizational culture and leadership, 3. Aufl. Jossey-Bass, San Francisco

Schmidt A (2013) Zum Nutzen von Werten im Generationswechsel. Wirtschaftspolitische Blätter 1:49–58

Schmidt A (2014) Neue Formen der Strategieentwicklung in Familienunternehmen etablieren. Familienunternehmen und Stiftungen 6:214–219

Schmidt A, Reisinger RM (2015) Unternehmensübergabe. Businessart 1:7–12

Simon FB (2015) Einführung in die systemische Organisationstheorie, 5. Aufl. Carl Auer, Heidelberg

Sinek S (2009) Start with why – How great leaders inspire everyone to take action. Penguin Books, London

Statista (2017a) Umsatz mit Bio-Lebensmitteln in Deutschland in den Jahren 2000 bis 2016 (in Milliarden Euro). https://de.statista.com/statistik/daten/studie/4109/umfrage/bio-lebensmittel-umsatz-zeitreihe/. Zugegriffen: 22. März 2017

Statista (2017b) Anteile der Familienunternehmen in Deutschland an allen Unternehmen, an der Gesamtbeschäftigung und am gesamten Umsatz. https://de.statista.com/statistik/daten/studie/234891/umfrage/familienunternehmen-in-deutschland-anteil-an-unternehmen-beschaeftigten-und-umsatz/. Zugegriffen: 3. Juni 2017

Statistisches Bundesamt (2017) IM FOKUS vom 15.03.2017: 40 % des Stroms aus Braun- und Steinkohle in 2016. https://www.destatis.de/DE/ZahlenFakten/Wirtschaftsbereiche/Energie/Energie.html. Zugegriffen: 22. März 2017

Steinmann H, Schreyögg G (2005) Management. Grundlagen der Unternehmensführung, 6. Aufl. Gabler, Wiesbaden

Storch M, Krause F (2014) Selbstmanagement – ressourcenorientiert, 5. Aufl. Huber, Bern

Vollmer L (2016) Zurück an die Arbeit! Wie aus Business-Theatern wieder echte Unternehmen werden. Linde, Wien

Walther M, Schenkel M (2010) Herausforderung CSR: Strategie und Selbstwahrnehmung mittelständischer Unternehmer. In: Meyer JA (Hrsg) Strategien von kleinen und mittleren Unternehmen: Jahrbuch der KMU-Forschung und -Praxis 2010. Josef Eul, Lohmar, S 77–96

Weleda (2016) Vielfalt als inspirierende Kraft. Geschäfts- und Nachhaltigkeitsbericht 2016. https://weledaint-prod.global.ssl.fastly.net/binaries/content/assets/pdf/corporate/weleda_geschafts-und-nachhaltigkeitsbericht_2016.pdf. Zugegriffen: 17. Juni 2016

Wimmer R (2014) Wie familiär sind Familienunternehmen. In: Geramanis O, Hermann K (Hrsg) Organisation und Intimität. Der Umgang mit Nähe im organisationalen Alltag – zwischen Vertrauensbildung und Manipulation. Carl Auer, Heidelberg, S 25–40

Zeutschel U (2012) und es klappt doch! Interkulturelle Begegnungen der konstruktiven Art. In: Zeutschel U, Kammhuber S (Hrsg) Kultur zwischen Standard und Kreativität. Academic/Bloomsbury, Berlin, S 221–330

Dr. Susanna Krisor arbeitet als Human-Resources-Businesspartnerin in einem internationalen, mittelständischen Familienunternehmen, das als Premiumanbieter hochwertiger Designarmaturen für Bad, Spa und Küche bekannt ist. Zuvor war sie Projektmanagerin im Bereich People and Organisation Strategy mit dem Fokus auf Leadership Development und Mitarbeiterengagement für einen der führenden deutschen Telekommunikationskonzerne.

Frau Dr. Krisor ist Diplom-Psychologin und promovierte in Wirtschafts- und Sozialwissenschaften. In ihrer Promotion setzte sie sich mit den Zusammenhängen von Stresserleben und der Vereinbarkeit von Familie und Beruf von Erwerbstätigen auseinander. Zudem ist sie ausgebildet als Coach und Beraterin im Bereich der systemischen Organisationsberatung sowie als Trainerin für Leadership Development, Team Effectiveness, Betriebliches Gesundheitsmanagement, Stress Management und Diversity Management.

Gerda Köster ist Inhaberin des Beratungsunternehmens GMK – Entwicklung von Organisation und Individuum. Sie berät und unterstützt Arbeitgeber zu Fragen der Organisations- und Führungskraftentwicklung, Diversity Management und Vereinbarkeit von Beruf und Familie. Frau Köster ist Dipl. Betriebswirtin (FH) und hat einen BA in European Business Studies, sie ist als Mediatorin, Prüferin im Qualitätssiegel familienfreundlicher Arbeitgeber der Bertelsmann Stiftung und Beraterin im Programm unternehmensWert:Mensch qualifiziert. Darüber hinaus ist Frau Köster Trainerin mit den Schwerpunkten Team-Management-System, Zürcher-Ressourcen-Modell, Diversity und Change Management. Frau Köster hat über 25 Jahre Berufserfahrung als Fach- und Führungskraft im Personalwesen, mit Expertise in der Organisations- und Personalentwicklung und im Diversity Management.

Wenn Welten sich begegnen – Kulturelle Aspekte bei der Entwicklung von Corporate-Social-Responsibility-Maßnahmen am Beispiel von Corporate Volunteering und der Arbeit zur Integration von Flüchtlingen

Karl-Hans Kern, Ricarda Gregori und Ursula-Marie Behr

1 Einleitung

Corporate Social Responsibility (CSR) – die gesellschaftliche Verantwortung von Unternehmen – ist in der Caritas ein noch junges Thema. Wenn es bisher aufgegriffen wurde, dann in erster Linie aus der Überlegung heraus, unter der Überschrift CSR den Kontakt zu Unternehmen herzustellen und mögliche Kooperationen einleiten zu können. Daher gründete der Deutsche Caritasverband e. V. im Jahr 2011 ein bundesweit tätiges CSR-Kompetenzzentrum mit dem Ziel, damit einen Beitrag zur strategischen Verankerung von CSR und Unternehmenskooperationen im Verband zu leisten.

Interkulturelles Management wird im Rahmen des vorliegenden Beitrags in erster Linie als die Planung und Umsetzung von Handlungsschritten verstanden, die aus dem Miteinander von Non-Profit- und Profit-Organisationen entstehen. Die Caritas erlebt dieses Miteinander als eine Begegnung zweier Welten mit jeweils sehr unterschiedlichen kulturellen Ausprägungen. Sich über die kulturellen Besonderheiten einer sozialen Organisation im Klaren sein und gleichzeitig das Verständnis für eine sich davon unterscheidende Kultur eines Unternehmens aufbringen zu können, zeigt sich inzwischen sogar als Erfolgsfaktor für gelingende Unternehmenskooperationen.

K.-H. Kern (✉)
Caritasverband der Diözese Rottenburg Stuttgart e.V.
Stuttgart, Deutschland
E-Mail: csr@caritas.de

R. Gregori
Gerlingen, Deutschland
E-Mail: rc.gregori@con-cipio.de

U.-M. Behr
Frankfurt am Main, Deutschland
E-Mail: info@behr-fundraising.de

© Springer-Verlag GmbH Deutschland, ein Teil von Springer Nature 2019
A. B. Karlshaus und I. C. Mochmann (Hrsg.), *CSR und Interkulturelles Management*,
Management-Reihe Corporate Social Responsibility,
https://doi.org/10.1007/978-3-662-55230-8_9

Gleichzeitig ist mit einem so verstandenen interkulturellen Management auch eine internationale Dimension verbunden. Denn Corporate-Volunteering-Aktivitäten werden insbesondere von den Unternehmen durchgeführt, deren Konzernspitzen in England oder Amerika ihren Sitz haben. Dort gehört die Einbindung der Beschäftigten in die CSR-Aktivitäten zur Kultur des Unternehmens und wird als nachahmenswertes CSR-Modul auch in die Unternehmenspraxis in Deutschland übertragen.

2 Zwischen Welten bewegen

Da CSR für immer mehr Unternehmen zu deren strategischer Ausrichtung gehört, wollen diese sich zunehmend an ihrem Standort, mit Mitarbeitenden oder in anderer Form, in das Gemeinwesen einbringen. Dazu benötigen sie Partner, die wissen, welche sozialen Herausforderungen anstehen und die das Knowhow, die Bereitschaft und die Ressourcen mitbringen, um gemeinsam mit ihnen dazu einen Beitrag zu leisten.

Wer sich seitens der Caritas aus der Haltung „wir tun Gutes und dazu brauchen wir Geld – Unternehmen haben Geld und wollen Gutes tun" heraus in erster Linie darum bemüht, finanzielle Mittel von Unternehmen einzuwerben, ist auf Unternehmen angewiesen, die aus eher altruistischer Motivationslage handeln oder deren bisherige Spendenpraxis diese Form der Unterstützung der sozialen Organisation ermöglicht.

In der Konsequenz allerdings werden damit Unternehmen auf eine Funktion als Geldgeber reduziert – ein Bild, dem Unternehmen mit wachsender strategischer CSR-Ausrichtung immer weniger entsprechen (wollen). Nicht zuletzt deshalb, weil sich gerade Unternehmen mit Konzernsitz in Großbritannien oder den USA auf ihre langjährige Kultur als gesellschaftlich engagiertes Unternehmen besinnen und zunehmend Elemente davon in den bundesdeutschen Alltag hineintragen. Dies wird v. a. an den mit der Caritas durchgeführten Corporate-Volunteering-Angeboten in Großstädten wie Frankfurt, Berlin oder München offensichtlich.

Ist die Antriebsfeder für die Kontaktanbahnung zu Unternehmen eher von einem Verständnis und dem Willen geprägt, in dem Anderen nicht in erster Linie den Geldgeber, sondern einen potenziellen Partner für gemeinsame Aufgaben zu sehen, stehen der Aufbau von Unternehmenskontakten und -beziehungen sowie die Entwicklung von Kooperationen oder gar CSR-Partnerschaften im Vordergrund des Handelns. Dies wiederum bedeutet das Sicheinlassen auf eine andere Welt, die Begegnung unterschiedlicher Kulturen mit jeweils eigener Sprache und eigenen Handlungslogiken.

Das Initiieren und die Umsetzung von Unternehmenskooperationen und CSR-Partnerschaften sind Lernfelder, die bei den dafür Verantwortlichen der Caritas den Blick auf die eigene Organisation und ihr helfendes Handeln verändern. Denn faktisch bewegen sie sich zwischen zwei Welten. Sie kennen und erleben ihre Organisation im Arbeitsalltag, wissen um Hintergründe von verbindlichen Entscheidungen und Handlungsweisen und fungieren quasi als Botschafter bei Unternehmen für ihre Organisation und deren Vorhaben.

Gleichzeitig erhalten sie Einblick in die Denk- und Handlungsweisen von Unternehmen. Sie lernen deren Erwartungen an die Caritas kennen und müssen sie mit den Haltungen und Erwartungen der eigenen Organisation an Unternehmen in Einklang bringen. Sie bauen Beziehungen zu Personen aus Unternehmen auf und lernen im Miteinander die Wahrnehmung der eigenen Organisation durch Außenstehende kennen. Diese ist in den seltensten Fällen deckungsgleich.

Die Arbeit daran, diese beiden Welten miteinander in Verbindung zu bringen, das Verständnis für die Ziele und das Handeln des jeweils anderen zu wecken, verlangt kultursensibles Arbeiten. Soziale Arbeit wird seit jeher als kulturelle Übersetzungsarbeit zwischen sozialen Lebenswelten und Kulturen beschrieben. Umso mehr gilt dies auch für die Gestaltung eines Miteinanders sozialer Organisationen und Unternehmen.

Mit der wachsenden Bedeutung von CSR in Deutschland – der 2010 erfolgten Einführung der Nationalen CSR-Strategie, der Publikation der ISO 26.000 und der Weiterentwicklung der CSR-Definition der Europäischen Union, die CSR als „die Verantwortung von Unternehmen für ihre Auswirkungen auf die Gesellschaft" definiert (Europäische Kommission 2011, S 7) – weiteten die angloamerikanischen Dependancen der Unternehmen ihr Engagement in Deutschland aus. Inzwischen erreichen das CSR-Kompetenzzentrum der Caritas aber auch Anfragen aus kleineren, regional tätigen Unternehmen, die sich gern mit ihren Beschäftigten gesellschaftlich engagieren möchten.

Dann heißt es, schon im Erstkontakt mit Unternehmen die Sensibilität und das Verständnis für die Welt des Sozialen zu wecken. Denn auch für die Beschäftigten der Unternehmen ist die bevorstehende Aufgabe, sich mit Kolleginnen und Kollegen in einer sozialen Einrichtung zu engagieren, ein Einlassen auf ein für sie unbekanntes Terrain, die Begegnung mit Menschen und ihnen bisher eher nicht bekannten Schicksalen. Das verlangt Einfühlungsvermögen und Sensibilität sowie ein Sich-darauf-einlassen-Wollen und -Können.

Gleiches gilt für die Organisationen der Caritas. Zum einen bedeutet der Einsatz von Unternehmensmitarbeiterinnen und -mitarbeitern in deren Arbeitsalltag eine Umstellung ihrer gewohnten Arbeitsabläufe. Und zum anderen verlangt das In-Austausch-Treten und das Gemeinsam-Arbeiten das gleiche Maß an Einfühlungsvermögen und Sensibilität wie bei ihren Partnern aus Unternehmen.

Die folgenden Beispiele von Corporate-Volunteering-Aktivitäten aus München und Köln beziehen sich auf die Ergebnisse der im November 2016 veröffentlichten Studie „20 Erfolgsgeschichten – Wie Kooperationen von Unternehmen und sozialen Organisationen gelingen" (CSR-Kompetenzzentrum im Deutschen Caritasverband 2016, S 17 ff.). Sie wurde im Auftrag von Japan Tobacco International, Köln, durch das CSR-Kompetenzzentrum bundesweit durchgeführt, wozu auch die für die Kooperation Verantwortlichen aus Unternehmen und sozialen Organisationen interviewt wurden. In den Gesprächen wird immer wieder auf die Bedeutung hingewiesen, die den Unterschieden in der Sprache und der Kultur der beiden Welten zukommt.

Den anderen verstehen wollen, München
Der Sozialdienst katholischer Frauen e. V. (SkF) München ist ein Fachverband der Caritas. Er setzt sich für sozial benachteiligte Menschen ein, entwickelt gemeinsam mit ihnen Perspektiven und trägt damit dazu bei, ihre Lebensbedingungen zu verbessern. Die Schwerpunkte des SkF München liegen in der Kinder- und Jugendhilfe, der Schwangerenberatung, den Mutter-Kind-Häusern, der Wohnungslosen- und Straffälligenhilfe.

Die State Street Corporation, gegründet 1792, ist einer der weltweit führenden Spezialisten bei Dienstleistungen für institutionelle Investoren mit Hauptsitz in Boston. Die State Street Bank GmbH mit Sitz in München ist eine Tochtergesellschaft der State Street Corporation und verfügt über Niederlassungen in Amsterdam, Frankfurt, Krakau, London, Luxemburg, Wien und Zürich. Sie kooperiert seit 2011 mit der Social Sense gGmbH, einem Tochterunternehmen des SkF. Ziel der Social Sense ist es, jungen Frauen in schwierigen Lebenssituationen unter Berücksichtigung ihrer individuellen Leistungsfähigkeiten durch Praktika, Aus- und Weiterbildung ein eigenverantwortliches und selbstbestimmtes Leben zu ermöglichen. Die State Street Bank unterstützt die Social Sense finanziell, durch Volunteering-Einsätze und als Einsatzstelle für Praktika.

Aus Sicht des SkF fördern das gegenseitige Verständnis der jeweils anderen Kultur und Vorgehensweise sowie eine funktionierende Zusammenarbeit die Kooperation der beiden Partner. Das Wissen um die unterschiedlichen Sprachen und Begrifflichkeiten und der Umgang mit oft vollkommen unterschiedlichen Vorstellungen und Gedanken zur Realisierung geplanter Vorhaben werden als eine Voraussetzung zur erfolgreichen Umsetzung der Partnerschaft benannt. Darüber hinaus betrachtet die Vertreterin des Unternehmens das Vorhandensein eines betriebswirtschaftlichen Verständnisses als essenziell für die Etablierung von Projekten und das Verhindern eines möglichen Scheiterns. „Mit einem reinen Sozialpädagogen zu sprechen ist dann für beide Seiten wie eine ganz andere Sprache, das macht es schwieriger", führt sie aus.

Verschiedene Ansichten auf die Welt, Köln
Der Caritasverband für die Stadt Köln und die Unternehmensberatung Frontier Economics kooperieren seit 2011 im Rahmen von Corporate-Volunteering-Einsätzen. Unter anderem unterstützen die Mitarbeiterinnen und Mitarbeiter der Unternehmensberatung das Bewerbungstraining für Hörgeschädigte. Einmal im Jahr führen sie in den Klassen 9 und 10 einer Kölner Förderschule ein intensives Bewerbungstraining durch. Diese Woche wird von den Mitarbeiterinnen und Mitarbeitern des Caritasverbands vorbereitet und gemeinsam mit Frontier Economics durchgeführt.

Inhaltlich liegt der Schwerpunkt darauf, die Jugendlichen auf den Übergang Schule-Beruf vorzubereiten. Trainiert werden dabei Soft Skills, Umgang mit Assessmentcenter, Bewerbungsschreiben und Vorstellungsgespräche.

„Organisationen und Unternehmen haben verschiedene Ansichten auf die Welt und oft zwei verschiedene Herangehensweisen an Projekte", beschreibt die Verantwortliche der Caritas die Erfolgsfaktoren und Hindernisse auf dem Weg zum partnerschaftlichen Miteinander. Der Vertreter der Unternehmensberatung bestätigt ihre Aussage mit seinen Worten: „Für Unternehmen ist es ein bisschen schwirig, sich vorzustellen, wo sie wirklich helfen können und wo nicht. Das, was wir wirklich gut können, ist ja nicht unbedingt das, was benötigt wird. Daher ist es sicher hilfreich, wenn sich Organisationen vorab klar darüber werden, welche Angebote sie für verschiedene Firmen, z. B. mit unterschiedlicher Mitarbeiteranzahl und verschiedenen zeitlichen Vorstellungen, vorhalten können, damit man diese geplanten Vorhaben auch ad hoc den Unternehmen anbieten kann".

Dolmetscher sein, München
Das Caritas Freiwilligen-Zentrum West in München fördert die Kooperation von Staat, Wirtschaft und Zivilgesellschaft und ist Teil der Sozialbewegung in der Region. Es arbeitet schwerpunktmäßig im Bereich Förderung und Unterstützung des gemeinnützigen Engagements von Wirtschaftsunternehmen aus der Stadt und dem Landkreis München. Im Rahmen einer Kooperation mit Samsung SDI vermittelt das Freiwilligenzentrum Möglichkeiten für Corporate-Volunteering-Einsätze an das Unternehmen.

Samsung SDI ist ein südkoreanischer Hersteller von Bildschirmen, Batterien und Akkumulatoren. Mit 30 Beschäftigten ist Samsung SDI mit einer Organisationseinheit in Ismaning bei München vertreten. Das Unternehmen unterstützt an vier Terminen im Jahr das ökologische Bildungszentrum. Dabei helfen drei bis acht Mitarbeiter bei anstehenden handwerklichen Tätigkeiten mit. Zum anderen bereitet Samsung SDI gemeinsam mit der Caritaseinrichtung Psychologischer Dienst für Ausländer deren Weihnachtsfeier inhaltlich und logistisch vor.

Wie schon bei den zuvor geschilderten Kooperationen benennt auch der Leiter des Freiwilligenzentrums die verschiedenen Kulturen von Unternehmen und gemeinnützigen Organisationen als größte Herausforderung. Seine Aufgabe sieht er deshalb darin, eine Art Dolmetscher zu sein und jeweils auf der einen Seite Verständnis für die Eigenheiten und Erfordernisse der anderen Seite zu wecken.

Hinderlich ist seiner Meinung nach beispielsweise, dass Unternehmensanfragen eine Menge Arbeit nach sich ziehen, Unternehmen dies aber oft nicht sehen. „Das geht so weit, dass Dinge, die fertig geplant und vorbereitet sind, in denen eine Menge Zeit und Energie steckt, von einem Tag auf den anderen absagt werden, weil bei den Unternehmen etwas dazwischen gekommen ist." Auf der anderen Seite sei es für Unternehmen schwer nachzuvollziehen, dass gemeinnützige Einrichtungen für Entscheidungen zu Projekten sehr lange brauchen. In den Einrichtungen müsse aber geklärt sein, wie die zusätzlich anfallende Arbeit durch die Mitarbeit von Unternehmensmitarbeiterinnen und -mitarbeitern verteilt werden könne und dass sich das gesamte Personal mit der Maßnahme identifizieren kann. Andernfalls sei es absolut kontraproduktiv, das Corporate Volunteering dort durchzuführen.

Das Freiwilligenzentrum sieht er in seiner Rolle bestärkt. Er müsse die Voraussetzungen und Zusammenhänge von Abläufen und Entscheidungen beider Partner kennen, um sich zwischen den beiden Welten zu orientieren und die Grundlage für eine Zusammenarbeit zu schaffen.

3 Interkulturelle Zusammenarbeit zwischen dem Caritasverband Frankfurt e. V. und Cisco Eschborn am Beispiel des Giving Back Days

In der Metropolregion Frankfurt am Main, dem Finanzstandort Europas, haben sich zahlreiche international tätige Unternehmen unterschiedlicher Branchen und Größenordnungen niedergelassen. Bedingt durch die CSR-Programme der angloamerikanischen Mutterfirmen erreichen den Caritasverband Frankfurt e. V. heute fast täglich Anfragen aus deren Niederlassungen im Rhein-Main-Gebiet zu möglichen Engagementfeldern für Mitarbeiterinnen und Mitarbeiter. Sie sollen sich während ihrer Arbeitszeit durch Corporate-Volunteering-Maßnahmen in soziale Aktivitäten einbringen können.

Eines der internationalen Unternehmen mit Niederlassung in Eschborn bei Frankfurt, ist Cisco Systems: Das US-Unternehmen ist ein weltweit führender Entwickler und Hersteller von Netzwerkprodukten und -dienstleistungen für die Kommunikations-und-Informationstechnologie(IT)-Branche. Am Standort sind über 280 Mitarbeitende tätig, größtenteils im Vertrieb, im Innen- oder Außendienst. Cisco Systems hat eine CSR-Strategie implementiert, mit dessen Hilfe das Unternehmen seine Technologie und sein Knowhow gezielt einsetzt, um die Lösung globaler Probleme zu fördern. Dabei liegt der Fokus auf den Bereichen People, Society und Planet. Unter diesen Stichworten bündelt das Unternehmen u. a. sein Engagement für die eigenen Mitarbeitenden, seinen Beitrag zur Begegnung gesellschaftlicher Herausforderungen sowie zur Reduzierung negativer Umwelteinflüsse. Durch vielfältige CSR-Aktivitäten zielt Cisco darauf ab, Menschen zu vernetzen und in Chancen zu investieren, die globale Problemlösungen beschleunigen und die Menschen dazu befähigen, Armut, Arbeitslosigkeit und Hunger zu bekämpfen sowie dem Klimawandel zu begegnen. Das Corporate Volunteering spielt im Rahmen der CSR-

Maßnahmen des Konzerns, seit seiner Gründung im Jahr 1984, eine große Rolle. Ein möglicher Weg zur Partnerschaft soll nachfolgend am Beispiel Cisco dargestellt werden.

Der Erstkontakt zwischen dem Caritasverband Frankfurt e. V. und dem Unternehmensstandort von Cisco in Eschborn entstand im Jahr 2014. Eine Unternehmensmitarbeiterin mit muttersprachlichen Kompetenzen in Rumänisch, erteilte in der Tagesstätte für wohnungslose Menschen in der Caritas ehrenamtlich Sprachkurse. Sie hatte in dieser Tätigkeit die Arbeit der Caritas kennen und schätzen gelernt und regte die Zusammenarbeit der Caritas und Cisco auf der Basis der Jahrzehnte lang erprobten CSR-Maßnahmen von Cisco an. Dazu gehört u. a. der Giving back day, der deutschlandweit und auch am Standort Eschborn jährlich durchgeführt wird. Durch den Giving back day will Cisco „einen Teil dessen zurückgeben, was die Gesellschaft zum Erfolg von Cisco beigetragen hat". In die Tat umgesetzt wird das durch das Freistellen von Mitarbeitenden für Aktionen, die dem Gemeinwohl dienen. Zudem wird jede Engagementstunde der Cisco-Mitarbeitenden mit 10 US-$ seitens des Unternehmens vergütet und die am Ende erreichte Summe von deren Stiftung in den USA verdoppelt.

Im Jahr 2014 wurde der Giving back day erstmals zusammen mit der Caritas Frankfurt durchgeführt. Dabei halfen 25 Cisco-Mitarbeitende, das Sommerfest in der Einrichtung Tagesaufenthalt für Menschen in Wohnungsnot in der Bärenstraße zu gestalten. Zeitgleich fand ein Socialday im Jugendhaus Goldstein/Schwanheim statt, einem offenen Treffpunkt für Jugendliche. Dort wurde gemeinsam der große Außenbereich rund um das Jugendhaus aufgefrischt, der Sportplatz, das offene Atrium und die Anlagen rund um die Halfpipe von dem extremen Pflanzenwuchs befreit. Die Abschlussparty wurde im Areal der Tagesstätte Bärenstraße wiederum durch die Unterstützung vieler engagierter Menschen ermöglicht. Die Cisco-Mitarbeitenden bereiteten Salate zu, grillten und bewirteten Gäste und Mitarbeitende der Tagesstätte sowie die eigenen Kolleginnen und Kollegen, die in und um Frankfurt in anderen sozialen Einrichtungen tätig waren.

Die Aktion fand auf beiden Seiten Gefallen und wurde im Jahr 2015 erneut in Zusammenarbeit von Cisco und der Caritas Frankfurt gestartet. Diesmal unterstützen 35 Cisco-Mitarbeitende das Jugendhaus Goldstein/Schwanheim durch Renovierungs- und Gartenaktivitäten.

Tatkräftige Unterstützung durch die Cisco-Mitarbeiter erhielt auch der Jugendclub Unterliederbach bei der Ausgestaltung des Küchenbereichs.

Im Jahr 2016 ermöglichten über 40 Cisco-Mitarbeitende die Außengestaltung im Park der Begegnungen im Areal des Jugendhauses Goldstein, arbeiteten in der Fahrradwerkstatt im Jugendclub Unterliederbach mit und halfen im Küchenbereich der Tagesaufenthalte für Menschen in Wohnungsnot in der Bärenstraße sowie der Avetorstubb in Frankfurt-Sachsenhausen. Höhepunkt der Giving Back Days waren immer die Abschlussfeste, in denen die gemeinsamen Erfolge des Tages gefeiert und der Austausch der Menschen, über das gemeinsame Arbeiten hinaus, ermöglicht wurde.

In diesem Zeitabschnitt des Tages, durchweg ab frühem Abend, wurde im persönlichen Miteinander die doch so unterschiedliche Arbeitswelt der Partner nochmals beleuchtet.

Die Cisco-Mitarbeitenden brachten ihren US-amerikanischen Teamspirit mit ein und die Mitarbeitenden der sozialen Einrichtungen ihr Know-how im Improvisieren und Netzwerken.

Die Kommunikation zur Zusammenarbeit von Cisco und Caritas wurde zunächst in einem engen, kontinuierlichen Kontakt zwischen der genannten, sich freiwillig engagierenden Mitarbeiterin von Cisco und der für Fundraising und CSR Verantwortlichen des Caritasverbands Frankfurt e. V. weitergeführt. Aufgabe der Caritasmitarbeiterin war es u. a., die Bedarfe in den Einrichtungen und Diensten des Caritasverbands hinsichtlich der Unterstützung durch Unternehmenskooperationen zu erfragen und sie mit dem Engagementangebot von Cisco zusammenzuführen.

Im Jahr 2015 wurden, seitens Cisco, zwei Mitarbeiterinnen eigens als Ansprechpartnerinnen für diese CSR-Aktivitäten benannt, um neue Ideen für die Giving back days zu generieren. Corporate Volunteering als Bestandteil der Unternehmensstrategie und -kultur wurde somit gestärkt und notwendige zeitliche und finanzielle Ressourcen dafür bereitgestellt.

Dem standen, seitens der Caritasmitarbeiterinnen und -mitarbeiter, fehlende zeitliche Ressourcen gegenüber. Sie organisierten die Aktionen und deren Vorbereitung zusätzlich zu ihren umfänglichen sonstigen Aufgaben.

Ähnlich unterschiedliche Ausgangslagen zeigten sich bei der Berichterstattung über die durchgeführten Maßnahmen. Cisco konnte durch die Einbindung der für die Öffentlichkeitsarbeit verantwortlichen Abteilung und deren Know-how die geleisteten CSR-Aktivitäten v. a. auf deren Website umfänglich publizieren. Bei der Caritas hingegen erfolgte die damit verbundene redaktionelle Arbeit aufgrund fehlender Ressourcen nur sehr begrenzt.

Dass es ein unterschiedliches Verständnis zu dem Begriff schnell gibt, war ebenfalls eine Erkenntnis aus der Zusammenarbeit. Eine rasche und zeitnahe Kommunikation sowie kurze Entscheidungswege gehörten zur Unternehmenskultur Ciscos. In der Caritas hingegen ist beides eine Herausforderung, abhängig von den verfügbaren Kanälen und der Notwendigkeit zur Einbindung der entsprechenden Personen in damit verbundene Entscheidungsprozesse.

Unterschiedliche Umfänge an zur Verfügung stehenden Zeitressourcen treffen so auf unterschiedliche Erwartungen. Die Gefahr, Erwartungen nicht erfüllen zu können, ist groß, denn häufig wissen die Beteiligten anfangs nicht, welcher Aufwand auf sie zukommt. Hier ist es eine wichtige Herausforderung für den Vermittler zwischen sozialer Organisation und Unternehmen, den Beteiligten den schon mehrfach erwähnten Blick über den eigenen Tellerrand zu ermöglichen. Oft hilft dabei das Verständnis für die Welt des jeweils anderen, Erwartungen realistischer zu beurteilen und somit Enttäuschungen oder gar ein Scheitern der Vorhaben zu vermeiden.

4 Interkulturelle Zusammenarbeit am Beispiel der Integration von Flüchtlingen in die Arbeitswelt – ein interkultureller Lernprozess der Robert Bosch GmbH

Noch deutlicher zutage treten interkulturelle Aspekte bei CSR-Aktivitäten zur Integration von Flüchtlingen in die Arbeitswelt. Denn wenn Mitarbeiterinnen und Mitarbeiter aus Unternehmen in Kontakt mit Flüchtlingen treten, treffen unterschiedliche Kulturen und Lebenswelten, ethnische Kulturen, Nationalkulturen, Religionen und Unternehmenskulturen aufeinander.

Die Robert Bosch GmbH führt an ihren Standorten regelmäßig CSR-Projekte im Rahmen von Maßnahmen der Führungskräfteentwicklung durch. So kam es in einer Kommune am Rand von Stuttgart zur Zusammenarbeit mit einem örtlichen Freundeskreis Asyl, der sich u. a. die Vorbereitung von Flüchtlingen auf den Arbeitsmarkt zur Aufgabe gemacht hat.

Ausgehend von dem Projektvorschlag, Gruppen- und Einzelmaßnahmen zu entwickeln, die Flüchtlingen Orientierung für die Arbeitswelt und -kultur verschaffen, führte eine zehnköpfige Gruppe von jungen Führungskräften ab Sommer 2016 über drei Monate hinweg ein vielfältiges Programm für die in der Kommune lebenden Flüchtlinge durch. Dabei griffen die Inhalte dieses Programms die mutmaßlichen Schwerpunkte und Besonderheiten der deutschen Arbeitskultur in verallgemeinerter Form direkt auf. Daneben fanden allein über die Form und die Begegnung von Beschäftigten des Unternehmens und der Flüchtlinge vielfältige implizite Prozesse interkulturellen Lernens statt.

5 Vermittlung interkulturellen Wissens

Die jungen Führungskräfte setzten in ihrem Programm zwei inhaltliche Schwerpunkte. Das war zum einen die Absicht, das Verständnis der Flüchtlinge über das deutsche Bildungssystem zu verbessern sowie die Bedeutung von Bildung und Bildungsnachweisen als Vorbedingung für einen Arbeitsplatz aufzuzeigen. Inhalte bildeten die Information über Strukturen und Abläufe, mehr noch aber die zum Stellenwert, das dem Durchlaufen formaler, qualitativer und durch Zeugnisse dokumentierter Bildungswege in Deutschland beigemessen wird. Aufgrund der Annahme, dass es diese Betonung in den Herkunftskulturen der Teilnehmer so nicht gibt, galt es zu vermitteln, dass qualifizierte und dokumentierte Bildungsabschlüsse eine fast unumgängliche Voraussetzung für einen sicheren und gut bezahlten Arbeitsplatz und damit für gesellschaftliche Anerkennung und Status sind.

Der zweite Schwerpunkt des Programms lag auf der Vermittlung von zentralen Werten am Arbeitsplatz, wie die Bedeutung von Regeln im Allgemeinen sowie deren mehr oder weniger strikten Einhaltung, wie z. B. die hohe Erwartung an Pünktlichkeit, Verlässlichkeit und Planungskompetenz. Hierbei handelte es sich um klassische Schwerpunkte von Trainings zu deutscher Arbeitskultur, wie sie den Führungskräften wohl auch aus dem eigenen Unternehmen bekannt waren.

Inhaltlich und methodisch hatten sich die Führungskräfte Anregungen und Feedback bei einem erfahrenen Bildungsträger eingeholt, der auch junge Geflüchtete auf den Arbeitsmarkt vorbereitet. Über interaktive Methoden, wie das Arbeiten mit Skalen und Quizfragen hinaus, wurde als besonders zielgruppennahe Methode ein Videoclip in der Firma gedreht, in dem ein syrischstämmiger Mitarbeiter seinen Arbeitsplatz zeigt und die aus seiner Sicht wesentlichen Erfolgsfaktoren für die Integration am Arbeitsplatz erläutert. Dieser Clip wurde in den Workshops vorgeführt und auf Arabisch und auf Farsi übersetzt. Eine spätere Betriebsführung rundete diese Einblicke in die Arbeitswelt ab und ermöglichte das Gespräch zwischen den Geflüchteten und einem weiteren Kreis von Mitarbeitern, darunter auch dem Akteur des Videoclips.

6 Implizites Lernen

Die Form und die Methoden zur Vermittlung der kulturell relevanten Themen verdienen bei dieser Erfahrung besondere Beachtung. Denn durch sie fand ein Kulturkontakt zwischen den Teilnehmern des Programms und den deutschen bzw. deutsch-sozialisierten Unternehmensmitarbeiterinnen und Unternehmensmitarbeitern statt, was das ungeplante, implizite Lernen übereinander beförderte.

Die Begegnungen ergaben sich zunächst durch etwa zweistündige Workshops, bei denen jeweils sprachlich homogene, etwa 20-köpfige Gruppen von Flüchtlingen mit zwei bis drei Mitarbeitern des Unternehmens zusammentrafen. Letztere traten dabei als Trainer, als Informationsträger von Erfahrungen aus dem eigenen Unternehmen und schließlich auch als Modelle auf.

Die Flüchtlinge erhielten bei den Treffen Einblicke in Interaktions- und Kommunikationsformen, die ihnen durch die Beschäftigten des Unternehmens vorgelebt wurden. Sie sahen und hörten dabei Ingenieure, Marketing- und Vertriebsexperten sowie Personaler aus dem Unternehmen, die sich ihnen kurz mit Vornamen vorstellten und mit ihnen Gespräche auf Augenhöhe anstrebten. Anstatt eines frontalen Vermittlungsstils erfuhren sie, dass unabhängig von Alter und Geschlecht, Wert auf die Partizipation der Teilnehmerinnen und Teilnehmer gelegt wurde. Auch sahen sie Männer und Frauen als gleichwertige Teile eines Trainerdoubles agieren.

Auch für die Führungskräfte ergaben sich Gelegenheiten, etwas über die Flüchtlinge zu lernen. Für alle Mitarbeitende war dies der erste persönliche Kontakt mit Flüchtlingen sowie der erste Besuch in einer Flüchtlingsunterkunft überhaupt. Die Workshops fanden im Gemeinschaftsraum einer großen Unterkunft statt, was Nebeneffekte mit sich brachte, wie das gelegentliche neugierige Hereinschauen von Kindern und anderen, nicht direkt in die Maßnahme involvierten Geflüchteten.

Die Workshops setzten sich in Einzelgesprächen für diejenigen fort, die für einen Einstieg in den Arbeitsmarkt schon über ausreichende Deutsch- oder auch Englischkenntnisse verfügten. Für die Anmeldung zu den Einzelgesprächen, an denen je ein Flüchtling und eine Mitarbeiterin oder ein Mitarbeiter des Unternehmens zusammentreffen sollten, wurde eine Liste ausgelegt, in die sich die Teilnehmerinnen und Teilnehmer in Zeitfenstern von einer Stunde eintragen konnten. Diese Gespräche hatten das Ziel, Berufserfahrung und -qualifikationen zu sondieren sowie Chancen und Wege für eine Arbeitsmarktintegration aufzuzeigen.

Obwohl diese Methode unkompliziert und in der Welt der Führungskräfte üblich zu sein schien, mussten sie erfahren, dass die getakteten Gesprächspläne nur in wenigen Fällen funktionierten. Ein Teil der Eingetragenen kam nicht oder erschien zu einem anderen Zeitpunkt. Dafür erschienen vereinzelt Personen, die nicht auf der Liste standen. Manchmal kamen auch Personen gemeinsam in das Einzelgespräch. Überraschungen gab es auch dahingehend, dass kaum einer der Geflüchteten über Zeugnisse verfügte oder die Idee organisierter Lebensläufe kannte.

Die Geflüchteten, die meist überhaupt noch nicht über Erfahrungen mit Bewerbungen verfügten, konnten also lernen, wie man hierzulande Bewerbungsunterlagen zusammenstellt. Darüber hinaus erfuhren sie über die Art von Fragen, die ihnen gestellt wurden, was ein Arbeitgeber von einem Bewerber erwartet und wissen will. Die am meisten kommentierte Neuigkeit für viele jedoch war, dass ihnen die Beschäftigten des Unternehmens viele Stunden widmeten, ohne am Ende eine Arbeit zu verteilen oder ein erkennbares anderes Eigeninteresse zu zeigen.

Bemerkenswert an der gesamten Maßnahme waren die intensiven Begegnungen von Mensch zu Mensch, die vielleicht erst die notwendigen Voraussetzung bedeuteten, sich mit all den ausgetauschten Informationen und Impulsen weitergehend zu beschäftigen. Die jungen Führungskräfte zeigten sich jedenfalls stark beindruckt von dieser Erfahrung mit den Geflüchteten. Ihre mehrfachen Berichte darüber, später im Unternehmen, stießen auf überwältigendes Interesse.

7 Was kann das Unternehmen lernen?

Mindestens genauso interessant wie das persönliche Lernen der Geflüchteten und der Beschäftigten des Unternehmens, ist die Perspektive des Lernens für das Unternehmen selbst. Was ist aus dieser Erfahrung für das Vorhaben der Integration von Geflüchteten in ein Unternehmen zu lernen? Gibt es insbesondere Erkenntnisse für die kulturelle Integration?

Naheliegend ist zunächst, dass Führungskräfte lernten Berührungsängste abzubauen und Handlungskompetenzen auszuweiten, sollten sie einmal selbst in die Situation kommen, Geflüchtete als Beschäftigte zu führen oder in ihr Team zu integrieren.

Eine weitere Erkenntnis aus dieser Erfahrung betrifft die Bedeutung von Begegnungen und den damit verbundenen impliziten Lernprozessen. Kultur, insbesondere auch Arbeitskultur, vermittelt sich mindestens genau so sehr über das persönliche Miteinander, wie über gesetzte Inhalte von Kursen und Trainings. Die Reflexion des CSR-Projkts legt nahe, dass die Flüchtlinge genau so viel durch den Kontakt und durch die Art und Weise des Tuns der Unternehmensmitarbeiterinnen und -mitarbeitern lernten, wie durch die Inhalte, die ihnen präsentiert wurden. Manchmal ergaben sich im konkreten Erleben Erkenntnisse, mit denen man gar nicht gerechnet hat, und die herkömmliches (kulturelles) Wissen sogar infrage stellen.

So berichtete in einem anderen Zusammenhang der Ausbildungsleiter einer großen Firma, dass ausgerechnet die sog. deutschen Tugenden von Disziplin, Zuverlässigkeit und Fleiß von Geflüchteten höher gehalten werden als von den einheimischen Lehrlingen und dass deren Engagement und Motivation für Arbeit und Team zu einer positiven Zugkraft für das ganze Umfeld werde. Das Beispiel unterstützt die These, dass aus der Bandbreite von Werten und Überzeugungen, die jemand (kulturell) erlernt hat, situationsspezifisch eine Auswahl getroffen wird und damit bestimmte Aspekte in den Vordergrund kommen, die unter anderen Umständen weniger Betonung bekommen würden. Das bedeutet, dieser spezifische Kontext – hier der deutsche Betrieb, in dem es die Chance einer Ausbildung gibt – muss sich erst einmal manifestieren, bevor Lernen über Arbeitskultur und interkulturelles Lernen von und miteinander tatsächlich stattfinden können.

CSR-Maßnahmen im Flüchtlingsbereich erscheinen als ideales Mittel zur Entwicklung interkultureller und sozialer Kompetenzen sowohl bei Mitarbeitern als auch bei der Zielgruppe. Das hat ein großer Internetanbieter erkannt, der seine Beschäftigten in einem bestimmten Stundenumfang freistellt, um Flüchtlinge in Sammelunterkünften bei den ersten Schritten in Deutschland zu unterstützen. Darüber hinaus wird Mitarbeiterinnen und Mitarbeitern angeboten, sich selbst zu qualifizieren, um Flüchtlingen gezielte Orientierung zur deutschen Arbeitskultur geben können oder um ihnen Arbeitsplätze und Berufsbilder „on the job" zu zeigen. Der damit verbundene Nutzen für alle Beteiligten ist offensichtlich.

Auch der Einsatz interner Mentoren, die einen Teil ihrer Arbeitszeit als Ansprech- und Mittlerperson für zu integrierende Flüchtlinge aufwenden, stellt zwar eine Investition dar, zahlt sich aber mittelfristig für das Unternehmen aus. Der Nutzen für das Unternehmen besteht einerseits in einem motivierten und gut in das Unternehmen integrierten Beschäftigten, darüber hinaus aber trägt die Arbeit der Mentoren dazu bei, nicht nur den Flüchtling zu qualifizieren, sondern auch dazu, den Mentor in seinem Wissen und seinen Kompetenzen weiterzuentwickeln. Über solche Mentoren kann eine Rückkopplung in andere Unternehmenszweige stattfinden und dazu beitragen, das Lernen der gesamten Organisation zu befördern und zu vernetzen.

Das CSR-Kompetenzzentrum sieht in der Entwicklung solcher Mentorenmodelle Chancen für Kooperationen von Unternehmen und Caritas zur Integration Geflüchteter in Arbeit.

8 Kultursensibles Arbeiten: ein Erfolgsfaktor

Im Alltag des CSR-Kompetenzzentrums bestätigt sich immer wieder: Wenn Unternehmen sich mit ihren Mitarbeiterinnen und Mitarbeitern gesellschaftlichen Aufgaben stellen, dann bringt dies i. d. R. die Begegnung zwischen den verschiedenen Lebenswelten und Kulturen der beteiligten Menschen und Organisationen mit sich. Kultursensibilität wird damit zu einer Voraussetzung für gelingende Zusammenarbeit. Das Bewusstsein dafür, ergänzt um die Bereitschaft, die Erkenntnisse aus dem Umgang mit Vertretern aus anderen Welten für die jeweils eigene Entwicklung der Organisation oder des Unternehmens zu nutzen, ist ein Potenzial, das jeden Stakeholderdialog bereichern kann.

Literatur

CSR-Kompetenzzentrum im Deutschen Caritasverband (2016) 20 Erfolgsgeschichten – Wie Kooperationen von Unternehmen und sozialen Organisationen gelingen. http://www.csr-caritas. de/cms/contents/csr-caritas.de/medien/dokumente/20-erfolgsgeschichte/2016-12-13_studie_ jti.pdf?d=a&f=pdf. Zugegriffen: 4. Dez. 2016

Europäische Kommission (2011) Mitteilung der Kommission an das Europäische Parlament. Den Rat, den Europäischen Wirtschafts- und Sozialausschuss und den Ausschuss der Regionen. Eine neue EU-Strategie (2011–14) für die soziale Verantwortung der Unternehmen (CSR). https:// eur-lex.europa.eu/legal-content/DE/ALL/?uri=CELEX:52011DC0681. Zugegriffen: 22. Sept. 2016

Karl-Hans Kern, Jahrgang 1955, aus der Sozialarbeit kommend und nach vier Jahren Entwicklungszusammenarbeit in einem Flüchtlingslager in Honduras zurück in Deutschland, arbeitete er zu Beginn der 1990er-Jahre als Referent für Migration im Caritasverband der Diözese Rottenburg-Stuttgart e. V. Im Jahr 2000 wechselte er in das Aufgabenfeld Unternehmenskooperationen, absolvierte an der Evangelischen Fachhochschule Darmstadt eine Weiterbildung Soziales Marketing und war bei der Caritas für den Aufbau und Durchführung der bundesweiten Unternehmenskooperation der Caritas mit dem Fahrzeugimporteur Hyundai Motor Deutschland GmbH, Offenbach verantwortlich. Im Jahr 2011 übernahm er die Leitung des CSR-Kompetenzzentrums im Deutschen Caritasverband und ist seither bundesweiter Ansprechpartner für Unternehmen und die Caritas zu CSR-Themen.

Ricarda Gregori, Jahrgang 1961, war bis Beginn 2018 CSR-Referentin der Caritas im Bereich Unternehmen und Flüchtlinge. Ihr Schwerpunkt war die Unterstützung von Kooperationen zwischen Unternehmen und sozialen Organisationen bei der Integration von Geflüchteten. Nach Studium der Ethnologie und verschiedenen Einsätzen in der internationalen Entwicklungszusammenarbeit im In- und Ausland ist sie seit 2000 als interkulturelle Trainerin und Beraterin v. a. für Unternehmen tätig gewesen. Mit Einsetzen der neuen Flüchtlingsmigration nach Deutschland engagiert sie sich für den Dialog zwischen Bürgern und Geflüchteten.

Die beschriebene Erfahrung hat sie als Mitglied eines ehrenamtlichen Asylfreundeskreises gesammelt.

Ursula-Marie Behr, Jahrgang 1956, Diplom Sozialarbeiterin/-pädagogin (akad.), zertifizierte Fundraiserin seit über 20 Jahren, Stiftungsmanagerin (DSA), Beraterin und Referentin für Sozialprofitorganisationen, Kunstinstitutionen und Bildungsträger bundesweit, Lehrbeauftragte an den Hochschulen Rhein-Main und FH Frankfurt.

Leiterin Stabsstelle Fundraising, Fördermittel- und Stiftungsmanagement, CSR im Caritasverband Frankfurt e. V. bis 2017 mit unzähligen erfolgreichen Fördermittelantragsstellungen, Spendenaktionen, Unternehmenskooperationen.

Mitglied im Deutschen Fundraisingverband e. V., Vorstandstätigkeit, Gründerin Regionalgruppe Wiesbaden-Mainz/Leiterin Regionalgruppe Rhein-Main.

Mitglied im Bundesverband Deutscher Stiftungen e. V., Alumna der Deutschen StiftungsAkademie. Durchführung von Großspendenkampagnen und Machbarkeitsstudien europaweit.

Länderspezifische Besonderheiten der CSR-Aktivitäten

Nachhaltigkeit in Mexiko – Herausforderungen und interkulturelle Lösungsansätze deutscher Unternehmen zur Umsetzung von Corporate-Social-Responsibility- und Corporate-Citizenship-Projekten am Beispiel Volkswagen

Torsten Weber und Christoph Willers

1 Mexiko im Spannungsfeld von ökonomischem Wachstum und sozial-ökologischen Herausforderungen

Mexiko stellt sich in den letzten Jahrzehnten als ein Land dar, das mit großen ökologischen Nachhaltigkeitsproblemen zu kämpfen hat. Dabei ist v. a. das Grenzgebiet zu den USA sowie die Hauptstadt Mexiko City betroffen, die ein weitaus höheres Bevölkerungswachstum aufweisen als die restlichen Städte und Teile im Landesinneren. In weiteren Gebieten des Landes existiert eine extensive Landwirtschaft – vorwiegend im Norden, Kleinbauern dominieren dagegen vorwiegend im Süden des Landes, wobei die Bewässerungstechnik oftmals ineffizient und mit hohen Verlustraten verbunden ist. Zudem ist eine starke Überweidung in den Regionen mit intensiver Viehwirtschaft zu beobachten. Ebenso hat der Klimawandel seine Wirkungen in der Landwirtschaft und Wasserversorgung gezeigt, mit ungenügenden Niederschlägen, Überschwemmungen oder langen Dürrezeiten je nach Region (Kooperation International 2012).

Eine weitere wichtige Herausforderung zeigt sich in der Küstenentwicklung. Internationale Hotelkomplexe und luxuriöse Siedlungsprojekte haben immer mehr die Küsten vereinnahmt. Die kommerzielle Fischerei hat zu einer Überfischung geführt. Weitere Umweltprobleme sind die von Menschen angelegten Waldfeuer und die illegale Abholzung. Mexikos Großstädte leiden darüber hinaus unter starker Luftverschmutzung, der immer noch nicht befriedigenden Lösung der Hausmüllentsorgung und immer größeren Problemen bei der Trinkwasserversorgung (Kooperation International 2012). Mit ca. 1,3 % Anteil

T. Weber (✉) · C. Willers
Cologne Business School
Köln, Deutschland
E-Mail: t.weber@cbs.de

C. Willers
E-Mail: c.willers@cbs.de

an der Oberfläche der Erde besitzt das Land etwa 12 % der weltweit bekannten Biota und gehört zu den zwölf Ländern der Erde mit der größten Biodiversität (OECD 2004). Mexiko ist demnach mit großen Nachhaltigkeitsproblemen in diversen Bereichen konfrontiert. Trotz internationaler Hilfe in Millionenhöhe und Umweltprogrammen hat sich die Umweltsituation, insbesondere in Mexikos Städten, innerhalb der letzten Jahre nicht den Erwartungen gemäß verbessert (Der Spiegel 2016).

Neben diesen ökologischen Problemen und Herausforderungen ist ein erhöhtes Engagement ausländischer Unternehmen in Mexiko zu beobachten, das eine verstärkte Industrialisierung und weitere Urbanisierung mit sich bringt. So sind die ausländischen Direktinvestitionen in Mexiko im Jahr 2016 auf 35,2 Mrd. US-$ (25,6 Mrd. €) gestiegen und haben damit einen neuen Rekordwert erreicht. Fast 75 % der Investitionen sind in die Industrie geflossen, 8 % in den Bergbau und 5 % in den Handel (NZZ 2014). Mexikos Wirtschaft ist mittlerweile die größte Lateinamerikas und die achtgrößte der OECD. Nach ihrem Pro-Kopf-Bruttoinlandsprodukt nimmt sie jedoch unter den OECD-Ländern einen hinteren Platz ein.

Bringt man diese beiden zentralen Entwicklungspfade zusammen, kann festgestellt werden, dass auf ökonomischer Ebene Mexiko zwar starke positive Veränderungen erfahren hat, diese Dynamik allerdings zu noch stärkeren Umwelt- und auch Sozialproblemen geführt hat. Die irrationale Verwendung der Naturressourcen z. B. im Rahmen der wirtschaftlichen Prozesse war ein Auslöser, dass Mexiko heute unter wachsender Abholzung leidet, die Wasserreserven überbeansprucht werden und kontaminiert sind sowie die Luft in den Städten immer stärker verschmutzt. Zahlreiche im Land existierende Arten und Ökosysteme sind daher vom Verschwinden bedroht (Kooperation International 2012). Unternehmen – sowohl mexikanische als auch ausländische – agieren dabei oftmals wenig nachhaltig; die Sensibilität für dieses Thema fehlt häufig bei den Entscheidern.

Der vorliegende Beitrag nimmt diese Herausforderungen auf und beschreibt am Beispiel Volkswagen, wie deutsche Firmen das Thema Nachhaltigkeit im Rahmen wirtschaftlicher und gesellschaftlicher Prozesse in Mexiko aufgreifen und verankern. Dabei soll die Umsetzung interkultureller Denk- und Handelsweisen in den Arbeitsalltag des Unternehmens betrachtet werden. Dies wird in der Literatur als interkulturelles Management bzw. interkulturelle Kommunikation bezeichnet und hat zum Ziel, einen erfolgreichen Umgang mit Managementproblemen in interkulturellen Überschneidungssituationen zu bewältigen (Engelhard 2017). Von Bedeutung ist dabei insbesondere die Diskussion der landesspezifischen Wertevorstellungen und kulturellen Besonderheiten Mexikos. Die Berücksichtigung jener spezifischen kulturellen Besonderheiten beispielsweise in Mexiko wird vom deutschen Automobilkonzern Volkswagen detailreich vorgenommen bzw. umgesetzt und mündet im Corporate-Social-Responsibility(CSR)- und Corporate-Citizenship(CC)-Ansatz des Autobauers. Volkswagen ist eines der größten produzierenden ausländischen Unternehmen in Mexiko und sehr aktiv im Bereich des globalen nachhaltigen Engagements. Daher wird im späteren Teil des Beitrags im Rahmen einer Best-Practice-Betrachtung der Fokus auf Volkswagen gelegt.

Im Folgenden sollen zunächst die ökologisch-sozialen Probleme und Herausforderungen in Mexiko im Allgemeinen beschrieben sowie die Treiber dieser Effekte kurz beleuchtet werden.

2 Ökologische und soziale Probleme in Mexiko

2.1 Ökologische Probleme in Mexiko

Ökologische Probleme sind vom Menschen verursachte Veränderungen in der natürlichen Umwelt bzw. im Ökosystem der Erde, die vom eben jenen Individuen negativ bewertet werden. Unter Umweltproblemen versteht man zudem solche Probleme, die sich aus der Wechselwirkung des Menschen mit seiner natürlichen Umwelt ergeben (Hirsch 1995, S. 303). Die oben skizzierten Umweltprobleme speziell in Mexiko lassen sich anhand der folgenden vier Wirkungsbereiche clustern und beschreiben. Innerhalb der Bereiche Atmosphäre, Hydrosphäre, Lithosphäre und Pedosphäre sowie Biosphäre können die negativen Umweltwirkungen aufgelistet werden. Die Tab. 1 enthält ausgewählte negative Umweltwirkungen und -effekte der letzten 30 Jahren in Mexiko.

Insbesondere die großen Städte wie Mexiko City haben im Bereich Atmosphäre unter einer starken Luftverschmutzung zu kämpfen. Die Stadt ist je nach Wetterlage gefangen unter einer undurchsichtigen Glocke aus Smog. Die Luftqualität ist so schlecht, dass Mexiko City bis heute als eine der schmutzigsten Städte der Welt gilt. Jedes Jahr sterben in Mexiko City etwa 4000 Menschen an den Folgen der Luftverschmutzung, die durch über 4 Mio. Autos, 100.000 Taxis, 28.000 Busse und zehntausende Lastwagen täglich in die

Tab. 1 Ökologische Wirkungsbereiche und Probleme in Mexiko. (Eigene Darstellung)

Bereich	Beispielhafte Auswirkungen in Mexiko
Atmosphäre (Luft)	Rauch/Smog sowie Treibhausgase (Fluorchlorkohlenwasserstoffe, Kohlendioxid) in Mexiko City Staub/Feinstaub in Guadalajara Giftige Gase (z. B. Kohlenmonoxid, Schwefeldioxid) und Metallemissionen (z. B. Blei) in Mexiko City
Hydrosphäre (Wasser)	Kontaminierung durch biologischen und chemischen Abfall, Säurebildung in Buenavista Ölpest im Golf von Mexiko Versiegen des Grundwassers in Mexiko City
Lithosphäre und Pedosphäre (Erde/Boden)	Bodenverseuchung (z. B. durch giftige Chemikalien) in Coatzacoalcos Bodenerosion am Pico de Orizaba Allgemeine Überdüngung oder Reduktion von Nährstoffen sowie Versalzung und Versäuerung in weiten Teilen des Landes
Biosphäre (Flora und Fauna)	Zerstörung der Ökosysteme (Flora und Fauna) in Tabasco Reduzierung der Artenvielfalt und der Monokulturen in Mexiko im Allgemeinen

Atmosphäre gebracht werden (NTV 2008). Insbesondere mit der Industrialisierung in den 1950er- und 1960er-Jahren gab es im Land einen außergewöhnlichen Anstieg, der sich in den 1970er- und 1980er-Jahren extrem verstärkt hat (Schulz 2004, S. 32).

Im Bereich Biosphäre steht Mexiko unter den Staaten der Erde mit dem größten biologischen Reichtum an vierter Stelle, gehört jedoch auch zu den Ländern, in denen die Biodiversität durch die Zerstörung von Ökosystemen am stärksten bedroht ist. Im Bundesstaat Tabasco liegt das Naturschutzgebiet Pantanos de Centla, das als eines der besterhaltenen Ökosysteme des Kontinents gilt, allerdings mit einigen Spezies, die vom Aussterben bedroht sind. Ein konkretes Beispiel des negativen ökologischen Einflusses beispielsweise auf die Hydrosphäre durch wirtschaftliche Vorgänge und Unternehmen stellt das Bergbauunternehmen Grupo México dar. Diesem wurde massive Umweltbeschädigung nachgewiesen. Das größte Bergbauunternehmen in Mexiko und der drittgrößte Kupferproduzent der Welt ist verantwortlich dafür, dass im August 2014 der Damm einer Kupfermine in Buenavista im Staat Sonora brach. Als Ergebnis flossen etwa 40 Mio. l giftiges Abwasser in den Sonora- und Bacanuchi-Fluss. Dadurch hatten 22.000 Menschen mehrere Jahre keinen Zugriff mehr auf sauberes Trinkwasser; die Landwirtschaft der Region ist zum Stillstand gekommen (Clausing 2014).

2.2 Soziale Probleme in Mexiko

Neben den skizzierten ökologischen Problemen leidet Mexiko insbesondere in den letzten Jahren unter starken sozialen Problemen aufgrund von Nachhaltigkeitsverfehlungen. Korruption, Armut, Kinder- und Zwangsarbeit, Drogenkriege und Ghettoisierung sind nur eine kleiner Ausschnitt der Herausforderungen, denen sich Mexiko gegenübergestellt sieht (BMZ 2014).

Ähnlich wie im ökologischen Bereich hat die Industrialisierung neben einem steigenden Wohlstand in einigen Teilen des Landes auch starke soziale Probleme mit sich gebracht. Diese Probleme waren über Jahrzehnte hinweg in speziellen mexikanischen Produktionsstätten – den sog. Maquiladoras – zu beobachten. Diese Montagebetriebe für beispielsweise Textilien im Norden Mexikos sollten die örtliche Wirtschaft anregen und Arbeitsplätze in unterentwickelten Regionen schaffen, werden aber inzwischen wegen schlechter Arbeitsbedingungen und einseitiger Exportabhängigkeit von den USA zunehmend kritisch gesehen (Mader und Halbmayer 2003). Dabei entstanden in diesen Werkstätten zahlreiche negative Langzeiteffekte wie schlechte Arbeitsverhältnisse in den Fabriken, Vorurteile und Diskriminierung gegenüber Geschlechtern, Klassen und der ethischen Herkunft, Gesundheitsgefahren sowie Dehydrierung der Arbeiter. Niedrige Löhne, mangelnde Sicherheit, schlechte Arbeitsbedingungen, Verbot von Gewerkschaften und ständige Angst vor Entlassung machen die Fabrikanlagen zudem zu einem sehr instabilen und teilweise gefährlichen Arbeitsumfeld. Daneben wirken sich die Umweltverschmutzung und der starke Ressourcenverbrauch, insbesondere von Wasser, auf die Lebensverhältnisse der Bevölkerung aus. Das exponentielle Wachstum der Bevölkerung führt zudem zu einer Überlastung der lokalen Infrastruktur. Diese kann nicht in dem Tempo angepasst werden, wie dies im Hinblick auf den Bevölkerungsanstieg notwendig wäre. Siedlungen mit mangelnder Strom- und Trinkwasserversorgung im Umkreis der Städte sind eine weitere Konsequenz des „Erfolgs" der Maquiladora-Industrie. Als ein Modell, anspruchslose Jobs zu schaffen, ist das Maquiladora-Programm zwar als erfolgreich anzusehen; dennoch: Das Programm und die Auswirkungen haben die Lebens- und Arbeitsbedingungen der Bevölkerung nicht verbessert, sondern in vielerlei Hinsicht verschlechtert. Der Begriff der Maquiladores steht in Mexiko und Mittelamerika heute zusammenfassend daher häufig für prekäre Arbeitsbedingungen, Zwangsarbeit und soziale Missstände (Mader und Halbmayer 2003). Nach Erhebungen des Nationalen Rates für die Evaluierung der Sozial- und Entwicklungspolitik (CONEVAL4) hat sich die Armutssituation in Mexiko in den letzten Jahren nicht wesentlich verbessert (BMZ 2014).

2.3 Treiber ökologisch-sozialer Herausforderungen und Probleme

Insbesondere in den oben genannten kritischen Regionen des Landes existieren unterschiedliche Treiber, die die negativen Nachhaltigkeitswirkungen (hier: ökologisch und sozial) in Mexiko bedingen. Die Abb. 1 führt ausgewählte Treiber dieser Herausforderungen auf.

Bei Fokussierung auf das Bevölkerungswachstum fällt auf, dass dieses seit Jahrzehnten stark ansteigt. Mexiko zählt über 112 Mio. Einwohner und mehr als 28 Mio. Haushalte, davon sind über 75 % in Städten angesiedelt (INEGI 2010). Auch dieser hohe Urbanisierungsgrad führt immer wieder zu starken Sozial- und Umweltproblemen – beispielsweise durch höheren Energie- und Ressourcenverbrauch, Müll- und Wasserproblematik. Der Zuzug der Landbevölkerung in die Städte wie z. B. Mexiko City verstärkte sich mit der Ansiedlung von Industriebetrieben in den 1940er-Jahren. Lebten 1950 noch keine 3 Mio. Bewohner in der Hauptstadt, stieg die Zahl innerhalb von zwei Jahrzehnten auf das Dreifache. Diesen Zustrom hat Mexiko-Stadt schlecht verkraftet. Probleme zeigen

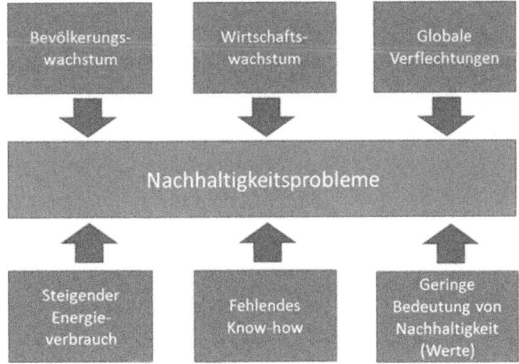

Abb. 1 Treiber von Nachhaltigkeitsproblemen in Mexiko (Auswahl). (Eigene Darstellung)

sich v. a. bei der Versorgung mit Trinkwasser und dem Anschluss an die Kanalisation – das Wasser muss von entlegenen Brunnen hoch in die Stadt gepumpt werden, das Leitungssystem jedoch ist marode (Ernst 2006). Seit Mitte der 1990er-Jahre entstehen neue wirtschaftliche Zentren an der Grenze zu den USA. Unzählige Zulieferer- und Fertigungsbetriebe in Städten wie Monterrey und Tijuana schufen hunderttausende Arbeitsplätze (Ehringfeld 2005), was die Probleme von Mexiko City in andere Regionen des Landes verlagert.

3 Corporate Social Responsibility und Corporate Citizenship als zentrale Ansätze für Unternehmen

Für die Zukunft gilt es, eine nachhaltigere Gestaltung der aufgeführten wirtschaftlichen Vorgänge zu erzielen, damit sowohl soziale als auch ökologische Zielsetzungen für die zukünftigen Generationen erzielt werden können. Nachhaltige Zielsetzungen heißt, Umweltgesichtspunkte gleichberechtigt mit sozialen und wirtschaftlichen Gesichtspunkten zukunftsfähig zu berücksichtigen. Zukunftsfähig Wirtschaften bedeutet also: „Wir müssen unseren Kindern und Enkelkindern ein intaktes ökologisches, soziales und ökonomisches Gefüge hinterlassen [...]" (Rat für Nachhaltige Entwicklung 2001).

Es stellt sich die Frage, welche Lösungsansätze möglich sind, um das Thema der nachhaltigen Entwicklung in Mexiko verstärkt zu etablieren und die Menschen vor Ort für die Bedeutung des Themas zu sensibilisieren. Der Fokus sollte insbesondere auf dem Erreichen von Mitarbeiterinnen und Mitarbeitern und dabei v. a. auf Führungskräften mit Vermittlungsfunktion der Idee der Nachhaltigkeit liegen. Ein wichtiger Ansatz bietet sich dabei in den Unternehmensrichtlinien von CSR und CC ausländischer Unternehmen – im Folgenden dargestellt am Beispiel von Volkswagen in Mexiko. Die Europäische Kommission definiert CSR als „responsibility of enterprises for their impacts on society. Enterprises should have in place a process to integrate social, environmental, ethical human rights and consumer concerns into their business operations and core strategy in close collaboration with their stakeholders" (Europäische Kommission 2014). Die Abb. 2 verdeutlicht die einzelnen Dimensionen der CSR.

CSR beschreibt ein langfristiges soziales oder ökologisches Engagement eines Unternehmens nach innen und/oder außen, das auf eine nachhaltige Ausrichtung der Unternehmensführung, -kultur und -struktur abzielt. Als zentrale Bestandteile von CSR werden die Vereinigung des Engagements in inhaltlicher, zeitlicher und kommunikativer Hinsicht sowie die strukturell-prozessuale Implementierung in der Unternehmenstätigkeit verstanden (Meffert 2006, S. 11). Maßnahmen im Bereich des CSR dienen dazu, gesellschaftliche Belange in die ökonomische Verantwortung der Unternehmen einfließen zu lassen und sie in die Unternehmensführung zu integrieren (Garriga und Melè 2004, S. 57).

CC bezeichnet das gesellschaftliche Engagement von Unternehmen, wodurch sich diese als „gute Bürger" präsentieren (Dubielzig und Schaltegger 2005, S. 235). CSR und auch CC konkretisieren aufbauend auf der Unternehmenskultur und den Zielsetzungen

Abb. 2 Säulen der Corporate Responsibility. (Ernst & Young 2012, S. 41)

des Unternehmens dessen Rolle in der Gesellschaft und die damit einhergehende Verantwortung – so also beispielsweise die Verantwortung, die Volkswagen für die mexikanische Gesellschaft übernehmen sollte. Die Abb. 3 zeigt den Zusammenhang verschiedener inhaltlich ähnlich ausgerichteter Konzepte, die sich mit dem Themenblock Nachhaltigkeit befassen. So kann der Begriff Corporate Responsibility als übergeordneter, allumfassender Begriff für CSR, Corporate Governance oder CC betrachtet werden. Diese wiederum

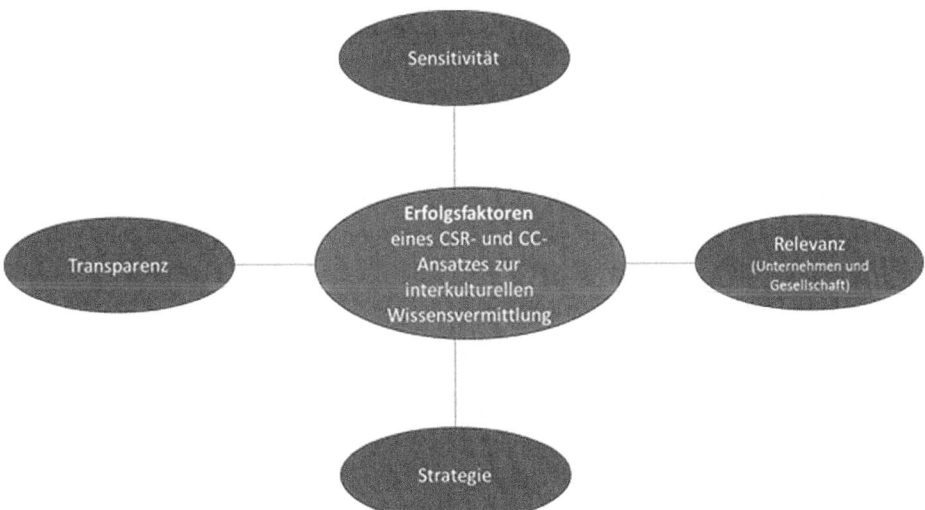

Abb. 3 Auswahl von Erfolgsfaktoren der interkulturellen Nachhaltigkeitsvermittlung in Corporate-Social-Responsibility(*CSR*)- und Corporate-Citizenship(*CC*)-Ansätzen. (Eigene Darstellung)

können vor dem Hintergrund von Maßnahmen und Aktivitäten spezifiziert werden. Im Folgenden wird beispielhaft aufgezeigt, welche Maßnahmen Volkswagen vor dem Hintergrund der CSR und des Corporate-Citizenship-Ansatzes in Mexiko durchführt.

4 Interkulturelle Lösungsansätze zur Integration nachhaltiger Corporate-Social-Responsibility- und Corporate-Citizenship-Managementansätze in Mexiko am Beispiel Volkswagen

In den ersten Abschnitten wurde skizziert, welche negativen Wirkungen und Herausforderungen aktuell und in den letzten Jahren im Bereich Nachhaltigkeit in Mexiko existieren und welche Treiber diese Entwicklungen in den letzten Jahrzehnten bedingen. Wie bereits festgestellt, kann eine verstärkte Präsenz von ausländischen Unternehmen im Land beobachtet werden, die dieses insbesondere als Produktionsstandort nutzen. Die Aufgabe über die Grundaktivitäten hinaus nachhaltig zu agieren und Mexiko in ein Zeitalter der Nachhaltigkeit zu führen, kommt demnach auch deutschen Unternehmen zu, die vor Ort wirtschaftlich tätig sind. Volkswagen ist dabei ein bedeutender Vertreter der deutschen Unternehmen in Mexiko und soll in diesem Beitrag als Best-Practice-Beispiel dienen.

Eine große Herausforderung ist dabei das unterschiedliche Nachhaltigkeitsverständnis in Mexiko und Deutschland. Von Bedeutung ist für deutsche Unternehmen insbesondere die Berücksichtigung von landesspezifischen Wertevorstellungen und kulturellen Besonderheiten Mexikos. Der Fokus der Menschen (u. a. Mitarbeiter und Mitarbeiterinnen, Management) in Mexiko liegt aktuell verstärkt noch auf Wachstumsaspekten und ökonomischen Zielsetzungen, die soziale und ökologische Dimension hat bisher noch keine große Bedeutung erlangt. Soziale Aspekte sind in Mexiko beispielsweise eng verknüpft mit Menschenrechtsfragen. Mexiko hat sich wiederholt zur Achtung der Menschenrechte verpflichtet, aber diese sind nicht immer ausreichend geschützt, insbesondere auf bundesstaatlicher und lokaler Ebene. Des Weiteren tragen Umweltprobleme zur sozialen Ungleichheit bei, da die Existenz der ärmsten Teile der ländlichen Bevölkerung häufig vollständig vom Zugang zu natürlichen Ressourcen abhängt (EEAS 2007, S. 7).

Deutsche Unternehmen orientieren sich dagegen mittlerweile auch verstärkt an Werten, die soziale und ökologische Zielsetzungen verfolgen. Dies resultiert aus der allgemeinen gesellschaftlichen Bedeutung dieser Themen in Deutschland sowie dem erlangten ökonomischen Wohlstand, wobei insbesondere die ökologischen Problemstellungen in der Mitte der Gesellschaft angekommen sind und ein wesentlicher Bestandteil eines guten Lebens in der Bundesrepublik darstellen. Diese Divergenzen gilt es bei den wirtschaftlichen Tätigkeiten für Volkswagen in Mexiko zu berücksichtigen. Gerade die Vermittlung von Wissen über nachhaltige Managementpraktiken und -methoden etc. an Mitarbeiterinnen und Mitarbeiter sowie Management vor Ort bildet dabei eine zentrale Herausforderung für deutsche Unternehmen in Mexiko.

4.1 Volkswagen in Mexiko

Volkswagen (VW) ist in Mexiko mit seiner Tochterfirma – Volkswagen de México S.A. de C.V. (Sociedad Anónima de Capital Variable) – präsent und betreibt das nordamerikanische Werk des Volkswagen-Konzerns. Der Sitz des Unternehmens in Puebla vereint die Verwaltung sowie das größte Volkswagen-Werk des Landes (14.608 Mitarbeiter und Mitarbeiterinnen, 3.000.000 m^2 Fläche:). Hinzu kommt seit 2013 ein weiterer Produktionsstandort in Silao (bei Guanajuato mit 577 Mitarbeitern und Mitarbeiterinnen sowie einer Fläche von 600.000 m^2). Seit 2004 besteht zudem eine weitere Fabrik der MAN Latin America Indústria e Comércio de Veiculos Ltda. in Querétaro; dort werden zu einem kleinen Teil auch VW-Produkte gefertigt. Das VW-Werk in Puebla ist der größte Arbeitgeber der Stadt. In dem Werk wurde bis 2003 der VW Käfer gebaut. Derzeit werden dort der Jetta, der Clasico, der Beetle sowie der Golf Variant gefertigt (Volkswagen AG 2017). Ungefähr 90 % der dort produzierten Fahrzeuge werden exportiert. Die in Puebla gefertigten Autos werden in mehr als 100 Länder weltweit vertrieben. Nach General Motors und Nissan war Volkswagen de México im Jahr 2007 der drittgrößte Autoproduzent in Mexiko (Volkswagen AG 2017; Der Spiegel 2013).

4.2 Volkswagen als Best-Practice-Unternehmen im Bereich Corporate Social Responsibility und Corporate Citizenship in Mexiko

Deutsche Unternehmen wie Bayer, Henkel oder Volkswagen verfügen über eine hohe Sensitivität beim Thema Nachhaltigkeit sowie das Know-how über nachhaltige(re) Produktionsmethoden und -technologien (Bräutigam 2013). In diesem Zusammenhang existieren bei Volkswagen zentrale, globale CSR-Leitlinien, die allerdings lokal – also nach lokalen Bedürfnissen – ausgestaltet werden. Die Erarbeitung der zentralen als auch der lokalen Leitlinien erfolgt in global gemischten Teams, damit werden Mitarbeiterwerte berücksichtigt und Verständnis gesichert.

Volkswagen agiert seit einigen Jahren in diesem Kontext sehr vorbildlich in Mexiko – und dies vor dem Hintergrund der Berücksichtigung der UN-Nachhaltigkeitsentwicklungsziele (Sustainable Development Goals, SDGs). Jenseits der Fabriktore ist Volkswagen weltweit an 100 Umwelt- und Sozialprojekten beteiligt. Dies ist im Nachhaltigkeitsreport der Volkswagen Gruppe festgehalten. Eine interaktive Weltkarte führt dabei alle CSR-Projekte in den Bereichen Bildung und Wissenschaft, Chancengleichheit, Freiwilligenarbeit, Gesundheit, Kultur und Kunst, Umwelt, regionale Unterstützung, Sport und Verkehrsbildung auf. So wurden im Bereich Umweltprojekte in Mexiko über 1000 junge Mexikaner zu Umweltbotschaftern trainiert, Bäume werden von diesen in großem Umfang gepflanzt, Flüsse werden gereinigt usw. Darüber hinaus will Volkswagen u. a. mit innovativ produzierten Fahrzeugen, intelligenten mobilen Lösungen und der allgemeinen Verpflichtung gegenüber dem Thema der Nachhaltigkeit eine aktive Rolle in der Realisierung und der Entwicklung Mexikos sein, das die SDGs und die Agenda 2030 zur

Armutsbekämpfung, dem Schutz des Planeten und die Gewährleistung des Wohlstands festlegen (Volkswagen AG 2017).

Dieses bereits langjährige Engagement zeigte vor etwa zehn Jahren einen wichtigen Meilenstein. Volkswagen de México unterstützt seitdem viele Wissenschaftler des Landes bei der Kontroverse über die in Mexiko gefährdeten Tierarten. Dieses Programm trägt den Namen Por amor al planeta (Für die Liebe zu unserem Planeten) und beinhaltet u. a. 14 Stipendien, die jeweils 30.000 € garantieren. Die Award-Gewinner werden von einer Jury inklusive sechs mexikanischen Wissenschaftlern mit internationaler Reputation ausgewählt. Darüber hinaus gibt es die Initiative Tag der Zukunft. Diese wurde 2002 in Kooperation mit dem regionalen VW-Betriebsrat gegründet. Die Mitarbeiter und Mitarbeiterinnen spenden freiwillig einen Tageslohn und das Unternehmen stellte einen angepassten Betrag bereit. Bis heute hat die Spendenaktion eine Summe von 2 Mio. € an 250 Projekte weitergeleitet, um beispielsweise kranken sowie verlassenen oder behinderten Kindern zu helfen. Volkswagen unterstützt zudem das Waisenhaus Casa del sol (Haus der Sonne), das sich um Kinder kümmert, die missbraucht wurden. Ziel ist es den Kindern eine medizinische und psychologische Stabilität zu garantieren sowie eine ausgewogene Ernährung und eine gute Schulbildung zu geben, bevor sie das Schulalter erreicht haben. Somit soll die Integration dieser Kinder in die mexikanische Gesellschaft vorangetrieben werden (Volkswagen AG 2017).

Ein weiteres Leuchtturmprojekt stellt sich in einer Kooperation mit mexikanischen Universitäten dar. Ein Kernprojekt im Jahr 2009 war der Automobile Ingenieurkurs an der Universidad Popular Autónoma del Estado de Puebla (UPAEP), bei dem intensiv nachhaltige Vorgehensweisen, Methoden und Techniken im Rahmen der Ingenieurswissenschaften vermittelt werden. Volkswagen war eng in die Entwicklung des Lehrplans eingebunden und unterstützte in Form von Stipendien, Praktika und Fachberatungen Studierende mit geringen finanziellen Mitteln. Bis heute haben mehr als 400 Studierende an dem Studiengang teilgenommen (Volkswagen AG 2017).

Im Folgenden gilt final zu klären, an welchen Erfolgsfaktoren sich Unternehmen wie Volkswagen im Rahmen ihrer CSR- und CC-Ansätze für eine Wissensvermittlung nachhaltiger Aspekte orientieren können. Dies kann als Fazit des vorliegenden Beitrags dienen.

5 Fazit: Erfolgsfaktoren eines Corporate-Social-Responsibility- und Corporate-Citizenship-Ansatzes zur interkulturellen Wissensvermittlung

Die aufgeführten Beispiele zeigen, dass Volkswagen sehr aktiv im Bereich der nachhaltigen Entwicklung in Mexiko ist. Übergeordnet haben Unternehmen wie Volkswagen dabei also die edukative Aufgabe, das Thema Nachhaltigkeit und dessen Bedeutung an die Menschen – Mitarbeiter und Mitarbeiterinnen und weitere Gesellschaftsmitglieder – im Rahmen einer Wissensvermittlung heranzutragen. Die Berücksichtigung eines interkulturellen CSR- und CC-Ansatzes mit dem Ziel der Vermittlung des Wissens über positive und negative Nachhaltigkeitswirkungen sowie den dazugehörigen zentralen Erfolgsfaktoren wird enorm wichtig. Bei dieser Wissensvermittlung hinsichtlich der negativen und positiven Nachhaltigkeitswirkungen sollten sich Unternehmen an Erfolgsfaktoren des interkulturellen Managements orientieren (Abb. 3). Nur wenn diese Aspekte im Handeln und Wirken Berücksichtigung finden, kann von einer langfristigen und glaubwürdigen Vermittlung der nachhaltigen Ideen und Maßnahmen ausgegangen werden.

Unternehmen wie beispielsweise Volkswagen stehen vor der Herausforderung, dass man sich in Mexiko in einer stark unterschiedlichen Kultur im Vergleich zu Deutschland befindet. Denk- und Verhaltensmuster der Menschen in der Gesellschaft differieren häufig von denen eines deutschen Unternehmens. Volkswagen muss vor Ort sensibilisieren und auf mögliche Nachhaltigkeitsverfehlungen aufmerksam machen. Dies darf nicht von oben herab erfolgen, sondern die Menschen müssen auf dem Weg mitgenommen und motiviert werden, selbst nachhaltig Initiative zu zeigen. Dies stellt sich im Erfolgsfaktor der *Sensitivität* im Umgang mit der Kultur vor Ort dar. Grundsätzlich bieten sich Schulen und Universitäten als Nährboden für diese Ideen und die Motivation an, da dies im Allgemeinen bereits Orte der Wissensvermittlung und Diskussion sind. Dies setzt Volkswagen schon in zahlreichen Projekten um. Auch interne Schulungen der Mitarbeiter und Mitarbeiterinnen, beispielsweise zum nachhaltigeren Umgang (auch in ihrem privaten Umfeld) mit Ressourcen im Rahmen von Seminaren, gelten als Maßnahmen der nachhaltigen Wissensvermittlung.

Des Weiteren sind aktuell das allgemein-abstrakte Thema der Nachhaltigkeit sowie die dazugehörigen Werte im sozial-ökologischen Bereich bei den Menschen in Mexiko kaum relevant. Es gilt Themen zu finden und zu bedienen, bei denen die Menschen die *Relevanz* erkennen und für sich positiv verändern wollen. So zeigt sich in Mexiko das Thema der Luftverschmutzung gerade in den Städten als sehr relevant und unbedingt verbesserungswürdig. Auch sollten diese Themen, vor dessen Hintergrund im Land ein soziales oder ökologisches Engagement erfolgt, für das Unternehmen eine Relevanz besitzen, da sonst die nötige Glaubwürdigkeit nicht erzielt werden kann. Dies zeigt Volkswagen u. a. mit der Ausbildung und Nachhaltigkeits-Know-how-Vermittlung für Ingenieure.

Wichtig ist in diesem Kontext als deutsches Unternehmen die Verantwortung zu übernehmen, eine Vorzeige- und Vorbildfunktion auch für mexikanische Unternehmen einzunehmen und im Rahmen der wirtschaftlichen Vorgänge vor Ort weitestgehend ökologisch und sozial zu handeln. Langfristig kann dies nur erfolgreich sein, wenn man sich an konkreten Zielen misst und messen lässt. Diese zielgerichtete Planung mündet in einer *Strategie* der Nachhaltigkeitsvermittlung. Ein langfristiger CSR-/CC-Ansatz kann als Ergebnis einer strategischen Planung des nachhaltigen Engagements gelten.

Zudem sollte den Menschen vor Ort sowie der Öffentlichkeit konkrete Zahlen und Daten, beispielsweise Einsparungen und Einsparungspotenziale im Bereich der CO_2-Emissionen bei der Produktion von Automobilen vor Augen geführt bzw. kommuniziert werden. Dies mündet in der *Transparenz*, die als Erfolgsfaktor der Wissensvermittlung eine wichtige Bedeutung hat. Die Menschen sollten erfahren, was genau Volkswagen in ihrem Land macht. Dies könnte durch eine hohe kommunikative Transparenz erreicht werden.

Final muss an dieser Stelle neben den sehr positiv dargestellten Best-Practice-Ansätzen von Volkswagen auch auf die weiter bestehenden großen Nachhaltigkeitsherausforderungen für den Konzern hingewiesen werden. Auch Volkswagen ist beim Thema Nachhaltigkeit (in Mexiko als auch global) noch nicht am Ziel. So stellt das Unternehmen weiterhin Automobile her, die mit ihrer Produktion und Nutzung eine hohe Menge an CO_2 ausstoßen. Zudem gab es in den USA im Jahr 2015 einen großen Skandal um manipulierte Abgaswerte, bei dem Volkswagen-Managern Täuschung und Betrug vorgeworfen wurde. Volkswagen sowie auch weitere Großkonzerne haben in diesem Zusammenhang noch einen langen Weg vor sich, um das Thema Nachhaltigkeit auch bis ins letzte Detail des Unternehmenswirkens zu integrieren. Die skizzierten und teilweise etablierten CSR-/CC-Strategien, -Rahmenbedingungen und -Leitlinien können dabei helfen, diesen nachhaltigen Weg zu gehen und angesprochene Herausforderungen, beispielsweise durch das zukünftig verstärkte Angebot von Elektroautomobilen, zu bewältigen.

Literatur

BMZ (2014) https://www.bmz.de/de/laender_regionen/lateinamerika/mexiko/index.jsp. Zugegriffen: 15. Juni 2018

Bräutigam T (2013) Das sind die grünsten Unternehmen der Welt. http://www.wiwo.de/technologie/green/biz/nachhaltigkeit-das-sind-die-gruensten-unternehmen-der-welt/13547276.html. Zugegriffen: 1. Febr. 2018

Clausing P (2014) Skandal um Siemens-Geschäftspartner in Mexiko. https://amerika21.de/2014/09/105459/grupo-mexico-siemens. Zugegriffen: 5. Juni 2017

Der Spiegel (2013) Auf dem Weg zur Weltmarktspitze. VW eröffnet sein 100. Werk in Mexiko. spiegel.de/wirtschaft/unternehmen/volkswagen-eroeffnet-100-fabrik-im-mexikanischen-siloa-a-877231.html. Zugegriffen: 15. Febr. 2017

Der Spiegel (2016) Mexiko Stadt löst Umweltalarm aus. spiegel.de/wissenschaft/natur/mexiko-stadt-loest-umweltalarm-aus-a-1082351.html. Zugegriffen: 3. März 2018

Dubielzig F, Schaltegger S (2005) Corporate Citizenship. In: Althaus M, Geffken M, Rawe S (Hrsg) Handlexikon Public Affairs. Lit, Münster, S 235–238

EEAS – European External Action Service (2017) Mexiko. Länderstrategiepapier 2007–2013. http://eeas.europa.eu/archives/docs/mexico/csp/07_13_de.pdf. Zugegriffen: 2. Jan. 2017

Ehringfeld K (2005) Bevölkerung stagniert bei 20 Millionen – Mexiko-Stadt verliert Anziehungskraft. handelsblatt.com/politik/international/bevoelkerung-stagniert-bei-20-millionen-mexiko-stadt-verliert-anziehungskraft/2525118.html. Zugegriffen: 23. Febr. 2017

Engelhard J (2017) Interkulturelles Management. http://wirtschaftslexikon.gabler.de/Definition/interkulturelles-management.html. Zugegriffen: 28. Mai 2018

Ernst & Young (2012) Arbeitskreis Nachhaltige Unternehmensführung der Schmalenbach-Gesellschaft für Betriebswirtschaftslehre

Ernst S (2006) Mexiko-Stadt – Selbstbausiedlungen als Lösung. http://www.bpb.de/internationales/weltweit/megastaedte/64621/mexiko-stadt?p=all. Zugegriffen: 12. März 2018

Europäische Kommission (2014) https://ec.europa.eu/growth/content/responsible-business-key-competitiveness-0_en. Zugegriffen: 25. Juni 2018

Garriga E, Melè D (2004) Corporate social responsibility theories: mapping the territory. J Bus Eth 53:51–71

Hirsch G (1995) Beziehungen zwischen Umweltforschung und disziplinärer Forschung. Gaia: Ökologische Perspekt Natur- Geistes- Wirtschaftswissenschaften 4(5–6):302–314

INEGI (2010) Instituto Nacional de Estadística y Geografía. Retrieved Sep 14, 2011, from Censo Nacional de Población y Vivienda 2010. http://www.inegi.org.mx/sistemas/olap/proyectos/bd/consulta.asp?p=17118&c=27769&s=est. Zugegriffen: 2. Mai 2018

Kooperation International (2012) Studie zu Umwelt und Klimawandel in Mexiko. kooperation-international.de/uploads/media/Studie_zu_Umwelt_und_Klimawandel_in_Mexiko_2012_07.pdf. Zugegriffen: 17. Febr. 2016

Mader E, Halbmayer E (2004) Entstehung der Maquiladora-Industrie. http://www.lateinamerika-studien.at/content/lehrgang/lg_mader/lg_mader-349.html. Zugegriffen: 18. Febr. 2018

Meffert H (2006) Gesellschaftliche Verantwortung als Führungsaufgabe – Das Projekt Corporate Social Responsibility in der Bertelsmann Stiftung. In: Meffert H, Backhaus K, Becker J (Hrsg) Dokumentationspapier 191 der wissenschaftlichen Gesellschaft für Marketing und Unternehmensführung e. V. Münster

NTV (2008) Durch Luftverschmutzung. 4000 Tote in Mexiko-City. n-tv.de/wissen/4000-Tote-in-Mexiko-City-article42484.html. Zugegriffen: 22. Febr. 2018

NZZ (2014) Ausländische Direktinvestitionen in Mexiko auf Rekordniveau. nzz.ch/finanzen/newsticker/auslaendische-direktinvestitionen-in-mexiko-auf-rekordniveau-1.18250027. Zugegriffen: 21. Mai 2017

OECD (2004) Evaluacion del Desempeño Ambiental: Mexico. OECD Publishing, Paris https://doi.org/10.1787/9789264020177-es

Rat für Nachhaltige Entwicklung (2001) Zugegriffen. https://www.nachhaltigkeitsrat.de/nachhaltige-entwicklung/. Zugegriffen: 18. Juni 2018

Schulz C (2004) Direktinvestitionen in Mexiko – Eine kritische Betrachtung des Investitionsklimas. Diplomica, Hamburg

Volkswagen AG (2017) http://navigator.volkswagenag.com/index.html?lang=de_DE#ODEOT60300000000OAAACO0000000OCO16465B5D48A. Zugegriffen: 4. Juni 2018

Prof. Dr. Thorsten Weber ist Professor für Marketing and Sustainable Communication sowie Dekan für den Bereich General Management an der Cologne Business School in Köln. Während der Promotion an der Universität zu Köln zum Thema Sozialinhärente Produkte arbeitete Torsten Weber als Wissenschaftlicher Mitarbeiter am Seminar für Beschaffung und Produktpolitik bei Prof. Dr. Koppelmann sowie am Seminar für Marketing und Markenmanagement bei Prof. Dr. Franziska Völckner. Im Anschluss war er mehrere Jahre als Unternehmensberater u. a. für die Firma Rölfs RP Management Consultants GmbH in Düsseldorf tätig und hat in diesem Zusammenhang beispielsweise im Bereich Umweltmanagement für die DFL Deutsche Fußball Liga GmbH gearbeitet. In Forschung und Lehre beschäftigt Torsten Weber sich mit Marketing, Cause-Related Marketing, Sustainability und Corporate Social Responsibility. Neben der Funktion als Vizepräsident der Fördergesellschaft Produktmarketing e. V. ist er Sprecher auf Seminar- und Konferenzveranstaltungen, insbesondere zu den Themenfeldern Marketing- und Nachhaltigkeitsmanagement.

Prof. Dr. Christoph Willers ist Geschäftsführer der Cologne Business School und Professor für Strategisches Management und Unternehmensentwicklung sowie Vizepräsident für Programmentwicklung, Qualitätssicherung und Lehre an der Cologne Business School (CBS). Nach praxisorientierten Stationen u. a. in Unternehmensberatungen liegen seine Lehr- und Forschungsschwerpunkte in der strategischen Planung, im Sustainable Supply Chain Management sowie in der Produktpolitik. Der Fokus liegt dabei auf Aspekten der Lebensmittelwirtschaft.

Stiftungen im Ausland – Internationales Gesellschaftsengagement in der Bosch-Gruppe

Bernhard Schwager

1 Einführung

Die Bosch-Gruppe ist ein international führendes Technologie- und Dienstleistungsunternehmen mit weltweit rund 400.000 Mitarbeitern. Strategisches Ziel sind Lösungen, die Technik fürs Leben bieten. Darunter versteht Bosch Produkte, die Menschen begeistern, ihre Lebensqualität verbessern und zur Schonung der natürlichen Ressourcen beitragen. Zur Nachhaltigkeit im Sinn des Unternehmens gehört es auch, den langfristigen Unternehmenserfolg zu sichern und gleichzeitig die natürlichen Lebensgrundlagen heutiger und künftiger Generationen zu schützen (Bosch 2017a, S. 4).

Die von der UN verabschiedeten Sustainable Development Goals (SDGs) haben den Anspruch, bis zum Jahr 2030 allen Menschen ein Leben in Würde zu ermöglichen, Fortschritt zu fördern sowie die Umwelt intakt zu halten. Sie sind auch ein wichtiger Kompass für Bosch, die internationalen Prinzipien rund um Menschenrechte, Arbeitsnormen, Umweltschutz und Korruptionsbekämpfung zu befolgen. Der Beitritt zum Global Compact der Vereinten Nationen im Jahr 2004 unterstreicht das angestrebte Corporate-Social-Responsibility(CSR)-Engagement des Unternehmens und die Verantwortung eines großen, weltweit agierenden Konzerns (UN Global Compact 2017). Allerdings stellt die globale Präsenz Bosch auch vor beträchtliche lokale Herausforderungen. Dies ist beispielsweise bei sozialen Aktivitäten der Fall, denn das Verständnis von CSR und die Wahrnehmung sozialer Fragen variieren in den verschiedenen Kulturkreisen teilweise deutlich. Aus diesem Grund beschäftigt sich der Beitrag v. a. mit der sozialen Dimension von Nachhaltigkeit und den damit verbundenen interkulturellen Herausforderungen. Dabei wird dargestellt, wie sich Bosch mit seinen vier Unternehmensstiftungen der CSR-Themen vor Ort an-

B. Schwager (✉)
Robert Bosch GmbH
Stuttgart, Deutschland
E-Mail: bernhard.schwager@de.bosch.com

Tab. 1 Fokusthemen der Bosch-Unternehmensstiftungen. (Eigene Darstellung)

Aspekt der Nachhaltigkeit	Thema	Sustainable Development Goals	Zielstellung
Schaffung stärkerer Gemeinschaften	Wirtschaftliche Entwicklung	1 Keine Armut	Vertrauens- und beziehungsbildende Initiativen zwischen Gemeinden und Unternehmen Frauenförderung Landwirtschaft, Jugendentwicklung
	Frauen	5 Gleichstellung der Geschlechter	
Persönliches Wohlbefinden verbessern	Bildung	4 Gute Bildung	Bildungsentwicklung und bessere Lernumgebung
	Gesundheit	3 Gute Gesundheit und Wohlbefinden	
Schutz der Umwelt	Wasser	6 Sauberes Wasser und sanitäre Einrichtungen	Trinkwasserprüfung, Reinigung von Trinkwasserspeichern in Dörfern, Zugang zu sicherem Trinkwasser in Schulen
	Klima	7 Bezahlbare und saubere Energie	Förderung der Ökostromforschung und des Bewusstseins für die Umwelt

nimmt. Mit lokalen Aktivitäten werden vorzugsweise soziale Probleme von diesen Stiftungen aufgegriffen.

Zu den vorgenannten Stiftungen des Unternehmens gehören die Bosch India Foundation, das Bosch China Charity Center, das brasilianische Instituto Robert Bosch und der nordamerikanische Bosch Community Fund. Vorrangig orientieren sie sich an Problembereichen der SDGs, mit der Absicht, die sozialen Fragen der Länder aufzugreifen (Tab. 1). Das Stiftungsengagement der Bosch-Gruppe liegt vorzugsweise dort, wo sich viele Bosch-Standorte befinden, wie in Indien, China, Brasilien und den Vereinigten Staaten von Amerika. Die wesentlichen Stiftungsarbeiten werden in diesem Beitrag auf der Grundlage ihrer Aktivitäten und ausgewählten Zielstellungen vorgestellt. Die Stiftungen befassen sich mit vielfältigen sozialen, ökologischen und wirtschaftlichen Problemen, wobei sie versuchen, die SDGs bestmöglich zu unterstützen. Die ausgewählten Aktivitäten beziehen sich auf Projekte, die repräsentativ für die Stiftungsarbeit vor Ort sind.

2 Der Philanthrop Robert Bosch

Die vier Unternehmensstiftungen von Bosch unterscheiden sich in vielerlei Hinsicht, aber sie alle teilen die philanthropische Vision, die Robert Bosch (Abb. 1) seinerzeit inspirierte: „Meine Absicht geht dahin, neben der Linderung von allerhand Not, vor allem auf Hebung der sittlichen, gesundheitlichen und geistigen Kräfte des Volkes hinzuwirken" (zitiert nach

Abb. 1 Robert Bosch, 1925. (Robert Bosch GmbH, eigenes Material)

Richtlinien von Robert Bosch für die Vermögensverwaltung Bosch (VVB) 19.07.1935, § 27 in Robert Bosch Stiftung 2017a).

Das soziale Engagement war und ist bis heute ein integraler Bestandteil der Unternehmenskultur und der Familientradition. So spendete Robert Bosch im Jahr 1914 die Summe von 100.000 Deutsche Mark an die Stadt Stuttgart, um den Ausnahmezustand während des Ersten Weltkriegs zu lindern (Allmendinger 1977, Anlage II, S. 10 ff.). Darüber hinaus wurden 1964 die geerbten Anteile der Bosch-Familie an der Firma Robert Bosch GmbH auf die Vermögensverwaltung Bosch GmbH übertragen, die Robert Bosch im Jahre 1921 gegründet hatte. Diese wurde 1969 in die gemeinnützige Robert Bosch Stiftung GmbH (Robert Bosch Stiftung) umbenannt (Bähr und Erker 2013, S. 276–310). Die Stiftung hält etwa 92 % des Grundkapitals der Robert Bosch GmbH in Höhe von 1,2 Mrd. €. Als Gesellschafterin des Unternehmens erhält die Stiftung jährlich eine Dividende zur Finanzierung der Geschäftstätigkeit (Robert Bosch Stiftung 2017b). Durch diesen planbaren Mittelzufluss ist die Robert Bosch Stiftung nicht von den Kapitalerträgen des angelegten Stiftungskapitals abhängig, was heute für viele Stiftungen ein Problem aufgrund der extrem niedrigen Zinssituation darstellt. In der Zeit von 1964 bis 2016 summierte sich das Fördervolumen auf 1,486 Mrd. €. Mit diesem Betrag wurden im genannten Zeitraum mittlerweile über 20.000 Projekte von der Robert Bosch Stiftung gefördert oder mitgefördert. Im Jahr 2016 hat die Robert Bosch Stiftung 109,1 Mio. € für 683 gemeinnützige Projekte aufgewandt. Davon wurden 23,2 Mio. € an Projekte vergeben, die dazu dienen, die internationalen Beziehungen zu fördern und zu verbessern (Bosch 2017b, S. 28 f.).

In seinem Testament nannte Robert Bosch das Streben nach Frieden unter den Staaten als zentrales Ziel seines philanthropischen Engagements. Aus diesem Grund zielt bis heute ein beträchtlicher Anteil des Fördervolumens in die Richtung von Friedenssicherung. Dies führte auch dazu, dass sich die Robert Bosch Stiftung durch die Unterstützung ausgewählter Projekte in Südosteuropa, im Zug der Balkankriege Mitte der 1990er-Jahre, direkt in einer Konfliktregion engagierte (Robert Bosch Stiftung 2017b). Intervention und Hilfe in den betroffenen Ländern sind jedoch nur möglich, wenn ein ausgesprochenes Verständnis für die Kulturen vor Ort vorhanden ist, auf die sich die Beihilfe richtet. Dieser zentrale Aspekt wird auch von den Bosch-Unternehmensstiftungen weltweit bei den Aktivitäten beachtet. Lokal die individuellen Bedürfnisse zu befriedigen und die gemeinsame Sache in den Vordergrund zu stellen, dies lag auch schon immer Robert Bosch am Herzen. Seine bemerkenswerte Vision war äußerst zukunftsweisend. Etwa 50 Jahre nach seinem Tod erscheinen CSR-Themen dringlicher denn je. Dies zeigt sich auch daran, dass am 25. September 2015 die Vereinten Nationen einstimmig eine Reihe von Zielen angenommen haben, um die Armut und den Hunger zu beenden, den Planeten zu schützen und Bildung für alle zu sichern. Die verabschiedeten 17 SDGs stellen mit ihren spezifischen Ausprägungen 169 Unterziele dar, die in den nächsten 15 Jahren erreicht werden sollen (UN SDG 2015). Genau hier setzt auch die Bosch-Gruppe mit ihrem Beitrag an, indem sie die Inspirationen von Robert Bosch mit lokalem Know-how und globaler Verantwortung kombiniert. Dies äußert sich auch in den Worten von Dr. Volkmar Denner, Chief Executive Officer (CEO) der Bosch-Gruppe: „Ich bin überzeugt, dass die Wirtschaft ganz wesentlich helfen kann, gesellschaftliche Herausforderungen zu lösen" (Bosch 2016, S. 5).

3 Bosch-Unternehmensstiftungen

3.1 Bosch India Foundation

Der erste Schritt eines speziellen gesellschaftlichen Engagements von Bosch in Indien vollzog sich im Jahr 1950, wo mit der Gründung einer Stiftung begonnen wurde. Damit startete ein neuer Weg, um auf lokaler Ebene die Grundpfeiler des sozialen, ökologischen und wirtschaftlichen Lebens zu unterstützen. Mittlerweile stützt sich die Bosch India Foundation auch auf weitere Bosch-Tochtergesellschaften in Indien. Neben der indischen Regionalgesellschaft, die seinerzeit die Stiftung ins Leben rief, sind mittlerweile auch Bosch Chassis Systems India Ltd, Bosch Rexroth India Ltd, Robert Bosch Engineering and Business Solution Ltd und Robert Bosch Automotive Electronics India in der Stiftung engagiert, um den eingeschlagenen Weg der Nachhaltigkeit fortzusetzen. Gemeinsam wird die Arbeit der Stiftung unterstützt und gesichert, denn jedes der beteiligten Unternehmen führt einen gewissen Prozentsatz seines Gewinns an die Bosch India Foundation ab. Auf diese Weise kommt die Bosch-Gruppe dem Plan einen Schritt näher, auch in Indien für die Überzeugungen von Robert Bosch einen entsprechenden Leuchtturm aufzubauen. Die heutige Vision der Stiftung fokussiert auf ein gutes Leben und eine solide Existenzgrundlage durch verbesserte Bildung und technisches Verständnis. Zur Mission gehört es, Einzelpersonen dahingehend zu ertüchtigen und zu motivieren, dass sie innerhalb ihrer Gemeinden auf eigenen Füßen stehen können. Dies soll vorzugsweise durch Ausbildung geschehen, da sich dies sowohl auf die Beschäftigungsfähigkeit als auch auf die Entwicklung technischer Lösungen auswirkt.

Es ist sehr erfreulich, wie sich die Stiftung in den vergangenen Jahren entwickelte. Der Fortschritt ist deutlich spürbar und zeigt sich z. B. darin, dass bisher bereits über 100 Projekte unterstützt wurden. Die jährliche Fördersumme liegt heute bei rund 1,5 Mio. € (Bosch 2017a, Innenklappe). Im Kontext des umfangreichen Sozialengagements wird Bosch in Indien als frauen-freundlicher Arbeitgeber wahrgenommen, der Fragestellungen von „gender equality" ernst nimmt. So arbeiten bereits acht Frauen – von insgesamt 30 Mitarbeitern – bei der Bosch India Foundation. Die Stiftungsarbeit konzentriert sich speziell auf die wirtschaftliche, soziale und politische Stärkung von Frauen in Dörfern, ganz gemäß SDG 5 – Gleichstellung der Geschlechter. Beispielsweise wurden in Jaipur Selbsthilfegruppen gegründet, um Frauen und jüngere Menschen zu ermutigen, selbst aktiv zum Fortschritt von Familie und Gesellschaft beizutragen. Politische Bildung und die dazugehörige Rückenstärkung von Frauen ist der Stiftung ein besonderes Anliegen. Frauen werden dazu ermutigt, sich zu öffnen und in den Dörfern einen aktiven Part politischer Arbeit zu übernehmen, um so zu politischen Führungspersonen zu werden.

Für diese Arbeiten benötigt die Stiftung aus zwei Gründen keine inhaltliche Führung aus Deutschland. Erstens hat jeder Bundesstaat in Indien seine eigene Kultur und sein spezifisches soziales Verhalten. Daher ist es notwendig, auf diese Unterschiede zu achten, um auf lokaler Ebene angepasst und wirksam zu handeln. Aus der Distanz einer Unternehmenszentrale sind solche Bedarfe verhältnismäßig schwer einzuschätzen und zu beurteilen. Zweitens müssen zudem die Prioritäten des Landes und die politischen Vorgaben der Regierung berücksichtigt werden.

Bosch gründete als deutsches Unternehmen diese Stiftung in Indien, um sein Engagement für gesellschaftliche Themen zu vermitteln. Auf diese Weise wurde die Bereitschaft gezeigt, Teil der indischen Gesellschaft zu werden und das Leben für die Menschen vor Ort angenehmer zu gestalten. Es gehörte zum strategischen Konzept von Bosch, beim Eintritt in den indischen Markt soziale Fragen zu adressieren und mitzuhelfen, vorhandene Problemlagen auch mit geeigneten Produkten und Aktivitäten zu verbessern. Zu Beginn der Stiftungsarbeit war der Mangel an Vertrauen eine deutliche Hürde. Es war ausgesprochen schwierig, Vertrauen aufzubauen und Zuversicht bei der indischen Bevölkerung zu erreichen. sodass diese auch an den Projekten teilnahmen. Dies ist v. a. auf die Tatsache zurückzuführen, dass die indische Gesellschaft meist ländlich geprägt ist. Offenbar wird dies durch ein niedriges Bildungsniveau, viele gesundheitliche Probleme und mangelndes Selbstbewusstsein. Darüber hinaus erreicht die Regierung mit ihrem Handeln nicht die breite Gesellschaft, da sich viele Menschen verlassen, aufgegeben und vernachlässigt fühlen.

Genau hier setzt der integrative Gedanke der Stiftungsarbeit an. Die Organisation führt gezielt verschiedene Qualifizierungs- und Sensibilisierungsprogramme für Frauen, Landwirte und Jugendliche zur Verbesserung ihrer Einkommenssituation durch. Gesundheits-, Hygiene- und Ernährungsprogramme werden in den verschiedenen Dörfern durchgeführt, um die präventive Gesundheitsversorgung zu verbreiten (SDG 3). Flankierend hat die Stiftung mehrere Umkehrosmoseanlagen eingerichtet, um für sauberes Trinkwasser zu sorgen (SDG 6). Sie arbeitet gezielt mit Schulen, Lehrern und Behörden zusammen, um den Zugang zu Bildung zu fördern und gleichzeitig die Qualität der Bildungsvermittlung zu

Abb. 2 Bildung gehört zum Schwerpunkt der Aktivitäten. (Robert Bosch GmbH, eigenes Material)

verbessern (SDG 4). Zusammen mit den Gemeindeverwaltungen und den Regierungsstellen engagiert sich die Stiftung auch für saubere und ökologische Dörfer mit einer funktionierenden Abfallwirtschaft.

Ein Teil der 17 SDGs steht im Fokus der Bosch-Gruppe. Zu ihnen zählen die SDGs 1, 2, 3, 4, 5, 8, 9, 11, 12, 13 und 16 (Bosch 2016, S. 5). Das Engagement der Stiftung für diese Ziele hilft mit, die Nachhaltigkeit im Gleichgewicht zu halten. Darüber hinaus arbeitet die indische Organisation an einem ganzheitlichen Ansatz zur Bekämpfung von Armut (SDG 1), die häufig die Ursache der weiteren genannten Probleme ist. Der Schwerpunkt der Arbeiten liegt dabei auf Bildung (Abb. 2), Gesundheit, Hygiene und darin, die Regierungsprogramme an die Situationen vor Ort anschlussfähig zu machen. Aufgrund der rasch voranschreitenden Digitalisierung und Kommunikation erwartet die Bevölkerung, dass auch Unternehmen zum Wohl der Gesellschaft beitragen. Unternehmen sollen nicht nur die Wünsche der Menschen erfüllen, sondern auch ihre Grundbedürfnisse befriedigen. Ganz im Sinn eines Moderators konzentriert sich die Stiftung deshalb darauf, die Anbindung der Regierungsprogramme an die Bedürfnisse der Bevölkerung zu erreichen, indem sie durch Schulungen bei Fertigkeiten und Bewusstsein unterstützt. In einigen Gebieten leitet die Stiftung ein spezielles Anschlussprogramm für Gemeinden, das vom indischen Industrieverband initiiert wurde. Dies gilt beispielsweise in Bidadi, wo große Unternehmen wie Toyota, Ingersoll Rand, Coco-Cola angesiedelt sind und Bosch das Community-Connect-Programm des Verbands führt.

3.2 Bosch China Charity Center

In China sieht sich Bosch nicht nur verpflichtet, führende Technologien zur Förderung des sozialen Fortschritts anzubieten, sondern auch die öffentliche Wohlfahrt im ganzen Land zu fördern. Als Mitglied der Gesellschaft und guter Bürger zielt das Bekenntnis des Unternehmens auf eine nachhaltige Entwicklung. Aus diesem Grund veranlasste Bosch den Start des Bosch China Charity Centers (BCCC) und zugehöriger Sozialprojekte. Seit der Gründung im Jahr 2011 widmet sich das BCCC den Themen Bildungsförderung und Armutsbekämpfung in China durch langfristige und nachhaltige Förderprojekte (Abb. 3). Bis Ende 2015 hatte das BCCC bereits über 50 Projekte durchgeführt. Dazu zählen beispielsweise die Unterstützung von Infrastrukturen wie Campusgebäude, Kantinen oder Solarheizungen und von Bildungsprojekten wie Stipendien für Studenten, Ausbildungen für Lehrer, Vorschulerziehung oder Dorfkindergärten. Mittlerweile hat das BCCC über 1500 Freiwillige in zwölf Städten landesweit zur Mitarbeit motivieren können. Jährlich werden auf diese Weise rund 2,3 Mio. € als Fördermittel an Wohlfahrtsorganisationen vergeben (Bosch 2017a, Innenklappe). Durch die Gewährung von Stipendien, der Förderung gemeinnütziger Projekte und mit Beiträgen zu Gemeindediensten, an denen sich die Bosch-Freiwilligenteams beteiligen, trägt das BCCC aktiv zur gesellschaftlichen Entwicklung in China bei. Die Aktivitäten werden unter der Leitung des BCCC über verschiedene Geschäftseinheiten hinweg von Bosch China koordiniert.

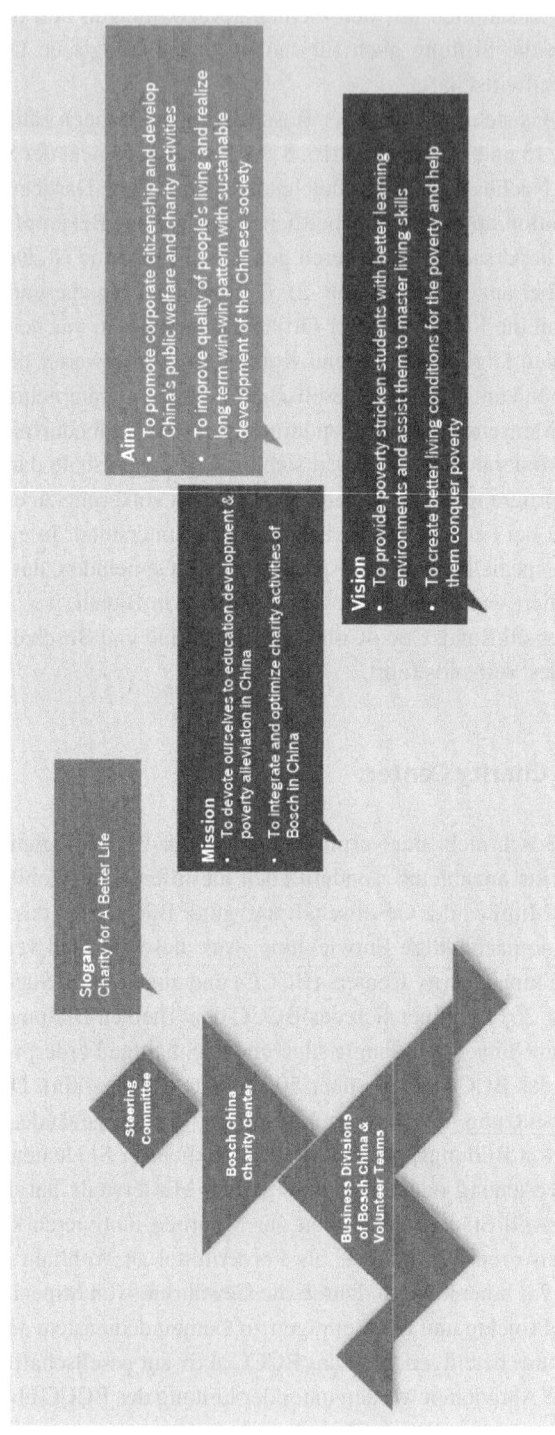

Abb. 3 Mission Statement des Bosch China Charity Center. (Eigene Darstellung)

Obgleich China wirtschaftlich deutlich vorankommt, leidet noch ein beachtlicher Teil der Bevölkerung, v. a. in den ärmeren ländlichen Regionen. China als sehr ausgedehntes Land unterscheidet sich in den verschiedenen Regionen beträchtlich, sowohl in der Kultur als auch im Wohlstand. Die wesentlichen Unterschiede haben sehr stark mit den Einkommensmöglichkeiten der Menschen zu tun. Diese resultieren meist aus einem äußerst ungleichen Zugang zu Bildung. Eine Umfrage des Instituts für Sozialwissenschaften an der Pekinger Universität zeigt, dass Chinas soziale Ungleichheit weiter zunimmt (Tiezzi 2016). Nach diesem Bericht ist ein Drittel des Vermögens des Landes im Besitz von nur einem Prozent der Haushalte. Die unteren 25 % der Bevölkerung hingegen können nur etwa 1 % des Reichtums für sich reklamieren. Bemerkenswert ist auch, dass die Ungleichheit in China sowohl innerhalb der Gesellschaft als auch innerhalb der Familien zu finden ist. So gibt es in den Familien verschiedene Möglichkeiten, um Eigentum zwischen Ehemännern und Ehefrauen oder Töchtern und Söhnen zu verteilen und damit gezielt zu verorten. Die regional bzw. ländlich geprägte Einkommenssituation ist gegenüber den städtischen Möglichkeiten Ausdruck einer ausgeprägten Einkommenslücke, die die Hauptursache für soziale Ungleichheiten darstellt. Damit lassen sich die deutlichen Unterschiede bei Bildung und Gesundheit begründen. Soziale Dienste sind nicht sehr weit verbreitet und sowohl nationale als auch lokale Regierungen haben oft nicht die Mittel, um ältere Menschen finanziell ausreichend zu unterstützen. Dies liegt daran, dass die Politik noch immer an den Konsequenzen des Mao-Regimes leidet. Während die Wirtschaft sehr schnell wächst, kann die Adaption der Gesellschaft nicht damit Schritt halten. Die Reformen von Deng Xiao Ping machten im Jahr 1978 den freien Markt zugänglich, aber auf Kosten der Ärmsten. Die staatseigenen Unternehmen wurden stillgelegt und viele Mitarbeiter verloren daraufhin ihren Arbeitsplatz, gefolgt von sozialer Ausbeutung und Umweltverschmutzung. Trotzdem wurde in den 1980er-Jahren das Konzept von CSR vorzugsweise als protektionistische Maßnahme des Westens gegen die chinesische Exportwirtschaft wahrgenommen und folglich abgelehnt. Jedoch führte im Jahr 2005 Hu Jin Tao eine Politik der harmonischen Gesellschaft ein, die als erster Meilenstein zur Einführung eines CSR-Konzepts in der chinesischen Politik angesehen werden kann. Mittlerweile hat China einen Top-down-Ansatz für CSR antizipiert: die Politik setzt standardisierte Abläufe für Unternehmen ein, damit diese entsprechende Sozial- und Umweltschutzanforderungen berücksichtigen (Wacker und Kaiser 2008).

Einerseits hat China damit begonnen, CSR in der Wirtschaft umzusetzen, andererseits geht aber die Kernidee der Freiwilligkeit, die dem westlichen Konzept der Unternehmensverantwortung entspricht, verloren. Infolgedessen engagieren sich Unternehmen häufig in dokumentierten Verfahren zu Arbeitsnormen und Umweltschutz, aber in der Praxis verstoßen sie dennoch gegen rechtsnormative Vorgaben und setzen sich selten für gemeinnützige und soziale Zielstellungen ein. Zudem missverstehen chinesische Unternehmen CSR häufig als Synonym für Compliance. Der protektionistische Ansatz im wirtschaftlichen Kontext ist jedoch in der chinesischen Politik immer noch vorhanden, speziell seit Präsident Xi an die Macht kam. Am 1. Januar 2017 trat ein neues Gesetz in Kraft, das alle ausländischen Nichtregierungsorganisationen (NGOs) ohne örtliche Niederlassung in

China verpflichtet, sowohl eine spezielle Erklärung abzugeben als auch alle beabsichtigten Aktivitäten anzumelden. Dieses neue Gesetz macht die Arbeit nicht nur von deutschen, sondern auch aller anderen ausländischen Stiftungen ohne Niederlassung in China ausgesprochen schwierig. Die Stärke von NGOs beruht ja gerade darauf, dass sie von der Politik unabhängig sind und sich bestimmten Themen, beispielsweise dem Schutz der Menschenrechte, widmen (Robert Bosch Stiftung 2016).

Das BCCC wurde vor fünf Jahren von Bosch China als unabhängiger Verein gegründet, der sich gut dem politischen Klima anpassen kann. Es handelt sich dabei um eine Organisation in China, die sich unabhängig von der Regierung auf die regionalen Ziele im Sinn von „local for local" konzentriert. Das Geld wird weitgehend für Armutsbekämpfung (SDG 1) und für gute Bildung (SDG 4) eingesetzt. Zu den Projekten zählen beispielsweise der Bau von Kindergärten, Stipendienprogramme an Universitäten und der Kantinenbau für Studenten. Die seit 2011 unterstützten Förderprojekte umfassen große und kleine Initiativen. Das Bosch-University-Bursary-Programm deckt z. B. die Gebühren für das erste Jahr bei Studienanfängern mit finanziellen Schwierigkeiten ab. Dieses Programm konzentriert sich auf Neulinge mit guter akademischer Leistung und vorbildlichem Verhalten, mit dem Ziel, ihren finanziellen Druck zu reduzieren, indem es die Studiengebühren für das erste Jahr an der Universität abdeckt. Das Bosch-Caring-Programm verbessert die Lern- und Lebensbedingungen der Schüler und Lehrer in von Armut betroffenen Gebieten. Bis Ende 2013 hat das BCCC verschiedene Grundschulen in mehreren Provinzen eingerichtet, darunter Qinghai, Gansu und Sichuan, sowie eine Kantine an der Mittelschule im Bezirk Jingyuan in der Provinz Ningxia eröffnet. Dank des Anti-Armut-Programms hat sich das BCCC aktiv an den von NGOs initiierten Programmen zur gesellschaftlichen Entwicklung beteiligt und sich vorgenommen, das ökologische Umfeld der notleidenden Gebiete durch Gemeinschaftsprojekte zu verbessern.

Im Jahr 2012 schloss sich das BCCC der China Development Research Foundation an und unterstützte das Pilotprogramm zur frühkindlichen Entwicklung in Qinghai und Yunnan. Das Programm zielt darauf ab, die Ernährungsaufklärung und die Vorschulerziehung bei Frauen und Kindern auf Land-, Stadt- und Dorfebene durchzusetzen sowie die Etablierung von frühkindlichen Entwicklungspolitiken zu fördern. Darüber hinaus wurden zwei Bildungseinrichtungen in Tibet mit Heizsystemen für deren Schulstuben unterstützt. Das Berufsbildungsprogramm zielt auf die Förderung der beruflichen Bildung und die Verbesserung der Beschäftigungsmöglichkeiten für Schüler aus Berufsschulen in den mittleren westchinesischen Gebieten. Dieses Programm stellte den Schulen studentische Patenschaften, Praktikumsplätze, Beschäftigungsangebote für herausragende Absolventen, Auszeichnungen für Exzellenz in der Lehre sowie professionelle Kfz-Diagnosegeräte zur Verfügung. Pilotprojekte wie Bosch Inspiration Class wurden bereits an Orten wie Hechi (Provinz Guangxi) und Danzhai (Provinz Guizhou) initiiert. Das BCCC widmet sich speziell der Entwicklung von Gemeinden in Regionen, in denen Bosch mit seinen Fertigungen tätig ist. Stipendien für Studenten, die aus finanziell prekären Verhältnissen stammen, wurden bereits Gemeinden in Shanghai, Peking, Yakeshi, Suzhou, Hangzhou und Changsha zur Verfügung gestellt. Trotz der Stipendien und Zuschüsse baut das BCCC

Einrichtungen und Organisationen in ganz China auf und rekrutierte dazu bereits etwa 1500 Freiwillige unter den Bosch-Mitarbeitern, um verschiedene Gemeinschaftsdienste anzubieten. Unter den Kleinprojekten sind Henan Orphan Bursary und Hebei Nanpi Canteen Aid für ihr Sozialengagement besonders bemerkenswert (BCCC 2016).

3.3 Instituto Robert Bosch – Brasilien

Die erste Vertretung von Bosch wurde bereits 1910 in Rio de Janeiro eingerichtet. Vor 60 Jahren folgte dann in São Paulo die Eröffnung des ersten Verkaufshauses. Seitdem ist Bosch offiziell in Brasilien niedergelassen. Soziale und gesellschaftliche Fragestellungen waren für Bosch immer ein sehr wichtiges Anliegen und sie sind es bis heute. Auch aus diesem Grund wurde im Jahr 1971 ein gemeinnütziger Verein gegründet, der das Sozialengagement und die damit verbundenen Aktivitäten in Brasilien bündelt. Im Jahr 2004 hat Bosch Brasilien den Verein in das Instituto Robert Bosch überführt, das im deutschen Kontext einer gemeinnützigen Stiftung entspricht.

Das Instituto Robert Bosch unterstützt vorzugsweise Aus- und Weiterbildungsprojekte an den vier brasilianischen Fertigungsstandorten des Unternehmens. Im Sinn des Firmengründers hilft die Organisation gezielt Kindern und Jugendlichen aus sozial schwierigen Verhältnissen. Zusammen mit der Stadtverwaltung in Curitiba werden verschiedene Kurse für mehr als 500 junge Menschen angeboten. Etwa 70 % von ihnen finden im Anschluss an die Weiterbildungsmaßnahmen eine qualifizierte Beschäftigung. Das Instituto Robert Bosch arbeitet u. a. auch eng mit der Hilfsorganisation Primavera – Hilfe für Kinder in Not e. V. – zusammen, einem Verein, der von Bosch-Mitarbeitern gegründet worden ist (Primavera 2017). Auf diese Weise schließt das Institut auch die freiwillige Unterstützung von Mitarbeitern des Unternehmens in der jeweiligen Region mit ein (SDG 4).

Eines der Projekte zur Unterstützung bedürftiger Familien in Brasilien ist die Errichtung von Solarheizungssystemen für Familien mit niedrigem Einkommen, um deren Energiekosten zu senken. Die Stiftung spendete diese Systeme und stellte sie den Energieversorgern zur Verfügung, um sie bei bedürftige Familien installieren zu lassen. Rund 20.000 Häuser wurden so in den vergangenen drei Jahren mit klimafreundlichen Solarkollektoren ausgestattet (SDG 1). Andere Aktivitäten zielen darauf, die Gesundheit (SDG 3 und 8) zu verbessern und die Jugendkriminalität, die Säuglingssterblichkeit und die Arbeitslosigkeit (SDG 5) zu reduzieren. Insgesamt fördert das Instituto Robert Bosch Sozialprojekte in Brasilien mit einem Betrag von 1,0 Mio. € pro Jahr.

Den bereits erwähnten Verein Primavera haben Bosch-Mitarbeiter als Projekt vor 25 Jahren initiiert. Der Verein konzentriert sich darauf, Kindern aus den Slums in Entwicklungs- und Schwellenländern zu helfen und ihnen eine neue Perspektive zu bieten. Primavera beschränkt seine Initiativen nicht auf die medizinische Versorgung oder die Grundbedürfnisse von mehr als 30.000 Kindern. Für die Organisation ist es wichtig, den jungen Menschen einen Ausweg aus dem Armutszyklus zu bieten. Deshalb unterstützt der Verein viele pädagogische oder berufliche Tätigkeiten, um ihnen ein eigenständiges

Leben auf lange Sicht zu ermöglichen. Heute heißt das spezielle Programm, das die SDGs in Brasilien von Primavera präsentiert, Peça por Peça. In diesem Programm geht es vorrangig um Gesundheit und Umwelt. Ziel ist es, die Lebensqualität in der Gemeinschaft zu sichern und Menschen durch Maßnahmen dahingehend zu ertüchtigen, auf die eigene Gesundheit zu achten und gleichzeitig das Umweltgewissen zu fördern. Auf diese Weise werden Themen adressiert, wie beispielsweise Kultur, Lehre und Lernen, Kommunikation, Sport und Freizeit, soziale und berufliche Bildung von Jugendlichen sowie die Erzielung von Einkommen. Auch wird so die Freiwilligenarbeit der Mitarbeiter, ihrer Familien und weiterer Gemeindemitglieder bewusst gefördert, die das Peça-por-Peça-Programm unterstützen (Instituto Robert Bosch 2016).

3.4 Bosch Community Fund – USA

Der erste Aufenthalt von Robert Bosch in Amerika geht zurück auf eine Zeit, als er voller Neugier, Mut und Tatendrang an Bord der Caland ging, einem Dampfer in Rotterdam mit Ziel New York. Seine Schiffspassage im Frühjahr 1884 dauerte damals zwei Wochen (Bähr und Erker 2013, S. 21). Bereits auf dem Schiff begann er begeistert Tagebuch zu schreiben und führte dies während seines einjährigen Amerikaaufenthalts konsequent fort. Er erwähnt darin Amerika als sehr angenehmes Land, das ihm half, viele wertvolle berufliche und persönliche Erfahrungen zu machen. Er war lern- und leistungsbereit und wollte beruflich vorankommen. Für ihn wäre es sehr überraschend gewesen, wenn er es nicht geschafft hätte, eine Nische für sich in einem Land zu finden, in dem sich schon so viele Leute einen Namen gemacht hatten – Leute, die seiner Meinung nach nicht einmal die ausgeprägte Begeisterung und Bereitschaft wie er dazu hatten. Er selbst war absolut von sich überzeugt, dass ihm diese Qualitäten nicht fehlen würden. Robert Bosch blieb bis Mai 1885 in Amerika und arbeitete dort bei verschiedenen Firmen, einschließlich der Maschinenfabrik von Edison (Heuss 1986, S. 47 ff.). An dieser Stelle war es für ihn schon klar, sein Unternehmen auch in den USA zu etablieren (Bähr und Erker 2013, S. 54 ff.).

Es dauerte dann aber doch bis zum Jahr 2011, bevor der Bosch Community Fund (BCF) vom Unternehmen als gemeinnützige Stiftung in den USA gegründet wurde. Der Beginn der Projektarbeit startete kurz darauf im Jahr 2012 mit der Mission zum gesellschaftlichen Engagement. Im ersten aktiven Jahr vergab der BCF rund 1,5 Mio. US-$ an Organisationen in den USA. Seit 2013 stieg das Fördervolumen von 3 auf heute rund 4 Mio. US-$ jährlich (Bosch 2017a, Innenklappe). Die Stiftung unterstützt über 22 Gemeinden in den USA und hat Partnerschaften mit über 30 höheren Bildungseinrichtungen. Das Ziel des BCF ist es, Gemeinden zu unterstützen, um Wissenschaft, Technologie, Bildung und Mathematik zu verbessern. Die Stiftung folgt damit der Bosch-Tradition beim gesellschaftlichen Engagement speziell zum Corporate Citizenship. Vorzugsweise werden hier Gemeinden gefördert, in denen Bosch tätig ist. Im Einklang mit den SDGs unterstützt der BCF verschiedene Projekte, um Innovatoren und Visionäre mit verschiedenen Stakeholdergruppen zusammenzubringen. Dabei geht es darum, das Denken und Handeln im

Sinn einer sauberen und nachhaltigen Zukunft zu befeuern. Ein anderes Beispiel ist das Cranbrook Institute of Science, ein Naturgeschichte- und Wissenschaftsmuseum, das ein Verständnis für unseren Globus und lebenslanges Lernen fördert. Der BCF setzt sich dafür ein, dass die Qualität von Bildung erhöht (SDG 4), die Bedingungen für Gesundheit- und Wohlbefinden verbessert (SDG 3), die Treibhausgasemissionen auf ein Minimum reduziert und saubere Energie vermehrt genutzt (SDG 7) werden.

4 Fazit

Die Aktivitäten der Bosch-Unternehmensstiftungen zielen auf gesellschaftliches Engagement. Der Beitrag stellt dar, wie diese Themen zusammenpassen und sich gegenseitig ergänzen. Die Integration ist in den verschiedenen Ländern unterschiedlich, denn die Anforderungen, Verkehrsanschauungen und Bedürfnisse variieren deutlich in den Regionen. Gravierende Unterschiede zu Deutschland zeigen sich beim Zugang zu Bildung durch die Schulsysteme, bei Versorgungsleistungen im Rahmen der Sozialsysteme bei Arbeitslosigkeit, Krankenversicherung oder Altersversorgung und beim Umweltschutz in Grenzwerten und deren Kontrolle. Die Aktivitäten der Stiftungen stellen auf die SDGs ab. Es ist besonders bemerkenswert, dass jede dieser Stiftungen unabhängig von Bosch in Deutschland handelt, aber gleichzeitig alle der philanthropischen Mission von Robert Bosch folgen. Die Bosch-Werte, die sehr gut zu den SDGs passen, sind international gültig und somit auch für die vier beschriebenen Stiftungen bindend (Bosch 2017c).

So arbeiten bei der Bosch India Foundation heute acht Frauen. Bei 30 Mitarbeitern heißt dies, dass bereits zu einem Drittel Frauen in der Organisation beschäftigt sind. Dies entspricht nicht nur dem SDG 5 (Gleichstellung der Geschlechter), sondern auch den Grundsätzen des Gründers Robert Bosch. Die Bosch-Gruppe selbst hat sich weltweit vorgenommen, bis zum Jahr 2020 den Anteil von Frauen in Führungspositionen auf einen Wert von 20 % zu steigern. Dies ist kein einfaches Ziel, denn die Steigerung beträgt trotz beträchtlicher Anstrengungen nur 1 % pro Jahr. Der Wert im Jahr 2017 lag bei 16,1 % (Bosch 2017a, Innenklappe). Der Fokus in China liegt auf „local for local", da es eine spürbare Einkommenslücke zwischen den städtischen und ländlichen Regionen und damit einen ungleichen Zugang zu Krankenversicherung und Bildung gibt. In Brasilien steht gute Bildung im Mittelpunkt der Programme des Instituto Robert Bosch, um der Jugendkriminalität zu begegnen und den Drogenhandel als Einnahmequelle zu brechen. Der BCF in den USA stellt aber auch Mittel im ökologischen Kontext bereit. Hier geht es um die Förderung von Forschung in den Bereichen von erneuerbaren Energien und Ökodesign an Universitäten und Schulen entsprechend dem SDG 7 – Reduzierung der Treibhausgasemissionen und Nutzung sauberer Energie.

Die zukünftige Arbeit wird darin bestehen, im Rahmen von Impact Assessments herauszuarbeiten, inwiefern die Aktivitäten der Stiftungen und des Unternehmens Bosch einen messbaren Nutzen über Key Performance Indicators (KPI) für das Gemeinwohl schafft.

Literatur

Allmendinger CM (1977) Struktur, Aufgabe und Bedeutung der Stiftungen von Robert Bosch und seiner Firma: Ein Beitrag zur Geschichte des Stiftungswesens in Württemberg von 1900 bis 1964. Universität, Fakultät für Volkswirtschaftslehre und Statistik, Dissertation, Mannheim

Bähr J, Erker P (2013) Bosch. Geschichte eines Weltunternehmens. C.H. Beck, München

BCCC – Bosch China Charity Center (2016) 5. Geburtstag 2011–2016 (internes Dokument)

Bosch (2016) Nachhaltigkeitsbericht 2016. https://assets.bosch.com/media/global/sustainability/reporting_and_data/2016/bosch-nachhaltigkeitsbericht-2016.pdf. Zugegriffen: 10. Juni 2018

Bosch (2017a) Nachhaltigkeitsbericht 2017. https://assets.bosch.com/media/global/sustainability/reporting_and_data/2017/bosch-nachhaltigkeitsbericht-2017.pdf. Zugegriffen: 10. Juni 2018

Bosch (2017b) Bosch heute. https://assets.bosch.com/media/global/bosch_group/our_figures/pdf/bosch-heute-2017.pdf. Zugegriffen: 10. Juni 2018

Bosch (2017c) Bosch Werte. http://www.wearebosch.com/index.de.html. Zugegriffen: 10. Juni 2018

Heuss T (1986) Robert Bosch, Leben und Leistung. DVA, Stuttgart

Instituto Robert Bosch (2016) Jahresbericht 2016 (internes Dokument)

Primavera (2017) Willkommen bei der Hilfsorganisation Primavera – Hilfe für Kinder in Not e. V.! http://www.primavera-ev.de/de/aboutus/aboutus.html. Zugegriffen: 10. Juni 2018

Robert Bosch Stiftung (2016) Chinas Zivilgesellschaft unter Druck. http://www.bosch-stiftung.de/content/language1/html/72058_70794.asp. Zugegriffen: 10. Juni 2018

Robert Bosch Stiftung (2017a) Testament und Auftrag. https://www.bosch-stiftung.de/de/robert-bosch-0. Zugegriffen: 10. Juni 2018

Robert Bosch Stiftung (2017b) Die Robert Bosch Stiftung. http://www.bosch-stiftung.de/content/language1/html/389.asp. Zugegriffen: 10. Juni 2018

Tiezzi S (2016) Report: China's 1 Percent Owns 1/3 of Wealth. [Report: China's 1 Prozent besitzen 1/3 des Vermögens]. The Diplomat. http://thediplomat.com/2016/01/report-chinas-1-percent-owns-13-of-wealth/. Zugegriffen: 10. Juni 2018

UN Global Compact (2017) Who we are. https://www.unglobalcompact.org/what-is-gc. Zugegriffen: 10. Juni 2018

UN SDG (2015) 17 goals to transform our world. http://www.un.org/sustainabledevelopment/sustainable-development-goals/. Zugegriffen: 10. Juni 2018

Wacker G, Kaiser M (2008) Nachhaltigkeit auf chinesische Art. https://www.swp-berlin.org/fileadmin/contents/products/studien/2008_S18_wkr_ks.pdf. Zugegriffen: 10. Juni 2018

Bernhard Schwager studierte von 1980 bis 1985 Technische Chemie an der Fachhochschule Nürnberg. Zwischen 1985 und 2005 war er bei der Siemens AG tätig, anschließend wechselte er zur Robert Bosch GmbH. Im Mai 2006 wurde Schwager zum Präsidenten des Verbands der Betriebsbeauftragten für Umweltschutz e. V. (VBU) und im Mai 2008 zum Obmann des Ausschusses Umweltmanagementsystem/Umweltaudit im deutschen Institut für Normung (DIN NAGUS) sowie im August 2017 in den erweiterten Vorstand des Bundesdeutschen Arbeitskreises für umweltbewusstes Management (B.A.U.M. e.V.) und im Juni 2018 in den Vorstand des Deutschen Netzwerks für Wirtschaftsethik (DNWE) gewählt. Seit Januar 2009 hält er einen Master der Umweltwissenschaften und ist Autor bzw. Mitautor verschiedener Bücher und Artikel. Schwager ist innerhalb der Zentralabteilung Arbeits-, Brand- und Umweltschutz als Leiter der Geschäftsstelle Nachhaltigkeit von Bosch tätig. In dieser Funktion ist er u. a. Ansprechpartner für die verschiedenen Stakeholdergruppen und treibt Nachhaltigkeitsthemen voran. Dazu vertritt der Umweltwissenschaftler das Unternehmen in verschiedenen nationalen und internationalen Organisationen und Industrieverbänden.

Die 50-Milliarden-Dollar-Frage – Ansätze und (interkulturelle) Herausforderungen einer nachhaltigen Textilwirtschaft in Bangladesch

Carsten Schmitz-Hoffmann und Jochen Weikert

1 Einführung

Die politische Diskussion dieser Tage suggeriert häufig, dass die jüngste Ära der Globalisierung vorbei sei und die stetige Ausweitung des Welthandels der letzten Jahrzehnte nun wieder national oder regional verfassten Produktionssystemen Platz machen müsse (Peter 2017). Die Argumentation gegen den Welthandel mag derzeit einige Wählerstimmen versprechen – die Realität ist jedoch eine andere. Die Globalisierung der industriellen Produktion ist weiterhin Teil einer weitergehenden und weiterhin Gesellschaften umwälzenden, großen globalen Transformation (Messner 2007).

Ein Beispiel dafür soll in den folgenden Ausführungen näher beleuchtet werden: Die große Masse der für den Welthandel produzierten Kleidung wird in Entwicklungs- und Schwellenländern hergestellt, weit entfernt von den entwickelten Ländern, in denen sie getragen wird – und dies nicht nur im geographischen Sinn, sondern v. a. im Sinn von wirtschaftlichen und gesellschaftlichen Verhältnissen. Dieser Trend begann bereits mit der industriellen Entwicklung einiger Länder v. a. Südost- und Ostasiens in den 1960er- und 1970er-Jahren und wurde durch die Aufhebung von Quotenbeschränkungen im weltweiten Textilhandel (Auslaufen des Multifaserabkommens im Jahr 2005) rasant beschleunigt.

Man spricht mittlerweile von einem Markt von einer halben Billion US-$, der zigmillionen Menschen beschäftigt. Nach Exportwerten betrachtet ist China allein für 38 % der weltweiten Kleidungsproduktion verantwortlich und ist damit bei Weitem und für die ab-

---

C. Schmitz-Hoffmann (✉)
Deutsche Gesellschaft für International Zusammenarbeit (GIZ) GmbH
Bonn, Deutschland
E-Mail: carsten.schmitz-hoffmann@giz.de

J. Weikert
Deutsche Gesellschaft für Internationale Zusammenarbeit (GIZ) GmbH
Eschborn, Deutschland
E-Mail: jochen.weikert@giz.de

sehbare Zukunft unangefochten größter Produzent (Abb. 1). Eines der ärmsten Länder der Welt mit einem Human Development Index von 142 aus 188 (im Jahr 2015) rangiert aber mit gut 6 % der Produktion von Kleidern bereits auf dem zweiten Platz der Rangliste: Bangladesch. Die Abb. 2 und 3 veranschaulichen die Größenverhältnisse im globalen Handel mit Bekleidung für den Zeitraum zwischen 2013 und 2015. Exporte aus Bangladesch wuchsen demnach in den letzten Jahren stetig auf 26,6 Mrd. US-$. Im Jahr 2016 exportierte Bangladesch sogar schon Kleidung im Wert von 28 Mrd. US-$ (Hassan 2016).

Dass ein solcher Exporterfolg für ein Entwicklungsland von umwälzender Bedeutung ist, ist unmittelbar einsichtig: Die Chancen, die die Erlöse der Kleidungsindustrie für Devisenreserven, Investitionen, Einkommen, Technologie- und Know-how-Transfer für Bangladesch bedeuten, sind nicht wichtig genug einzuschätzen.

Doch, andererseits, wie nachhaltig im Sinn der wirtschaftlichen, sozialen und ökologischen Auswirkungen ist der Kleidungsboom in Bangladesch? Schon jetzt ist die niedrige Arbeitsproduktivität bei fallenden Exportpreisen eine wachstumslimitierende, betriebswirtschaftliche Realität. Schon jetzt sind Energie- und Wasserverbrauch sowie der Schadstoffeintrag in Böden, Gewässer – und dadurch in Nahrungsketten – auf einem gefährlich hohen, wenig nachhaltigen Niveau. Und schon jetzt unterbrechen wilde Streiks und unversöhnliche Arbeitskämpfe nicht nur lokal die Produktion, sondern auch international die Handelsbeziehungen zwischen ausländischen Kunden und bangladeschischen Produzenten. Jüngste Streiks im Industriegebiet Ashulia im Dezember 2016 veranlassten laut Handelsblatt einen Textileinkäufer zu folgender Aussage: „,Menschenverachtend', nennt Patrick Andrist, Chef der Modeeinkaufsagentur Omnibrand, das Vorgehen der Fabrikbesitzer und Behörden. [...] Solchen ‚Ausbeutern' erteile er keine Aufträge" (Kolf und Weishaupt 2017).

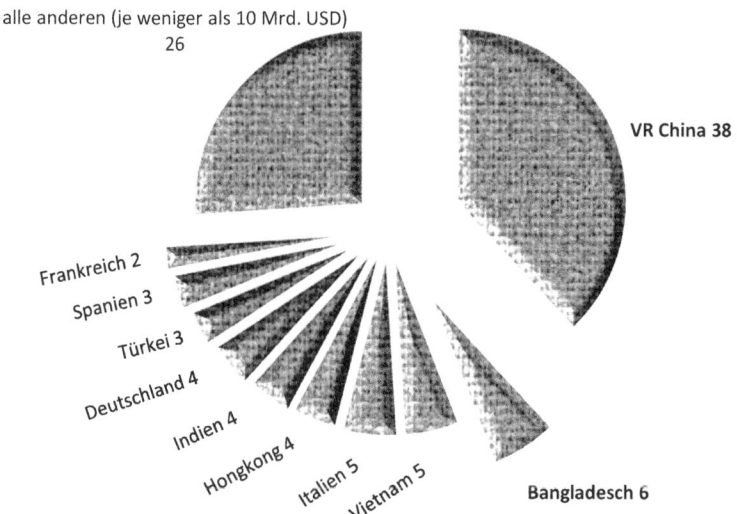

Abb. 1 Weltweiter Export von Kleidung (Anteil in %). (Nach WTO Statistics Database 2017)

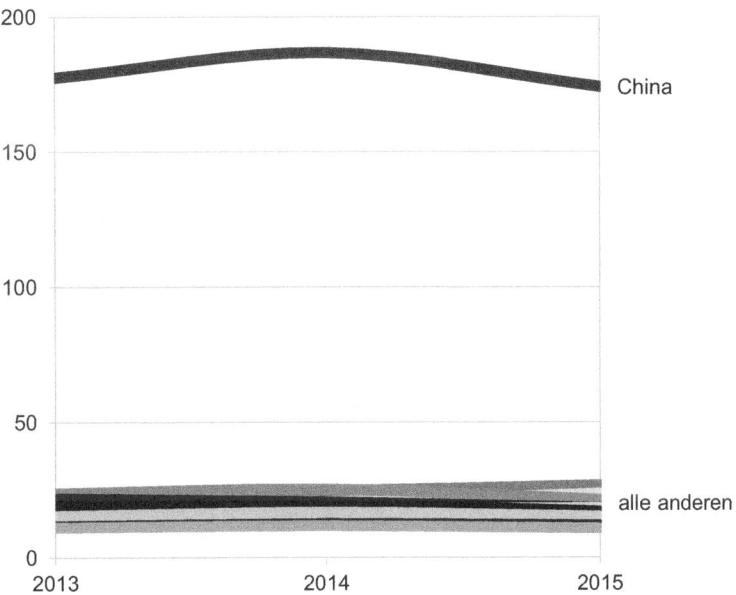

Abb. 2 Kleidungsexportwerte in Mrd. US-$ (Länder mit Exporten über 10 Mrd. US-$). (Nach WTO Statistics Database 2017)

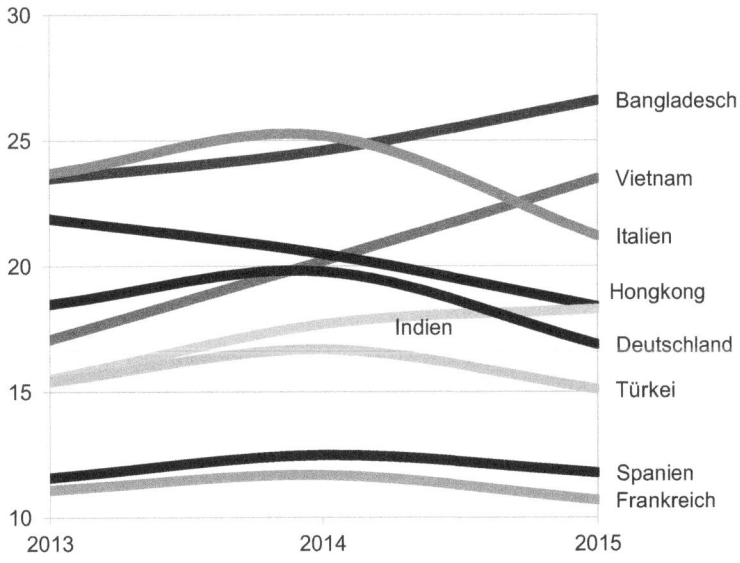

Abb. 3 Kleidungsexportwerte in Mrd. US-$ (Länder mit Exporten über 10 Mrd. US-$ ohne China). (Nach WTO Statistics Database 2017)

Dabei riefen Akteure aus Staat und Wirtschaft Ende 2014 anlässlich des 1. Dhaka Apparel Summit im Dezember 2014 das Ziel aus, der gesamte Industriesektor solle im Jahr des 50-jährigen Bestehens der Volksrepublik (2021) Kleidung im Wert von 50 Mrd. US-$ – mithin knapp doppelt so viel wie bisher – exportieren. Die große, 50-Milliarden-Dollar-schwere Frage lautet daher: Wie ist eine Verdopplung der Produktion in nur wenigen Jahren zu erreichen, wenn die Industrie schon heute an Grenzen stößt, die ihr durch ungenügend beachtete Aspekte der wirtschaftlichen, sozialen und ökologischen Nachhaltigkeit gesetzt werden?

Da auch die Akteure in den Konsumentenmärkten in zunehmenden Maß die Nachhaltigkeit von Produkten in Augenschein nehmen, ist die Idee einer nachhaltigen Produktion seit Langem in zahlreichen globalen politischen Agenden (Agenda 21, Agenda 2030, G20, G7 etc.) fest verankert. Staatliche Akteure, wie z. B. in der internationalen Zusammenarbeit, nehmen die Herausforderungen für eine globale Nachhaltigkeitspolitik an, um „die Globalisierung gerecht zu gestalten und die Umwelt zu schützen" (BMZ 2009, S. 3) und so die seit einiger Zeit offensichtlichen „Schattenseiten der Globalisierung" (Stiglitz und Chang 2003) zu lindern.

Aber auch die Privatwirtschaft hat längst damit begonnen, die Nachhaltigkeit der Auswirkungen ihres Handelns und die Wechselbeziehungen mit ihren gesellschaftlichen Stakeholdern (Freeman 1984) im Rahmen von Konzepten einer Corporate Social Responsibility (CSR; Walton 1967; Carroll 1979, 1991) zu beschreiben. Da die weltweiten Produktionsnetzwerke im Rahmen von globalen Wertschöpfungsketten organisiert sind, muss der Beitrag der Privatwirtschaft notwendigerweise auch ein Beitrag zur globalen Nachhaltigkeit sein. Am Beispiel der Bekleidungsindustrie in Bangladesch lassen sich zahllose Initiativen erläutern, wie die Privatwirtschaft aus Industrieländern sich für Nachhaltigkeit in Bangladesch engagiert. Beispiele hierfür sind die Initiativen ACCORD und die ALLIANCE (s. weiter unten im Text), die nach dem Einsturz des Fabrikkomplexes Rana Plaza im April 2013 angetreten sind, um Gebäudesicherheit und Brandschutz in der Industrie zu verbessern. Im Zentrum der meisten Initiativen stehen sog. Compliance-Ansätze, d. h. die Kontrolle der Einhaltung vorher definierter Ziele aus den Bereichen Produktions-, Umwelt- oder Sozialmanagement.

Aber globale CSR, auf der konzeptionellen Ebene schon schwierig, erweist sich in der operativen Umsetzung als eine handfeste Herausforderung. Um die kulturelle Kluft zwischen Düsseldorf, Hamburg oder Essen (wo sich die Zentralen einiger deutscher Modeunternehmen befinden) und Dhaka, Narayanganj oder Chittagong (wo die meisten Fabriken in Bangladesch sitzen) zu überbrücken, müssen CSR-Managementinstrumente interkulturelle Aspekte berücksichtigen, um zu greifen.

Die Hypothese ist daher, dass klassische Compliance-Ansätze zu starr sind und daher oft keine kulturellen Spezifika berücksichtigen. Dahingegen sind dynamische Ansätze notwendig, um globalen CSR-Ansätzen Vorschub zu leisten. Diese bedürfen allerdings eines anspruchsvollen, interkulturellen Managements in der Umsetzung.

In der Praxis des interkulturellen Managements heißt das: CSR sollte sich nicht an starren Normenkatalogen, die Compliance-Grenzen definieren, orientieren, sondern „Handlungsspielräume im Sinne der nachhaltigen Entwicklung" (BMZ 2009, S. 3; Hartmann et al. 2011, S. 4) identifizieren und Handlungsoptionen im interkulturellen Kontext operationalisieren, um Handlungsstrategien im Interessensfeld einer großen Bandbreite von Stakeholdern zur Umsetzung verhelfen.

Das hier vorgestellte Beispiel orientiert sich an der weiteren Diskussion um nachhaltige globale Lieferketten, die die Outsourcing-Revolution für Kleidung, Sportartikel, Schuhe oder Spielzeuge von Anfang an begleitete. Am anschaulichsten und prominentesten – weil arbeitsintensiv zum einen, und weil im buchstäblichen Sinn den Konsumenten berührend – wurden in dieser Diskussion die Missstände in der Bekleidungs- und Textilproduktion in Entwicklungs- und Schwellenländern adressiert. Während die Fallbeispiele in der Vergangenheit aus Mittelamerika („Maquiladoras") und Südostasien, später aus China kamen, liegt seit den 2010er-Jahren eine sehr hohe Aufmerksamkeit auf dem Produktionsstandort Bangladesch. Die Gesellschaft für Internationale Zusammenarbeit GmbH (GIZ, vor 2011 GTZ) arbeitet bereits seit 1972 im Auftrag des Bundesministeriums für wirtschaftliche Zusammenarbeit und Entwicklung (BMZ) mit Bangladesch zusammen und hat daher den Aufstieg der Bekleidungsindustrie im Land von Anfang an begleitet. Seit den frühen 2000er-Jahren arbeitet die GIZ zumal in Projekten, um die Nachhaltigkeit im Sektor zu verbessern.

Seit 2014 versammelt das vom BMZ ins Leben gerufene „Bündnis für nachhaltige Textilien" Stakeholder aus Wirtschaft, Zivilgesellschaft und Politik in einer Multiakteurpartnerschaft, „um soziale, ökologische und ökonomische Verbesserungen entlang der Textillieferkette zu erreichen. Dabei zielt das Textilbündnis darauf ab, gemeinsame Herausforderungen effektiver zu lösen, Synergien in gemeinsamen Projekten vor Ort zu nutzen, voneinander zu lernen und so Rahmenbedingungen in den Produktionsländern zu verbessern" (Bündnis für nachhaltige Textilien 2016).

In diesem Beitrag sollen die ökonomischen und politisch-institutionellen CSR-Voraussetzungen skizziert werden, auf denen die Umsetzung des Textilbündnisses in Bangladesch trifft. Die interkulturellen Herausforderungen der von Bangladesch ausgehenden globalen Textilwertschöpfungsketten zu managen, wird nach Ansicht der Autoren eine wesentliche Determinante des Erfolgs des Bündnisses in Bangladesch.

2 Corporate Social Responsibility, Textilwirtschaft und Textildiplomatie in Bangladesch

Die bangladeschische Bekleidungsindustrie schuf aus dem Nichts heraus ein Wachstumswunder von beachtlichem Ausmaß. Zahlreiche Führungspersönlichkeiten der Gründergeneration verdienen hierfür Anerkennung. Gleichzeitig hat man in der entscheidenden Phase der industriellen Entwicklung, der Take-off-Phase nach 2005, versäumt, ein stringentes Nachhaltigkeitsmanagement einzuführen, das soziale, ökologische Bedingungen der Produktion berücksichtigen würde.

Die bisherige Geschichte der CSR in der bangladeschischen Bekleidungsindustrie könnte man (etwas kursorisch) mit „too little, too late" überschreiben. Erst nachdem die Industrieunfälle der letzten Jahre die Stakeholder rund um die Welt alarmiert haben, begann die Privatwirtschaft entlang der Bekleidungswertschöpfungskette – d. h. sowohl die einkaufenden Unternehmen aus Industrieländern als auch die produzierenden Unternehmen in Bangladesch – sich systematisch ihrer Verantwortung zu stellen. Hierfür wurden allerdings zumeist klassische Compliance-Ansätze gewählt, die gegenüber kulturellen Besonderheiten und lokalen Grautönen wenig anpassungsfähig sind. Bevor im nächsten Schritt die sich daraus ergebenden Herausforderungen für den Umbau zu einer nachhaltigen Textilwirtschaft in Bangladesch entwickelt werden, sollen hier zunächst aber die Ausgangssituation und ihre historischen Determinanten beleuchtet werden.

In allen Unternehmen der Welt hängen das Vorhandensein und die Ausgestaltung von CSR-Policies und -Praktiken in hohem Maß von Führungspersönlichkeiten ab, sei es aufgrund deren religiösen, weltanschaulichen, soziopolitischen oder patriotischen Beweggründen – die Beschäftigung mit Unternehmensverantwortung nimmt in Unternehmen oft bei der Gründerin oder dem Gründer, der Geschäftsführerin oder dem Geschäftsführer eines Unternehmens den Anfang. Von diesen Persönlichkeiten gab und gibt es in der bangladeschischen Bekleidungsindustrie sehr viele. Im Lauf der 1980er-Jahre setzte eine Gründerwelle ein, die den Beginn einer Industrie darstellte, die heute – je nach Definition und Schätzung – 4000–6000 Unternehmen umfasst.

Im Jahr 1978 gab es in ganz Bangladesch, auf einer Fläche doppelt so groß wie Bayern (147.570 km^2), gerade einmal neun kleine Exportfabriken, die im Wert von weniger als 10 Mio. US-\$ exportierten (Economist 2017). Unter diesen befand sich die Firma Desh Garments Ltd., gegründet 1977 – nach dem Dafürhalten vieler das erste ausschließlich auf Export ausgerichtete Bekleidungsunternehmen im Land. In den Ausführungen zur Firma Desh Garments Ltd. beziehen sich die Autoren auf Mohamad Manjur Morshed, Leiter des Vorhabens PSES, GIZ Bangladesch. Der Gründer des Joint Ventures mit dem südkoreanischen Daewoo Konzern, Noorul Quader, ein in Dhaka und Cambridge ausgebildeter Ökonom, kann auch als Gründervater des ganzen Sektors gelten. Im Jahr 1978 schickte er 130 Angestellte und Arbeiter (darunter 18 Frauen) für ein sechsmonatiges Training nach Südkorea, damit diese vom koreanischen Joint Venture Partner über Produktionstechnologie, Betriebswirtschaft und Personalwesen lernen. Unter ihnen waren einige der heutigen Textilmagnaten, so z. B. der vormalige Bürgermeister von Nord-Dhaka und Vorsitzender der Mohammadi Group, Annisul Huq, S. M. Emdadul Islam, der Direktor der Babylon Group, Monirul Islam, der Vorsitzende der Florence Garments Ltd. oder Delwar Hossain, der Vorsitzende der AKH Group. Indem sie aus Südkorea importiertes Produktions- und Management-Know-how in ihrem Land anwendeten, wurden diese 130 zur Gründergeneration der Bekleidungsexportindustrie in Bangladesh.

In dieser Frühphase der Entwicklung des Sektors wurden auch einige institutionelle Grundlagen für den späteren Boom gelegt: Durch die Einrichtung von Zollspeichern („bonded warehouses") nimmt der Staat Exporteure von der Pflicht aus, für importierte Grundstoffe und Vorprodukte Zölle zu entrichten – solange die fertige Ware anschließend exportiert wird. Dies verringert die für die Produktion notwendigen Vorleistungen deutlich, da die Bekleidungsindustrie in Bangladesch über wenig Rohstoffe und Zulieferstrukturen im eigenen Land verfügt und daher in hohem Maß von Importen (v. a. Baumwolle und Stoffe) abhängt. Gegen den Verwendungsnachweis („utilisation declaration"), den die Bangladesh Garments Manufacturers and Exporters Association (BGMEA) ausstellt, können Produzenten aus eigenen oder staatlichen, von den Zollbehörden überwachten Speichern zollfrei Inputs beziehen.

Die Einführung handelsrechtlicher Institutionen wie z. B. Akkreditive („letter of credit", LC) spielte eine wichtige Rolle, um die Unsicherheiten bei Exportgeschäften, die verschiedene Akteure und Rechtsräume miteinander verbinden, zu verringern. Die exportierenden Unternehmen in Bangladesch besitzen qua Akkreditiv ein Zahlungsversprechen ihrer Bank, das sie unabhängig von den Interessen (z. B. Reklamationen) der Einkäufer durchsetzen können. Sie werden hierdurch befähigt, zu Produktionszwecken in Vorleistung zu treten oder gegen ein Akkreditiv Kredite zu erhalten. Sogenannte Gegenakkreditive („back-to-back LC") erfüllen diese Funktion auch für den Fall, dass ein Zwischenhändler oder Agent – nicht der Importeur – als Käufer auftritt.

Die Arrangements um die Nutzung von Zollspeichern und zur Abwicklung von Zahlungen wurden zur finanziellen Grundlage des Erfolgs, denn von nun an verringerte sich auf entscheidende Weise der Bedarf an Kapital, zumal Devisen, um eine Produktion aufzubauen. Auch für diese Innovationen gilt Noorul Quader von Desh Garments als Wegbereiter.

Neben institutionellen Reformen waren es natürlich die niedrigen Arbeitskosten, die den Boom befeuerten. Der Mindestmonatslohn (für die niedrigste von sieben Qualifikationsniveaus in der Bekleidungsindustrie) betrug zunächst 627 Bangladeschische Taka (BDT). Im Jahr 1985 entsprach dies etwa 70 DM, Ende der 1980er-Jahre noch um die 30 DM (Currency Converter in the past 2017)[1]. Im Jahr 1994 wurde der Mindestlohn auf 930 BDT angehoben (1994 entsprachen dies etwa 40 DM, 1999 noch etwa 32 DM) (Currency Converter in the past 2017). Die im Vergleich zu Industrieländerniveaus sehr niedrigen Löhne beschleunigten die Umschichtung von Aufträgen aus Europa und später anderen Ländern Asiens nach Bangladesch.

Zu den institutionellen Reformen und den niedrigen Arbeitskosten gesellte sich schließlich ein entscheidender externer Faktor: Das Auslaufen des Multifaserabkommens im Jahr 2005 bescherte der Bekleidungsindustrie Bangladeschs unverhofft starken Aufwind. Nach dem Wegfall der Quotenbeschränkungen im globalen Textilhandel verdoppelten sich die Exporte der bangladeschischen Produzenten zwischen den Wirtschaftsjahren 2004/2005 und 2009/2010 (Hassan 2016). Ökonomen würden hier von der Take-off- oder Rapid-growth-Phase sprechen, ab der der Sektor dank hinreichend akkumulierten Wissens, Kapital sowie harter und weicher Infrastruktur selbstgetragen wächst.

---

[1] Historische Wechselkurse; Achtung: die Angaben in DM und € dienen nur der Veranschaulichung. Die Schwankungen sind wechselkursbedingt, die reale Lohnentwicklung wird nicht abgebildet.

Aus der Perspektive nachhaltigen Wirtschaftens fällt in diese Phase aber auch das zentrale Versäumnis, sich nicht systematisch und strategisch mit den damals noch weichen, aber auch dann schon beobachtbar immer härter werdenden Anforderungen der globalisierten Wirtschaft befasst zu haben: den sozialen und ökologischen Bedingungen der Produktion und den dahingehenden Erwartungen der lokalen und internationalen Stakeholder. Daher könnte man für die Phase in der zweiten Hälfte der 2000er-Jahre auch von „reckless growth" sprechen: in dieser Phase wurde verpasst, das enorme Wachstum mit Nachhaltigkeitsaspekten zu unterbauen.

Dieses Versäumnis ist erstaunlich, denn die Erwartungen der globalen Stakeholder lagen zu dieser Zeit längst offen zutage. Neben Produktqualität und Preis interessierten sich nun z. B. die Konsumenten in Industrieländern, ob sie durch den Erwerb eines Kleidungsstücks die Umwelt verschmutzen oder ob Arbeiterinnen oder Arbeiter, die das Kleidungsstück herstellten, von ihrem Lohn leben können. Und während diese Erwartungen in anderen asiatischen Volkswirtschaften zu dieser Zeit längst in Gestalt von CSR-Policen und -Projekten der Einkäufer (Verhaltenskodizes, Schulungen, Trainingsmaßnahmen) bedient und bearbeitet (s. z. B. Weikert 2003, 2011 zu der CSR-Diskussion in China in den 2000er-Jahren) und die Ergebnissen der Maßnahmen im Rahmen von CSR-Berichten veröffentlicht wurden, nahmen Produzenten in Bangladesch diese Erwartungen eher erstaunt zur Kenntnis; manchmal auch gequält oder indigniert, ob der doch augenscheinlichen, aber aus deren Sicht nicht ausreichend gewürdigten Beiträge des Sektors für die Entwicklung Bangladeschs.

Zum Beispiel machten sich der chinesische Textilverband China National Textile and Apparel Council (CNTAC) bereits 2005 die internationale Diskussion um faire und umweltgerechte Produktion zu eigen und münzte sie in eigene Strategien um. Der von CNTAC herausgegebene Standard für die Textilindustrie CSC9000T wurde 2005 als Antwort auf ausländische Kodizes (z. B. SA8000) entworfen. Auch wenn CSC9000T nie auf Akzeptanz in den globalen Märkten setzen konnte – u. a. weil dieser eine eher chinesische Auslegung von Kollektivverhandlungen beinhaltet, so transportierte er doch eine deutliche symbol-politische Botschaft: man hat nun auch den weichen, nachhaltigkeitsbezogenen Teil des globalen Handels als Teil des Geschäfts verstanden und einbezogen, allerdings – und wohlgemerkt – im Sinn der eigenen Gesetze, Normen, kulturellen Spezifika und Vorstellungen.

Mit Ausnahmen ging es in Bangladesch in dieser Zeit um reines Exportwachstum. Nachhaltigkeitsnadelstiche wurden höchstens von außen gesetzt – von Einkäufern, Nichtregierungsorganisationen (NGOs) oder internationalen Organisationen wie die GIZ. Zu dieser Zeit noch unter dem Namen GTZ, arbeitete die Gesellschaft im Rahmen des Vorhabens PROGRESS mit der Bekleidungsindustrie und deren Stakeholdern zu Umwelt- und Sozialstandards. Ab 2010 startete dann das auf die Bekleidungsindustrie fokussierte Vorhaben Promotion of Social and Environmental Standards for the Industry (PSES, s. auch http://www.psesbd.org/). Erst zehn Jahre nach CSC9000T erscheint in der bangladeschischen Industrie der erste, hochqualitative Nachhaltigkeitsbericht (DBL 2014).

Allerdings profitierten in dieser Boomphase durchaus auch die Löhne: der Mindestlohn wurde 2006 von 930 auf 1663 BDT angehoben (dies entsprach dann knapp 19 €), also um fast 80 %, und nochmals um 80 % im Jahr 2010, auf dann 3000 BDT (entsprach dann 35 €[2]; Currency Converter in the past 2017). Insgesamt hat sich der nominale Mindestlohn also innerhalb zweier Dekaden mehr als verachtfacht (s. Abb. 4). Diese Lohnzuwächse sind allerdings nicht bei den Arbeiterinnen oder Arbeitern verblieben, sondern dank teils zweistelliger Inflation bei Landeignern, Vermietern, Nahrungs- und Konsumgüterproduzenten, mithin auch im Import. Der Industrie scheinen die gestiegenen Lohnkosten jedenfalls nicht geschadet zu haben: Zwischen 2009/2010 und dem Vorabend der Rana Plaza Katastrophe im Jahr 2013 (s. u.) stiegen die Exporte um weitere 9 Mrd. US-$ auf dann 21,52 Mrd. US-$ (Hassan 2016).

Das von den Herausforderungen nachhaltigem Wirtschaftens recht unbehelligte, rapide Wachstum fand aber mit zwei katastrophalen Industrieunfällen ein jähes Ende. Die Firma Tazreen Fashion Ltd. brannte am 24. November 2012 ab; 112 Menschen starben, u. a. weil Fluchtwege verschlossen waren. Genau fünf Monate später, am 24. April 2013 stürzte der von Bekleidungsunternehmen genutzte Gebäudekomplex Rana Plaza in Savar (nahe Dhaka) ein und begrub Tausende von Menschen unter sich; 1127 Menschen kamen dabei ums Leben und doppelt so viele wurden teils schwer verletzt und für den Rest des Lebens

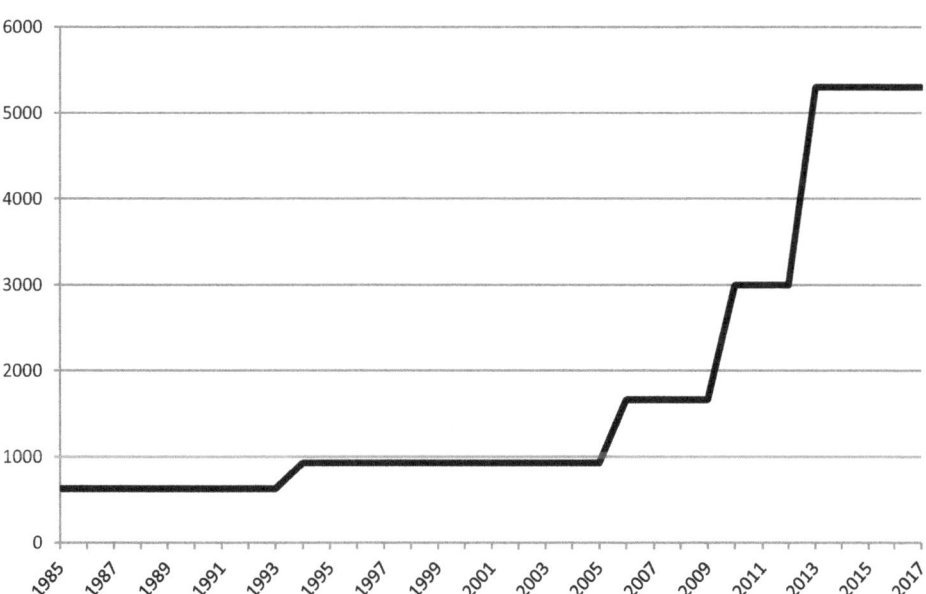

Abb. 4 Entwicklung des Mindestlohns eines Bekleidungsindustriearbeiters in Bangladesch seit 1985 (in Bangladeschischer Taka, BDT). (PSES Projekt, Bangladesch)

---

[2] Historische Wechselkurse; Achtung: die Angaben in DM und € dienen nur der Veranschaulichung. Die Schwankungen sind wechselkursbedingt, die reale Lohnentwicklung wird nicht abgebildet.

versehrt. Diese Unfälle waren nicht die ersten ihrer Art im Land, auch nicht die ersten in der Bekleidungsindustrie. Aber zum ersten Mal fanden mangelnde Produktions- und Sicherheitsstandards in Bangladesch intensiven Niederschlag in den globalen Medien und Stakeholderdiskussionen.

Die beiden durch die Medienaufmerksamkeit global gewordenen Unfälle machten zwei Dinge sehr deutlich: Erstens, die Gebäudesicherheit und der Brandschutz von Fabriken wurde in der Take-off-Phase der Industrie sträflich vernachlässigt – und mit diesen Themen die mittel- bis langfristige Wettbewerbsfähigkeit des Sektors. Die Internationale Arbeitsorganisation (ILO) und die International Finance Corporation (IFC) schätzen, dass zur Zeit des Rana-Plaza-Unglücks der Renovierungsbedarf im Sektor 900 Mio. US-$ umfasste (ILO und IFC 2016).

Zweitens und relevant für das Thema des vorliegenden Beitrags: Die einerseits so innovativ und unternehmerisch klug handelnde Gründergeneration reagierte recht hilflos auf die hereinbrechende Diskussion um soziale und Umweltauswirkungen der Bekleidungsproduktion. Nicht nur hatte sie versäumt, für die Sicherheit der Arbeiter in den Fabriken zu sorgen, sondern sie hatte auch unterschätzt, welche Stakeholderreaktionen ein Industrieunfall nach sich ziehen würde und wie wenig man sich dem entziehen kann. Dies offenbarte der Welt die verspätete CSR-Nation Bangladesch.

Mangels ausreichenden Vertrauens in die internen bangladeschischen Kräfte setzten nun eine Reihe von Governance-Prozessen ein, die durch externe politische, privatwirtschaftliche und NGO-Akteure initiiert wurden. Der Accord on Fire and Building Safety in Bangladesh wurde am 15. Mai 2013 unterschrieben. In ihm haben sich internationale Gewerkschaften, NRO, Importeure, Handelsgesellschaften und vornehmlich europäische Marken verpflichtet: „Our purpose is to enable a working environment in which no worker needs to fear fires, building collapses, or other accidents that could be prevented with reasonable health and safety measures" (Accord on Fire and Building Safety in Bangladesh 2017).

Die Alliance for Bangladesh Workers' Safety wurde ebenfalls aus der Taufe gehoben – hier versammelten sich vornehmlich nordamerikanische Marken und Stakeholdergruppen. Gemeinsam mit einer nationalen Initiative zum Brandschutz und zur Gebäudesicherheit (National Tripartite Plan of Action), die die ILO koordiniert, waren ACCORD und ALLIANCE angetreten, alle exportorientierten, also Tausende von Fabriken zu überprüfen und zu verbessern.

Gleichzeitig rollte eine außerordentliche Welle der Textildiplomatie über den Sektor hinweg: von den Diskussionen um die zurückgenommenen Handelspräferenzen der USA (im Rahmen des „generalized system of prefernces" der Welthandelsorganisation), über die nicht zurückgenommenen Handelspräferenzen der EU (um deren Preis Bangladesch einen Sustainability Compact mit der EU abzuschließen gewillt war), bis zu den regelmäßig stattfindenden sog. Drei-plus-fünf-Runden, in denen sich die drei einschlägigen Ressorts (Arbeit, Handel, Außenministerium) mit den Botschaftern der fünf wichtigsten Importregionen (EU, USA, Canada, UK und alternierend ein EU-Mitgliedsstaat) berieten. Qua globaler Empörung über Rana Plaza wurde im Lauf des Jahres 2013 das Thema

CSR und Nachhaltigkeit mit aller marktpolitischen und diplomatischen Macht in die nationale Diskussion hineingetragen. Im Compact for Continuous Improvements in Labour Rights and Factory Safety in the Ready-Made Garment and Knitwear Industry in Bangladesh verpflichtete sich die Regierung von Bangladesch zu weitgehenden Verbesserungen bezüglich der Arbeitssicherheit, des Brandschutzes und der Gebäudesicherheit sowie der industriellen Beziehungen (European Commission 2017). Allerdings hatten die bangladeschischen Produzenten kaum eine Chance, verstehend nachzuvollziehen, wie die globale öffentliche Meinung in rasantem Tempo (vermittels globaler Abkommen zwischen Marken und internationalen Gewerkschaften) neue Spielregeln in die Wertschöpfungsketten einführte. Das Motto hieß im vollen Wortsinn: „comply or die". Denn über die Positivlisten für sichere oder veränderungsbereite Firmen z. B. des ACCORD oder der ALLIANCE waren die Produzenten von einem auf den nächsten Tag der privat-öffentlichen Governance dieser Initiativen eingeordnet. Eine Streichung von den Listen kommt seitdem de facto – wenn auch nicht de jure – einem Entzug der Exportlizenz gleich.

Auch dies bedeutet der Eintritt in das industrielle Reifestadium von Industrien: Vormals außerwettbewerbliche Aspekte, wie z. B. Umwelt- und Sozialstandards, werden Teil des Wettbewerbs. Das Thema Nachhaltigkeit rückt ins Kerngeschäft und nur diejenigen Unternehmen werden mittelfristig weiterwachsen, die die Nachhaltigkeitsaspekte als wesentliche Bestandteile in die Wachstumsstrategien einbauen. Daher wird Bangladeschs Bekleidungsindustrie die selbst gesteckten Wachstumsziele, ab 2021 jährlich 50 Mrd. US-$ für ihre Exporte einzulösen, ohne ein stringentes Nachhaltigkeitsmanagement nicht erreichen; 50 Mrd. US-$ entsprechen der Verdopplung der Exporte von 2015. Es bedürfte also eines mit der Take-off-Phase nach 2005 vergleichbaren jährlichen Wachstums der Exportwerte. As-Saber (2016) berechnet ein Year-on-year-Wachstum von 11,88 % basierend auf den Werten von 2015, um im Jahr 2021 50 Mrd. US-$ zu erreichen. Dem stehen aber seit 2013 die Bedenken der externen Stakeholder bzw. die Drohkulissen im Weg, dass die Kunden in allen Teilen der Welt Ware aus Bangladesch aufgrund unsicherer oder unfairer Produktionsbedingungen boykottieren könnten.

Die Grenzen des Wachstums sind aber mitnichten nur von außen bestimmt. Es geht mindestens genauso dringend um intrinsische Wachstumsgrenzen der bangladeschischen Produktionsfunktion: Das Wachstum wird auf dem gegenwärtigen Niveau der Ressourceneffizienz nicht erreicht werden können. Täglich entnehmen die Betriebe, v. a. die Färbereien und Wäschereien, etwa 4 Mio. m^3 Grundwasser. Zur Illustration: Das ist die Füllmenge von vier gigantischen Würfeln mit je 100 m Kantenlänge. Der Grundwasserspiegel sinkt seit vielen Jahren um mehrere Meter im Jahr, die Betriebe, die das Grundwasser aus eigenen Brunnen entnehmen, bohren daher immer tiefer. Ohne eine drastische Verbesserung der Wassereffizienz, z. B. durch Brauchwasserrecycling („zero liquid discharge") wird die geologische Tragfähigkeit Bangladeschs bald erreicht sein. Ähnlich verhält es sich mit der Energie und Energieinfrastruktur. Schon heute konkurriert die Industrie mit dem Rest des Landes um die knappe Elektrizität. Häufige Ausfälle und Produktionsstopps sind die Folge. Große Produzenten haben daher eigene, gasbetriebene Kraftwerke installiert. Die Regierung treibt derzeit große Kraftwerksprojekte voran, darunter ein neues

Kohlekraftwerk (in Rampal) und sogar ein Atomkraftwerk (in Rooppur). Aber selbst optimistische Schätzungen gehen nicht davon aus, dass der Ausbau der verfügbaren Energie auf mittlere Sicht eine Verdopplung der Entnahme durch die Industrie unterstützen würde.

Beim Ausbau der Transportinfrastruktur geht es um die Frage, wie schnell Exportware aus den industriellen Zentren verschifft werden kann. Hier werden mittelfristig die neue Brücke über den Padma und ein neuer Tiefseehafen in Mongla (bei Khulna) große Wirkung zeigen, da Ware aus dem Großraum Dhaka über den Süden des Landes künftig schneller auf See gehen wird als gegenwärtig über den Südosten (Chittagong).

Dies alles wird sich aber noch nicht in der kurzen Frist auf die Wachstumschancen der Industrie auswirken. Viel wichtiger sind daher auf mittlere Sicht noch deutliche Zuwächse bei der Effizienz.

Es geht beim Nachhaltigkeitsmanagement also nicht nur um die prekäre „licence to export", die internationale Netzwerke der Stakeholder – Politik, Medien und letztlich Einkäufer – aus den Absatzmärkten heraus gewähren. Auch wenn die Welt nicht auf Tazreen Fashion und Rana Plaza geschaut hätte, müsste sich der Sektor schnellstmöglich auf ein effizienteres, nachhaltiges Wirtschaften verständigen. Die Tatsache, dass die Welt aber auf Bangladesch schaut, macht das 50-Milliarden-Dollar-Vorhaben allerdings nicht leichter.

3 Interkulturelle Managementherausforderungen einer nachhaltigen Textilwirtschaft in Bangladesch

Nachhaltigkeitsmanagement und CSR beginnt bei den Akteuren, und diese müssen in ihrem spezifischen interkulturellen Kontext abgeholt werden, damit sie sich Nachhaltigkeitsthemen zu eigen machen. Die Herausforderung ist daher, starr definierte (compliance-basierte) Lösungen zu überwinden und flexible, prozessbasierte und akteurszentrierte Wege zum Nachhaltigkeitsmanagement zu beschreiten. Hierbei werden Handlungsspielräume im interkulturellen Kontext identifiziert, Handlungsoptionen operationalisiert, um letztlich angepasste Handlungsstrategien im Interessensfeld aller Stakeholdergruppen umzusetzen.

Eine herausgehobene Unternehmerpersönlichkeit der bangladeschischen Bekleidungsindustrie bemerkte einmal in einem persönlichen Gespräch: „Ich liebe meine Arbeiter, wofür brauche ich Gewerkschaften?" Und dies meinte er nicht zynisch, noch nicht einmal ironisch, sondern mit einem Ausdruck höchster Verbindlichkeit eines Firmenpatriarchen, der aus bescheidenen Anfängen eine Firmengruppe mit 40.000 Angestellten geschaffen hat und darüber verzweifelt, dass seine väterliche Liebe in der globalisierten Stakeholderökonomie nicht anerkannt wird.

Wenn dem so ist, dass Führungspersönlichkeiten am Beginn der Beschäftigung mit CSR und Nachhaltigkeit stehen, wie kann man sie dann von der patriarchalen Fürsorgeeinstellung weg- und zu einem modernen, stakeholderorientierten Konzept von CSR hinführen? Welche affektiven Reize und welche argumentativen Hebel werden wirksam, um die Akteure des bangladeschischen Bekleidungssektors (aus Wirtschaft, Politik und Zivilgesellschaft) unter den gegebenen historisch-kulturellen Rahmenbedingungen auf den Weg hin zu einem zeitgemäßen Nachhaltigkeitsmanagement zu begleiten? Wie können sie von ihrem jetzigen argumentativen Standort abgeholt werden, der oft von Ärger, Verständnislosigkeit oder Trotz angesichts der von außen kommenden Vorhaltungen über Sozial- und Umweltstandards geprägt ist?

Spätestens seit dem Krisenjahr 2013 wurden CSR und Nachhaltigkeit den bangladeschischen Akteuren qua Machtgefälle in den globalen Bekleidungswertschöpfungsketten („buyer driven chains") von den internationalen Akteuren verordnet: „comply or die" (vgl. zur Diskussion um Governance – also Machtstrukturen – in globalen Wertschöpfungsketten auch Gereffi und Korzeniewicz 1994; Gereffi et al. 2005; Stamm et al. 2006). Wie zuvor gesehen, sind die bangladeschischen Akteure aber oft hoch-innovative und erfolgreiche Unternehmerpersönlichkeiten mit einem großen Erfahrungshintergrund, entschieden eigenen Meinungen und wirtschaftsethischen Überzeugungen. Sie mögen ein von außen verordnetes Programm zu nachhaltigem Wirtschaften zwar in die Reihe der bestehenden Anforderungen (Qualität, zu verwendende Vorprodukte, Farbspezifikationen, Modelle, Liefertermine etc.) einfügen, da sie aber nicht in die Definitionen des Programms einbezogen wurden, werden sie es nicht verinnerlichen. Sie leisten wohl oder übel Folge, aber sicher nicht aus Überzeugung. Nicht hilfreich bei der Überzeugungsarbeit sind verordnete Nachhaltigkeitsmaßnahmen, deren Sinn nicht nachvollzogen werden kann. Berühmt-berüchtigt sind bei Textilunternehmern in Bangladesch z. B. einige der angeordneten Verbesserungsmaßnahmen im Nachgang zu den ACCORD-Überprüfungen: bereits eingebaute, neue und funktionstüchtige Brandschutztüren mussten unter hohen Kosten wieder abgerissen und durch wieder neue ersetzt werden, weil sie nicht die von ACCORD verlangte Produktzertifizierung vorweisen konnten. Oft wird vielmehr Innovation an den Tag gelegt, um die Anforderungen galant zu umgehen oder um die Auditor zu täuschen. Auch wird regelmäßig berichtet, dass Auditoren bestochen werden. Man kann daher bezweifeln, ob sich Nachhaltigkeitsthemen überhaupt von außen in einem innergesellschaftlichen Dialog verankern lassen. Wahrscheinlicher ist, dass die Haltung gegenüber dem auswärtigen Programm in offene Ablehnung umschlägt, sobald es die Verhandlungsposition zulässt (z. B. wenn sich „producer-driven chains" entwickeln). Weikert (2011, S. 224 ff.) beschreibt beispielsweise mit Rückgriff auf die Diskussion um Machtverteilung in Wertschöpfungsketten Dynamiken, wie sich asiatische Unternehmen in Abhängigkeit von ihrer Verhandlungsposition in globalen Wertschöpfungsketten zu westlichen CSR-Policies verhalten. Dabei wird ein Spektrum von offener Ablehnung bis selbstgeleitetem Engagement und Innovation aufgezeigt.

Daher schlagen die Autoren vor, dass im Gegensatz dazu die Akteure aus den eigenen Überzeugungen heraus und vor dem Hintergrund der eigenen Erfahrungen ein angepasstes Nachhaltigkeitsmanagement selbst entwickeln. Diesen Prozess kann man zwar nicht von außen erzwingen – sehr wohl aber unterstützen: durch gezielten, interkulturell-informierten Kapazitätsaufbau. Welche sind also die interkulturellen Managementherausforderungen, die überwunden werden müssen, um die Entwicklung hin zu einer nachhaltigen Textilwirtschaft in Bangladesch zu befördern?

Wie zuvor gilt die Annahme, dass CSR von den Akteuren ausgeht. Die Akteure in Bangladesch, die eine Haltung zu CSR und Nachhaltigkeit entwickeln möchten, sind sog. Textiler, nicht Nachhaltigkeitsapologeten. Sie sind nicht oder nur ungenügend in regionale oder globale Netzwerke eingebunden, innerhalb derer nachhaltiges Wirtschaften seit einiger Zeit diskutiert wird (CSR-Verbände, z. B. World Business Council for Sustainable Development, UN Global Compact etc.). Sie sehen Nachhaltigkeit nicht als strategisches Element der Sektorentwicklung, sondern als Einmischung von außen.

Sie bringen andererseits aber Voraussetzungen mit, die einem guten Verständnis von z. B. sozialer Nachhaltigkeit, Gleichheit und Gerechtigkeit zuträglich erscheinen. Die kulturelle Homogenität in Bangladesch ist so ausgeprägt wie kaum irgendwo sonst in Asien und vielleicht nur noch mit China vergleichbar. Etwa 90 % der 160 Mio. Bangladeschis sind Muslime. Alle Bangladeschis sind mit den muslimischen sozialpolitischen Ansätzen – mit den Geboten der Wohltätigkeit („Zakat") und der Brüderlichkeit und der Ablehnung des (sonst den Subkontinent stark prägenden) Kastenwesens – sozialisiert worden. Dies verdeutlicht auch die sehr selbstverständlich benutzte Anrede „Apa" bzw. „Bhai" (für Schwester bzw. Bruder) bzw. „Didi" bzw. „Dada" (für Nichtmuslime) – und zwar auch bei Unterhaltungen zwischen Menschen mit unterschiedlichem gesellschaftlichen Status, Rang oder Stellung.

Ebenso gehört die große Mehrheit der Bangladeschis der Volksgruppe der Bengalen an. Die Bengalen wie auch die relativ geringe Zahl der Angehörigen von Minderheiten haben eine Jahrtausende alte Schriftkultur verinnerlicht. Fast alle Bangladeschis, nicht nur die gebildeten, können Stücke der bengalischen Dichter, z. B. Rabindranath Tagore oder Khazi Nazrul Islam, singen oder rezitieren. Die Bengalen (d. h. Bengalen diesseits und jenseits der Grenze zwischen Indien und Bangladesch) verstehen sich als das Volk der Dichter und Denker des Subkontinents.

Zur hohen religiösen und ethnischen Homogenität kommt die Integrationskraft, die sich aus der kurzen Geschichte des Landes schöpft. Der äußerst brutale Befreiungskrieg gegen (West-)Pakistan im Jahr 1971, der geschätzten drei Millionen Menschen das Leben kostete, ist Quelle für zahlreiche Gründermythen – Lieder, Anekdoten, Heldenepen, Gedichte – der jungen Nation Bangladesch. Von hoher Bedeutung ist der Mythos[3], dass spärlich bewaffnete, selbstberufene und -organisierte Arbeiter und Bauern („Freedom Fighters") das Land gegen die pakistanische militärische Übermacht befreiten – nicht die Eliten. Hierher rührt auch die ursprünglich antielitäre, sozialistische Ausrichtung der politischen Institutionen. Die Partei des Staatsgründers Sheikh Mujibur Rahman, die Awami League, heißt Liga des Volkes und der Staatsname ist bis heute Volksrepublik Bangladesch, denn zumindest in der Gründerzeit wies Bangladesch eine sehr geringe Stratifizierung der Gesellschaft auf: ein Teil der Eliten, zumeist Hindu-Kaufleute und -Aristokratie, war bereits 1947, während der Teilung Indiens, nach Westbengalen geflohen. Nun, nach der erneuten Abspaltung von Pakistan und Gründung Bangladeschs im Jahr 1971 verließen auch die

---

[3] Mythos soll hier nicht im Sinn von „nicht wahr", sondern im soziologischen Sinne als Idealtypus und identitätsstiftender Referenzpunkt verstanden werden.

west-pakistanischen Eliten aus Militär und Wirtschaft das Land. Der Großteil der Verbliebenen der sich neuformierenden bangladeschischen Gesellschaft war recht homogen: arm, muslimisch und ländlich geprägt.

Die weitverbreitete Armut wirkt dabei bis heute solidaritätsstiftend: Bangladesch startete 1971 aus dem Nichts heraus, vom Krieg verwüstet, abgeschnitten vom traditionellen regionalen Wirtschaftszentrum Kalkutta (heute: Kolkata), ohne nennenswerte Ausstattung mit Ressourcen oder Kapital und durch regelmäßige Naturkatastrophen heimgesucht. Akkumulation war in dieser Situation nur durch harte Arbeit möglich, und ebensolche harte Arbeit wurde zur Grunderfahrung der jungen Nation. Alle, die es heute zu Wohlstand gebracht haben, haben diesen – zumindest dem Mythos nach (und dabei dem Mythos der Wirtschaftswundergeneration im Nachkriegsdeutschland nicht unähnlich) – durch harte Arbeit erlangt. Sie haben dabei aber nicht die eigenen Ursprünge der Armut vergessen und fühlen sich daher den Armen verbundener, als dies die Oberschicht in vergleichbaren Ländern (z. B. in Indien) tun würde.

Die Armut spielt aber auch bei der Diskussion der ökologischen Nachhaltigkeit eine zentrale Rolle. Für die Gründergeneration, die Hunger, Kriegsverbrechen und schutzloses Ausgeliefertsein an die Naturgewalten erlebte, genießt die Erhaltung der natürlichen Umwelt keine Priorität. Gemäß der (irrigen oder zumindest fehlinterpretierten) Losung Indira Gandhis ist die Armut der größte Umweltverschmutzer; daher solle man sich zuerst um das Überleben der Menschen kümmern, bevor man sich über das Überleben von Pflanzen und Tieren Gedanken mache. Die nachholende Wohlstandsentwicklung werde dann schon dazu führen, dass sich Bangladesch schließlich eines Tages einen Umweltschutz auf dem Niveau der Industrieländer leisten könne. In ihrer berühmt gewordenen Rede während der United Nations Conference on the Human Environment (UNCHE) im Juni 1972 in Stockholm sagte die indische Premierministerin wörtlich: „Are not poverty and need the greatest polluters?" Und weiter: „The environmental problems of developing countries are not the side effects of excessive industrialisation but reflect the inadequacy of development" (Young 2014). Die Nachhaltigkeitsdebatte hat den Ansatz, dass Entwicklungs- und Umweltprobleme sequenziell zu lösen seien, längst überwunden, und natürlich sind schädliche Umwelteinflüsse oft gerade der Grund für Armut. Aber das Argument Indira Gandhis besticht durch seine intuitive Logik und hält sich daher hartnäckig in den Umweltdebatten des globalen Südens.

Welche „Handlungsspielräume im Sinne der nachhaltigen Entwicklung" (BMZ 2009; Hartmann et al. 2011) lassen sich nun in diesem interkulturellen Kontext, der sich aus externer CSR-Diskussion und bangladeschischer Kultur und Geschichte zusammensetzt, identifizieren? Wodurch bekehrt sich der typische bangladeschische Bekleidungsunternehmer selbst zum nachhaltigen Wirtschaften?

Der Kapazitätsaufbau für ein Nachhaltigkeitsmanagement in der Bekleidungsindustrie Bangladeschs könnte z. B. an diese kulturellen Spezifika anzuknüpfen: Aus den ausreichend vorhandenen Voraussetzungen für eine innergesellschaftliche Solidarität kann sich die Umsetzung von Arbeiterrechten und Sozialstandards und die Ablehnung von wirtschaftlicher Ausbeutung speisen. Und in der Überwindung der Losung Indira Gandhis liegt andererseits der Schlüssel, um ökologische Nachhaltigkeit zu thematisieren. Dies sind allerdings nur Beispiele. Hinreichende Lösungen sollten im Prozess und unter Einbindung aller Stakeholder definiert und operationalisiert werden. Interkulturelles CSR-Management sollte so angelegt sein, dass nicht vorgefertigte, starre Normenkataloge, sondern flexible, kulturell adaptionsfähige CSR- und Nachhaltigkeitsangebote formuliert werden, die die Akteure sich voll und ganz zu eigen machen können.

> **Überblick**
> Welche Handlungsoptionen lassen sich also im interkulturellen Kontext operationalisieren?
>
> **Beispiel existenzsichernde Löhne:** Entgegen eines weitverbreiteten Stereotyps ist den Unternehmern das Wohlergehen der Arbeiter keineswegs egal. Sie werden, zumal in einer arbeitsintensiven Produktion, als zentrale Träger des Erfolgs wahrgenommen. Dies zeigen betriebliche CSR-Maßnahmen und Wohltätigkeitsveranstaltungen. Gleichwohl geht es bei den Lohnkosten, wie oben gesehen, um einen zentralen Faktor der Wettbewerbsfähigkeit, sodass Unternehmer nicht geneigt sind, die Löhne schlicht zu erhöhen. Wo verläuft also der im bangladeschischen Kontext gangbare, zugleich von den globalen Stakeholdern akzeptierte Weg? Als ersten Schritt könnten bangladeschische Akteure z. B. vor dem Hintergrund der eigenen Solidaritätsethik eine Gerechtigkeitsposition entwickeln und in eine bisher vom Ausland dominierte Debatte einbringen.
>
> **Beispiel Stärkung der Position von Frauen:** Die Aufwertung der Rolle von Arbeiterinnen durch die Bekleidungsindustrie, die in alternativen Anstellungen (meist häuslichen Anstellungen oder Bau) kaum Geltung, Rechte, oft kein Gehalt und ganz sicher keine geregelten Arbeitszeiten haben, kann nicht hoch genug bewertet werden. In den globalen CSR-Debatten könnte das Thema als Korrektiv zum weitverbreiteten Stereotyp der ausgebeuteten bangladeschischen Näherin dienen.
>
> **Beispiel Ausphasierung von schädlichen Chemikalien in der Produktion:** Um die Kontaminierung von Böden und Gewässern zu bekämpfen, könnten die Akteure die Solidarität mit ihren Mitbürgern als Ausgangspunkt wählen, damit diese sichere Lebensmittel genießen können, zumal in einem Land, das seit jeher auf und aus dem Wasser lebt, ja sogar einen nationalen Fisch (Hilsha) ernannt hat. Am Beispiel der Lederindustrie kann man hier eine Dynamik ablesen: nach mehr als 15 Jahre dauernden Auseinandersetzungen zwischen Gerbereien, Regierung, Zivilgesellschaft und Medien scheint sich der Auszug der Gerbereien aus dem hochkontaminierten Gerbereiviertel Dhakas Hazaribagh nun bald zu vollziehen.

Glaubhaft werden solche Optionen des Nachhaltigkeitsmanagements für die internen und externen Stakeholder aber erst dann, wenn überprüfbare Zeithorizonte und Meilensteine definiert werden und regelmäßig über die Zielerreichung berichtet wird – so, wie es das Bündnis für nachhaltige Textilien vorsieht.

Letztlich geht es darum, die Handlungsstrategien im Interessenfeld aller Stakeholdergruppen robust umsetzen. Von diesen haben viele ein Interesse am weitergehenden Wachstum der bangladeschischen Bekleidungsindustrie: zunächst die produzierenden Unternehmen selbst, dann aber auch die einkaufenden Unternehmen, der Staat und nicht zuletzt die Arbeiterinnen oder Arbeiter.

Interkulturell informiertes, in die globale CSR-Diskussion eingebettetes Nachhaltigkeitsmanagement ist somit nicht Vorbedingung zur Erreichung des 50-Milliarden-Dollar-Ziels in Bangladesch – es beschreibt den Weg dorthin.

4 Multiakteurpartnerschaften als Lösungsweg

In den 1980er-Jahren gründeten sich Organisationen und Initiativen, die sich für Verbesserungen des ethischen Wirtschaftens über Konsumentenverhalten sowie für verträgliche Umwelt- und Sozialbedingungen in wirtschaftlich relevanten Branchen einsetzten. Die Biobewegung, die Fair-Trade-Initiativen und auch NGOs wie Greenpeace führten Kampagnen gegen soziale oder ökologische Ausbeutung in lokalen Kontexten, aber auch vermehrt in globalen Lieferketten. Durch die Gründung der Eine-Welt-Läden wurden nicht nur Treffpunkte, sondern auch Vermarktungsmöglichkeiten für Produkte geschaffen, die explizit sozial gerecht, fair gehandelt und mit Respekt zur Umwelt hergestellt worden waren. Um den Konsumenten gegenüber ein Erkennungsmerkmal für die Produkte zu bieten, wurden bald die Anforderungen für die Verwendung bestimmter Aussagen („claims") anhand von Standards festgeschrieben, deren Erfüllung mit einem Label beworben werden konnte. Diese positive Produktdifferenzierung am Markt ermöglichte nicht nur einheitliche Standards in Produktion und Lieferkette, sondern auch einen Vermarktungseffekt am Point of Sale. Zwar blieben die Marktanteile der Initiativen und Produkte gering, doch aggressive Attacken gegenüber Großunternehmen und kritische Medienberichte nährten den Grad der öffentlichen Debatte. Doch die Erfolge der Labels und der NGOs forcierten auch die Neugier von Konzernen und Handelsunternehmen: in Podiumsdebatten, Artikeln und Interviews wurden nicht nur Vorwürfe gegenüber der Wirtschaft erhoben, sondern auch Perspektiven und Erfahrungen ausgetauscht. Die großen Krisen einzelner Rohstoffmärkte – Tropenholz, Kaffee, Tee – im Rahmen einer steigenden Mobilisierung von zivilgesellschaftlichen Akteuren gegenüber grenzüberschreitenden Problemen sorgten letztendlich für eine breitere Sensibilisierung ganzer Sektoren. Gleichzeitig wuchs die Erkenntnis, mit einzelnen Maßnahmen die strukturellen Fehlentwicklungen ganzer Sektoren nicht beeinflussen zu können. In ersten vorsichtigen Dialogmodellen und Studien interagierten Unternehmen mit NGOs, um der Öffentlichkeit gegenüber die Lösungsbereitschaft und Offenheit zu signalisieren. In der wissenschaftlichen Literatur wuchs die Relevanz anderer Stakeholder gegenüber den bisher ausschließlich im unternehmerischen Fokus stehenden Shareholdern.

Ansätze wie Runde Tische, Stakeholderkooperationen oder Sektorpartnerschaften bilden diesen Anspruch ab: Mit Einbindung relevanter (und damit auch kritischer) Akteure unterschiedlicher Perspektiven wurden gemeinsame Lösungen für strukturelle Probleme ganzer Sektoren und Regionen gesucht. Obgleich diese Kooperationen per se auf Kompromisse ausgerichtet sind, negativ ausgedrückt auf den kleinsten gemeinsamen Nenner, liegt der Mehrwert i. d. R. in der Breitenwirksamkeit und der gesamtsektoralen Umsetzung. Mit der Zielsetzung auf ein „level playing field" werden kompetitive Interessen hintenangestellt, dafür aber übergreifende Probleme ganzer Produktionssektoren in kartellrechtlich konformen Modellen bearbeitet.

Mit dem Mitwirken diverser Akteure aus dem Bereich der Gewerkschaften, der NGOs, der Wissenschaft, dem öffentlichen Sektor, dem Finanzbereich und der Wirtschaft werden trotz unterschiedlicher Kerninteressen gemeinsame Problemfelder identifiziert und gemeinsam angegangen. So entstanden bereits Ende der 1990er- und zu Beginn der 2000er-Jahre die ersten Multiakteurpartnerschaften mit Zielsetzungen auf mehr Nachhaltigkeit.

Durch die gegebenen Problembereiche im Textilsektor – Umweltprobleme bei der Baumwollproduktion, Kinderarbeit, geringe Arbeitsstandards in den Nähbetrieben, schlechte Gebäudestandards, fossile Energieproduktion, massive Abwasserprobleme nach den Nassprozessen – war dieser bald Gegenstand diverser Stakeholderpartnerschaften. Meist ausgerichtet auf die Entwicklung von Mindeststandards und etwaige Zertifizierungen entstanden zahlreiche Initiativen mit Ausrichtung auf den Massenmarkt. Die Anforderungen der meist als Kriterien formulierten Standards wurden so wesentlicher Gegenstand des Aushandlungsprozesses zwischen den Akteuren. Im Zertifizierungsprozess bewerten unabhängige Auditierer die Konformität mit den Indikatoren zur Bemessung der erfolgreichen Einhaltung. Bei einem Einhalten der jeweiligen Kriterien kann die Konformität teilweise den Kunden gegenüber kommuniziert werden – i. d. R. erneut über entsprechende Siegel. Mit dem Anspruch auf den Massenmarkt jedoch ist die Vermarktung von Siegeln mit Mindestanforderungen eine Herausforderung – so kommen die meisten in Multistakeholderinitiativen entstandenen Standards im Textilbereich ohne Kommunikation gegenüber den Konsumentenmärkten aus.

Auf Grundlage der Erfahrung von vielen Jahren am Markt lassen sich mittlerweile Vor- und Nachteile der Multiakteurspartnerschaften bewerten. Wesentlicher Kritikpunkt in den Erfahrungen der Akteure wie der Wahrnehmung von Wirkungen ist das oftmalige Ergebnis des kleinsten gemeinsamen Nenners – die unterschiedlichen Haltungen der Akteure fördern Verhandlungsergebnisse zutage, die einen Konsens abbilden. Wie immer bei konsensualen Prozessen werden dabei nicht die maximalen Ziele erreicht, was insbesondere in der öffentlichen Wahrnehmung und den Positionen der Zivilgesellschaft Kritik hervorruft. Hingegen ermöglicht der Konsens eine hohe Glaubwürdigkeit, da letztendlich alle Akteure dem Ergebnis zustimmen. Oftmals geht dies einher mit einer breiten Anwendbarkeit, da die Berücksichtigung zahlreicher Interessen und Perspektiven die Anwendung in den diversen Kontexten ermöglicht. Je größer der Anspruch der Initiativen, desto komplexer wird die Umsetzung. Insbesondere bei Multiakteurpartnerschaften für ganze Wirtschaftssektoren wird dies deutlich: Der globale Charakter eines Wirtschaftsbereichs muss ebenso Berücksichtigung finden wie die unterschiedlichen Elemente von Liefer- und Wertschöpfungsketten. Akteure unterschiedlicher Länder und Wertschöpfungsprozesse müssen bei einem umfassenden Ansatz eingebunden werden – ihre Erfahrung und Perspektive ist wichtig sowohl für die politische Akzeptanz des Ansatzes wie für die letztendliche Praktikabilität der Ergebnisse. Da sich i. d. R. die divergierenden Interessenfelder zwischen beteiligten Akteuren auch in den diversen Stufen einer Lieferkette abbilden, steigt die Komplexität bei einer Internationalisierung der Ansätze stark an – oftmals bilden sich daher entsprechende Runde Tische vor Ort in Ergänzung zu dem global angesetzten Aushandlungsprozess der Multiakteurpartnerschaft. Gleichzeitig fördert diese Vielschichtigkeit des Ansatzes mit einer Diversifizierung an Austauschrunden auch zur Steigerung der Ownership, also einer Verantwortung für die Situation vor Ort, während die Schaffung lokaler Lösungen die Akzeptanz des Ansatzes steigert. Diese Interkulturalität ist ein relevanter Faktor für das Management der Prozesse. Erfahrungen haben gezeigt, dass dieses interkulturelle Management der komplexen Prozesse eines eigenständigen, unabhängigen Managementkörpers bedarf – professionelles Stakeholdermanagement bedarf einer eigenständigen Steuerungseinheit, die zwar Weisungen der Stakeholder-Governance empfängt, dieser aber nicht zuzurechnen ist. Je komplexer der Ansatz ist, umso anspruchsvoller sind die Managementinstrumente und -strukturen – gleichzeitig bietet ein umfassender, komplexer Stakeholderansatz die Möglichkeit, internationale und mehrsektorale Partnerschaften aufzubauen und darüber eine tatsächliche Transformation ganzer Sektoren herbeizuführen und zu managen.

Im Textilsektor bestanden seit Jahrzehnten diverse Standards, Plattformen und Ansätze, um soziale, ökologische und ökonomische Herausforderungen anzugehen. Durch immer wiederkehrende Skandale und Berichte über unhaltbare Bedingungen entlang der Lieferkette, wuchs der Druck, einen umfassenden Ansatz zu etablieren, der einerseits alle Stationen der Textillieferkette – von der Faser bis zur Vernähung – abdeckt und zudem einen globalen Anwendungsansatz verfolgt. Geboren war der Bedarf nach dem Bündnis für nachhaltige Textilien, das die Autoren im Weiteren intensiver betrachten und untersuchen möchten.

5 Das Bündnis für Nachhaltige Textilien

Nach dem Zusammensturz des Rana Plaza-Gebäudes in Savar stieg weltweit der Druck auf die globale Textilwirtschaft ebenso wie auf Regierungen in relevanten Textilmärkten, durch einen umfassenden Ansatz die Rahmenbedingungen im Textilbereich weltweit nachhaltig zu prägen und Sozial-, Umwelt- sowie wirtschaftliche Konditionen zu stabilisieren. Der deutsche Bundesminister für wirtschaftliche Zusammenarbeit und Entwicklung, Dr. Gerd Müller, skizzierte daher 2014 in einem Interview mit der Welt am Sonntag (Welt am Sonntag vom 6. April 2014) die Notwendigkeit eines Bündnisses, dem alle relevanten Stakeholder beitreten sollten, das alle drei Dimensionen der Nachhaltigkeit abdecken müsse, dessen Anforderungen die gesamte Lieferkette abdecken und das global anwendbar sein solle. Um den Druck auf den Sektor zu erhöhen, drohte er mit legislativen Maßnahmen, falls dieser freiwillige Ansatz nicht verfange: „Ich werde in den kommenden Wochen einen runden Tisch der Textilwirtschaft einberufen. Wir brauchen eine Selbstverpflichtung der Branche, die sozialen und ökologischen Mindeststandards von der Produktion bis zum Verkauf einzuhalten. (…) Wenn das nicht auf freiwilliger Basis funktioniert, werden wir einen gesetzlichen Rahmen vorgeben." (WamS vom 06.04.2014). Damit übertraf der Gedanke des Bündnisses alle bisherigen Initiativen in Anspruch und Gültigkeit. Zwar lag auch 2014 der Fokus der öffentlichen Debatte insbesondere auf den Konditionen des Readymade-Garment(RMG)-Sektors in Asien, insbesondere Bangladesch. Dennoch verknüpfte Dr. Müller weitere relevante Politikdimensionen der Entwicklungszusammenarbeit wie nachhaltige Landwirtschaft, Chemikalienmanagement, Sozial- und Arbeitsbedingungen in der verarbeitenden Wirtschaft und Konsumentensensibilität mit dem Themenfeld und rief die Akteure weltweit zum Mitwirken in dem Bündnis auf. Es dauerte nahezu ein Jahr, bis die gegenseitigen Erwartungen abgeglichen waren, die zentralen Akteure zum Mitwirken bewegt werden konnten und ein Zeitplan zum weiteren Vorgehen vereinbart wurde, sodass bis Juni 2015 eine breite Stakeholdergruppe dem Bündnis beitrat. Als relevante Anspruchsgruppen trafen sich Bundesregierung, zivilgesellschaftliche Organisationen, Gewerkschaften, Textilwirtschaft und der Einzelhandel, um bis zum Herbst 2017 ein Konzept zu vereinbaren, wie der gemeinsam definierte Aktionsplan mit den entsprechenden Anforderungen an den Sektor operationalisiert und in die Umsetzung gebracht werden kann. Bemerkenswert ist hierbei, dass zwar zahlreiche Konsultationen mit Akteuren der Produktionsländer in Asien und Afrika realisiert wurden, diese in der eigentlichen Mitgliederstruktur jedoch nur sehr spärlich vertreten sind. Im zentralen Entscheidungsgremium, der Mitgliederversammlung, können sie daher zwar mitsprechen – die tagtägliche Interaktion zwischen den Akteursgruppen und die Detailentscheidungen zur weiteren Entwicklung des Bündnisses jedoch findet im sog. Steuerungskreis des Bündnisses statt, in dem kein Akteur des globalen Südens vertreten ist. Mit einer Marktabbildung von deutlich über 50 % der deutschen Textil- und Einzelhandelswirtschaft hatte des Bündnis jedoch von Beginn an eine beachtliche Repräsentanz, die auch in den anderen Akteursgruppen durch wichtige Ressorts der Bundesregierung, den Dachverband der deutschen Gewerkschaften und wichtige internationale wie deutsche NGOs eine hohe Glaubwürdigkeit und breite Interessenvertretung ermöglichte. Die Perspektiven der Produzentenländer wurden in Aushandlungs- und Ausarbeitungsprozessen einerseits und über Konferenzen vor Ort andererseits eingeholt. Gleichzeitig speisten diverse Projekte und Initiativen aus der Entwicklungszusammenarbeit, der Wissenschaft oder den beteiligten Akteursgruppen ihre breiten Erfahrungen und Kenntnisse systematisch in den Prozess ein. Über die hochrangige Teilnahme von Textilvertretern des Südens an Mitgliederversammlungen des Bündnisses oder anderen Veranstaltungen wie der Grünen Woche wurde zudem ein intensiver Austausch mit dem Produktionssektor flankiert. Anders als bisher bestehende Standards und Multiakteurpartnerschaften ermöglicht das Bündnis zudem eine individuelle Vorgehensweise aller Mitglieder:

- einerseits müssen alle Mitglieder Verpflichtungen zur Erfüllung der gemeinsamen Ziele eingehen und sich gegen diese messen lassen;
- andererseits erfolgt dies nicht pauschal, sondern orientiert an dem jeweiligen Ausgangslevel der Zielerreichung, mit der die Akteure dem Bündnis beitreten.

So vereinbaren auch fortschrittliche Akteure adäquate und anspruchsvolle Ziele, während z. B. Unternehmen der Massenmärkte insbesondere breitenwirksame Ziele in den jeweiligen Dimensionen vereinbaren. Ein maßgeschneidertes Vorgehen eines jeden Bündnismitglieds wird so möglich und durch die vielen unterschiedlichen Beiträge kann die breite Gesamtzielsetzung des Bündnisses schneller erreicht werden: die Veränderung des Sektors hin zu multidimensionaler Nachhaltigkeit entlang der gesamten Textilwertschöpfungskette.

Neben einer Verzahnung des Bündnisses mit weiteren nationalen oder multilateralen Initiativen bleibt insbesondere die systematische Umsetzung der Bündnisanforderungen vor Ort die große Herausforderung. Nicht alle Ziele des Bündnisses werden sich durch das Handeln von Wirtschafts- und Handelsakteuren erreichen lassen – gleichzeitig ist die Skalierbarkeit von entwicklungspolitischen Interventionen zu beschränkt. Es bedarf in einigen zentralen Zielen des Bündnisses – Chemikalienmanagement, Gebäudesicherheit, wassersparende Baumwollproduktion – massiver Investitionen: einerseits in Ausbildung von lokalen Akteuren, andererseits aber auch in Infrastruktur. Weder durch Pilotprojekte noch durch die 2017 in Umsetzung gegangenen Bündnisinitiativen werden die Förderung der Ausbildung oder massive Investitionen in die Infrastruktur möglich – hier bedarf es einer Verstärkung der systematischen Zusammenarbeit mit Politik, Wirtschaft und des Finanzsektors – sowohl auf internationaler Ebene, aber eben auch vor Ort.

Das wesentliche Element zum Erfolg des Bündnisses liegt damit einerseits auf der Stärke der Glaubwürdigkeit der Gesamtheit der beteiligten Partner, aber andererseits auch in der Antwort auf die Frage, inwiefern es gelingen wird, lokale Akteure stärker in die Umsetzung mit einzubinden. Ohne ein systematisches Management dieses Prozesses bleibt die Gefahr bestehen, dass das Bündnis trotz seiner komplexen Ansprüche und Struktur nicht den gewünschten Erfolg produziert. Insbesondere die interkulturelle Ebene dieses Prozesses erscheint daher nun als ein wesentlicher notwendiger Fokus, den das Bündnis und sein Management angehen müssen. Oben skizzierte Herausforderungen und Lösungsansätze des interkulturellen Managements für den bangladeschischen Bekleidungssektor werden dabei nicht nur helfen, sondern müssen unbedingt in Betracht gezogen werden, um riskanten Fehlentwicklungen mit Lösungsansätzen zu begegnen, die den aktuellen Stand der Wissenschafts- und Managementliteratur abbilden. Nur ein breitflächiger Aufbau von Kapazitäten, eine erfolgreiche Sensibilisierung für die bestehenden Herausforderungen sowie ein intensiver Dialog mit den politischen Akteuren der Produktionsländer werden ermöglichen, dass sich ein anspruchsvoller Ansatz wie das Bündnis für nachhaltige Textilien Wirkungen entfalten und Ziele erreichen kann.

6 Ausblick

Die oben skizzierten Erfahrungen im Textilsektor in Bangladesch, ebenso wie auf der globalen Ebene, durch das Bündnis für Nachhaltige Textilien haben aufgezeigt, wie zentral die Anerkennung der sozialen, politischen, kulturellen und historischen Realitäten für eine Transformation eines globalen Industriesektors ist. Insbesondere derartige Initiativen mit breiter Einbindung von Akteursgruppen, wie sie durch das Nachhaltigkeitsziel 17 zur Schaffung von Multiakteurpartnerschaften gefordert werden, basieren auf einem lebendigen Dialog und einem permanenten Aushandlungsprozess (United Nations SDKP 2017). Die weitere Entwicklung des Textilsektors in Bangladesch wird nur durch einen solchen Dialog dauerhaft nachhaltig gestaltet werden können. Hierfür müssen sowohl die jeweiligen Interessenlagen wie auch die verfügbaren Kapazitäten realistisch eingeschätzt werden. Sollten die zahlreichen Textilunternehmen Bangladeschs weiterhin mit den Anforderungen der westlichen Textilhändler lediglich konfrontiert werden, dann aber der Umsetzung allein gegenüberstehen, ist nicht von einer breitflächigen Umsetzung von Nachhaltigkeitspraktiken auszugehen. Zu eng sind die Zwänge der Akteure vor Ort, zu gering das Verständnis für die Bedarfe der Käufer und zu gering ausgeprägt der Wille, bei ungewissen Renditen systematisch in Kapazitätsentwicklung zu investieren.

Andererseits sind die Probleme des Textilsektors weltweit, aber insbesondere in Asien zu mannigfaltig, als dass einzelne Akteursgruppen sie im Alleingang lösen könnten. Ein wirkungsvoller Ansatz wird nicht nur über wirtschaftliche Anreize oder Anforderungen funktionieren; er bedarf vielmehr der zielgerichteten Interaktion mit staatlichen Akteuren. Hoheitsstaatliche Rahmenbedingungen wie z. B. Bildung, Gesetze für Gebäudesicherheit und die Infrastruktur von Gemeingütern zu verändern, bedarf eines intensiven Dialogs mit Regierungen vor Ort, der wiederum sensibles interkulturelles Management voraussetzt.

Wie also wird sie zu beantworten sein, die 50-Milliarden-Dollar-Frage? Eine große Lösung der Probleme im Textilsektor in Bangladesch wird nur über einen sensibel gemanagten Prozess mit Einbindung aller relevanten Akteure zu erreichen sein. Interkulturelles Management muss hierbei eine wesentliche Orientierung bieten. Die Alternative sind Einzellösungen und die Einführung von radikaleren Eingriffen auf Grundlage von Partikularinteressen – dies mag zwar vereinzelt wirken und den Sektor inkrementell weiterbringen, die einmalige Chance zu einer nachhaltigen Beantwortung der 50-Milliarden-Dollar-Frage wäre aber vertan.

Literatur

Accord on Fire and Building Safety in Bangladesh (2017) Home. http://bangladeshaccord.org/. Zugegriffen: 3. Apr. 2017

As-Saber (2016) The Roadmap. Targetting US$ 50 Billion Export by 2021. In: BGMEA (Hrsg) Dhaka Apparel Summit Conference Report. BGMEA, Dhaka

BMZ (2009) Unternehmerische Verantwortung aus entwicklungspolitischer Perspektive. Positionspapier des Bundesministeriums für wirtschaftliche Zusammenarbeit und Entwicklung, Bonn

Bündnis für Nachhaltige Textilien (2016) Über uns. https://www.textilbuendnis.com/de/startseite/das-textil-buendnis. Zugegriffen: 16. Juni 2017

Carroll AB (1979) A three-dimensional conceptual model of corporate social performance. Acad Manag Rev 4(4):497–505

Carroll AB (1991) The pyramid of corporate social responsibility: toward the moral management of organizational stakeholders. Bus Horiz 34(4):39–48

Currency Converter in the past (2017) Converter in the past. http://fxtop.com/en/currency-converter-past.php. Zugegriffen: 16. Juni 2017

DBL (2014) 2013 Sustainability Report. http://www.dbl-group.com/data/frontImages/DBL_Sustainability_Report_2013.pdf. Zugegriffen: 15. Juni 2018

Economist (2017) Country Report Bangladesch. Genereated on March 30th, 2017. Economist Intelligence Unit, London

European Commission (2017) Meetings – Update on the Bangladesh Sustainability Compact. Trade. http://trade.ec.europa.eu/civilsoc/meetdetails.cfm?meet=11468. Zugegriffen: 12. Apr. 2017

Freeman RE (1984) Strategic management: a stakeholder approach. Pitman, Boston/MA

Gereffi G, Korzeniewicz M (1994) Commodity chains and global capitalism. Praeger, Westport

Gereffi G, Humphrey J, Sturgeon T (2005) The governance of global value chains. Rev Int Polit Econ 12(1):78–104

Hartmann J, Lunkenheimer B, Villar A, Weikert J (2011) Corporate Social Responsibility und internationale Zusammenarbeit. Der Beitrag der GIZ. Deutsche Gesellschaft für Internationale Zusammenarbeit (GIZ) GmbH, Eschborn

Hassan F (2016) Positioning Bangladesh as Asia's Manufacturing Hub: The Future Challenges in Capacity Building for the RMG Industry of Bangladesh. Powerpoint Presentation held at Westin, Dhaka, on 26th October 2016

ILO, IFC – International Labour Organization, International Finance Corporation (2016) Remediation Financing in Bangladesh's Ready Made Garments Sector. https://www.ifc.org/wps/wcm/connect/650e70d9-3744-41ff-875a-a790840b23b8/Report_Remediation+Financing_Bangladesh.pdf?MOD=AJPERES. Zugegriffen: 15. Juni 2018

Kolf F, Weishaupt G (2017) Modebranche sorgt sich um ihr Image. Handelsblatt Nr 8., Mittwoch, 11. Januar 2017

Messner D (2007) Die große globale Transformation bis 2050. Drei Wellen globalen Wandels – Die Entwicklungspolitik über 2015 hinaus denken. Welt-Sichten, S 21–25

Peter M (2017) Die Produktion in Asien wird immer unattraktiver. Regionale Wertschöpfungsketten ersetzen unflexible globale Lieferketten. FAZ-Kiosk, Montag, 27. März 2017

Stamm A et al. (2006) Strengthening value chains in Sri Lanka's agribusiness: a way to reconcile competitiveness with socially inclusive growth? DIE (Studies 15), Bonn

Stiglitz J, Chang HJ (2003) Globalization and its discontents. Asian Bus Manag 2:167–170

United Nations SDKP – United Nations Sustainable Development Knowledge Platform (2017) Home. https://sustainabledevelopment.un.org/. Zugegriffen: 16. Juni 2017

Walton CC (1967) Corporate social responsibilities. Wadsworth, Belmont/CA

Weikert J (2003) Corporate Social Responsibility: Die soziale Komponente Nachhaltigen Wirtschaftens? Freie Universität Berlin, Berlin
Weikert J (2011) Re-defining "good business" in the face of Asian drivers of global change. Deutsches Institut für Entwicklungspolitik, Bonn
Welt am Sonntag (6. April 2014) Interview mit Entwicklungsminister Dr. Gerd Müller „Ein krasses Fehlurteil"
WTO Statistics Database (2017) Kleidungsexportwerte. http://stat.wto.org. Zugegriffen: 16. Juni 2017
Young H (2014) Climate change and poverty: why Indira Gandhi's speech matters. The Guardian Website, 6. Mai 2014. https://www.theguardian.com/global-development-professionals-network/2014/may/06/indira-gandhi-india-climate-change. Zugegriffen: 13. Apr. 2017

Carsten Schmitz-Hoffmann hat sich als Diplom-Politologe (Universität Marburg) bereits frühzeitig durch Tätigkeiten im Deutschen Bundestag, beim Bundesministerium für Wirtschaftliche Zusammenarbeit und Entwicklung (BMZ) sowie beim ASA-Programm der Carl-Duisberg-Gesellschaft auf das Tätigkeitsfeld der Entwicklungszusammenarbeit fokussiert. Nach seinem Einstieg bei der Deutschen Gesellschaft für Internationale Zusammenarbeit (GIZ) hat er zahlreiche Funktionen und Positionen als Fach- und Führungskraft durchlaufen – aktuell leitet er die Abteilung Wirtschaft und Soziales und ist damit verantwortlich für die global agierenden Projekte der GIZ in den Themenfeldern Gesundheit, Bildung, Berufsbildung, soziale Sicherung, Finanzsystementwicklung, nachhaltige Wirtschaftsentwicklung sowie die Zusammenarbeit mit der Privatwirtschaft in Entwicklungs- und Schwellenländern. In seinen bisherigen Publikationen als Autor und Herausgeber hat sich Carsten Schmitz-Hoffmann entsprechend auf Fragestellungen des unternehmerischen Handelns in Entwicklungs- und Schwellenländern konzentriert.

Dr. Jochen Weikert ist derzeit Ländermanager für Indien der Gesellschaft für Internationale Zusammenarbeit (GIZ). Zuvor leitete er das GIZ-Projekt Förderung von Sozial- und Umweltstandards in der Industrie in Dhaka, Bangladesch. Von 2004 bis 2014 leitete er verschiedene Projekte zu Sozial- und Umweltstandards in Asien und Lateinamerika und organisierte globale Konferenzen zur Rolle von Unternehmen in Entwicklungsprozessen. Bevor er nach Bangladesch kam, beriet er das Bundesministerium für wirtschaftliche Zusammenarbeit und Entwicklung (BMZ) zu CSR und in den Vorbereitungen für das Bündnis für Nachhaltige Textilien.

Jochen Weikert studierte Soziologie, Volkswirtschaftslehre und Neuere Geschichte an der Technischen Universität Darmstadt und an der Freien Universität Berlin. Er promovierte am Institut für Entwicklungspolitik (DIE-GDI) in Bonn und am Institut für Entwicklung und Frieden (INEF) der Universität Duisburg-Essen.

ns mit dem Fokus auf
CSR-Initiativen für Flüchtlinge

Corporate Social Responsibility oder Business? – Interkulturalität verbindet Menschen

Monika Rühl

1 Die Lufthansa Group

Fluggesellschaften verbinden Völker – in keiner anderen Branche ist das Verbinden von Menschen und Völkern so ausgeprägt wie bei Luftverkehrsgesellschaften. Die Lufthansa Group besteht heute aus mehr als 500 Gesellschaften, die aus den Premium-Netzwerk-Airlines und der Eurowings-Gruppe besteht, letztere bietet als Zweitmarke des Konzerns Punkt-zu-Punkt-Verbindungen an (Lufthansa Geschäftsbericht 2017). Darüber hinaus gibt es die Aviation-Service-Gesellschaften, die u. a. die Lufthansa-Technik, -Cargo und die LSG Group umfassen. Mehr als 129.000 Mitarbeitende arbeiten in der Lufthansa Group, von diesen etwa 69.000 in Deutschland (Lufthansa Geschäftsbericht 2017).

Die „gelbe Lufthansa", also der ursprüngliche Kern der Lufthansa Group, kann seit der Wiedergründung 1955 auf eine schrittweise Internationalisierung seines Streckennetzes zurückblicken. Nach Wiederaufnahme des Flugverkehrs wurden internationale Strecken in den Flugplan aufgenommen und sukzessive weiterentwickelt. Damit wuchs auch der Bedarf an internationalem Personal und an internationalen Kenntnissen. Letztere können formal durch Trainings erworben werden oder durch Kontakt, der durch Begegnung vor Ort entsteht.

Im Jahr 2017 sind von der Lufthansa Group 1.130.008 Flüge mit 728 Flugzeugen durchgeführt und dabei 130,04 Mio. Gäste befördert worden. Das sind pro Tag 3096 Starts und Landungen für 356.274 Fluggäste – aus der ganzen Welt (Lufthansa Geschäftsbericht 2017).

Die Lufthansa Technik Group betreut insgesamt 4556 Flugzeuge, darunter auch viele Maschinen von Wettbewerbern. Das mag für Airline-Ferne erstaunlich wirken, zumal gerade die Luftverkehrsindustrie einen sehr harten Wettbewerb untereinander ausficht. Aber

---

M. Rühl (✉)
Deutsche Lufthansa AG
Frankfurt am Main, Deutschland

mit der Betreuung anderer Fluggesellschaften findet auch ein Austausch auf dem Gebiet der Sicherheit statt – ein wichtiges Markenkennzeichen der Lufthansa Group. Sichere Fluggesellschaften ermöglichen einen sicheren Himmel. Diese Sicherheit wirkt sich auf die Durchführung jedes Flugs aus.

Die Fluggesellschaften der Lufthansa Group – neben der Lufthansa u. a. auch Austrian Airlines, Swiss, Brussels Airlines, Eurowings und Germanwings – sind auf ihren internationalen Flügen auch Markenbotschafter für ihr jeweiliges Heimatland. Ähnlich wie in anderen Industrien z. B. Siemens und Mercedes.

Die Fluggesellschaften der Lufthansa Group sind in Europa beheimatet und repräsentieren damit bereits Internationalität (Lufthansa Balance 2018): SN Brussels mit Sitz in Belgien, SWISS in der Schweiz, Austrian in Österreich und Lufthansa in Deutschland. Sie alle bedienen internationale Märkte, verbinden damit Menschen aus der jeweiligen Region mit der ganzen Welt. Mitarbeitende mit Kundenkontakt, aber auch im administrativen Umfeld müssen über ein hohes Maß an interkulturellen Kompetenzen verfügen, um ihre Anliegen in anderen Gesellschaften zu vermitteln und umsetzen zu können.

2 Begriffsklärung

In der Lufthansa Group werden parallel zum bisherigen Begriff Corporate Responsibility auch Corporate Social Responsibility (CSR) bzw. Unternehmensverantwortung als Oberbegriff für wirtschaftliche Nachhaltigkeit, Corporate Governance und Compliance, Klima- und Umweltverantwortung, soziale Verantwortung, Produktverantwortung und gesellschaftliches Engagement verwendet.

Die Nachhaltigkeitsagenda der Lufthansa Group verdeutlicht anhand ihrer sechs Handlungsfelder, dass die Unternehmensstrategie eine starke Verlinkung mit Verantwortlichkeit und gesellschaftlichem Einsatz beinhaltet:

> Aus Überzeugung sehen wir uns in der Verpflichtung, für Kunden, Mitarbeiter und Investoren mehr Wert zu schaffen und unserer Verantwortung gegenüber Umwelt, Mensch und Gesellschaft gerecht zu werden (Lufthansa Group 2017).

Hierbei verschreibt sich der Aviation-Konzern der stetigen Aufarbeitung und Modernisierung seines Corporate-Responsibility-Verständnisses, erkennt und begrüßt die Einflüsse sozialer und technologischer Trends und integriert diese stetig in das unternehmerische Verantwortungskonzept. Besonderen Fokus legt die Lufthansa Group auf umweltbezogene, strategische Maßnahmen, die durch die Auszeichnung Eco-Airline of the Year sowie durch zahlreiche Leistungen in Nachhaltigkeitsindizes (FTSE4Good, ECPI, MSCI Global Sustainability Index Series etc.) verdeutlicht wird (Lufthansa Group Nachhaltigkeitsbericht Balance 2016, S. 19). Die Nachhaltigkeit und umweltverträgliche Gestaltung des Luftverkehrs wird gestützt von den vier Säulen des Klimaschutzes, die branchenweit Anwendung finden: technischer Fortschritt, verbesserte Infrastruktur, operative Maßnahmen und ökonomische Instrumente (Lufthansa Group Nachhaltigkeitsbericht Balance 2016, S. 45). Dahinter steht ein ausgeprägtes Produktverantwortungsgefühl und der Anspruch, Nachhaltigkeit entlang der gesamten Servicekette der Lufthansa Group als untrennbaren Bestandteil des Reiseerlebnisses zu integrieren. Dies bedarf einer starken und verantwortungsbewusstseinsfördernden Unternehmens- und Mitarbeiterkultur. Das zunehmend volatile Umfeld prägt den modernen Zeitgeist der Lufthansa Group.

3 Interkulturalität bei Kunden und Mitarbeitenden

Die Interkulturalität einer Belegschaft oder einer Kundschaft sagt zunächst einmal nichts über die kulturelle Kompetenz einer Organisation aus. Wenn die kulturelle Vielfalt der Kunden und Mitarbeiter zuallererst als Asset verstanden wird, ist ein interkulturelles Verständnis unerlässlich. Dafür wirkt sich der unmittelbare Kontakt mit anderen Kulturen auf individueller Basis günstig aus. Aber auch die formelle Instruktion durch z. B. Trainings zahlt in den Abgleich zwischen eigener und anderer Kultur ein, vermeidet so also Missverständnisse durch Unkenntnis.

Der Begriff Interkulturalität ist auf mehreren Ebenen spürbar, denn er ist nicht nur eine unternehmensinterne, bestimmende Dimension, sondern auch ein Leitmotiv, das gleichzeitig das Ziel und die Intention des Konzerns umfasst. Interkulturelle Begegnungen schaffen, dieses Ziel verfolgt die Lufthansa Group mithilfe der Agilität und Dynamik der eigenen Kultur und der Erkennung des Werts von personeller Vielfalt für unternehmerischen Erfolg und Innovationskraft (Lufthansa Group 2017). Die Inklusion verschiedener Werte, Einstellungen und Lebenswirklichkeiten wird als Grundlage der modernen Servicekultur erkannt. So wird Interkultur in der Lufthansa Group verstanden als Verpflichtung und als Perspektive, als soziale Verantwortung und als Chance für die Gesellschaft.

Die mehr als 130 Mio. Fluggäste des Jahres 2017 kommen aus der ganzen Welt. Sie sind damit – auch seit Wiederaufnahme des Flugbetriebs 1955 – wichtigster Motivator, auch bei den Mitarbeitenden im direkten Kundenkontakt auf stärkere Internationalität und damit sowohl auf intra- als auch auf interkulturelle Kompetenz zu setzen. Mitarbeitende aus 146 Nationen sind in der Group beschäftig, in Deutschland sind über 120 Nationalitäten vertreten (Lufthansa Internetseite „Verantwortung" 2017). Insbesondere die Flugbegleiter, bei denen Kontaktzeiten mit einzelnen Fluggästen von wenigen Sekunden bis zu mehreren Stunden dauern können, haben es entscheidend in ihren Händen, ihren Gästen Respekt und ein Wohlfühlgefühl an Bord zu vermitteln. Dafür müssen sie die kulturellen Eigenarten des jeweiligen Herkunftslandes ihrer Gäste kennen, verstehen und respektieren. Dies ist bei sich ständig wechselnden Zielländern von Flugbegleitern nicht unendlich möglich, selbst wenn eine Persönlichkeit völlig offen für andere Interaktionsformen ist. Aus diesem Grund bietet der Mix aus Mitarbeitenden mit hoher interkultureller Fähigkeit, einschließlich der entsprechenden Sprachen, und Mitarbeitenden, die aus den jeweiligen Ländern kommen, einen echten Mehrwert für das Unternehmen und für die Kunden und Kundinnen.

Bei Mitarbeitenden am Boden, wie z. B. beim Check-in, ist die Kontaktzeit meist deutlich kürzer. Aber auch hier sind Einfühlungsvermögen und Fremdsprachen gefordert, um für Kundinnen und Kunden den größtmöglichen Mehrwert zu bieten.

Die Fluggäste der Fluggesellschaften der Lufthansa Group wählen ihre jeweilige Airline sicher oft zuerst nach Preisgesichtspunkten, aber besonders in den höheren Klassen wie der Business oder First Class eben auch nach dem Grad der Annehmlichkeiten in der gesamten Produktkette von der Buchung bis zur Ankunft mit der Gepäckausgabe. Alle Flugbegleiter sind interkulturell geschult. Die Flugbegleiter für die First und Business Class erhalten weiterführende Schulungen, um u. a. auch auf die interkulturellen Bedürfnisse ihrer Fluggäste besser eingehen zu können.

Interkulturelle Kompetenzen wachsen beim Reisen. So ist neben formaler Instruktion Kontakt, also die Begegnung mit Menschen der jeweiligen Zielkultur, das beste Mittel, sich mit kulturellen Eigenarten und Unterschieden vertraut zu machen. Oftmals ist ja gerade das Kennenlernen anderer Kulturen der Zweck einer Flugreise.

Bei Flugbegleitern ist die Notwendigkeit für interkulturelle Kompetenz offensichtlich, bei international eingesetzten Führungskräften ebenso. Aber auch bei administrativen Mitarbeitenden in ihrem jeweiligen Heimatland verändern sich die Anforderungen. Einerseits führen Mobilitätsbedürfnisse zu einer heterogenen Belegschaft, die einander Offenheit und Verstehen entgegenbringen müssen. Andererseits ist es in einem global aufgestellten Konzern mit Mitarbeitenden aus der ganzen Welt – global und lokal – verbunden mit Rotationserwartungen unvermeidlich, dass in der Administration trotz jeweils lokaler sprachlicher Anforderungen nunmehr Menschen sehr unterschiedlicher Nationalitäten und Sprachen miteinander arbeiten. Die Lufthansa Group verfügt über den Vorteil, als Arbeitgeber nach wie vor hoch attraktiv zu sein. Das bildet sich einerseits in der hohen Zahl an Bewerbungen pro Jahr ab; 2017 waren es z. B. 130.000 Bewerbungen. Andererseits hat die Group das Glück, aufgrund der Eigenart dieser Industrie immer schon auf Bewerbungen besonders weltoffener Menschen zugreifen zu können. Darin liegt auch ein Grund für eine grundsätzliche Bereitschaft, sich mit verschiedenen Kulturen zu befassen.

4   Unternehmen und Mitarbeitende engagieren sich

Flugbegleiter und Piloten aus Deutschland, Österreich, Belgien und der Schweiz – also aus den eher reichen Ländern – werden bei ihren Flügen in ärmere Länder und längeren Aufenthalten nicht nur mit kulturellen Unterschieden, sondern auch mit wirtschaftlichen Differenzen konfrontiert. In wohlhabenden Ländern scheinbar Selbstverständliches ist in einigen Ländern mitunter unerreichbar. Das erzeugt Unbehagen und das Bedürfnis, für Abhilfe zu sorgen. So entstand 1999 die help alliance durch Mitarbeitende. Die gemeinnützige GmbH setzt sich v. a. für arme, kranke und gesellschaftlich benachteiligte Kinder und Jugendliche in Afrika, Asien, Mittel- und Südamerika sowie Osteuropa ein. Themenschwerpunkte sind Bildung, Gesundheit und Ernährung. 37 Projekte (mehr unter https://www.helpalliance.org/), initiiert und begleitet von jeweils einem Lufthansa-Mitarbeitenden, gewährleisten örtliches Engagement und effizienten Einsatz der Spendenmittel. Diese werden u. a. durch verschiedene Veranstaltungen und durch Sammlungen an Bord von Flügen gesammelt – kleines Geld für große Hilfe, seit Kurzem auch durch Meilenspenden.

> **Ein Stück Kindheit für Flüchtlingskinder**
> Al Rahlan Schule, Zaatari, Jordanien
>
> Die Schule wurde 2014 gegründet und ist seit 2017 Teil der help alliance. Nur 10 km von der syrischen Grenze befindet sich die Stadt Zaatari, die wegen ihres riesigen Flüchtlingslagers als fünftgrößte Stadt Jordaniens zählt. Die Schule ist in Jordanien die einzige Schule nur für Flüchtlinge, die vom Staat anerkannt ist und somit auch einen Schulabschluss anbieten kann und erstreckt sich mit einem Schulgebäude und verschiedenen Schulzelten über eine sehr große Fläche.
>
> Mehr Informationen unter https://www.helpalliance.org/projekte/al-rahlan-schule/.

Bereits im Jahr 2015 lag ein Schwerpunkt der help alliance auf der Flüchtlingshilfe in Deutschland. In drei Themenfeldern wurde die Lufthansa Group aktiv: Unterstützung in der Entwicklungszusammenarbeit, konkrete Nothilfe sowie nachhaltige Integrationsprojekte an den großen Standorten der Lufthansa in Deutschland.

> **Studium für geflüchtete Studierende in Deutschland – Ein Ort zum gemeinsamen Lernen**
> Kiron Open Higher Education, Berlin, Deutschland
>
> Durch die Flucht aus den Krisenländern der Welt mussten viele Studierende ihre universitäre Laufbahn in ihren Heimatländern abbrechen. Doch das Studium in Deutschland weiterzuführen ist fast unmöglich, bedingt durch Einstiegsbarrieren wie fehlende Dokumente und Sprachkenntnisse, geringe Kapazitäten der Universitäten und mangelnde finanzielle Ressourcen. Kiron hat daher in Zusammenarbeit mit Universitäten und Professoren unterschiedlicher Fachgebiete ein gebührenfreies Studium errichtet, das einen international anerkannten Bachelor-Abschluss in vier Studiengängen ermöglicht. Es besteht aus Online- und Offline-Elementen, ist ortsungebunden und kann unabhängig vom Status des Asylantrags begonnen werden. Die help alliance finanziert Lernräume, in denen die Studierenden auch zusammenkommen und gemeinsam lernen können.
>
> Mehr Informationen unter: https://www.helpalliance.org/projekte/kiron-open-higher-education/.

Eine bereits existierende Kooperation mit der Initiative Joblinge, die vom Beratungsunternehmen Boston Consulting Gesellschaft (BCG) und der BMW-Stiftung Eberhard von Kuenheim gegründet wurde und das Ziel verfolgt, Jugendliche und junge Erwachsene ausbildungsfähig zu machen, um sie in die Gesellschaft zu integrieren, ergänzt ihr Portfolio um die Zielgruppe der Flüchtlinge. Diese werden neben dem Sprachtraining, der lokalen kulturellen Besonderheiten auch in Themen, die den Arbeitsmarkt betreffen, geschult. Damit sollen sie entweder in Ausbildungs- oder in Arbeitsverhältnisse gebracht werden. Dies ist neben vielen weiteren Initiativen eine, in der sich die Lufthansa Group besonders engagiert, um junge Menschen in die Gesellschaft zu integrieren.

Am besten und effektivsten für die Integration in die Gesellschaft ist die unmittelbare Beschäftigung von Flüchtlingen. Innerhalb der Lufthansa Group ist dies mit Enthusiasmus und Professionalität geprüft worden. Dabei sind allerdings – schon immer geltende – Sicherheitsauflagen zu beachten, die nach dem 11. September 2001 für alle Fluggesellschaften massiv verschärft worden sind – lange vor der Flüchtlingsproblematik. So dürfen heute nur solche Mitarbeitende – auch befristet – beschäftigt werden, die u. a. lückenlos ihre Wohnorte der vergangenen zehn Jahre dokumentieren können. Gerade das gelingt den Flüchtlingen nur in Ausnahmefällen. Also bleibt nur die Beschäftigung in sehr sicherheitsfernen Bereichen, von denen es nur wenige gibt, oder das Nachdenken über andere Hilfsformen. Diese wiederum bestehen v. a. in der One-to-one-Betreuung, also Mentoring, Coaching und im Sprachentraining. Folglich hat sich die Lufthansa Group für diese Form entschieden, um sich an der Integration von Flüchtlingen zu beteiligen.

Über die Integration von Flüchtlingen hinausgehend gibt es eine Fülle von Maßnahmen aus der Group oder aus einzelnen Gesellschaften heraus, die das gesellschaftliche Engagement der Lufthansa Group abrunden.

5 Fazit

Die aktuellen Herausforderungen der Lufthansa Group liegen zum einen im z. T. hochsubventionierten Wettbewerb, der kein fairer ist, und zum anderen an technologischen quantenhaften Weiterentwicklungen wie der Digitalisierung. Hier bieten sich Chancen für die Group, falls es gelingt, weiterhin zu den Innovationsführern zu gehören und marktgerechte Services zu entwickeln. Nur ein wirtschaftlich erfolgreiches Unternehmen wie aktuell die Lufthansa Group kann sich neben dem Kerngeschäft des Fliegens ganzheitlichen Themen wie der Nachhaltigkeit widmen.

Dennoch: Die Licence to operate kommt letztlich von der Gesellschaft. Diese reagiert auf das, was sie vom Unternehmenshandeln erfährt. Deshalb reagieren Unternehmen inzwischen auf ihnen entgegengebrachte Fragen im Zusammenhang mit CSR – unabhängig von der stärkeren Regulierung (wie z. B. das 2017 in Kraft getretene CSR-Richtlinien-Umsetzungsgesetz mit der darin enthaltenen Berichtspflicht zu Nachhaltigkeitsthemen) dieses bisher eher weichen Themas. Je mehr sich ein Unternehmen selbst mit seinen potenziellen Risiken befasst, umso größer ist die Wahrscheinlichkeit, externe Nachfragen bereits im

Vorfeld erahnt zu haben und entsprechende Aktionen im Unternehmen getroffen zu haben. CSR und Business erscheinen vielen Menschen als Gegensätze, sind es in Wirklichkeit aber nicht. Die Interkulturalität ist heute wichtiger Bestandteil des Geschäfts. Interkulturalität als Teil des Diversity Managements findet sich z. B. in den Menschenrechtskonventionen der UNO, den Kernarbeitsnormen der Internationalen Arbeitsorganisation (ILO), dem Nationalen Aktionsplan der Bundesregierung zur Umsetzung der UN Guiding Principles on Human Rights, den CSR-Berichtspflichten der EU und anderen Kodizes. Heute lässt sich kein Geschäft nachhaltig erhalten, das diesen Vorgaben zuwiderläuft. Kunden und Kundinnen hinterfragen die Produktionsweise und wollen Nachhaltigkeit. Sie wollen gute Produkte, faire Preise und Nachhaltigkeit, die die Umwelt schont und Arbeitsbedingungen im In- und Ausland fair gestaltet. Auch für deutsche Unternehmen gibt es hier noch Herausforderungen.

Literatur

Lufthansa Balance (2018) https://www.lufthansagroup.com/fileadmin/downloads/de/verantwortung/balance-2018-epaper/#54. Zugegriffen: 17. Juni 2018

Lufthansa Geschäftsbericht (2017) Geschäftsbericht und Jahresergebnis 2017. https://investor-relations.lufthansagroup.com/fileadmin/downloads/de/finanzberichte/geschaeftsberichte/LH-GB-2017-d.pdf. Zugegriffen: 15. Juni 2018

Lufthansa Group (2018) Corporate Responsibility in der Lufthansa Group. https://www.lufthansagroup.com/de/de/verantwortung/corporate-responsibility.html. Zugegriffen: 17. Juni 2018

Lufthansa Group (2018) Nachhaltigkeitsbericht Balance. https://www.lufthansagroup.com/fileadmin/downloads/de/verantwortung/balance-2018-epaper/#54. Zugegriffen: 17. Juni 2018

Lufthansa HelpAlliance. https://www.helpalliance.org/. Zugegriffen: 17. Juni 2018

 **Monika Rühl** ist seit 1991 im Lufthansa Konzern. Seit 2013 ist sie als Leiterin Social Responsibility mit verschiedenen Projektthemen betraut: Neuausrichtung der Corporate-Volunteering-Maßnahmen, Aufbau eines Alumni-Netzwerks, New Work Environment, Entwicklung von Kulturmaßnahmen und die Umsetzung der Menschenrechtsverpflichtungen – jeweils für die Lufthansa Group. Von 2001 bis Juni 2013 war sie Leiterin Change Management und Diversity der Deutschen Lufthansa AG in Frankfurt am Main. Zu ihrem Verantwortungsbereich gehörten in dieser Zeit das Diversity Management, Demografiemanagement, Gesundheitsmanagement, die Wahrnehmung der Konzern-Schwerbehinderten-Beauftragten, Themen der sozialen Nachhaltigkeit und Unternehmensethik. Von 1995 bis 2000 war sie die Beauftragte für Chancengleichheit. Während ihres Studiums der Anglistik, Mathematik, Pädagogik und Philosophie war sie studienbegleitend u. a. in der Geschäftsführung der Eduard-Rhein-Stiftung und bei der Produktion von TV-Sendungen tätig. Parallel war sie von 1994 bis 2001 ehrenamtliche Richterin am Arbeitsgericht in Berlin, seit 2002 ist sie am Hessischen Landesarbeitsgericht in Frankfurt. Sie war viele Jahre lang Dozentin an der Universität Magdeburg und ist es aktuell noch an der Hochschule St. Gallen. Seit 2009 ist sie Mitglied des Beirats der Hochschule Kaiserslautern (heute stellvertretende Vorsitzende). Sie gehört seit Oktober 2015 dem Vorstand des Deutschen Netzwerks Wirtschaftsethik (dnwe) an. Monika Rühl hat zwei Bücher und eine Vielzahl von Texten und Buchbeiträgen zu Themen aus den Bereichen Diversity, Demografie, Gender, Social Responsibility, Ethik und zum Allgemeinen Gleichbehandlungsgesetz veröffentlicht.

Gesellschaftliche Unternehmensverantwortung zwischen Corporate Volunteering, Flüchtlingsengagement und interkultureller Zusammenarbeit

Hannah van Basshuysen und Lukas Petersik

1 Einleitung

Seit einigen Jahren lässt sich beobachten, wie der Ruf nach ordnungspolitischem und gesellschaftlichem Engagement von Wirtschaftsakteuren immer lauter wird. Die Gründe hierfür sind heterogen: so führten leere öffentliche Kassen, die regionale Beschränkung nationalstaatlicher Direktiven und die Kompetenz von Unternehmen, Probleme zu lösen, zu einem gesellschaftlichen Umdenken. Darüber hinaus haben lokale und internationale Interessengemeinschaften die Möglichkeit, ihre Erwartungshaltungen öffentlichkeitswirksam durch die neuen Medien zu artikulieren und mit Unternehmen in direkten Kontakt zu treten (vgl. Habisch et. al. 2008). In diesem Zusammenhang hielt der Begriff Corporate Citizenship (CC) vor einigen Jahren Einzug in den deutschen Sprachgebrauch. Ausgangspunkt war die gesellschaftspolitische Debatte zu den Rechten und Pflichten von Einzelakteuren innerhalb der Zivilgesellschaft. Vom angloamerikanischen Raum kommend etablierte sich der Terminus in den 1990er-Jahren auch in der Bundesrepublik (vgl. Schwalbach und Schwerk 2008). Ihm zugrunde liegt das Modell der assoziativen Bürgergesellschaft, die auf einem kooperativen Verhältnis von Bürger, Staat und Unternehmen basiert (vgl. Backhaus-Maul und Brühl 2003). CC meint dabei die Verantwortungsübernahme seitens der Unternehmen (vgl. Schwalbach und Schwerk 2008). Dem CC-Gedanken zugrunde liegen Kooperationen von Unternehmen mit Partnern aus anderen gesellschaftlichen Bereichen, die zu einer Problemlösung im unmittelbaren Unternehmensumfeld beitragen. Dabei bringen die Firmen nicht ausschließlich Finanzmittel, sondern auch fachliches

---

H. van Basshuysen (✉) · L. Petersik
AUDI AG
Ingolstadt, Deutschland
E-Mail: hannah.van-basshuysen@audi.de

L. Petersik
E-Mail: lukas.petersik@audi.de

Know-how oder Mitarbeiterengagement in die Zusammenarbeit mit ein (vgl. Habisch 2003; Habisch und Wegner 2004). Für Unternehmen entstehen durch diese neuartige Form der Kollaboration mit öffentlichen und gemeinnützigen Partnern konkrete Nutzenpotenziale, die für weit mehr sorgen als für ein positives Unternehmensimage, wie es klassischerweise bei Spendenaktivitäten der Fall ist. So können CC-Maßnahmen im Personalbereich zu einer höheren Zufriedenheit und Bindung der Mitarbeiter beitragen. Auch können neue Fähigkeiten wie soziale Kompetenzen oder Teamfähigkeit erworben werden. Im Bereich Marketing und Vertrieb können CC-Projekte hilfreich bei der Kundenbindung oder Neukundengewinnung sein. Ein zentraler Nutzen durch CC kann zudem durch die Steigerung der Lebensqualität für die Mitarbeiterschaft am Standort des Unternehmens erzielt werden. Gute Betreuungs-, Bildungs-, Wohn- und Freizeitangebote stellen nicht zuletzt Standortbedingungen dar, die hinsichtlich einer langfristigen Mitarbeiterbindung oder für die Gewinnung neuer Fachkräfte wettbewerbskritisch sein können (vgl. Habisch et. al. 2008).

Der vorliegende Beitrag beschreibt das Flüchtlingsengagement der AUDI AG an seinen unterschiedlichen Standorten, national und international (AUDI AG 2017). Es soll aufgezeigt werden, wie öffentliche, gemeinnützige und private Akteure letztlich durch gemeinsam realisierte interkulturelle Maßnahmen und Projekte voneinander profitieren können.

2 Unternehmensverantwortung und Nachhaltigkeit bei der AUDI AG

Ressourcenknappheit, Umweltzerstörungen und Klimawandel: Nachhaltigkeit wird in diesem Zusammenhang für einen immer größeren Teil der Gesellschaft Ausdruck einer Lebenseinstellung. Immer mehr Menschen wollen nachhaltige Produkte erwerben. Sie machen ihre Kaufentscheidung auch davon abhängig, ob ein Unternehmen nachweislich Verantwortung für die Welt von morgen übernimmt. Zusammen mit den großen Zukunftsthemen Digitalisierung und Urbanisierung bildet Nachhaltigkeit daher den Kern der Audi Strategie 2025. Was bedeutet das konkret? Audi will sich zum führenden Premium-Anbieter im Bereich der Elektromobilität entwickeln. Im Jahr 2025 soll jeder dritte produzierte Audi rein elektrisch fahren. Hinzukommen soll ein umfassendes Systemangebot für alternative Antriebe, wie z. B. in den Bereichen Laden bzw. Ladeinfrastruktur sowie Batterierecycling. Zudem werden innovative Antriebstechnologien die Zukunft von Audi prägen. Die vier Ringe beabsichtigen bis zum Jahr 2025 auch ein serienmäßiges Brennstoffzellenfahrzeug auf den Markt zu bringen. Modelle, die e-fuels, synthetisch hergestellte Kraftstoffe, nutzen können, sollen die alternativen Antriebskonzepte ergänzen. Dabei ist Audi ein nachhaltiges Wirtschaften über die gesamte Wertschöpfungskette wichtig: vom Einkauf der Rohstoffe über die Produktion bis hin zum Recycling. Ziel ist ein geschlossener Nachhaltigkeitskreislauf.

Als Arbeitgeber für inzwischen genau 89.963 Mitarbeiterinnen und Mitarbeiter an allen Standorten weltweit (Stand Juni 2017) trägt das Unternehmen mit den vier Ringen zudem eine große gesellschaftliche Verantwortung. Bei Betrachtung der gesamten Wertschöpfungskette steigt die Anzahl der Personen, deren Lebensunterhalt von Audi abhängt, noch einmal erheblich. Vor dem Hintergrund dieser Verantwortung lautet bei Audi die übergeordnete Zielsetzung: Alle Entscheidungen im Unternehmen fallen unter Berücksichtigung ökonomischer, ökologischer und gesellschaftlicher Aspekte.

An seinen unterschiedlichen nationalen und internationalen Standorten engagiert sich Audi zudem in zahlreichen gesellschaftsrelevanten Projekten. Audi fördert beispielsweise regionale Kulturangebote, diverse Bildungs- und Kinderbetreuungsinitiativen, innovative Verkehrskonzepte oder das ehrenamtliche Engagement seiner Mitarbeiterinnen und Mitarbeiter. Jeder Standort im Audi-Konzern hat dabei seine eigene Identität mit eigenen Herausforderungen. Das Unternehmen hat vor diesem Hintergrund in Kooperation mit zahlreichen Vertretern seiner Standorte Konzepte entwickelt, die den individuellen lokalen Bedürfnissen vor Ort gerecht werden. Als Richtschnur, die allen Verantwortlichen im Unternehmen als Orientierung dienen soll, hat Audi im Sommer 2014 die sog. Globalen Leitsätze für gesellschaftliches Engagement beschlossen (AUDI AG 2014). In einem breit angelegten Prozess wurde sich über die zentrale Frage verständigt: Was bedeutet gesellschaftliches Engagement für Audi? Und wie setzt Audi dieses Engagement an den Standorten um? Die so definierten Leitsätze umfassen in ihrem Kern fünf Handlungsfelder: Mobilität und Infrastruktur, Familie und Soziales, Gesundheit und Freizeit, Wissen und Kompetenzen sowie Natur und Umwelt. Diese thematischen Cluster legen die langfristigen Ziele des Unternehmensengagements fest und dienen gleichzeitig als Orientierungshilfe für die Entwicklung und Auswahl von förderwürdigen Projekten. Um den individuellen Bedarfen an den einzelnen Audi-Standorten gerecht zu werden, können sich die Schwerpunkte des jeweiligen gesellschaftlichen Engagements durchaus unterscheiden. Flankiert werden die Globalen Leitsätze von der sog. Förderleitlinie Gesellschaftliches Engagement, die der Audi-Vorstand bereits im Dezember 2013 verabschiedet hat (AUDI AG 2013). Diese Förderleitlinie skizziert, welche Art von Projekten Audi finanziell unterstützt. Dabei hat sich das Unternehmen die folgenden Schwerpunkte gesetzt:

- Bildung: Projekte, die der Bildung und Weiterbildung von Kindern, Jugendlichen und Erwachsenen dienen; dazu gehören Projekte mit Bezug zum sozialen Miteinander, zu Kultur, Natur- und Geisteswissenschaften, Sport und Gesundheit
- Technik: Projekte, die der Lösung von technischen und gesellschaftlichen Fragen rund um das Thema Mobilität dienen
- Unterstützung in Katastrophenfällen

Grundsätzlich sollen die von Audi geförderten Projekte immer einen Bezug zu einem der Unternehmensstandorte aufweisen. Davon ausgenommen ist die Katastrophenhilfe. An allen Audi-Standorten entscheiden anhand der skizzierten Schwerpunkte entsprechende Gremien, die mit Unternehmens- und Betriebsratsvertretern besetzt sind, über die Verteilung von Spenden- und Fördergeldern.

3 Corporate Volunteering bei Audi

Corporate Volunteering meint nach Allen (2012) jede Anstrengung eines Arbeitgebers, freiwilliges Engagement seiner Mitarbeiterinnen und Mitarbeiter in der Gemeinde zu fördern und zu unterstützen (Allen 2012, S. 6; freie Übersetzung durch die Autorin). Diese Anstrengungen werden auch von der AUDI AG unternommen und sollen im Folgenden vorgestellt werden.

Im Jahr 2017 feiert die Audi-Initiative für Corporate Volunteering ihren fünften Geburtstag. Allein in den vergangenen fünf Jahren wurden an den Standorten Ingolstadt, Neckarsulm und Győr insgesamt rund 53.000 Stunden oder umgerechnet über 2200 Tage ehrenamtlicher Arbeit geleistet (Stand Januar 2017).

Unter dem Namen Audi Ehrensache werden bereits seit 2012 alle Corporate-Volunteering-Aktivitäten der Mitarbeiterinnen und Mitarbeiter gefördert und unterstützt. Darunter zählen Leuchtturmprojekte wie die Audi-Freiwilligentage, die neben einem sozialen Mehrwert helfen, freiwilliges Engagement im Unternehmen und an den Unternehmensstandorten bekannter zu machen und noch stärker in der Unternehmenskultur zu verankern. Ziel der Projekte ist es, dass die Audi-Belegschaft ihre Kompetenzen mit dem Engagement für andere verbindet.

Ein weiterer Baustein der Initiative sind wiederkehrende Sonderaktionen, in denen verschiedene gesellschaftsrelevante Themen im Vordergrund stehen. So geht es beispielsweise bei der Aktion HerbstZeit schenken darum, Zeit mit älteren Menschen zu verbringen und gleichzeitig die Mitarbeiterinnen und Mitarbeiter für die Herausforderungen des demografischen Wandels zu sensibilisieren.

Nicht zuletzt können Beschäftigte über die Seiten Audi Ehrensache im Intranet soziale Projekte für Abteilungsworkshops auswählen und umsetzen, die sich für das Teambuilding eignen.

Zusammengefasst dient die Initiative der Zusammenführung von sozialen Bedarfen gemeinnütziger Institutionen und der vorhandenen freiwilligen Arbeitskraft, die im Humankapital des Unternehmens vorhanden ist. Gleichzeitig werden im Rahmen der Initiative alle von Audi-Mitarbeiterinnen und -Mitarbeitern ehrenamtlich umgesetzten Projekte auch finanziell unterstützt, um entsprechende Rahmenbedingungen, beispielsweise durch den Erwerb benötigter Materialien, zu schaffen.

3.1 Corporate Volunteering am Beispiel des Audi-Flüchtlingsengagements

Angesichts der großen Not der Flüchtlinge in Europa hat die AUDI AG im September 2015 eine Million Euro für Flüchtlingshilfsprojekte an den Produktionsstandorten Brüssel, Győr, Ingolstadt und Neckarsulm zur Verfügung gestellt. Im Mittelpunkt stand anfangs die Soforthilfe für die vielen Menschen, die in diesem Jahr nach Europa kamen. Mittlerweile konzentrieren sich die Hilfsprojekte v. a. auf die Themen Spracherwerb, berufliche Qualifikation und kulturelle Integration, um den Geflüchteten in Deutschland neue Perspektiven zu eröffnen.

Die Vergabe der Mittel erfolgt auf Basis des bereits bestehenden Engagements der Belegschaft sowie der Vermittlungsplattform im Intranet der AUDI AG. So unterstützt Audi an den Standorten Ingolstadt und Neckarsulm diejenigen Beschäftigten, die sich ehrenamtlich bei einer gemeinnützigen Organisation im Bereich der Flüchtlingshilfe engagieren. Durch den regelmäßigen Kontakt mit den Einrichtungen am jeweiligen Standort wissen sie bestens, bei welchen regionalen Projekten Bedarf zur Unterstützung besteht. Zudem bietet die Plattform im Intranet eine Auswahl an konkreten Projekten, bei denen sich Interessierte direkt als ehrenamtliche Helfer anmelden können. Auch den Antrag zur finanziellen Unterstützung für Flüchtlingshilfe finden die Beschäftigten auf den Seiten im Intranet. Ein Spendengremium entscheidet anschließend auf Basis der Audi Förderleitlinie für gesellschaftliches Engagement (s. Abschn. 2) über die Mittelvergabe. Um Transparenz über die Vergabe der Spenden zu gewährleisten, wird im Audi-Intranet zudem regelmäßig über die unterschiedlichen, vom Unternehmen geförderten Projekte berichtet (Lotze und van Basshuysen 2016, S. 60 f.).

In Brüssel und Győr werden die Mittel auf andere Weise vergeben, da die Situation sich dort anders gestaltet (s. Abschn. 4.2 und 4.3).

4 Regionale und internationale Unterschiede aufgezeigt am Audi Flüchtlingsengagement

4.1 Ingolstadt und Neckarsulm: Die deutschen Standorte

Wie im vorherigen Abschnitt bereits aufgezeigt wurde, kommt dem ehrenamtlichen Engagement der Mitarbeiterinnen und Mitarbeiter bei der Mittelvergabe eine zentrale Rolle zu. Dies ist nur möglich, da freiwilliges oder ehrenamtliches Engagement in der deutschen Kultur verankert ist. So engagieren sich zahlreiche Beschäftigte privat und ohne den Einfluss des Arbeitgebers beispielsweise bei der Freiwilligen Feuerwehr oder in Vereinen. In der Deutschen Freiwilligensurvey des Deutschen Zentrums für Altersfragen (DZA) von 2014 wurde eine Engagementquote in Deutschland von 43,6 % ermittelt: „Im Jahr 2014 sind 43,6 Prozent der Wohnbevölkerung ab 14 Jahren freiwillig engagiert – das entspricht 30,9 Millionen Menschen" (BMFSFJ 2014). Deutschland liegt damit im europäischen Vergleich weit vorn: Nur in den Niederlanden, Österreich, Schweden und Großbritannien engagieren sich noch mehr Menschen (BMFSFJ 2009).

Das umfangreiche Engagement der Mitarbeiterschaft im Bereich der Flüchtlingshilfe konnte somit als Ausgangspunkt genommen werden, um beispielsweise am Standort Neckarsulm rund 20 Projekte mithilfe von Mitteln aus dem vom Unternehmen zur Verfügung gestellten Spendentopf zu unterstützen. So hat das Unternehmen dort bereits im Sommer 2015 Sprachkurse für Asylbewerber im Landkreis Heilbronn ermöglicht. Die Kurse bauten auf dem Grundsprachkurs auf, der jedem Asylbewerber zusteht. In 40 Unterrichtseinheiten lernten die Teilnehmer in mehreren Gruppen nicht nur die Sprache, sondern auch die Kultur kennen. Eingereicht wurde das Projekt von Beschäftigten.

In Zusammenarbeit mit der Flüchtlingsinitiative Bad Rappenau und der Jugendpflege der Stadt Bad Rappenau wurden gespendete Fahrräder wieder verkehrstauglich gemacht, Fahrradhelme und -schlösser beschafft und Fahrradunterricht erteilt. Auch die Audi-Azubis engagierten sich fleißig: Für die Johannes Diakonie in Mosbach errichteten sie einen Grillplatz für unbegleitete minderjährige Flüchtlinge. Das Baumaterial für Bänke, Tische und den Grill wurde von Audi finanziert.

Rund um den Audi-Stammsitz in Ingolstadt wiederum wurden bisher mehr als 30 Flüchtlingsprojekte von Mitarbeitenden eingereicht und vom Unternehmen finanziell unterstützt.

Darüber hinaus nimmt das Thema Bildung in der Flüchtlingshilfe einen hohen Stellenwert ein. Audi brachte relevante Akteure der regionalen Flüchtlingshilfe an einen Tisch, um die bestehenden Bedarfe zu identifizieren und gemeinsam Projekte auf den Weg zu bringen. Daraus entstand ein umfangreiches Bildungsprojekt in Kooperation mit der Stadt Ingolstadt, der Volkshochschule und der Berufsschule I: Junge Flüchtlinge zwischen 18 und 26 Jahren besuchen seit Januar 2016 eine Klasse an der Berufsschule in Ingolstadt. Sie werden u. a. in den Fächern Deutsch, Mathematik und Kulturkunde unterrichtet. Ehrenamtliche Betreuer, darunter auch Audi-Beschäftigte, begleiten die jungen Erwachsenen über den Unterricht hinaus – beispielsweise erhalten sie Hilfe bei den Hausaufgaben oder konnten einen Design-Workshop besuchen, den Audi-Designer ehrenamtlich durchführten. Nach dem ersten Schulhalbjahr verließen sieben Schüler die Klasse, da sie sich entschlossen, eine Arbeit aufzunehmen. Ein Schüler konnte eine Ausbildung zum Spengler in der Region beginnen. Die frei gewordenen Plätze in der Klasse wurden sukzessive neu besetzt. Mit der Fortführung der Klasse im Schuljahr 2016/2017 wurde das Ziel des Mittelschulabschlusses erreicht. Der Bedarf in der Region an einem Bildungsangebot speziell für Flüchtlinge über 21 Jahre ist nach wie vor vorhanden: Da diese jungen Menschen noch über keine ausreichenden Sprachkenntnisse verfügen, können sie im Normalfall nicht direkt mit einer Ausbildung beginnen und erhalten damit auch keinen Platz an der Berufsschule. Aus diesem Grund hat sich Audi entschlossen, die Klasse mit neuen Schülern auch im Schuljahr 2017/2018 finanziell weiter zu fördern.

Die Erfahrungen mit der Klasse an der Berufsschule I in Ingolstadt machten zudem eines früh deutlich: Aufgrund kultureller Unterschiede haben weibliche Flüchtlinge einen ganz besonderen Förderbedarf. Daher startete im September 2016 eine weitere Klasse an der Berufsschule I nur für geflüchtete Frauen. Audi finanziert dabei zehn Wochenstunden sozialpädagogischen Unterricht und anfallende Nachhilfestunden. Die Frauen lernen an der Berufsschule neben der deutschen Sprache eine Vielzahl an möglichen Ausbildungswegen und potenziellen Berufen kennen. Der Unterricht ist bei den Frauen auf große Resonanz gestoßen: Über Mundpropaganda hat sich die Information über das Projekt verbreitet und seit dem Schulhalbjahr 2016/17 wird eine weitere Frauenklasse an der Berufsschule unterrichtet – ein großer Erfolg für die Stärkung und Förderung der Frauen aus anderen Kulturkreisen. Auch die beiden Klassen für geflüchtete Frauen werden im Schuljahr 2017/18 weiter von Audi unterstützt.

Wichtig für das unternehmerische Engagement im Bereich der Bildung ist für Audi, dass das Unternehmen keine staatlichen Aufgaben übernimmt. So fördert Audi an denjenigen Stellen, an denen die staatliche Förderung endet. Beispielsweise finanziert Audi *zusätzlichen* sozialpädagogischen Unterricht.

Auch das Thema Sicherheit fördert Audi mit regionalen Partnern: Schon im Sommer 2015 finanzierte das Unternehmen integrative Schwimmkurse der Deutsche Lebens-Rettungs-Gesellschaft e. V. (DLRG). Im Juni 2016 nahm die von Audi unterstützte Flüchtlingsklasse am Pilotprojekt Verkehrserziehungstag in Zusammenarbeit mit der Verkehrswacht Ingolstadt teil. Das Projekt soll fortgeführt und auch anderen Flüchtlingsgruppen angeboten werden.

Neben Kursen zur Sprachförderung und interkulturellen Vermittlung zeigen weitere von Audi unterstützte Projekte, dass Integration auch auf spielerische Art Früchte trägt: Für die Theateraufführung der Bremer Stadtmusikanten probten einheimische und geflüchtete Jugendliche fünf Monate lang gemeinsam auf die öffentlichen Vorstellungen hin. Im Projekt Willkommen im Fußball in Zusammenarbeit mit dem FC Ingolstadt 04 und der Bundesligastiftung engagieren sich Audi-Mitarbeiterinnen und -Mitarbeiter ehrenamtlich als Fußballtrainer.

Alle oben geschilderten Projekte zeigen deutlich, dass der Erfolg maßgeblich von einer guten und funktionierenden Zusammenarbeit mit den relevanten Akteuren und Partnern im Bereich der Flüchtlingshilfe abhängt.

Ein weiterer Baustein der Audi-Flüchtlingshilfe findet unter dem Dach des Volkswagen-Konzerns statt. Mit VW hilft hat Volkswagen eine groß angelegte Maßnahme zur Flüchtlingshilfe ins Leben gerufen, an der alle Marken des Konzerns beteiligt sind. Audi ist dabei als Marke unter www.audi-hilft.de vertreten. Die Internetplattform informiert mit Beiträgen, Fotos und Videos über zahlreiche Projekte im Bereich der Flüchtlingshilfe. Daneben werden regelmäßig Gesuche nach ehrenamtlicher Unterstützung oder Sachspenden eingestellt. Die offene Plattform bietet somit die Möglichkeit, sich unverbindlich über die Bedarfe in den Regionen der Unternehmensstandorte Ingolstadt und Neckarsulm zu informieren und sich bei Interesse an die angegebene Kontaktperson zu wenden. Auch über die Werksgrenzen hinaus können sich Interessierte informieren und sind eingeladen, sich in sozialen Projekten zu engagieren.

4.2 Brüssel, Belgien

Die Situation am Werkstandort in Brüssel unterscheidet sich, auch kulturell, von den deutschen Standorten: Zum einen ist ehrenamtliches Engagement in Belgien nicht so verbreitet wie beispielsweise in Deutschland, da das Ehrenamt für gänzlich unbekannte Personen eher unüblich ist (Europäische Kommission 2017). Zum anderen spielt die persönliche Verankerung in der Region als Motivation für gesellschaftliches Engagement eine große

Rolle. Der Großteil der Audi-Belegschaft in Brüssel ist nicht in der Gemeinde wohnhaft und es mangelt daher an einer Identifikation mit der Gemeinde Forêt/Forest am Audi-Standort in Brüssel. Diese Faktoren sprechen gegen einen Corporate-Volunteering-Ansatz und es werden von Audi Brussels andere Wege gesellschaftlichen Engagements beschritten, die den lokalen Gegebenheiten besser entsprechen. Im Fall der Flüchtlingshilfe wurde beispielsweise die bestehende soziale Infrastruktur finanziell gestärkt.

Der Audi-Standort in der Gemeinde Forêt/Forest in Brüssel konzipierte in Kooperation mit dem europäischen „think & do tank" Pour la solidarité (PLS) ein umfassendes Flüchtlingshilfsprojekt: Nach einer umfassenden Analyse der Bedarfslage erhielten insgesamt sieben Sozialeinrichtungen im Brüsseler Stadtteil Forest im Lauf des Jahres 2016 eine finanzielle Unterstützung. Diese ehrenamtlichen Organisationen leisteten im Rahmen der Flüchtlingskrise auf Bitten von Audi Brussels Soforthilfe für Bedürftige. Allein die Organisation Convivial half bei der Wohnraumsuche für Dutzende Flüchtlinge aus Syrien und aus dem Irak. Mit Unterstützung der drei Vereinigungen Maison médicale Marconi, Maison médicale des Primeurs und FQS wurde die medizinische Versorgung von Notleidenden gesichert – v. a. die Betreuung von Kindern aus Flüchtlingsgebieten. Darüber hinaus engagierten sich die lokalen Bildungseinrichtungen FOR.E.T sowie Le Partenariat Marconi für die schulische und berufliche Eingliederung von Betroffenen. Insgesamt wurde etwa 300 Bedürftigen mit den durch Audi teilfinanzierten Unterstützungsangeboten geholfen.

4.3 Győr, Ungarn

In Ungarn ist das Ehrenamt, v. a. in größeren Städten, sehr verbreitet. Die Vermittlung eines freiwilligen Engagements findet zum großen Teil über Kontakte und persönliche Netzwerke statt, da auf privater Ebene das Vertrauen ausgeprägter ist. Daneben gibt es größer angelegte Initiativen von Firmen oder Non-Profit-Organisationen, die darüber hinaus viel Anklang in der Bevölkerung finden (vgl. beispielsweise http://nyitottakvagyunk.hu/en/ oder http://batortabor.hu/en/).

Aber auch Unternehmensinitiativen werden von Mitarbeiterinnen und Mitarbeitern sehr gut angenommen und die Projekte im Rahmen von Corporate Volunteering tatkräftig unterstützt. So findet bei Audi in Ungarn seit 2014 jedes Jahr an einem Samstag im Sommer ein Freiwilligentag statt.

Aufgrund seiner geografischen Lage war das Audi-Werk in Ungarn im Spätsommer 2015 von den Entwicklungen in der Flüchtlingskrise besonders tangiert. Die Themen Erstversorgung und -verpflegung standen hier im Fokus. Mithilfe der finanziellen Mittel der Audi-Soforthilfe wurde das rund 10 km von Győr entfernte Flüchtlingslager Vámosszabadi, winterfest gemacht. Darüber hinaus finanzierte Audi dem Roten Kreuz einen Rettungswagen samt Ausstattung und unterstützte eine gemeinnützige Organisation bei der kulturellen und therapeutischen Integrationsarbeit für Frauen und Kinder.

5 Integration in den Arbeitsmarkt

Die wiederkehrende Frage nach der Verantwortung der Wirtschaft bei der beruflichen Integration von Flüchtlingen und die von Politik und Gesellschaft geäußerte Erwartung, die Wirtschaft möge dabei eine führende Rolle einnehmen (vgl. z. B. Die Bundesregierung 2016), muss von verschiedenen Seiten beleuchtet werden. Große Teile der Wirtschaft haben ein eindeutiges Interesse an der Integration von zugewanderten Menschen in den Arbeitsmarkt, und sei es nur aufgrund des bereichsspezifischen Fachkräftemangels oder zahlreicher unbesetzter Lehrstellen für Auszubildende (vgl. z. B. Paul 2017a, S. 31; dpa 2017, S. 7). Die Grundvoraussetzung, die in zahlreichen Interviews und Medienberichten immer wieder genannt wird, ist ausreichende Sprachkompetenz (vgl. beispielsweise Lüke 2016, S. 20 ff.; Storz 2016, S. 11). Was aber bedeutet das? Die Ansprüche an die Sprachkenntnisse junger Azubis reichen über ein Mindestmaß an mündlichen Kompetenzen hinaus: Im Rahmen einer deutschen Ausbildung müssen schriftliche Fachprüfungen abgelegt werden und auch in der gesprochenen Sprache muss ein gewisses Fachvokabular verstanden und angewandt werden können (vgl. z. B. Paul 2017b, S. 25). Diese Grundvoraussetzung ist z. T. aus zumeist nachvollziehbaren Gründen, wie beispielsweise fehlender Alphabetisierung in der Muttersprache oder kurze Aufenthaltsdauer in Deutschland, noch nicht erfüllt. Das Sprachniveau in den von Audi unterstützten Berufsschulklassen liegt laut der letzten Prüfungen beispielsweise im Bereich des Anforderungsniveaus A2 des europäischen Referenzrahmens oder darunter. Das bedeutet in den meisten Fällen, dass die Sprachkenntnisse für eine Ausbildung noch nicht ausreichen.

Grundsätzlich gilt bei der AUDI AG, die Mitarbeitende aus rund 100 Nationen beschäftigt, dass jede Bewerbung gleichwertig ist, völlig unabhängig von der Nationalität der Bewerber. Im Audi-Bildungszentrum der Audi-Akademie in Ingolstadt machen seit September 2016 beispielsweise zwei Flüchtlinge aus Gambia und Syrien eine Ausbildung zum Kfz-Mechatroniker; seit Oktober 2016 sind insgesamt drei afghanische und zwei syrische Flüchtlinge in ein Einstiegsqualifizierungsprogramm in Ingolstadt und dem Förderprogramm in Neckarsulm aufgenommen worden.

Das Bildungszentrum organisierte Anfang des Jahres 2016 einen Berufsorientierungstag für zwölf unbegleitete minderjährige Flüchtlinge der Roland Berger Stiftung und bereits seit dem Einstellungsjahr 2015 werden flächendeckend Sensibilisierungsworkshops für Auszubildende durchgeführt, die Flucht und Vertreibung sowie die Ermöglichung erfolgreicher Integration zum Thema haben. Das Ziel der Workshops ist es, Verständnis für die Flüchtlinge zu entwickeln sowie die sozialen Kompetenzen der Mitarbeiterinnen und Mitarbeiter zu stärken. Zudem sollen auch konkrete Projektvorschläge erarbeitet und im Rahmen von Audi Ehrensache umgesetzt werden. Seit dem Einstellungsjahr 2016 gehören die Sensibilisierungsworkshops zum Standard im Einführungsprogramm der Auszubildenden. Im Jahr 2017 sollen über die 14 bisher durchgeführten Praktika hinaus weitere Praktikantenstellen in Kooperation mit den Berufsschulen und dem Berufliches Fortbildungszentrum der bayerischen Wirtschaft besetzt werden.

6 Fazit

Wie dargestellt, handelt es sich bei der Integration von Flüchtlingen in unsere Gesellschaft und den Arbeitsmarkt um eine immense gesellschaftliche Aufgabe, die nur in Zusammenarbeit von Politik, Wirtschaft und Gesellschaft bewältigt werden kann. Für Audi und seine Beschäftigten gehört die Übernahme gesellschaftlicher Verantwortung zum Kern der Unternehmenskultur. Vor diesem Hintergrund bringt sich das Unternehmen als Corporate Citizen auf vielfältige Weise an seinen Standorten mit ein, um die zahlreichen damit einhergehenden gesellschaftlichen Herausforderung zu bewältigen. Dabei unterstützt das Unternehmen zielgerichtet bereits bestehende Initiativen und nutzt hierbei die Erfahrungen und Kompetenzen seiner Mitarbeiterinnen und Mitarbeiter. In Zusammenarbeit mit regionalen Partnern aus dem sozialen und bildungsinstitutionellen Bereich werden darüber hinaus immer wieder neue Projekte konzipiert sowie bestehende Maßnahmen weiterentwickelt. Wichtig dabei ist eine große Flexibilität aller Projektpartner, die es ermöglicht, auf neue Entwicklungen in der Gesellschaft bzw. an dem jeweiligen Standort zeitnah zu reagieren. Da kulturelle, politische und gesellschaftliche Faktoren von Land zu Land und Standort zu Standort variieren können, müssen diese Aspekte unter allen Umständen bei der Realisierung von entsprechenden Aktivitäten Beachtung finden, wenn sie die öffentliche Hand bzw. regionale Hilfsorganisationen schnell und effektiv unterstützen wollen.

Literatur

Allen K (2012) The Big Tent – Corporate Volunteering in the Global Age. Ariel and Fundación Telefónica, Barcelona, Madrid

AUDI AG (2013) Förderleitlinie Gesellschaftliches Engagement. http://www.audi.com/content/dam/com/corporate-responsibility/nachhaltigkeit_pdfs/Foerderleitlinie_Gesellschaftliches_Engagement.pdf. Zugegriffen: 3. Juli 2017

AUDI AG (2014) Globale Leitsätze für das gesellschaftliche Engagement an den Audi Konzernstandorten. https://www.audi.com/content/dam/com/corporate-responsibility/nachhaltigkeit_pdfs/Globale_Leitsätze_fuer_das_gesellschaftliche_Engagement.pdf. Zugegriffen: 3. Juli 2017

AUDI AG (2017) https://www.audi.com/corporate/de/nachhaltigkeit/kernthemen/mitarbeiter-und-gesellschaft/engagement.html. Zugegriffen: 3. Juli 2017

Backhaus-Maul H, Bruhl H (2003) Bürgergesellschaft und Wirtschaft – zur neuen Rolle von Bürgern, Verwaltung und Unternehmen. In: Backhaus-Maul H, Bruhl H (Hrsg) Bürgergesellschaft und Wirtschaft – zur neuen Rolle von Unternehmen. Deutsches Institut für Urbanistik, Berlin, S 9–16

BMFSFJ – Bundesministerium für Familie, Senioren, Frauen und Jugend (2009) Bericht zur Lage und zu den Perspektiven des bürgerlichen Engagements in Deutschland. Wissenschaftszentrum Berlin für Sozialforschung (WZB). https://www.bmfsfj.de/blob/93402/a3639daa8a64f1a80352b78ac104a0fe/buergerschaftliches-engagement-bericht-wzb-pdf-data.pdf. Zugegriffen: 9. Jan. 2017

BMFSFJ – Bundesministerium für Familie, Senioren, Frauen und Jugend (2014) Freiwilliges Engagement in Deutschland. Der Deutsche Freiwilligensurvey 2014. https://www.engagiertin-nrw.de/sites/default/files/asset/document/pdf_freiwilligensurvey2014_langfassung.pdf. Zugegriffen: 3. Juli 2017

Die Bundesregierung (2016) Gemeinsam Lösungen suchen. https://www.bundesregierung.de/Content/DE/Artikel/2016/11/2016-11-15-merkel-bei-arbeitgebertag.html. Zugegriffen: 15. Dez. 2016

dpa (2017) Handwerk ist guter Dinge. Donaukurier vom 03.03.2017, S 7

Europäische Kommission (2017) Freiwilligentätigkeit in der EU. Study on Volunteering in the European Union – Executive Summary DE. http://ec.europa.eu/citizenship/pdf/doc1018_de.pdf. Zugegriffen: 10. Jan. 2017

Habisch A (2003) Corporate Citizenship: Gesellschaftliches Engagement von Unternehmen in Deutschland. Springer, Berlin

Habisch A, Wegner M (2004) Gesetze und Anreizstrukturen für CSR in Deutschland. Praxisexpertise erstellt im Auftrag der Bertelsmann Stiftung, Projektmanagement CSR. http://www.corporatecitizen.de/documents/GesetzeAnreizstrukturen.pdf. Zugegriffen: 10. Dez. 2016

Habisch A, Wildner M, Wenzel F (2008) Corporate Citizenship (CC) als Bestandteil der Unternehmensstrategie. In: Habisch A, Schmidpeter R, Neureiter M (Hrsg) Handbuch Corporate Citizenship: Corporate Social Responsibility für Manager. Springer, Berlin, Heidelberg, S 3–44

Lotze J, van Basshuysen H (2016) UN Global Compact Deutschland, Flucht und Migration, S 60

Lüke G (2016) Wirtschaft – Das IHK-Magazin für München und Oberbayern. 06/2016, S 20 ff

Paul J (2017a) Die Beschäftigung wird 2017 weiter steigen. Heilbronner Stimme vom 14.01.2017, S 31

Paul J (2017b) Integration durch Ausbildung. Heilbronner Stimme vom 07.02.2017, S 25

Schwalbach J, Schwerk A (2008) Corporate Governance und Corporate Citizenship. In: Habisch A, Schmidpeter R, Neureiter M (Hrsg) Handbuch Corporate Citizenship: Corporate Social Responsibility fur Manager. Springer, Berlin, Heidelberg, S 71–86

Storz F (2016) Sprache ist das größte Hindernis. Aktiv vom 28.04.2016, S 1

Hannah van Basshuysen (M.A.) ist seit 2015 in der Abteilung Corporate Responsibility bei der AUDI AG in Ingolstadt tätig. Als Referentin für Standortprojekte ist sie für die Internationalisierung des gesellschaftlichen Engagementsvon Audi zuständig. An der Unternehmenszentrale in Ingolstadt betreut sie u. a. die operative Umsetzung von Hilfsprojekten für Flüchtlinge. Ihren Master in Linguistik und Mehrsprachigkeit absolvierte sie im Rahmen des trinationalen Studiengangs an der Universität Basel, der Pädagogischen Hochschule Karlsruhe und der Universität Strasbourg. Ihre Masterarbeit zur strategischen Bedeutung von CSR-Kommunikation bei der Internationalisierung von Unternehmen entstand im Kontext der Audi-Werksgründung in San José Chiapa, Mexiko.

Dipl. Geogr. Lukas Petersik ist seit 2013 ist für die AUDI AG als Corporate-Responsibility-Referent tätig. In dieser Funktion konzipiert und betreut er unterschiedliche Standortprojekte und Corporate-Citizenship-Initiativen des Unternehmens. Er studierte Geographie mit den Nebenfächern Journalistik und Psychologie an der Katholischen Universität Eichstätt-Ingolstadt und der University of Queensland in Brisbane/Australien. Für seine Diplomarbeit, die der unternehmerischen Verantwortung in regionalen Netzwerken gewidmet war, wurde er mit dem Ethics and Sustainability Award 2012 der Cologne Business School und dem ITB-Wissenschaftspreis 2014 der Deutschen Gesellschaft für Tourismuswissenschaft ausgezeichnet.

Integration von Flüchtlingen in Ausbildung und Arbeitsmarkt: Gemeinsam nach vorne schauen

Christopher Meier und Caroline Mager

1 Aktuelle Situation der Fachkräftesicherung

Auch wenn von einem flächendeckenden Mangel qualifizierter Arbeitskräfte noch nicht die Rede sein kann, so ist das Thema Fachkräfte einer der wichtigsten Wettbewerbsfaktoren für die Unternehmen in Deutschland sowie auch speziell für die Unternehmen in der Region Köln.

Der Arbeitsmarkt in Deutschland ist nach der weltweiten Finanz- und Wirtschaftskrise stabil und entwickelt sich positiv (vgl. Bundesagentur für Arbeit 2016, S. 6). Dieser Trend zeigt sich auch in der Arbeitsmarktregion Köln. Knapp 550.000 sozialversicherungspflichtig Beschäftigte arbeiten allein in der Stadt Köln, Tendenz weiter steigend. Dieser positive Trend sorgt dafür, dass das Thema Fachkräfte zu einem immer größeren Wettbewerbsfaktor für die Unternehmen wird. Da der Trend voraussichtlich weiter anhalten wird, werden auch die Fachkräfte immer wichtiger, da gleichzeitig das Erwerbspersonenpotenzial deutschlandweit bis 2030 um rund 3,6 Mio. Personen sinken wird. Die Entwicklung ist eindeutig, hat allerdings etwas abgenommen, da vermehrt Migrantinnen und Migranten nach Deutschland gekommen sind und außerdem die Erwerbsbeteiligung von Älteren und Frauen in den letzten Jahren gestiegen ist (vgl. Bundesagentur für Arbeit 2016, S. 6 f.).

Insgesamt wird die Entwicklung in Deutschland dazu führen, dass die Zahl der Personen im erwerbsfähigen Alter abnehmen und zusätzlich deutlich altern wird, daran ändern auch die leicht gestiegene Geburtenrate oder die anderen aufgeführten Punkte nichts We-

---

C. Meier (✉) · C. Mager
IHK Köln
Köln, Deutschland
E-Mail: christopher.meier@koeln.ihk.de

C. Mager
E-Mail: caroline.mager@koeln.ihk.de

sentliches, sondern sorgen nur für eine Abschwächung des Trends; die demografischen und sozialen Herausforderungen nehmen jedoch nicht ab. Die Betriebe müssen sich darauf einstellen, dass langfristig weniger Arbeitskräfte zur Verfügung stehen werden. Selbst bei Szenarien mit optimistischen Annahmen wird das Erwerbspersonenpotenzial in Deutschland voraussichtlich sinken, da selbst die Zuwanderung nicht die weiterhin zu niedrigen Geburtenraten mittel- und langfristig ausgleichen kann (vgl. Fuchs et al. 2017, S. 7).

Die Industrie- und Handelskammern (IHK) NRW gehen in ihrem Fachkräftereport 2017 davon aus, dass die Fachkräftelücke sich weiter vergrößert und bis 2030 allein in NRW über 1,3 Mio. Fachkräfte weniger zur Verfügung stehen werden als im Jahr 2017. Das entspricht einem Rückgang von über 20 %. Der größere Engpass wird im kaufmännischen Bereich erwartet. Anzumerken bleibt, dass der Bedarf v. a. bei beruflich qualifizierten Fachkräften eintreten wird und weniger bei den akademisch qualifizierten Fachkräften (vgl. IHK NRW 2017, S. 2 f.).

McKinsey (2011, S. 21) kommt in einer Studie zu dem Schluss, dass das Thema Fachkräftemangel von vielen Unternehmen noch unterschätzt wird und bisher keine konkreten Strategien entwickelt worden sind. Wie wichtig das Thema für die Unternehmen in der Zwischenzeit geworden ist, zeigt die Tatsache, dass 44 % der im Rahmen der NRW-Konjunkturumfrage 2017 befragten Unternehmen angaben, dass das Thema Fachkräftesicherung bei ihnen das größte Konjunkturrisiko sei. Damit steht es erstmals an erster Stelle und verdeutlicht, dass das Thema immer mehr Beachtung erfährt und zukünftig ein entscheidender Faktor für die Wettbewerbsfähigkeit sein wird. Von daher ist es entscheidend, den Blick auf bestimmte Zielgruppen zu richten, um zusätzliche Fachkräfteressourcen zu erschließen. Hier sind v. a. die Steigerung der Erwerbsbeteiligung von Frauen und der Menschen mit Migrationshintergrund zu nennen (vgl. IHK NRW 2017, S. 11), aber auch die Potenziale geflüchteter Personen zu berücksichtigen.

Die Erwerbstätigenquote von Frauen ist in den letzten Jahren um mehr als 4 % gestiegen. Wenn es Deutschland gelingen würde, zum EU-Spitzenreiter Schweden aufzuschließen, wäre dies gleichbedeutend mit über einer halben Million zusätzlicher Fachkräfte bis 2030. Eine weitere Möglichkeit zur Steigerung des Erwerbspersonenpotenzials ist die Steigerung der Wochenarbeitszeit von Frauen. Auch hier sind noch umfangreiche Potenziale zu erschließen (Bundesagentur für Arbeit 2016, S. 10). Eine andere Option ist die gezielte Einwanderung von Fachkräften sowie die Integration von Flüchtlingen, die ein mögliches Fachkräftepotenzial von übermorgen sein können, aber erst durch entsprechende (Bildungs-)Maßnahmen, v. a. den Erwerb der deutschen Sprache, erschlossen werden müssen.

Das Thema Zuwanderung von Fachkräften hat in den letzten Jahren stark an Bedeutung gewonnen, hauptsächlich durch die geflüchteten Menschen, die seit Ende 2015 nach Deutschland gekommen sind. Anzumerken ist aber auch, dass Deutschland sich im Jahr 2014 zum zweitgefragtesten Einwanderungsland nach den USA entwickelt hat (OECD 2014, S. 2). Die Einwanderung ist daher, neben anderen Faktoren, eine wichtige und notwendige Möglichkeit, um Fachkräfte zu gewinnen. Zu unterscheiden ist zwischen der gesteuerten Arbeitsmigration und der ungesteuerten Migration. Bei der gesteuerten

Arbeitsmigration handelt es sich zum einen um Personen aus der EU, die im Rahmen der Freizügigkeit nach Deutschland einwandern und Personen aus sog. Drittstaaten. Die ungesteuerte Migration umfasst die Thematik der geflüchteten Personen.

2 Chancen und Möglichkeiten bei der Integration der Flüchtlinge

Eine besondere Chance, auch zur Fachkräftesicherung, stellt dabei die Gruppe der geflüchteten Personen dar. Die „durchschnittliche Anzahl an Flüchtlingen der Jahre 2015 und 2016, die voraussichtlich zunächst in Deutschland bleiben wird, beläuft sich kumuliert im Jahr 2016 auf 1,03 Millionen und im Jahr 2017 auf 1,15 Millionen" (Hentze und Kolev 2016, S. 63 f.).

Die geflüchteten Personen sind eine Möglichkeit, Fachkräftepotenziale von übermorgen zu erschließen, v. a. auch von nachgefragten beruflich qualifizierten Fachkräften. Die Flüchtlinge unterscheiden sich sehr untereinander, was ihren Bildungs- und Erwerbshintergrund angeht; teilweise verfügen die geflüchteten Personen über eine umfangreiche Bildungsbiografie, teilweise handelt es sich aber auch um Analphabeten oder Personen mit geringem Bildungsniveau (Brückner et al. 2016, S. 4 f.). Auffällig sind allerdings eine hohe Arbeitsmotivation und eine starke Erwerbsorientierung. Dazu kommt, dass sich viele geflüchtete Personen aufgrund des Bildungs- und Ausbildungssystems für Deutschland als Zielland entschieden haben (Brückner et al. 2016, S. 6).

Die Integration der geflüchteten Personen in den Ausbildungs- und Arbeitsmarkt wird ein langfristiger Prozess sein und es werden dafür finanzielle Ressourcen benötigt. Die unterschiedlichen Bildungsbiografien machen eine Investition in Bildung notwendig und als wichtige Grundlage ist der Erwerb der deutschen Sprache zu nennen.

Bei der Integration von Geflüchteten gab es in der Vergangenheit eher wenige Investitionen, um diese zu verbessern oder zu beschleunigen. Bezeichnenderweise sind Integrationskurse für Asylbewerber erst seit dem Asylbewerberbeschleunigungsgesetz im Herbst 2015 überhaupt geöffnet worden (vgl. Bach et al. 2017, S. 5).

Bach et al. (2017, S. 6–9) zeigen in ihrer Simulation, dass es sich langfristig lohnt, in die Integration von Flüchtlingen zu investieren. Vor allem der Erwerb von deutschen Sprachkenntnissen und von beruflichen Abschlüssen führt in deren Simulation zu hohen volkswirtschaftlichen Erträgen. „Sofern die Schätzergebnisse zutreffen, ergeben sich durch die Investition in deutsche Bildungsabschlüsse und Sprachkenntnisse erhebliche Effekte für die Beschäftigungsquoten und Verdienste der Flüchtlinge" (Bach et al. 2017, S. 9). Hentze und Kolev (2016, S. 72) kommen zu ähnlichen Ergebnissen, diese „zeigen einen positiven Effekt der Flüchtlingsmigration auf die konjunkturelle Entwicklung der deutschen Wirtschaft". Entscheidend ist aber auch in dieser Berechnung eine Erhöhung des Bildungsniveaus und der Erwerbsbeteiligung. Beides ist die Grundlage für die dauerhafte Steigerung der Wirtschaftsleistung und damit ein positiver Impuls für die Entwicklung Deutschlands (vgl. Hentze und Kolev 2016, S. 72 f.).

Bei vorliegenden Bildungsabschlüssen und Sprachkenntnissen ist eine Integration in den Ausbildungs- und Arbeitsmarkt bekanntermaßen erfolgreicher als ohne (vgl. Weber und Weber 2013, S. 4). Vor dem Hintergrund der benötigten Fachkräfte, v. a. von beruflich qualifizierten Fachkräften, lohnen sich die Investitionen und stellen eine sinnvolle und nachhaltige Investition dar.

Im Bereich der Sprachkurse waren in den Jahren 2015, 2016 und auch noch 2017 Lücken bei der Sprachqualifizierung auf das Niveau B2 des Gemeinsamen Europäischen Referenzrahmens für Sprachen vorhanden. Beim Niveau B2 ist eine selbstständige Sprachverwendung gegeben, die im Normalfall notwendig ist, um eine duale Ausbildung beginnen und bestehen zu können. Vor diesem Hintergrund hat die Industrie- und Handelskammer zu Köln ein umfangreiches Maßnahmenpaket verabschiedet. Damit engagiert sich die Wirtschaft der Kölner Region mit einem nennenswerten Anteil an den notwendigen Investitionen und geht davon aus, dass sich diese mittel- und langfristig lohnen wird. Vor allem im Bereich der berufsbezogenen Sprachkurse auf das Niveau B2 mit anschließendem Praktikum hat sich die IHK Köln über ihre IHK-Stiftung für Ausbildungsreife und Fachkräftesicherung im hohen Umfang, auch finanziell, engagiert. Das umfangreiche Maßnahmenpaket wird in den folgenden Punkten ausführlich dargestellt.

3 Angebote der IHK Köln für Flüchtlinge und Unternehmen

Die Integration von Flüchtlingen ist eines der zentralen Themen der IHK Köln und wurde daher in die Jahresthemen 2016 aufgenommen. Die Ermöglichung von Sprachförderung und Bereitstellung von Angeboten zur Berufsorientierung sowie die Vermittlung von Flüchtlingen in Ausbildung und die Anerkennung von Ausbildungen stellen die zentralen Ziele dar. Das Thema Integration von Flüchtlingen in Ausbildung und Arbeitsmarkt wird zudem durch das Ehrenamt der IHK Köln und die Öffentlichkeitsarbeit begleitet.

3.1 Ehrenamtliches Engagement

Der Arbeitskreis Diversity der IHK Köln arbeitet Instrumente und Maßnahmen der betrieblichen Personalarbeit aus, die eine Wertschätzung von Unterschieden bedingt durch Alter, Geschlecht, Herkunft, Religion, Behinderung oder sexueller Orientierung ermöglicht.

Bereits seit 2013 beschäftigt sich der Arbeitskreis mit Maßnahmen in den Bereichen Integration von Menschen mit Migrationshintergrund und Flüchtlingen. Es wurde u. a. eine Resolution zum Thema Integration erarbeitet, die die Vollversammlung der IHK Köln 2015 beschlossen hat. Mit dieser Resolution hat das ehrenamtliche Gremium ein deutliches Zeichen für Vielfalt gesetzt. Die Unternehmerinnen und Unternehmer fordern mit der Resolution die interkulturelle Öffnung der Unternehmen zu verstärken, den Anteil der Unternehmerinnen und Unternehmer mit Migrationshintergrund in den Netzwerken der Wirtschaft und im unternehmerischen Ehrenamt zu erhöhen sowie die Integration der Jugendlichen mit Migrationshintergrund in den Ausbildungsmarkt und ins Studium zu verbessern.

Im Jahr 2015 hat die Vollversammlung zudem beschlossen, den gesamten Jahresüberschuss in Höhe von 900.000 € für die IHK-Stiftung für Ausbildungsreife und Fachkräftesicherung zur Unterstützung von Flüchtlingen bereitzustellen. Im Jahr 2016 wurden der IHK-Stiftung weitere 450.000 € durch die Vollversammlung zur Verfügung gestellt, wodurch die erfolgreichen Programme fortgeführt werden können.

3.2 Informationsangebote für Mitgliedsunternehmen

Die Integration von Geflüchteten in den Ausbildungs- und Arbeitsmarkt ist ein langwieriger Prozess, bei dem Politik, Wirtschaft, Gewerkschaften, Schulen und Arbeitsverwaltung gemeinsam gefordert sind.

Rund 500 Unternehmerinnen und Unternehmer nutzten seit November 2015 die Möglichkeit, sich im Rahmen von fünf Veranstaltungen der IHK Köln zu den Voraussetzungen und konkreten Schritten zur Einstellung von Flüchtlingen zu informieren. Die Veranstaltungen gaben Aufschluss zu ausländerrechtlichen Informationen, zu Vermittlungs- und Fördermöglichkeiten der Agentur für Arbeit, zur Integration von Geflüchteten in den Ausbildungs- und Arbeitsmarkt sowie zur interkulturellen Kompetenz in der Arbeitswelt. Zudem standen Unternehmen, die bereits Erfahrungen mit der Beschäftigung von Flüchtlingen gemacht haben, im Rahmen der Veranstaltungen als Best-Practice-Beispiele zur Verfügung.

Die Rückmeldungen der Unternehmen haben gezeigt, dass sich der Bedarf an den einzelnen Themen im Lauf des Jahres geändert hat. Die Strukturen der Ausländerbehörden und der Agenturen für Arbeit greifen, sodass sich die Unternehmen auf die Integration von Geflüchteten in den Ausbildungs- und Arbeitsmarkt konzentrieren. Dieser Prozess wird von der IHK Köln und der IHK-Stiftung für Ausbildungsreife und Fachkräftesicherung aktiv begleitet.

Die Veranstaltungen und die weiteren Aktivitäten der IHK Köln werden zudem durch Pressearbeit unterstützt, damit die Informationen auch der Öffentlichkeit zur Verfügung gestellt werden.

3.3 Berufsorientierung und Ausbildung

Die IHK-Stiftung für Ausbildungsreife und Fachkräftesicherung hat sich zum Ziel gesetzt, insbesondere jungen Menschen mit erschwertem Zugang zum Ausbildungs- und Arbeitsmarkt die Möglichkeit einer nachhaltigen beruflichen Integration zu geben. Hierzu gehören die Qualifizierung und Berufsorientierung von Schülerinnen und Schülern der Internationalen Förderklassen über das duale Ausbildungssystem.

Zu den weiteren Programmen der IHK-Stiftung in diesem Kontext gehören die Sommerakademie und das Mentoring-Programm.

Die Sommerakademie findet in den Sommerferien statt und bietet Bewerberinnen und Bewerbern, die nach ihrem Schulabschluss noch keinen Ausbildungsplatz gefunden haben, die Möglichkeit, ihre Chancen auf dem Ausbildungsmarkt zu verbessern. In den zweiwöchigen Kursen können die jungen Menschen ihre Kenntnisse in den Fächern Mathematik oder Deutsch verbessern und erhalten Tipps für die Bewerbungsunterlagen, das Vorstellungsgespräch und Einstellungstests.

In den Jahren 2015 und 2016 nahmen jeweils rund 50 Bewerberinnen und Bewerber an der Sommerakademie teil.

Das Mentoring-Programm richtet sich an ausbildungssuchende Jugendliche. Sie werden von einer Mentorin bzw. einem Mentor auf dem Weg vom letzten Schuljahr bis hin zum erfolgreichen Abschluss ihres ersten Ausbildungsjahres begleitet. Die Mentorinnen und Mentoren dienen als Vorbild und Motivator, um den beruflichen Einstieg zu meistern.

Die IHK Köln bietet als besondere Unterstützung für Unternehmen die passgenaue Vermittlung von Flüchtlingen in Ausbildungsverhältnisse an. Der Willkommenslotse berät Unternehmen über die Möglichkeit, ihren Fachkräftebedarf durch geflüchtete Menschen zu decken. Er unterstützt zudem bei der Besetzung offener Praktika-, Einstiegsqualifizierungs-, Ausbildungs- sowie Arbeitsstellen mit Bewerberinnen und Bewerbern.

Die Herausforderung der Tätigkeit des Willkommenslotsens liegt in dem Passungsproblem, weil sich das Angebot und die Nachfrage an Ausbildungsplätzen nicht vollständig decken.

3.4 Anerkennung ausländischer Berufsabschlüsse

Die berufliche Anerkennung von ausländischen Berufsabschlüssen schafft für Unternehmen neue Möglichkeiten zur Rekrutierung von Fachkräften. Sie stellt ein wichtiges Instrument der Mitarbeiterbindung dar und bildet eine Grundlage für die strategische Personalplanung und -entwicklung. Das Gesetz zur Verbesserung der Feststellung und Anerkennung im Ausland erworbener Berufsqualifikationen (BQFG) bildet hierfür die Grundlage. Es gibt die Möglichkeit zur Überprüfung der Gleichwertigkeit einer im Ausland erworbenen Berufsqualifikation mit einem deutschen Berufsabschluss.

Die Anerkennungsberatung der IHK Köln unterstützt die Antragstellenden bei der Suche nach dem deutschen Referenzberuf, bei der beruflichen Orientierung und bei der Antragsstellung. Sollte der Antragsteller bzw. die Antragstellerin keine volle Gleichwertigkeit erhalten, unterstützt und begleitet die IHK Köln, diese zu erlangen. Es werden die festgestellten Unterschiede besprochen und Wege aufgezeigt, diese auszugleichen.

Das Projekt Prototyping Transfer, das ebenfalls von der IHK Köln umgesetzt wird, kommt bei fehlenden oder unvollständigen Unterlagen zum Nachweis der ausländischen Berufsqualifikation zum Tragen. Mit dem Verfahren der Qualifikationsanalyse können

Antragstellende nachweisen, dass sie die beruflichen Kompetenzen beherrschen, auch wenn diese schriftlich nicht belegt werden können. Das Ergebnis der Qualifikationsanalyse fließt in die Gleichwertigkeitsfeststellung mit ein und kann zur teilweisen oder vollen Anerkennung des Berufsabschlusses beitragen.

Deutschlandweit hat die IHK Köln im Jahr 2016 die erste Qualifikationsanalyse in einem IHK-Fortbildungsberuf durchgeführt. Nach einem Fachgespräch und einer Präsentation, in denen der Teilnehmer sein Wissen bewies, wurde eine Anerkennung zum Industriemeister Fachrichtung Elektrotechnik ausgesprochen.

Für den unternehmerischen und beruflichen Erfolg ist es wichtig, das fachliche Wissen kontinuierlich weiterzuentwickeln. Daher bietet die IHK Köln als weiteres Angebot für Unternehmen und qualifizierte Arbeitnehmerinnen und Arbeitnehmer eine Bildungsberatung an. Diese berät trägerneutral zu allen Fragen der beruflichen Bildung und finanziellen Fördermittel. Des Weiteren unterstützt sie bei der Suche nach Weiterbildungsanbietern.

3.5 Sprachkurse zur Qualifikation für den Ausbildungs- und Arbeitsmarkt

Für Flüchtlinge sind der Zugang zu Sprache und Bildung der zentrale Schritt zur Integration in Deutschland. In der eigens entwickelten Kombination aus Sprachkursen und Qualifizierungspraktika werden die Teilnehmerinnen und Teilnehmer fünf bzw. sechs Monate pädagogisch angeleitet und begleitet. Die IHK-Stiftung für Ausbildungsreife und Fachkräftesicherung bietet daher die folgenden Programme an:

- Das Programm AusbildungsPerspektive richtet sich an junge Flüchtlinge ohne Ausbildungsabschluss mit einem besonderen Fokus auf deren sprachliche Entwicklung und Berufsorientierung. Das Programm umfasst vier Monate Sprachvermittlung (Niveau B2) mit anschließendem vierwöchigem Orientierungspraktikum. Während der gesamten Zeit werden die Teilnehmerinnen und Teilnehmer in ihrer beruflichen Orientierung pädagogisch begleitet. Sie erhalten einen Überblick über das duale Ausbildungssystem in Deutschland und die sich daraus ergebenden Chancen und Karrieremöglichkeiten. Organisierte Betriebsbesuche oder der Besuch von Ausbildungsmessen runden das Programm ab.
- Das Programm ArbeitsPerspektive Köln richtet sich an Flüchtlinge mit Berufserfahrung bzw. einem Berufsabschluss und umfasst vier Monate Sprachvermittlung (Niveau B2) mit anschließendem maximal achtwöchigem Orientierungspraktikum. Die ArbeitsPerspektive Köln hat den besonderen Fokus zunächst auf einer gezielten, berufsnahen sprachlichen Förderung der Teilnehmerinnen und Teilnehmer, kombiniert mit Praxismodulen. Das Programm richtet sich an anerkannte Flüchtlinge mit einer abgeschlossenen Berufsausbildung oder Berufserfahrung und guter Bleibeperspektive, die bereits einen Sprachkurs Niveau B1 abgeschlossen haben. Fachsprachliche und berufsbezogene Deutschkenntnisse sowie die Heranführung an den deutschen Ar-

beitsmarkt, deutsche Berufsbilder und Bewerbungsverfahren ergänzen das Programm zielorientiert in den ersten vier Monaten. Im Anschluss folgt, wie bei der Ausbildungs-Perspektive, ein pädagogisch begleitetes betriebliches Qualifizierungspraktikum, das bis zu acht Wochen dauert. Das Praktikum soll den Teilnehmerinnen und Teilnehmern den Erwerb von praxisnahen Kenntnissen und erste Erfahrungen im betrieblichen Umfeld ermöglichen.

Für die beiden Programme kann eine positive Zwischenbilanz gezogen werden. Die Erfahrungen bis September 2016 zeigen folgende Ergebnisse: 50 % der Teilnehmerinnen und Teilnehmer haben eine qualifizierte Anschlussperspektive erhalten. Sie absolvieren eine Einstiegsqualifizierung oder Ausbildung oder haben einen Arbeitsplatz gefunden. Insgesamt ist den Teilnehmerinnen und Teilnehmern eine hohe Motivation zuzuschreiben. Die Unternehmen zeigen sich mit den Teilnehmerinnen und Teilnehmern sehr zufrieden.

4 Nachhaltigkeit der initiierten Angebote

Wie oben bereits ausgeführt, sehen laut NRW-Fachkräftereport 2017 44 % der befragten Unternehmen im Fachkräftemangel das größte Risiko für die wirtschaftliche Entwicklung (vgl. IHK NRW 2017, S. 11).

Für die IHK Köln sind die Flüchtlinge eine Möglichkeit, dem demografisch bedingten Rückgang an qualifizierten Fachkräften in der Region aktiv zu begegnen und in die Potenziale der geflüchteten Menschen zu investieren. Die ersten Ergebnisse zeigen, dass sich die Investitionen in die Bildung des Personenkreises nicht nur in der Theorie, sondern auch in der Praxis direkt auszahlen. Die Region Köln muss sich daher als attraktiver und offener Standort positionieren, der es sowohl den Zugewanderten möglichst einfach macht, Fuß zu fassen, als auch den Unternehmen, passende Kandidatinnen und Kandidaten aus dem Ausland zu rekrutieren und einzustellen.

Die Integration der Menschen, die Zuflucht in Deutschland suchen, ist und bleibt eine mehrjährige und anspruchsvolle Aufgabe, denn die meisten von ihnen sind keine ausgebildeten Fachkräfte. Die berufliche Qualifizierung muss daher in den Fokus gestellt werden. Nicht nur die IHK Köln und die IHK-Stiftung für Ausbildungsreife und Fachkräftesicherung engagieren sich im Rahmen der Qualifizierung. Viele Unternehmen aus der Region bieten Praktika, Einstiegsqualifizierungen, Ausbildung und Beschäftigung an.

Eine Erleichterung für den Zugang zum Arbeitsmarkt für Flüchtlinge wurde durch das im August 2016 in Kraft getretene Integrationsgesetz erreicht. Die Forderung der Industrie- und Handelskammern nach der „3 + 2-Regelung" wurde umgesetzt. Der Aufenthalt während der Ausbildung und einer anschließenden zweijährigen Beschäftigung ist damit gesichert.

Neben der beruflichen Qualifizierung ist sowohl bei Auszubildenden als auch bei beruflich Qualifizierten weiterhin die deutsche Sprache der Schlüssel zur Integration. Daher müssen ausreichende Programme für einen zügigen Spracherwerb auf mindestens Niveau

B2 zur Verfügung gestellt werden. Die IHK Köln leistet ihren Beitrag in diesem Bereich durch die Programme der IHK-Stiftung für Ausbildungsreife und Fachkräftesicherung und die bisher guten Ergebnisse bestätigen diesen Weg.

Auch wenn bis jetzt viel erreicht wurde, ist die Integration der Menschen, die Zuflucht in Deutschland suchen, eine Herausforderung, die die Anstrengung aller Akteure der Gesellschaft erfordert. Durch eine gute Abstimmung und eine intensive Zusammenarbeit der regionalen Partner im Netzwerk kann diese Aufgabe gemeistert werden.

Literatur

Bach S, Brückner H, von Deuverden K, Haan P, Romiti A, Weber E (2017) Investitionen in die Integration der Flüchtlinge lohnen sich. IAB-Kurzbericht Nr. 2, Nürnberg

Brückner H, Fendel T, Kunert A, Mangold U, Siegert M, Schupp J (2016) Warum sie kommen, was sie mitbringen und welche Erfahrungen sie machen. IAB-Kurzbericht Nr. 15, Nürnberg

Bundesagentur für Arbeit (2016) BA 2020. Schwerpunktheft Fachkräfte. Zwischenbilanz und Fortschreibung. Nürnberg

Fuchs J, Söhnlein D, Weber B (2017) Arbeitskräfteangebot sinkt auch bei hoher Zuwanderung. IAB-Kurzbericht Nr. 6, Nürnberg

Hentze T, Kolev G (2016) Gesamtwirtschaftliche Effekte der Flüchtlingsmigration in Deutschland. IW-Trends 43(4):59–76

IHK NRW – Die Industrie- und Handelskammern in Nordrhein-Westfalen e. V. (2017) Fachkräftereport 2017 für Nordrhein-Westfalen. Düsseldorf

McKinsey Deutschland (2011) Wettbewerbsfaktor Fachkräfte. Strategien für Deutschlands Unternehmen. Berlin

OECD – Organisation for Economic Co-operation and Development (2014) Migration Policy Debates – Is migration really increasing? www.oecd.org/berlin/Is-migration-really-increasing.pdf. Zugegriffen: 17. Apr. 2017

Weber B, Weber E (2013) Bildung ist der beste Schutz vor Arbeitslosigkeit. IAB-Kurzbericht Nr. 4, Nürnberg

Christopher Meier ist Geschäftsführer Aus- und Weiterbildung bei der IHK Köln und Stiftungsvorstand der IHK-Stiftung für Ausbildungsreife und Fachkräftesicherung. Zu seinem Verantwortungsbereich gehören die Aus- und Weiterbildung, die Fachkräftesicherung und die Bildungsberatung. Weiterer Schwerpunkt ist die Integration von geflüchteten Menschen in den Arbeitsmarkt und das Thema Diversity.

Zuvor arbeitete Christopher Meier in verschiedenen Führungspositionen bei der Bundesagentur für Arbeit, u. a. als Geschäftsführer operativ bei der Agentur für Arbeit Köln.

Caroline Mager ist Referentin im Geschäftsbereich Aus- und Weiterbildung der IHK Köln. Als Fachkräfteberaterin unterstützt sie Unternehmen bei der Entwicklung konkreter Strategien zur Gewinnung, Qualifizierung und Bindung von Mitarbeiterinnen und Mitarbeitern. Die Diplom-Kauffrau (FH) setzt zudem Projekte und Maßnahmen im Diversity Management um, die die unternehmerische Wertschätzung aller gesellschaftlichen Gruppen fördern.

Corporate Social Responsibility an Hochschulen – Interkulturelles Management für Migranten und Flüchtlinge

Thomas Doyé

1 Third Mission als Corporate Social Responsibility der Hochschulen

Corporate Social Responsibility (CSR) – die Übernahme gesellschaftlicher Verantwortung von privaten Organisationen, die zum Zweck der Gewinnerzielung gegründet wurden – wird mittlerweile ganz selbstverständlich von Unternehmen erwartet. Wenn die Übernahme gesellschaftlicher Verantwortung schon fast selbstverständlich von privaten Unternehmen erwartet wird, muss dies erst recht für öffentliche Organisationen wie Hochschulen gelten. Als Sammelbegriff für alle gesellschaftsbezogenen Hochschulaktivitäten wurde der Begriff Third Mission geprägt (Roessler et al. 2015, S. 5). Dieser eher vage Begriff umfasst eine bunte Mischung von offenen Hochschultagen und Kinder-Unis über Technologietransfer bis zu akademischer Weiterbildung und Kooperationen mit Unternehmen (s. auch Schneidewind 2016, S. 15). Third-Mission-Aktivitäten bewegen sich an der Grenze zwischen Hochschule und gesellschaftlicher Umwelt, indem Hochschulen gezielt in Interaktion mit ihrer Umwelt treten (vgl. dazu und zum Folgenden Würmseer 2016, S. 24). Diese Interaktionen bezwecken den Transfer von in den Hochschulen vorhandenem Wissen in die Gesellschaft bzw. Unternehmen.

Im Sinn vom Inside-out zum Outside-in können Bildungs- und Forschungsthemen auch aus der Perspektive aktueller gesellschaftlicher Herausforderungen definiert werden (dazu und zum Folgenden Schneidewind 2016, S. 18 f.). Gesellschaftsorientierung würde damit zum integralen Prinzip der Hochschularbeit. Gesellschaftliche Herausforderungen werden in diesem Verständnis Auslöser für Wissensproduktion. Damit wären zentrale gesellschaftliche Aufgabenstellungen nichts Wissenschaftsfremdes, sondern ein wertvoller Katalysator für die Wissenschaft. Die Vielzahl der komplexen gesellschaftlichen Frage-

---

T. Doyé (✉)
TH Ingolstadt
Ingolstadt, Deutschland
E-Mail: thomas.doye@thi.de

stellungen brauchen fachlich fundierte Lösungsansätze. Solche Fragestellungen können z. B. u. a. sein: Welche Beiträge können wir regional zum Klimaproblem leisten? Was bedeutet Industrie 4.0 für die regionalen Arbeitsplätze? Wenn solche grundsätzlichen gesellschaftlichen Fragestellungen nicht Inhalte der Hochschulausbildung sind, ist das eigentliche Bildungsziel der Hochschulen zu einem wesentlichen Teil verfehlt. Gesellschaftsorientierung zum Kompass für die Lehre an Hochschulen zu machen, bedeutet gesellschaftliche Herausforderungen als Orientierungspunkt für problemorientierte Bildung zu nutzen (Schneidewind 2016, S. 20 f.). Solch eine Gesellschaftsorientierung gibt die Prinzipien klassischer, akademischer Bildung nicht auf, gibt den Hochschulen aber eine übergreifende Zweckbestimmung. Damit entsteht für Hochschulen gleichzeitig eine Profilierungschance.

Doch viele deutsche Professorinnen und Professoren fühlen sich eher von der Wirklichkeit um sie herum gestört (Hartung 2017, S. 1). Sie verschanzen sich teilweise hinter hochintellektuellen Fachdiskussionen, die mit aktuellen gesellschaftlichen Problemstellungen wenig zu tun haben. So wirft selbst der Vorsitzende der Gesellschaft für Politikwissenschaft seiner Fachkollegschaft vor, ihre Arbeit habe kaum gesellschaftliche Relevanz (dazu und zum folgenden Hartung 2017). Ein Fernsehauftritt vor einem Fünf-Millionen-Publikum gilt bei etlichen Kolleginnen und Kollegen immer noch als unbedeutender als ein Fachaufsatz, den tatsächlich nur fünf Personen des Kollegiums lesen. Dabei müssten die deutschen Hochschulen längst eine größere gesellschaftliche Rolle spielen, da sie mit etwa 2,8 Millionen Studierenden so viele Menschen ausbilden wie nie zuvor. Damit ist die Professorenschaft ein wichtiger Katalysator für unsere Wissensgesellschaft geworden. Das Potenzial der Hochschulen, in die Gesellschaft hineinzuwirken, wird so gesehen noch viel zu wenig genutzt.

Viele Hochschulen bekennen sich dazu, gesellschaftliche Verantwortung wahrzunehmen, zumindest steht dies in ihren Leitbildern, Mission oder Vision Statements festgeschrieben. Ein Beispiel aus dem Leitbild der Technischen Hochschule Ingolstadt: „Wir leben gesellschaftliche Verantwortung in Lehre, Forschung und Organisation. Unsere Studierenden stehen im Mittelpunkt. Wir fördern verantwortliches Handeln aller Mitarbeiterinnen und Mitarbeiter, Studierenden und Partner" (www.thi.de/hochschule/ueber-uns/vision-und-leitbild/).

Tatsächlich beschränkt sich die gesellschaftliche Verantwortung der überwiegenden Hochschulen häufig auf Frauenförderung, Unterstützung von Behinderten und vergleichbare interne Unterstützungsmaßnahmen. Deren Sinnhaftigkeit und Notwendigkeit soll hier nicht in Zweifel gezogen werden. Sie tragen allerdings nur bedingt zur „externen" Gesellschaft bei. Noch viel zu selten engagieren sich Hochschulen mit ihrem spezifischen Wissen für aktuelle gesellschaftliche Problemstellungen. Viele Hochschulen haben mittlerweile Angebote für Flüchtlinge, die sich teilweise über zwei Jahre erstrecken, meist aber nur vorbereitenden Charakter für eine anschließende Bewerbung für ein Studium haben. Das heißt, die Angebote führen zu keiner Anrechnung der erworbenen Kompetenzen auf das spätere Studium. Die Teilnehmenden müssen sich anschließend ganz normal für ein Erst-Semester-Studium bewerben. Angesichts der üblicherweise niedrigen Zulassungsquote für Ausländer (in Bayern 5 %) mit unsicherem Erfolg.

2 Studium für Migranten

Die TH Ingolstadt (nachfolgend: THI) hat bereits 2013 die „externe" Third Mission in Form eines Studiums für Migranten realisiert. Auslöser waren Schlagzeilen in überregionalen Medien wie „diplomierter irakischer Physiker als Taxifahrer". Migranten haben nach wie vor Wettbewerbsnachteile am deutschen Arbeitsmarkt. Sie müssen ihr Einkommen häufig in Jobs verdienen, die nicht ihrer Qualifikation entsprechen.

An der THI ist die im Hochschulgesetz formulierte dritte Säule der akademischen berufsbegleitenden Weiterbildung auch strukturell verankert. Im Institut für Akademische Weiterbildung (IAW) sind alle berufsbegleitenden akademischen Weiterbildungsangebote in einer eigenständigen Studienfakultät zusammengefasst – parallel zu den drei klassischen Fakultäten. Dieses In-Institut IAW hat sich im Bund-Länder-Wettbewerb Aufstieg durch Bildung: offene Hochschulen beteiligt und im vom Bundesministerium für Bildung und Forschung (BMBF) geförderten Projekt OHO – Offene Hochschulen Oberbayern einen spezifischen Studiengang für Migranten entwickelt. Migranten haben bei Stellenbesetzungen typischerweise Nachteile gegenüber deutschen Mitbewerbern, sei es aufgrund von (oft nur leichten) Sprachdefiziten, anderem kulturellen Hintergrund etc. Neben diesen vermeintlichen Defiziten bringen sie eine Stärke mit, die sie von deutschen Mitbewerbenden um interessante Jobs unterscheidet: Sie kennen neben der deutschen Kultur aufgrund ihrer ausländischen Herkunft zumindest eine weitere Kultur recht gut. Und ihnen sind die Kulturunterschiede häufig viel deutlicher bewusst. Das Prinzip des „positive leadership", Stärken zu stärken (vgl. Creusen und Eschemann 2010, S. 10ff.), wurde auf den Studiengang für Migranten übertragen. Ziel war es, die spezifischen Stärken der Migranten auszubauen, um ihre scheinbaren Nachteile auf dem Arbeitsmarkt in Vorteile umzumünzen.

Zunehmende Internationalisierung und Globalisierung bringen eine Diversifizierung von beruflichen Kontexten mit sich, die wiederum vermehrt interkulturelle Kompetenz und Flexibilität im Umgang mit Vielfalt auch in den Unternehmen verlangt. Diesen Erfordernissen trägt das Studienangebot mit dem Fokus auf International Management Rechnung. Die spezifischen Migrantenpotenziale werden ausgebaut und zusätzlich wichtige interkulturelle Kompetenzen entwickelt.

Zielgruppe dieses MBA-Studiengangs sind Ingenieurinnen und Ingenieure sowie Absolventinnen und Absolventen verwandter technischer oder naturwissenschaftlicher Fachrichtungen mit Migrationshintergrund. Auf ihre besonderen Stärken wie kulturübergreifende Erfahrungen und Sprachkenntnisse baut die Weiterqualifizierung auf. Neben Migranten studieren auch einige deutsche Teilnehmende diesen MBA, was den kulturellen Austausch zusätzlich stärkt.

Zulassungsvoraussetzungen sind neben Deutsch und Englisch und einer weiteren Fremdsprache insbesondere mindestens ein halbes Jahr berufliche Auslandserfahrung. Dies gilt auch für deutsche Teilnehmerinnen und Teilnehmer. Die Inhalte der Module sind international ausgerichtet, auch wenn dies nicht jeder Modulname zum Ausdruck bringt (Abb. 1).

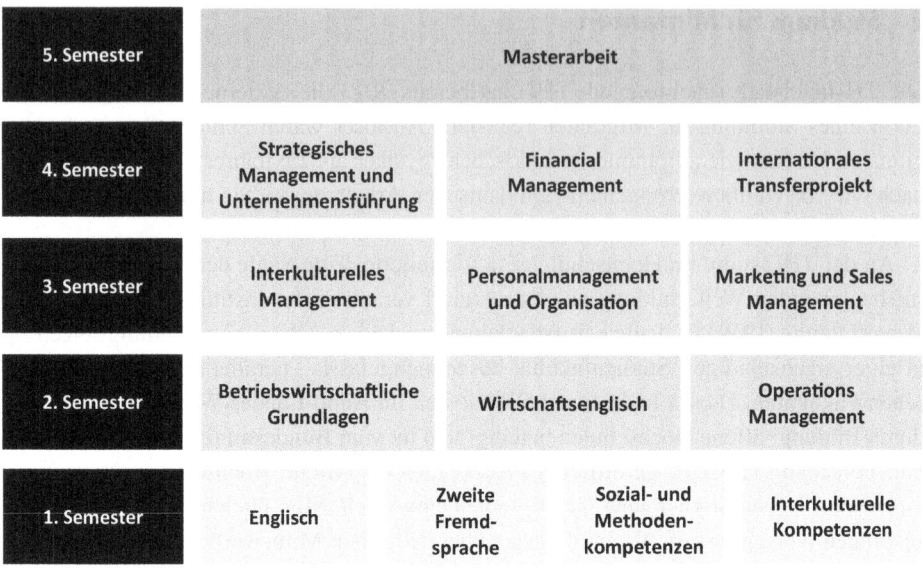

Abb. 1 MBA-Studiengang – Überblick. (Eigene Darstellung)

Das besondere Profil ist v. a. auch in den angestrebten Lernergebnissen zu den Sozialkompetenzen erkennbar. Die Studierenden sollen lernen

- kulturelle Unterschiede zu erkennen, zu beschreiben und zu reflektieren;
- sich in drei Sprachen zu verständigen: Deutsch, Englisch sowie einer weiteren Fremdsprache (typischerweise der eigenen Muttersprache);
- ihre Handlungsgrundlagen, interkulturellen Erfahrungen und Kommunikationsmuster zu reflektieren und auf unterschiedliche kulturelle Kontexte anzupassen;
- Situationen und Handlungen in Bezug auf unterschiedliche (von den eigenen abweichende) Werte und Normen hin zu interpretieren und zu verändern.

Insbesondere die bewusst angestrebte Vielfalt der Nationalitäten im Studiengang schafft ein Umfeld, in dem die Sozialkompetenzen beim Umgang mit Kommilitonen im Rahmen gemeinsamer Projektarbeiten erkennbar weiterentwickelt werden.

Der Migrationshintergrund bzw. die internationale Erfahrung, die damit verbundene interkulturelle Kompetenz und die mehrsprachige Ausrichtung erleichtern den Umgang im internationalen Geschäftsumfeld. Die fundierte ingenieurwissenschaftliche oder technische Ausbildung im Rahmen eines Erststudiums in Verbindung mit entsprechender Praxiserfahrung führen zu einem hohen Grad an Produkt- und Prozesskenntnissen. Die Ergänzung dieser vorhandenen Kompetenzen durch fundiertes betriebswirtschaftliches Knowhow sowie der Ausbau der sprachlichen und interkulturellen Fähigkeiten der Studierenden befähigen die Absolventinnen und Absolventen zu anspruchsvollen international ausgerichteten Tätigkeiten. Die interkulturelle Kompetenz und möglicherweise auch die identische Herkunft im Hinblick auf die geschäftliche Verbindung erleichtern den Absolventinnen und Absolventen die Geschäftsabwicklung im internationalen Umfeld. Insbesondere die gemeinsame Sprache und die kulturellen Gemeinsamkeiten ermöglichen Geschäftsbeziehungen, die ohne Migrationshintergrund eventuell nicht entstanden wären.

Die Kombination von betriebswirtschaftlichem und technischem Wissen mit spezifischer Sozialkompetenz eröffnet ein breites und anspruchsvolles internationales Tätigkeitsfeld über verschiedene Branchen hinweg. Konkret kann dies eine internationale Vertriebstätigkeit von technisch komplexen Produkten sein, genauso wie eine Beschäftigung im globalen Beschaffungsnetzwerk für erklärungsbedürftige Güter oder eine Tätigkeit als Bereichs- oder Werkleitung in einem ausländischen Unternehmensbereich.

Dieses Forschungsprojekt im Rahmen der Offenen Hochschule wurde genutzt, um die Third-Mission-Idee zu realisieren. Für die Zielgruppe Migranten wurde erfolgreich ein MBA-Studium konzipiert, das diese für Aufgaben im International Management qualifiziert. Dieser Studiengang wurde nachhaltig implementiert, d. h. er wird auch nach der gebührenfreien Pilotphase weiter durchgeführt.

3 Studium für Flüchtlinge

Das IAW engagiert sich unter dem Motto: „Wir qualifizieren Flüchtlinge für ihre weitere persönliche und berufliche Entwicklung. Sie erwerben Wissen und Fähigkeiten, um sich erfolgreich in unsere Gesellschaft und Arbeitswelt zu integrieren" (Flyer der THI).

Die Idee zu einem speziellen Flüchtlingsstudium entstand Anfang 2015 zu Beginn der Flüchtlingswelle. Darunter war ein beträchtlicher Anteil qualifizierter Flüchtlinge, also solche mit Abitur, teilweise sogar mit begonnenem oder gar abgeschlossenem Studium. Auf Basis dieser positiven Erfahrungen mit dem MBA für Migranten entstand der Impuls, diese Erfahrungen für ein spezifisches Studienangebot für Flüchtlinge zu nutzen. Das IAW nahm die im Leitbild der Hochschule verankerte gesellschaftliche Verantwortung ernst, auch wenn eine Hochschule nur für die kleine Gruppe von Flüchtlingen mit Hochschulzugangsberechtigung einen Integrationsbeitrag leisten kann.

Die zugrundeliegenden Daten waren damals wenig verlässlich, die Annahmen bezüglich der vorliegenden Qualifikationsniveaus rückblickend zu optimistisch. Es wurde davon ausgegangen, dass etwa 8 % einen Studienabschluss hätten (Rich 2015). Belastbare Bildungsdaten lagen keine vor. Diejenigen, die bei der Einreise erfasst wurden, waren hierfür zu unvollständig und selbst diese wurden nicht an die regionalen Behörden weitergeleitet, die für die Unterbringung zuständig waren.

Erschwerend problematisch war das Fehlen von Dokumenten (jedenfalls im Original), um die Hochschulzugangsberechtigung nachweisen zu können. Selbst wenn diese vorlagen, war die Äquivalenz von Abitur- beziehungsweise Bachelorabschlüssen aus Syrien, Afghanistan etc. zu deutschen Abschlüssen ungeklärt. Auch Unternehmen wussten nicht, wie sie ausländische Schulabschlüsse bewerten sollten und haben neben der ungeklärten Beschäftigungserlaubnis auch deswegen davon abgesehen, qualifizierte Flüchtlinge in nennenswertem Umfang einzustellen.

Die Situation war Ende 2015 geprägt von Tausenden von Flüchtlingen, die täglich über die süddeutschen Grenzen strömten (ein Abflauen war nicht abzusehen). Die Flüchtlinge waren in abgeschotteten Quartieren untergebracht, ohne Möglichkeit einer sinnvollen Beschäftigung oder gar einer beruflichen Integration. Selbst Flüchtlinge mit ausländischer Hochschulzugangsberechtigung konnten nicht studieren, entweder wegen fehlendem Nachweis der Äquivalenz oder unzureichenden Deutschkenntnissen. Sogar wenn beides vorlag, verhindert die Fünf-Prozent-Ausländer-Klausel (zumindest nach dem bayerischen HSchG), dass ein nennenswerter Anteil der Flüchtlinge studieren könnte – zumal auch die wenigen Studienplätze dieser 5 % an vielen Hochschulen wie auch der THI vielfach von ausländischen Bewerbenden überzeichnet sind.

An einer Vielzahl von Hochschulen entstanden Unterstützungsprogramme meist in der Form von Kurzangeboten zur Sprachqualifizierung und Integration. Daneben wurden eigene Studienkollegs eingerichtet. Diese zweijährigen Programme fokussieren auf Integrationskurse und Sprachunterricht, um die Flüchtlinge gezielt auf ein Studium vorzubereiten – mit der Chance, sich danach ganz normal um einen Studienplatz zu bewerben: Die Aussicht ist dabei zweifelhaft angesichts von Numerus-clausus-Beschränkungen und beschriebener Ausländerquote.

Für die Integration von studierfähigen Flüchtlingen hat die THI einen direkteren Weg gewählt: Sie sollten möglichst schnell ihr Studium beginnen und bis dahin eine dem Vollzeitstudium möglichst vergleichbare Qualifizierung erhalten.

3.1 Grundkonzept für die Pilotgruppe

3.1.1 Grundkonzept

Das Ziel dieses speziellen Studiums für Flüchtlinge war es, deren Integration in Gesellschaft und Arbeit zu erleichtern. Dies sowie die geplante Integration von Studieren und Wohnen auf einem Campus waren die eigentlichen Namensgeber für dieses Studium: Integrationscampus, kurz InCa.

Das Grundkonzept war von drei grundlegenden Aspekten geprägt:

(1) Das Studienprogramm der Flüchtlinge findet in Englisch statt, da dies die am besten beherrschte Fremdsprache der meisten Flüchtlinge ist. Parallel wird intensiv Deutsch gelehrt, um möglichst zügig in ein reguläres Studium auf Deutsch (oder auch auf Englisch) einsteigen zu können.
(2) Das Studienprogramm der Flüchtlinge soll Studieninhalte abbilden, die anschließend auf ein reguläres Studium angerechnet werden.
(3) Die Inhalte sind maßgeschneidert für die Zielgruppe Flüchtlinge (neben fachlichen Modulen z. B. Integrationskurse, gezielte Sprachförderung).

Innerhalb von zwei bis maximal vier Semestern wurden die Flüchtlinge sprachlich, fachlich und methodisch so umfassend qualifiziert, dass damit optimale Voraussetzungen für den zügigen Wechsel in ein Bachelor- bzw. Masterstudium geschaffen wurden. Die Teilnehmenden wurden in die Lage versetzt, danach je nach individueller Vorqualifizierung in ein ganz normales Bachelor- bzw. Masterstudium einzusteigen.

Das erste Semester umfasste neben Sprachkursen in Deutsch und Englisch (in verschiedenen Sprachniveaus), Integrationskurse und v. a. Soft Skills, die notwendig sind, um ein deutsches Hochschulstudium erfolgreich zu durchlaufen (also Selbststudium, wissenschaftliches Arbeiten sowie soziale Einbettung in die Hochschule, um die Angebote möglichst effizient nutzen zu können) sowie die ersten fachlichen Module Grundlagen BWL und Grundlagen Technik. Alle Teilnehmenden belegten beide Grundlagenfächer, um ihnen Orientierung für ihre weitere Studienwahl zu geben, aber auch um Grundlagenkenntnisse der jeweils anderen Fachrichtung zu erlangen. Das zweite bis vierte Semester war geprägt von Fachmodulen aus einem betriebswirtschaftlichen bzw. maschinenbauorientierten Grundstudium. Hierfür wurden die bereits bestehenden Studiengänge International Management sowie Mechanical Engineering gewählt, da hierfür sämtliche Vorlesungs- und sonstigen Unterlagen bereits auf Englisch vorlagen.

Alle Veranstaltungen wurden in Englisch gelesen. Parallel wurden die Deutschkenntnisse der Teilnehmenden auf ein Sprachniveau gebracht, dass sie anschließend ein Vertiefungsstudium in Deutsch fortsetzen konnten.

Zusätzlich waren die Rahmenbedingungen des bayerischen Integrationsgesetzes zu berücksichtigen. Die Teilnehmerinnen und Teilnehmer erhielten für erfolgreich bestandene Module zwar Leistungspunkte nach dem European Credit Transfer System (ECTS), sie durften aber nicht als ordentliche Studierende immatrikuliert werden (Art. 8 BayIntG). Auch die Studieninhalte des zweiten bis vierten Semesters durften nicht identisch sein mit den bestehenden Studiengängen International Management sowie Mechanical Engineering. Da ohnehin zusätzliche Deutsch- und Englischmodule in den Vorlesungsplan integriert werden mussten, konnte diesen gesetzlichen Vorgaben entsprochen werden, ohne wesentliche Abstriche am geplanten Inhalt vornehmen zu müssen. Dieses Qualifizierungsprojekt für Flüchtlinge durfte im Übrigen offiziell auch kein Studium sein (Art. 8 BayIntG).

3.1.2 Studienort

Angesichts der überraschend hohen Flüchtlingswelle war – zumindest in Bayern – die Unterbringung dieser Vielzahl an Geflüchteten problematisch. Bis zur Erstellung entsprechender Flüchtlingsunterkünfte wurden teilweise Turnhallen zur Unterbringung genutzt. Am Campusstandort Ingolstadt standen somit keinerlei passende räumliche Kapazitäten für zusätzliche studierwillige Flüchtlinge zur Verfügung.

Als geeigneter Ort für das Studienprogramm der Flüchtlinge wurde das 25 km entfernte Studienzentrum der THI in Neuburg an der Donau ausgewählt. In der dortigen Gemeinschaftsunterkunft für Flüchtlinge (GU) auf dem Gelände der ehemaligen Lassigny-Kaserne wurden die Flüchtlinge untergebracht. Einzelne Gebäude der Kaserne waren geeignet, diese auch für Studienzwecke herzurichten. Bis zur entsprechenden Ertüchtigung dieser Gebäude wurde das Studienzentrum fürs Studieren genutzt. In diesem Studienzentrum wurde bereits seit mehreren Jahren ein Teil der berufsbegleitenden Weiterbildungsstudiengänge des Instituts für Akademische Weiterbildung (IAW) durchgeführt. Mit drei Vorlesungsräumen zwischen 8 und 20 Teilnehmenden sowie mehreren Gruppenräumen, konnte dort nur die Pilotgruppe des Flüchtlingsstudiums mit bis zu maximal 20 Teilnehmenden unterrichtet werden. Bis zum Ende des ersten Studienjahres sollten die Gebäude der Kaserne soweit ertüchtigt sein, dass ein Studium mit mehreren sowie größeren Gruppen aufgenommen werden kann.

3.1.3 Gruppengröße

Gestartet wurde mit einer Pilotgruppe von maximal 20 Teilnehmenden, bevor ein Jahr später ein Ausbau auf mehrere und größere Gruppen erfolgen sollte. Der Start mit einer überschaubaren Pilotgruppe hatte zwei Gründe. Erstens konnten so Erfahrungen gesammelt werden in dem völligen Neuland mit Teilnehmenden, von denen der Bildungshintergrund nicht bekannt war und die angegebenen Sprachkenntnisse in Englisch und Deutsch auf einem selbst durchgeführtem Online-Test beruhen; in dem Neuland von unklaren Aufenthaltsbestimmungen sowie der Vielzahl von Flüchtlings- und Anerkennungsstatus; in der Unkenntnis von Lernkultur der Teilnehmenden aus ganz unterschiedlichen Ländern und damit Bildungssystemen; in der Ungewissheit der tatsächlichen Qualifikationsniveaus der Teilnehmerinnen und Teilnehmer und der Äquivalenz von deren heimischen Abschlüssen mit deutschen. Der zweite Grund betraf die geschilderte Raumsituation.

3.1.4 Finanzen

Dieses Studienangebot für Flüchtlinge musste, wie erläutert, eigenständig entwickelt werden, mit aufwendiger Konzeption für die Besonderheiten der Zielgruppe, zusätzlicher Betreuung der Studiengruppe, zusätzlichen Dozierenden, zusätzlicher Infrastruktur etc.

Im Dezember 2015 lag die Zustimmung des bayerischen Ministerpräsidenten vor, mit der Pilotgruppe im September 2016 zu starten. Die finanzielle Zusage des Bildungsministeriums erfolgte nur zögerlich. Erste Aussage: 50 % muss die THI selbst tragen. Im Juli 2016 eine reduzierte Finanzmittelzusage aufgrund derer etwa ein Drittel der geplanten Aktivitäten gestrichen werden mussten. Die erste Mitarbeiterin hatte das IAW bereits im Mai auf eigene Kosten eingestellt, um das Projekt zumindest notdürftig zu entwickeln. Mit diesem Miniteam wurde nicht nur das Konzept umsetzungsreif bis zum Start im September 2016 entwickelt, gleichzeitig wurden Marketingmaßnahmen ausgearbeitet und umgesetzt, um studierfähige und -willige Flüchtlinge über diese Möglichkeit zu informieren. Mit einer aufwendigen Infokampagne in allen größeren Flüchtlingsunterkünften der Region wurden in der Kürze über 150 Interessierte erreicht, 60 haben sich beworben, 30 wurden als studierfähig beurteilt, 20 konnten zu einem Umzug nach Neuburg bewegt werden; ein beachtlicher Erfolg angesichts des kurzen Vorlaufs für ein Miniteam.

3.1.5 Verlagerung des Studiums
Im März 2017 wurde das Flüchtlingsstudium an den Campus der THI in Ingolstadt verlegt. Für diese Verlagerung gab es mehrere Gründe.

Finanzieller Invest Bei den Erstgesprächen zur Nutzung der Lassigny-Kaserne für In-Ca waren die Verantwortlichen davon ausgegangen, dass einzelne Gebäude der Kaserne mit einem geringen Aufwand dafür hergerichtet werden könnten. Die Kaserne war ja bis zuletzt von verschiedenen Einrichtungen genutzt worden. Die konkreter ermittelten Kosten für die Ertüchtigung der benötigten Gebäude lagen bei etwa 3–4 Mio. €. Ein unverhältnismäßiger Betrag angesichts der überschaubaren geplanten Teilnehmerzahlen. Mittlerweile war auch der Flüchtlingsstrom abgerissen. Die dafür errichteten Unterkünfte standen teilweise leer. Damit war auch ein Studieren und Wohnen in Ingolstadt möglich, was ursprünglich aus Raumgründen nicht infrage kam. Mit der Verlagerung an Campus IN entfielen sämtliche Ertüchtigungskosten für die Kaserne sowie die zusätzlichen Kosten für den provisorischen Wohnraum.

Isolation der Teilnehmenden Die Teilnehmenden hatten sich in Neuburg mangels sozialer Integration mit der Neuburger Bevölkerung und mangels Kontakt zu Ingolstädter Studierenden weitgehend isoliert gefühlt. Dies hat zu einem Studienabbruch bei mehreren Teilnehmenden der Pilotgruppe geführt. Gerade diese Gruppe müsste besonders integriert werden.

Unzureichende Lernergebnisse Die Sprachlernergebnisse im Studienzentrum Neuburg entsprachen nicht den Erwartungen. Für eine effektive Sprachqualifizierung sind moderne Sprachlabore notwendig, wie sie zwar am Campus in Ingolstadt eingerichtet sind, aber nicht im Studienzentrum Neuburg. Durch den mangelnden Kontakt zu Bevölkerung bzw. Studierenden bestanden auch keine ausreichenden Möglichkeiten, die Sprache im Alltag zu üben.

Wissenschaftliches Arbeiten Wissenschaftliches Arbeiten erfordert Zugang zur wissenschaftlichen Bibliothek am Campus IN. Selbst ein „distance learning" mit E-Books war nicht möglich, da die Teilnehmenden in ihrer Unterkunft über keinen Internetzugang verfügten.

Wechsel in laufende Studiengänge Das modifizierte Konzept sah individuelle Studienabschlüsse der Teilnehmenden durch Einschreibung in normale Bachelor- bzw. Masterstudiengänge nach erfolgreicher Sprachqualifizierung vor. Auch das war nur am Campus in Ingolstadt möglich.

Komplexität Für eine kleine Gruppe (von inzwischen 12 Teilnehmenden) musste ein eigener Minicampus unterhalten werden – und hatte dennoch bei Weitem nicht die Vorteile des Campus in IN erreicht:

- zusätzliche Betreuung vor Ort, dennoch nur reduzierte Öffnungszeiten;
- eigener PC-Pool in Neuburg statt bestehender moderner PC-Labore;
- zeitaufwendige Fahrten der Dozenten mit entsprechend geringer Bereitschaft, solche Lehrveranstaltungen zu übernehmen;
- Zusatzkosten durch Verlegung separater Anschlüsse (Telekom etc.).

3.2 Modifizierung des Konzepts

Die Erfahrungen mit der Pilotgruppe wurden für eine Weiterentwicklung des Studienprogramms genutzt.

3.2.1 Individuelle Bildungsbiographien

Zum Start der Pilotgruppe konnte lediglich grob ermittelt werden, inwieweit die Teilnehmenden eine Hochschulzugangsberechtigung hatten. Daher wurden zunächst nur Teilnehmerinnen und Teilnehmer zugelassen, die im Heimatland bereits ein Studium begonnen hatten. Deren individuelle Bildungsbiographien konnten erst im Verlauf konkret erhoben werden.

Von den Teilnehmenden der Pilotgruppe hatten über 90 % bereits einen Bachelorabschluss im Heimatland. Dessen Äquivalenz zum bayerischen Bachelorabschluss wurde bei den Teilnehmenden sukzessive festgestellt. Diese Teilnehmenden hatten überwiegend kein Interesse an einem weiteren kompletten Bachelorstudium. Sie wollten entweder kurzfristig einen Bachelorabschluss erreichen (um sich damit leichter als mit ihrem Heimatabschluss bewerben zu können) bzw. strebten ein zusätzliches Masterstudium an. Dies war eine wesentliche Erkenntnis, um das ursprüngliche Studienkonzept entsprechend anzupassen.

Die Möglichkeit eines Masterstudiums war bei den Teilnehmenden davon abhängig, ob ihr Bachelorabschluss im Herkunftsland einem deutschen Bachelorabschluss äquivalent war. Allein die Recherche, wer dies feststellen kann, war erneut aufwendig. Sofern nicht vollständig äquivalent, galt es festzustellen, wie groß die Lücke war und in welchen Fächern sie konkret bestand. Als generelle Lücken hatten sich fehlende Methodenkompetenz (z. B. Anwendung von Excel) sowie wissenschaftliches Arbeiten herausgestellt.

3.2.2 Modifiziertes Konzept

Es wird künftig zwischen drei unterschiedlichen Zielgruppen unterschieden, für die das Studienprogramm je nach bisherigem Studium spezifisch ausgelegt wird (Abb. 2).

Die drei Gruppen haben unterschiedlichen Zugang zu einem regulären Studium:

- Diejenigen Teilnehmenden, die im Heimatland bereits einen Bachelorabschluss erreicht haben, der einem deutschen Bachelorabschluss auch äquivalent ist, können direkt ein Masterstudium aufnehmen, sobald sie die sprachliche Zugangsvoraussetzung er-

Corporate Social Responsibility an Hochschulen

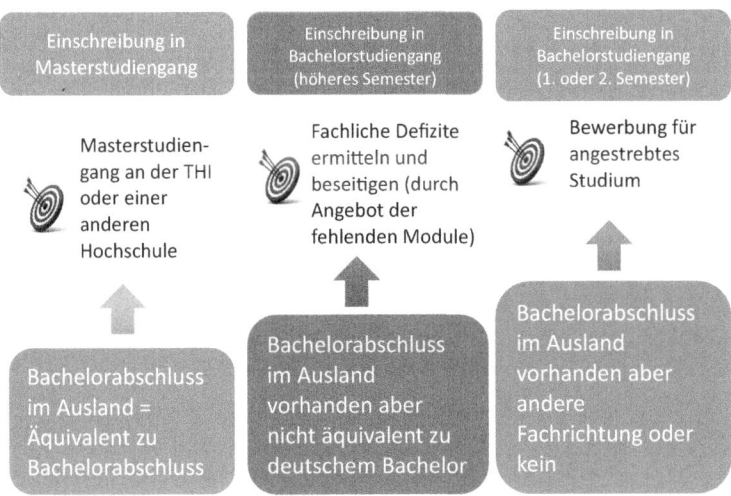

Abb. 2 Die drei Zielgruppen des Studienprogramms. (Eigene Darstellung)

reicht haben. Dies ist meist Level B2 in Deutsch bzw. Englisch, falls der Studiengang in Englisch angeboten wird.
- Bei den Teilnehmenden, die ebenso bereits einen Bachelorabschluss aus dem Heimatland vorweisen, der aber nicht die entsprechende Äquivalenz zu einem deutschen Bachelorabschluss hat, muss im Rahmen der Äquivalenzprüfung festgestellt werden, worin die Lücke besteht zwischen dem vorliegenden Abschluss und einem entsprechenden deutschen Bachelor. Eben diese Module, die zu einem vollständigen deutschen Bachelorabschluss fehlen, sind dann in einem entsprechenden Bachelorstudiengang noch zu studieren. Diese Teilnehmenden können also in ein entsprechend höheres Semester des Bachelorstudiums einsteigen.
- Bei Teilnehmenden, die zwar im Heimatland ein Studium begonnen, aber nicht abgeschlossen haben, ist zu prüfen, welche Modulinhalte angerechnet werden können. Gleiches gilt für Teilnehmende, die zwar ein abgeschlossenes Studium vorweisen, aber eine andere Fachrichtung studieren wollen. Auch bei diesen ist zu prüfen, ob Module des bisherigen Studiums angerechnet werden können. Diese Teilnehmenden werden sich allenfalls in ein niedriges Semester einschreiben können.

Die ersten beiden Semester des Studienprogramms für Flüchtlinge sind geprägt von der Verbesserung der Sprachkompetenzen (Abb. 3). Primäres Ziel ist, die Sprachkompetenz der Flüchtlinge möglichst schnell auf das für ein reguläres Studium geforderte Niveau zu bringen, damit diese zügig in ein reguläres Bachelor- bzw. Masterstudium wechseln können. Zusätzlich werden fachliche Module sowie solche in Methodenkompetenz und in wissenschaftlichem Arbeiten angeboten. Die Module sind unter zwei Aspekten ausgewählt. Die meisten der betrachteten Flüchtlinge haben Qualifikationslücken in typischen

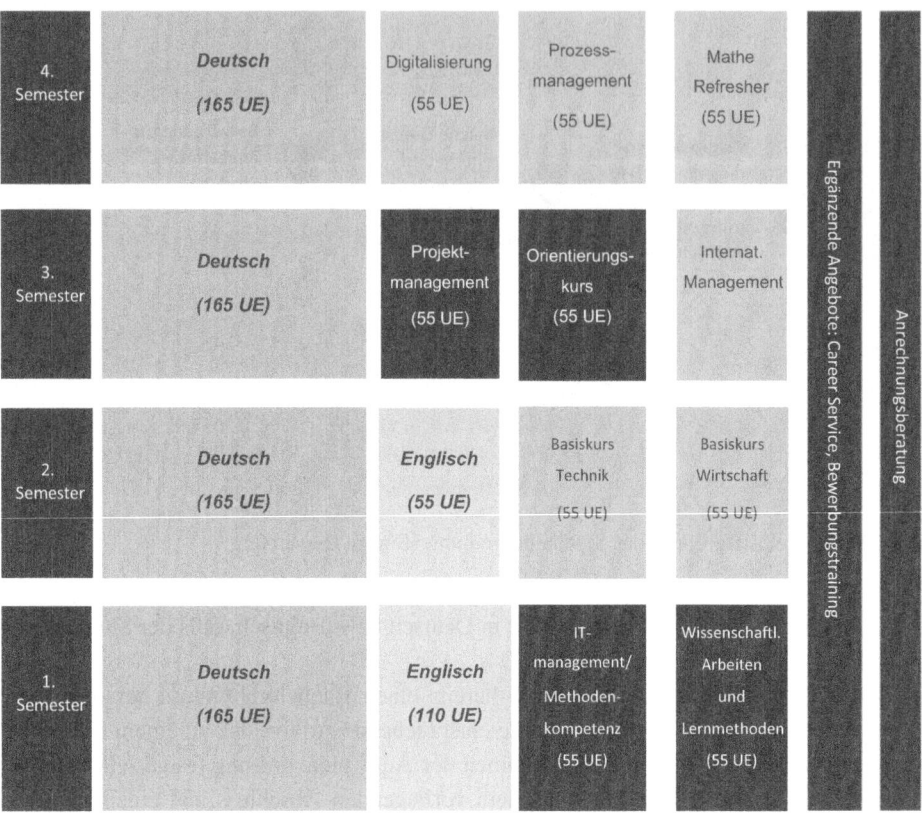

Abb. 3 Modifiziertes Studienprogramm. (Eigene Darstellung)

Methodenkompetenzen, wie beispielsweise dem sicheren Umgang mit Excel, ebenso in wissenschaftlichem Arbeiten. Ein weiterer Aspekt ist, welche Module eine hohe Wahrscheinlichkeit haben, im weiteren Studium angerechnet zu werden, um so das weitere Studium zusätzlich zu verkürzen.

Parallel zu diesem Studienangebot erhalten die Teilnehmenden eine individuelle Beratung bezüglich Äquivalenzprüfung und Anrechnungsmöglichkeiten sowie geeigneten Studieneinstiegsmöglichkeiten. Die interkulturellen Trainings des Bundesministeriums für Migration und Flüchtlinge (BAMF), das die meisten Studierenden bereits besucht haben, werden im Modul Orientierungskurs durch weitere interkulturelle Inhalte ergänzt. Die Dozierenden der Sprachmodule gehen im Unterricht besonders auf interkulturelle Themen ein. Mit den Teilnehmenden wird ein interkultureller Workshop durchgeführt. In regelmäßigen Gruppentreffen werden neben organisatorischen Themen v. a. auch interkulturelle Herausforderungen mit den Teilnehmerinnen und Teilnehmern besprochen. Zusätzlich können die Flüchtlinge die üblichen Unterstützungsangebote des Career Service in Anspruch nehmen, wie Bewerbertraining für Praktika etc.

4 Fazit

CSR und Interkulturelles Management lassen sich gut verknüpfen.

Interkulturelles Management aus Sicht der THI: Diese wird ihrem Third-Mission-Auftrag gerecht, indem im Sinn der offenen Hochschule für die Zielgruppen Migranten und internationale Flüchtlinge maßgeschneiderte Qualifizierungsprogramme entwickelt und implementiert wurden.

Interkulturelles Management aus Sicht der Teilnehmenden: Die Teilnehmenden im MBA International Business für Ingenieurinnen und Ingenieure werden durch den spezifischen Inhalt des Studiengangs für Aufgaben im Interkulturellen Management qualifiziert. Die Flüchtlinge werden durch das auf ihre Bedürfnisse zugeschnittene Studienangebot und die umfassende Kompetenzanrechnung zügig zu einem deutschen Studienabschluss geführt, der sie zu Aufgaben im Interkulturellen Management in einer deutschen Organisation oder im jeweiligen Herkunftsland befähigt.

5 Nachwort

Der Verfasser hat 16 Jahre in großen Industrie- und Dienstleistungsunternehmen gearbeitet, davon zu einem wesentlichen Teil im Top-Management, sowie mittlerweile weitere 18 Jahre an der THI.

Er hat in dieser Zeit viele innovative Ideen über das Projektstadium hinaus erfolgreich realisieren können. Keines dieser vielen Projekte war so schwierig wie der Integrationscampus, keinem wurde so viel Widerstand entgegengebracht. Ohne die beherzte Unterstützung des regionalen Bundestagsabgeordneten und ohne die gelungene Überzeugung des Ministerpräsidenten – dem Idee und Konzept gefallen haben – wäre InCa gescheitert. Entwickelt und realisiert wurde InCa von drei geistigen Vätern. Ideengeber und Initiatoren von InCa sind neben dem Verfasser Florian Lohrentz, stellvertretender Leiter des Instituts für Akademische Weiterbildung an der THI, sowie Christopher Reuter, seinerzeit Leiter des Bildungsforschungsprojekts Offene Hochschule Oberbayern. Und das war gut so. Angesichts der unzähligen Widerstände war immer wieder einer soweit hinzuwerfen. Ohne die gegenseitige moralische Unterstützung wäre das auch passiert.

Niemand hat gesagt, es sei leicht, gesellschaftliche Verantwortung zu übernehmen. Die Flüchtlinge sind es wert!

Literatur

Creusen U, Eschemann NR (2010) Positive Leadership. Psychologie erfolgreicher Führung; erweiterte Strategien zur Anwendung des Grid-Modells. Springer Gabler, Wiesbaden

Hartung MJ (2017) Krise der Klugen. Die ZEIT, S. 1, Nr. 9

Rich AK (2015) Asylerstantragsteller in Deutschland im Jahr 2015. Sozialstruktur, Qualifikationsniveau und Berufstätigkeit. Kurzanalysen des Forschungszentrums Migration, Integration und Asyl des Bundesamtes für Migration und Flüchtlinge, Ausgabe 3/2016

Roessler I, Duong S, Hachmeister C-D (2015) Welche Missionen haben Hochschulen. CHE Arbeitspapier Nr. 182, Gütersloh

Schneidewind U (2016) Die „Third Mission" zur „First Mission" machen? die hochschule – journal für wissenschaft und bildung 1/2016:14–22

Würmseer G (2016) Third Mission als Auftrag für Universitäten? die hochschule – journal für wissenschaft und bildung 1/2016:24

Prof. Dr. rer. pol. Thomas Doyé ist seit 2007 Vizepräsident der Technischen Hochschule Ingolstadt (THI) und verantwortet das Institut für Akademische Weiterbildung. Er studierte Jura und parallel BWL. Nach seiner Zulassung als Rechtsanwalt hat er vier Jahre bei BMW verschiedene Personalaufgaben wahrgenommen. Ab 1990 hat er bei Daimler als Leiter Personalpolitik die Dienstleistungstochter debis, heute Financial Services, mit aufgebaut. Ab 1994 war er als Bereichsleiter verantwortlich für das Management Development von Airbus. Ab 1998 hat er als Direktor für drei Jahre die Personalentwicklung des Dresdner Bank Konzerns verantwortet und in dieser Aufgabe insbesondere das Change Management aufgebaut sowie Teile des Personalbereichs als Profit Center ausgerichtet.

Seit 2000 hat Doyé die Professur für Personal und Organisationsentwicklung an der THI. Schwerpunkte seiner Arbeit sind v. a. HR-Strategie, Change Management, CSR aus der HR-Perspektive, Performance Management sowie Merger and Akquisition.

International Corporate Volunteering zur Förderung einer werteorientierten Personalentwicklung

Lutz Leßmann und Nadine Albuera

1 Einleitung

Die PlanetValue gemeinnützige GmbH wurde 2012 von Lutz Leßmann mit dem Ziel gegründet, Corporate Volunteering – ehrenamtliches Engagement im Rahmen der beruflichen Tätigkeit – zu fördern. In der Praxis bedeutet das, Unternehmen stellen Mitarbeiterinnen und Mitarbeiter, die mit ihrer Arbeitskraft und/oder Know-how soziale Projekte unterstützen möchten, unter Fortzahlung der Bezüge frei. Mit PlanetValue als sozialem Netzwerk werden Menschen aus gemeinnützigen Einrichtungen und Wirtschaftsunternehmen eingeladen und verbunden, gemeinsam soziale Projekte zu gestalten und umzusetzen. PlanetValue entwickelt dabei skalierbare Formate, um möglichst vielen Unternehmen die Möglichkeit zu geben, Corporate Volunteering aktiv in ihren Unternehmen zu leben und die positiven und nachhaltigen Effekte auf ihre Mitarbeiterinnen und Mitarbeiter zu erfahren.

2 Start mit regionalem Corporate Volunteering

Aus der Erkenntnis heraus, dass Unternehmen sich i. d. R. mit der Region ihrer Niederlassungen identifizieren und daran interessiert sind, sich und ihren Mitarbeiterinnen und Mitarbeitern ein Umfeld zu bieten, in dem man sich wohlfühlt, wurde zunächst das regionale Format Aktionstag der Wirtschaft entwickelt.

L. Leßmann (✉) · N. Albuera
PlanetValue gemeinnützige GmbH
Erkrath, Deutschland
E-Mail: lutz.lessmann@planetvalue.org

N. Albuera
E-Mail: nadine.albuera@planetvalue.org

Die Planung und Umsetzung des ersten Aktionstags mit der PlanetValue Plattform begann 2013 am Standort der PlanetValue in Erkrath, einer Mittelstadt mit rund 45.000 Einwohnern in unmittelbarer Nachbarschaft zu Düsseldorf. Aus persönlichen Erfahrungen war PlanetValue bewusst, dass der Aktionstag nur dann erfolgreich und nachhaltig sein wird, wenn alle intrinsisch motiviert sind und Freiwilligkeit an oberster Stelle steht. Daher wurden zunächst die lokalen Unternehmen und Handwerksbetriebe der Stadt zu einer Auftaktveranstaltung eingeladen. Dort wurde ihnen der Aktionstag vorgestellt und um ihre Unterstützungszusage gebeten. Kurz darauf gab es eine Auftaktveranstaltung für die sozialen Einrichtungen, denen mitgeteilt werden konnte, dass mehr als 60 Unternehmen mit ihren Mitarbeiterinnen und Mitarbeitern gern aktiv Projekte anpacken wollen, die sich die Einrichtungen ausdenken dürfen.

Sie hatten nun die Möglichkeit, ihre Projektideen online zu beschreiben und diese den Unternehmen etwa sechs Wochen später auf einer Projektmesse vorzustellen. Auf der Messe präsentierten mehr als 40 soziale Einrichtungen weit über 100 Projektideen auf vielfältige, ansprechende Weise. Auf der Projektmesse stand nun die persönliche Beziehung im Vordergrund; ein Raum für Begegnung auf Augenhöhe.

Rund drei Monate später wurden dann am eigentlichen Aktionstag 67 Projekte mit mehreren 100 Mitarbeiterinnen und Mitarbeitern aus 63 Unternehmen und 43 sozialen Einrichtungen umgesetzt und der Erfolg am Ende des Tages auf der Aktionstagsparty gefeiert.

Nach sechs Jahren kann PlanetValue auf die Erfahrung von 16 Aktionstagen in verschiedenen Städten und Regionen zurückgreifen, die mithilfe von PlanetValue initiiert, geplant, umgesetzt und dokumentiert wurden. Insgesamt haben 386 tatkräftige Unternehmen 603 Projekte in 238 sozialen Einrichtungen realisiert.

3 Erkenntnisse aus den regionalen Volunteering-Projekten

Das gemeinsame soziale Engagement am Aktionstag hat auf den verschiedensten Beziehungsebenen eine positive Wirkung auf die Beteiligten: Unternehmen nehmen sich untereinander als verantwortungsvoll wahr, Mitarbeiterinnen und Mitarbeiter sehen sich als Teil eines engagierten Unternehmens, Einrichtungen erfahren Wertschätzung für ihre wichtige Arbeit und alle erleben sich als Teil einer Gemeinschaft, die sich miteinander für eine gute Sache zur Steigerung des Gemeinwohls engagiert. Dies erzeugt bei allen Aktiven ein Gefühl von Zugehörigkeit und Integration. So stellten z. B. Mitarbeiterinnen und Mitarbeiter einer sozialen Einrichtung über das Team aus den Unternehmen fest: „Die sind ja genau wie wir!"

Es hat sich deutlich gezeigt, dass gemeinsame Werte, wie etwa Verantwortung, Offenheit, Engagement, Flexibilität, Spaß, Gemeinschaftssinn, Neugierde, Menschlichkeit, Güte, soziales Engagement und Fairness unter den Beteiligten des Aktionstags Zusammenhalt und ein freundschaftliches Verhältnis schaffen. Das ist sicherlich auch deshalb möglich, weil nicht der Vorteil oder Nutzen des Einzelnen im Vordergrund steht und niemandem solche Motive unterstellt werden. Miteinander etwas Sinnstiftendes zu tun, schafft eine homogene Beziehungsgrundlage, die auf Vertrauen basiert. Vertrauen nährt auch Vertrautheit als Gegenteil von Fremdheit, sodass kulturelle Unterschiede zwar wahrgenommen werden, jedoch in den Hintergrund rücken, da bereits das Teilen der genannten Werte miteinander verbindet.

Aufgrund dieser Erfahrung hat PlanetValue bei den darauffolgenden Aktionstagen die sozialen Einrichtungen ermutigt, im Sinn der Integration von Migranten z. B. solche Projekte zu konzipieren, die nicht für, sondern mit Geflüchteten umgesetzt werden. Zusammen für eine gute Sache aktiv zu sein, lässt alle Beteiligten erleben, wie eng sie – unabhängig von den Kulturen – durch die Basis der Grundwerte miteinander verbunden sind. Gemeinschaftliches soziales Engagement macht Vielfalt spürbar, es fordert und fördert Toleranz und Rücksichtnahme. Diese persönliche Erfahrung geht über eine bloße Vermittlung von Werten weit hinaus.

Da an Aktionstagen der Wirtschaft kulturübergreifendes Unterstützen nur in eingeschränktem Maß möglich ist und die aktive Umsetzung der Projekte i. d. R. nur an einem Tag stattfindet, hat PlanetValue 2017 das International-Corporate-Volunteering-Programm als ein weiteres Format für Unternehmen entwickelt.

4 International-Volunteering-Programm

Um Unternehmen die Möglichkeit zu bieten, ganzjährig mit ihren Mitarbeiterinnen und Mitarbeitern ehrenamtlich tätig werden zu können, hat PlanetValue im Jahr 2017 in Kooperation mit der neuseeländischen Volunteering-Agentur International Volunteer HQ (IVHQ) ihr Angebot ausgeweitet. Mit dem International-Volunteering-Programm haben Unternehmen die Möglichkeit, Projekte auf der ganzen Welt zu unterstützen – insgesamt 72 gemeinnützige Projekte in 13 Ländern, wie z. B. Brasilien, Ghana, Indien, Marokko, Sambia und Thailand. Als Projektarten stehen beispielsweise zur Auswahl: das Unterrichten von Sprachen, Musik und Sport; Unterstützung von Non-Profit-Organisationen und älteren Menschen mit besonderen Bedürfnissen sowie im medizinischen Bereich; Umweltschutz und landwirtschaftliche Arbeiten; Bau und Renovierungsarbeiten; Kinderbetreuung und kommunale Entwicklung.

IVHQ, die seit über zehn Jahren bereits mehr als 90.000 Volunteers in sozialen Projekten im Ausland vermittelt und begleitet hat, befragte Anfang 2017 100 Volunteers, welchen Effekt ihr Volunteering-Einsatz auf sie persönlich hatte. Es war für PlanetValue keine Überraschung, dass Volunteering im Ausland für die Meisten die Sicht auf die Welt erweitert, sie sich danach offener gegenüber der Meinung anderer fühlen und sie sich besser in andere hineinversetzen können.

- 94 % sagten, dass die Erfahrung sie dazu herausgefordert habe, ihre Auffassung gegenüber der Welt zu verändern, und ebenso viele teilten mit, dass sie jetzt mehr gewillt seien, die Meinung eines anderen anzunehmen und zu akzeptieren.

- 87 % machten die Erfahrung, dass es nach dem Aufenthalt leichter und viel natürlicher ist, sich mit Menschen anderer Herkunft und Kultur auszutauschen.
- 89 % der Teilnehmenden bestätigten, dass sich durch den Auslandsaufenthalt ihre Fähigkeit, mit anderen zu kommunizieren, verbessert hat.
- 94 % sagten, dass sie durch das Volunteering im Ausland aus ihrer Komfortzone heraustreten konnten, jetzt belastbarer seien und besser mit schwierigen Situationen umgehen könnten.
- Acht von zehn Befragten bestätigten, dass die Erfahrung sie zu einer souveräneren Führungsperson gemacht hat. Vor allem verbesserte sich bei vielen die Fähigkeit, im Team zusammenzuarbeiten.
- 80 % haben durch die gemeinnützige Projektarbeit das Gefühl, dass sie jetzt besser querdenken können und innovativer sind.

Internationales Volunteering ist nach der Erfahrung von PlanetValue ein wertvolles Werkzeug für die Personalentwicklung. So findet es seine Anwendung bei der Mitarbeitergewinnung, -bindung und -wertschätzung und es unterstützt bei den Herausforderungen des Interkulturellen Managements und des Cultural Fits. Internationales Volunteering wirkt sich positiv und nachhaltig auf die Wertekultur eines Unternehmens aus, in dem es u. a. Toleranz, Kommunikation, Vielfalt, Rücksicht, Verbundenheit und Vernetzung fördert. Ebenso unterstützt es dabei, Mitarbeiterinnen und Mitarbeiter zu finden und zu binden, die zu den Werten und der Kultur des Unternehmens passen.

PlanetValue ermöglicht es Unternehmen, ihr gemeinnütziges Engagement öffentlich sichtbar zu machen und ihrer gesellschaftlichen Verantwortung ein Gesicht zu geben. So können Unternehmen mit dem International-Volunteering-Programm passende und interessante Volunteering-Projekte aussuchen und ihren Bewerberinnen und Bewerbern als auch Mitarbeiterinnen und Mitarbeitern anbieten. Die Umsetzung der Projekte kann vor Ort direkt dokumentiert werden und Bilder sowie Kommentare mit der PlanetValue App in den unternehmenseigenen Projektblog auf PlanetValue eingestellt werden.

5 Erhöhung von Arbeitgeberattraktivität und Cultural Fit

An den über einen Zeitraum von acht Jahren jährlich durchgeführten Studien von Deloitte (2011) zum Thema Volunteering Impact wird klar deutlich, dass Mitarbeiterinnen und Mitarbeiter, die regelmäßig Volunteering-Projekte des Unternehmens umsetzen, wesentlich loyaler und zufriedener sind und sich mehr mit ihrem Unternehmen identifizieren als Mitarbeiterinnen und Mitarbeiter, die selten oder nie an Corporate-Volunteering-Maßnahmen teilnehmen.

Noch klarer wird die Wirkung auf die Arbeitgeberattraktivität in einer weiteren Aussage der Studie: „Sogar bei Bewerberinnen und Bewerbern, die sich vorher wenig oder gar nicht ehrenamtlich engagiert haben, würden 61 % sich eher für ein Unternehmen entscheiden, welches sich gesellschaftlich engagiert. Bei den Bewerberinnen und Bewerbern, welche sich vorab schon stark engagiert haben, würden sich sogar 70 % eher für das Unternehmen entscheiden, in welchem sie sich an Corporate Volunteering Aktionen beteiligen können" (Deloitte 2011).

Auch die Befragung von Personalverantwortlichen im Jahr 2013 zeigt, dass 88 % der Meinung sind, dass Volunteering-Programme innerhalb des Unternehmens eine positive Wirkung auf das Image des Unternehmens haben (Deloitte 2013).

Die Ergebnisse der Studie zeigen deutlich, dass Corporate Volunteering positiv auf die Attraktivität als Arbeitgeber wirkt und sich Arbeitnehmer eher für ein Unternehmen mit einem solchen Angebot entscheiden. Mehr noch, Unternehmen gewinnen durch das Angebot Menschen, die zu ihrem Unternehmen, dessen Werte und Kultur passen. Neben den fachlichen Qualifikationen von Mitarbeiterinnen und Mitarbeitern wird dem Cultural Fit immer mehr Bedeutung beigemessen. Corporate Volunteering ermöglicht, dass die gemeinsamen Wertevorstellungen von Arbeitgeber und Arbeitnehmer möglichst ausgeprägt sind. Dies wirkt sich positiv auf die Mitarbeiterbindung und -motivation aus. Passt die Einstellung und das Verhalten einer Person nicht zum Unternehmen, kann dies Kundenbeziehungen belasten, den Teamzusammenhalt und das Betriebsklima stören, Arbeitsfortschritte behindern und zu Frustration auf beiden Seiten führen. Mit Corporate-Volunteering-Maßnahmen wird bereits zum Einstieg von neuen Mitarbeiterinnen und Mitarbeitern die Wahrscheinlichkeit erhöht, dass Arbeitnehmer und Arbeitergeber auf der Werteebene zusammenpassen.

> **Corporate Volunteering macht Unternehmen attraktiver**
> Im März 2017 wurden an der Cologne Business School im Rahmen der Veranstaltung University2Business Interviews mit Studentinnen und Studenten der Hochschule und dem Geschäftsführer der IHK zu Düsseldorf, Gregor Berghausen, zum Thema Corporate Volunteering geführt. Die nachfolgenden Antworten unterstreichen, welche zentrale Rolle Corporate Volunteering bei der Auswahl und Entscheidung für den zukünftigen Arbeitgeber spielt und welchen einzigartigen Effekt es hat, wenn Unternehmen Absolventinnen und Absolventen direkt im Bewerbungsgespräch die Möglichkeit anbieten, ein soziales Projekt im Ausland unterstützen zu können.
> „Wir stellen fest, dass es eine ganze Reihe von Unternehmen gibt, die auf der Suche nach Instrumenten sind, die sie als Arbeitgeber auszeichnen. Instrumente, die ihnen die Möglichkeit bieten, die Werte des Unternehmens in einer Form zu transportieren, dass sie für Bewerberinnen und Bewerber interessant sind. Corporate Volunteering ist aus meiner Sicht dazu eine gute Möglichkeit. Auf der einen Seite, um Unternehmenskultur zu identifizieren und auch nach außen deutlich zu machen. Und auf der anderen Seite, um für junge Menschen, die man für das Unternehmen gewinnen möchte, ein attraktives Angebot zu haben, welches man im Bewerbungsprozess adressieren kann." Gregor Berghausen, Hauptgeschäftsführer IHK zu Düsseldorf

> „Ein Arbeitgeber, der sich so für soziale Projekte einsetzt und so etwas in seiner Corporate Culture integriert, ist top! Das ist mein Traum. Da würde ich sofort ja sagen." Julia Keuchen, Studentin CBS – International Culture and Management
>
> „Wenn ich verschiedene Jobs im Angebot hätte und eine Firma würde sagen, dass wir Corporate Volunteering am Anfang machen, dann wäre das für mich ein Ausschlusskriterium für den anderen Job." Carina Haselhorst, Studentin CBS – International Culture and Management
>
> „Es macht einfach einen sehr guten Eindruck, wenn man sieht, dass alle auch etwas mehr im Sinn haben als nur sich selber." Alexander Faust, Student CBS – International Business Management Consulting
>
> „Das wäre etwas, wo ich sofort einsteigen würde. Das ist auch für eine Firma ein absolutes Alleinstellungsmerkmal." Jennifer Schall-van Bellen, Studentin CBS – International Culture and Management

6 Einsatzmöglichkeiten von International Corporate Volunteering im Recruiting

Corporate Volunteering ist u. a. als Bestandteil eines Recruiting-Prozesses anwendbar: Bewerberinnen und Bewerbern wird dabei im Bewerbungsgespräch angeboten, dass sie z. B. für zwei bis drei Wochen ein soziales Projekt im Ausland unterstützen können. Ein positives Feedback der Bewerberin bzw. des Bewerbers zu diesem Angebot gibt einen Einblick in seine Persönlichkeit. Mögliche Interpretationen dieser Resonanz sind: Die Bewerberin oder der Bewerber ist engagiert, weltoffen, denkt auch an andere, ist abenteuerlustig, offen für neue Erfahrungen und übernimmt gern Verantwortung. Es entsteht ein Cultural Fit, der für beide Seiten passend ist: Einerseits finden Bewerberinnen und Bewerber einen Arbeitgeber, der soziales Engagement fördert und schätzt, was u. a. für die junge Generation immer wichtiger wird. Andererseits finden Unternehmen Mitarbeiterinnen und Mitarbeiter mit einer positiven Haltung, die auf Offenheit, Verantwortungsbewusstsein und Eigeninitiative basiert – Eigenschaften, die sich die meisten Unternehmen von ihnen wünschen.

Nehmen die Bewerberinnen und Bewerber zum Start im Unternehmen an einem Volunteering-Projekt teil, beginnen sie den neuen Job motivierter, was sich deutlich aus den Aussagen der Studenten ableiten lässt. Auch kann die Durchführung eines Volunteering-Projekts dafür genutzt werden, neue Mitarbeiterinnen und Mitarbeiter schneller in ein Team zu integrieren, wenn das gesamte Team daran beteiligt wird.

Ebenso kann die Umsetzung eines Projekts im Ausland Teil eines Trainee-Programms sein, wodurch die Verbundenheit im Team stark gefördert wird und die Trainees auf unerwartete, neue Aufgaben im späteren Arbeitsalltag besser vorbereitet werden.

> **Dr. Peter Christ, Partner der Anwaltskanzlei Pinsent Masons Germany LLP**
> „Wir nutzen Corporate Volunteering für unser Recruiting, aber nicht nur dafür. Wir denken, dass die Leute, die an so etwas Spaß haben, wirklich zu uns passen und das mitbringen, was wir uns an Qualitäten von neuen Kollegen versprechen."

7 Einsatzmöglichkeiten von International Corporate Volunteering in der Personalentwicklung

Corporate Volunteering ermöglicht Unternehmen mit dem gesamten Team – Bewerberinnen und Bewerbern, Trainees, Mitarbeiterinnen und Mitarbeitern und Führungskräften – für soziale Projekte aktiv zu werden. Die Umsetzung von sozialen Projekten im Ausland unterstützt (potenzielle) Führungskräfte dabei, Social Skills auszubauen und neuen Herausforderungen souveräner und mit mehr Leichtigkeit zu begegnen. Als Teambildungs- und Teamentwicklungsmaßnahme, beispielsweise auch in einem multikulturellen Team, eignet sich Corporate Volunteering besonders, da man sich bei der Umsetzung von sozialen Projekten näher kommt und sich als Mensch und nicht nur als Kollegin und Kollege begegnet. Gemeinsam für andere da sein und zu helfen, schafft eine kulturübergreifende Verbundenheit, die zu mehr Offenheit und Interesse für einander führt. Man erkennt sich selbst in dem anderen, erfährt, dass man gemeinsame Werte hat und begegnet sich dadurch auf Augenhöhe. Corporate-Volunteering-Aktivitäten können sowohl als Anreiz als auch als Honorierung von besonderen Leistungen genutzt werden. Darüber hinaus spielt Corporate Volunteering im Bereich Mitarbeiterbindung eine entscheidende Rolle. Eine Studie des Meinungsforschungsinstitut Environics International im Jahr 2002 mit 25.000 Personen aus 25 Ländern zeigt: „80 % der Mitarbeiterinnen und Mitarbeiter zeigen umso mehr Motivation und Loyalität für ihre Jobs und Firmen, je mehr ihre Arbeitgeber soziale Verantwortung übernehmen" (Heuberger 2006).

7.1 Teambildende Maßnahme für Interkulturelles Management

Viele Unternehmen, die in verschiedenen Ländern agieren, stehen vor der Herausforderung, einen lebendigen Teamspirit zu entfalten, wenn Mitarbeiterinnen und Mitarbeiter, die gemeinsam ein Projekt umsetzen sollen, nicht im gleichen Büro oder im gleichen Land sitzen. Corporate Volunteering ermöglicht einen Start über jegliche Ländergrenzen hinaus. So können die Projektmitarbeiterinnen und Projektmitarbeiter z. B. zusammen ein gemeinnütziges Projekt in einem Land umsetzen, das keiner der Beteiligten aufgrund seiner Herkunft kennt. Dadurch kann und braucht niemand die Führungsrolle zu übernehmen und alle beginnen am gleichen Punkt. Bei der gemeinsamen Umsetzung von sozialen Projekten steht der menschliche Austausch, das Miteinander im Vordergrund und nicht das fachliche Know-how des Einzelnen. Unsere Erfahrung zeigt, dass sich Teams bei Corporate-Volunteering-Projekten auf Augenhöhe begegnen, sie wachsen gemeinsam an der Aufgabe und lernen sich schneller auf einer persönlichen Ebene kennen; es können sogar langfristige Freundschaften entstehen. Mit Corporate Volunteering als teambildende Maßnahme kann die Basis für eine gemeinsame Kommunikations- und Wertekultur geschaffen werden, von der alle weiteren unternehmensbezogenen Arbeitsprojekte profitieren.

7.2 Führungskräfte entwickeln und Personal binden

International Corporate Volunteering lässt sich sehr gut für die Entwicklung von (zukünftigen) Führungskräften nutzen. Problemlösungskompetenz, Social Skills sowie Verständnis und Offenheit für andere Kulturen sind essenzielle Eigenschaften einer Führungskraft – Eigenschaften, die sich bei der Umsetzung von sinnstiftenden sozialen Projekten im Ausland entfalten können.

> **Ein Praxisbeispiel**
> IBM ermöglicht jedes Jahr 500 ihrer Mitarbeiterinnen und Mitarbeiter an gemeinnützigen Projekten teilzunehmen und zeigt in einer Studie, dass Corporate Volunteering ein wertvolles Instrument für die Entwicklung von Führungskräften ist und eindeutig die Gewinnung und das Wachstum von Top-Talenten fördert. IBM befragte ihre Mitarbeiterinnen und Mitarbeiter, Führungskräfte und Managerinnen und Manager, die am Corporate-Volunteering-Programm (IBM Corporate Service Crops – CSC) teilgenommen haben, nach der Wirkung (IBM Corporation 2016a):
>
> - 96 % der Befragten bestätigten, dass das Corporate-Volunteering-Programm von IBM ihnen dabei geholfen hat, ihre Fähigkeit, global agierende Teams zu führen, auszubauen.
> - 88 % spürten nach der Umsetzung des gemeinnützigen Projekts eine starke Bindung zu IBM und gaben an, dass sie extrem zufrieden mit IBM als Arbeitgeber sind.
> - Viele Mitarbeiterinnen und Mitarbeiter sehen das Volunteering-Programm als Treiber für die Anziehungskraft von IBM: 87 % der Teilnehmenden bestätigen, dass sie nach ihrer Volunteering-Erfahrung IBM gern als Arbeitgeber an Freunde und Familienmitglieder weiterempfehlen.
>
> „Eighteen months after my CSC assignment, I was promoted to management, in a new business unit, and in a client-facing role. My experience with the CSC directly affected my personal and professional growth that allowed me to make my next career step." (Participant, CSC South Africa)

> „The CSC experience was one of the best things that we've done for employee development for our individual employees. Unlike traditional education classes delivered virtually ... this was a much different and rewarding experience." (Participant manager and IBM Vice President)
>
> „We send out 500 IBMers per year. What if 100 other companies did the same? It would change the view about what corporations can do for society." (IBM Corporation 2016b; Stanley Litow, Vice President, IBM Corporate Citizenship & Corporate Affairs)

7.3 Mitarbeiterengagement wertschätzen

International-Volunteering-Programme können in ein Bonusprogramm für herausragende Mitarbeiterleistungen eingebunden werden. Für viele Menschen ist es ein tiefes inneres Bedürfnis sich sozial zu engagieren und der Gesellschaft etwas zurückzugeben – es fehlt ihnen jedoch oft die Zeit dazu. International-Corporate-Volunteering-Programme sind eine sehr persönliche und nachhaltige Möglichkeit, Mitarbeiterinnen und Mitarbeiter wertzuschätzen und ihnen Zeit zum Helfen einzuräumen. Gibt man den Volunteers nach der Projektumsetzung im Unternehmen eine kommunikative Plattform (z. B. einen Vortrag, einen Beitrag im unternehmenseigenen Blog oder der Mitarbeiterzeitung etc.), kann die Begeisterung auch andere Mitarbeiterinnen und Mitarbeiter motivieren und zum aktiven Engagement anregen.

8 Fazit

Die große Herausforderung für die Unternehmen besteht darin, die passenden Mitarbeiterinnen und Mitarbeiter zu finden und sie dann so zu fördern und zu inspirieren, dass sie sich mit den Werten des Unternehmens und mit ihrer Arbeit persönlich verbunden fühlen. In der Arbeit von Anja Pieper über Corporate Volunteering in der Personalarbeit wird es ganz deutlich ausgedrückt: „Finanzielle Anreize allein reichen hier nicht mehr aus. Anders als früher haben heute Aspekte wie der Sinngehalt der Tätigkeit, die persönliche Entfaltungsmöglichkeit sowie Kooperation und Mitbestimmung eine große Bedeutung" (Pinter 2006). Viele Mitarbeiterinnen und Mitarbeiter hinterfragen heute die Werte des Unternehmens und gleichen sie mit ihren eigenen ab. Passen die Werte und Einstellungen zusammen, entsteht eine große Schnittmenge für den Cultural Fit, was sich positiv auf die Mitarbeiterbindung und -motivation auswirkt. Auf der anderen Seite merken sie ganz schnell, wenn das Engagement nicht ernst gemeint ist, sondern eine Art von Face-Lifting darstellt, aber mehr auch nicht. Unternehmenswerte und Unternehmenskultur können sich in einem sehr breiten Spektrum bewegen – aus unserer Erfahrung fühlen sich die meisten jedoch zu den folgenden drei Themen hingezogen: Verantwortungsbewusstsein, einen positiven Beitrag für die Gesellschaft leisten und die Möglichkeit, sich bei ihrer Arbeit entfalten und entwickeln zu können. Das Angebot an Mitarbeiterinnen und Mitarbeiter und Bewerberinnen und Bewerber an International-Corporate-Volunteering-Aktionen mitzuwirken und eine Kultur des aktiven Anpackens zu leben, deckt alle drei Themen ab und zeigt, dass sich Unternehmen nicht nur um den eigenen wirtschaftlichen Erfolg kümmern. International Corporate Volunteering ist ein authentischer Weg, um zu zeigen, dass ein Unternehmen einen positiven Beitrag zur Gesellschaft leisten möchte und offen für kreative Methoden zur Weiterbildung seiner Mitarbeiterinnen und Mitarbeiter ist. Reid Hoffmann, einer der Gründer von LinkedIn, formulierte es im Global Report on Purpose at work 2016 (LinkedIn and Imperative 2016) so: „Companies that understand the increasing emphasis of purpose in today's professional landscape improve their ability to attract employees, and also their ability to retain them for longer periods of time". Volunteering-Programme werden laut der Deloitte Studie von 2011 derzeit noch eher als „nice-to-have" angesehen, als dass sie für die Personalentwicklung und den Ausbau einer attraktiven Arbeitgebermarke genutzt werden. Es wird spannend sein, zu beobachten, wie sich das Thema Corporate Volunteering weiter entfaltet und wie Unternehmen das Potenzial und die Chance, die in diesem Thema stecken, für sich nutzen.

Literatur

Deloitte (2011) 2011 Executive Summary: Deloitte Volunteer IMPACT Survey. https://volunteer.ca/content/deloitte-2011-deloitte-volunteer-impact-survey-executive-summary. Zugegriffen: 11. Okt. 2017

Deloitte (2013) Executive Summary: 2013 Deloitte Volunteer IMPACT Survey. https://www2.deloitte.com/content/dam/Deloitte/us/Documents/us-citizenship-2013-impact-survey-skills-based-volunteerism.pdf. Zugegriffen: 11. Okt. 2017

Heuberger A (2006) Corporate Volunteering – Einsatzbereiche und Potentiale im HRM. http://www.ehrenamtsbibliothek.de/literatur/pdf_533.pdf. Zugegriffen: 18. Dez. 2017

IBM Corporation (2016a) IBM Corporate Service Corps: Excellence in leadership development. https://www.ibm.com/ibm/responsibility/corporateservicecorps/pdf/IBM-Corporate-Service-Corps_Leadership-2016.pdf. Zugegriffen: 11. Okt. 2017

IBM Corporation (2016b) Making a difference through citizen diplomacy. https://www.ibm.com/ibm/responsibility/corporateservicecorps/pdf/IBM-Corporate-Service-Corps-2016-Progress-Report.pdf. Zugegriffen: 11. Okt. 2017

Linkedin and Imperative (2016) 2016 Global Report: Purpose at work. https://business.linkedin.com/content/dam/me/business/en-us/talent-solutions/resources/pdfs/purpose-at-work-global-report.pdf. Zugegriffen: 11. Okt. 2017

Pinter A (2006) Corporate Volunteering in der Personalarbeit: ein strategischer Ansatz zur Kombination von Unternehmensinteresse und Gemeinwohl? http://www.ehrenamtsbibliothek.de/literatur/pdf_483.pdf. Zugegriffen: 19. Dez. 2017

Lutz Leßmann ist Diplom Informatiker und seit 1994 geschäftsführender Gesellschafter in dem von ihm gegründeten IT-Unternehmen Lucom GmbH. Die vielen positiven Erfahrungen aus seinem persönlichen sozialen Engagement veranlassten ihn 2012 zur Gründung der PlanetValue gemeinnützige GmbH. Bei PlanetValue entwickelt Lutz Leßmann als Geschäftsführer gemeinsam mit seinem Team skalierbare Formate rund um die Förderung von Corporate Volunteering. Hierbei wurden bis heute mehr als 600 soziale Projekte unter Beteiligung von fast 400 Unternehmen begleitet und durchgeführt.

Nadine Albuera arbeitet seit 2012 als Projektmanagerin bei der PlanetValue gemeinnützige GmbH. Sie studierte Medienmanagement an der Hochschule Mittweida und ihre Diplomarbeit *Öffentlichkeitsarbeit in deutschen Stiftungen* wurde 2008 als Buch veröffentlicht. Nach ihrem Studium arbeitete sie fünf Jahre als Projektmanagerin und Beraterin in einer Werbeagentur. Die Suche nach dem Sinn und dem sozialen Wert ihrer Arbeit brachte Nadine Albuera schließlich zur Anstellung bei der PlanetValue gGmbH, in der sie seit der Gründung an der Entwicklung und Förderung von Corporate-Volunteering-Angeboten mitwirkt.

The manufacturer's authorised representative in the EU is Springer Nature Customer Service Centre GmbH, Europaplatz 3, 69115 Heidelberg, Germany. If you have any concerns regarding our products, please contact ProductSafety@springernature.com

Printed and bound by CPI Group (UK) Ltd, Croydon, CR0 4YY

23/03/2026

02076740-0014